高等院校金融专业教材系列

个人理财 （第二版）

Personal Finance

2015 年上海普通高校优秀教材

桂詠评 主编　胡邦亚 副主编

格致出版社　上海人民出版社

内容简介

本书是一部通俗的个人理财方面的教材，也可以作为普通读者的普及读物。与其他理财方面的教材不同，作者从个人自我理财的视角出发，分析人生的不同阶段和财务目标，及理财前所需要进行的财务分析。然后，按照个人理财的需求逻辑，依次阐述银行、投资、房地产、教育、保险、税收、退休养老和遗产等方面的理财业务和注意要点。

《个人理财》第二版结合了很多时下热点，如汽车理财、婚姻理财、信用黑卡以及以房养老等。同时，作者还关注了理财策划中社会道德及伦理等方面的课题。

作者简介

桂詠评，男，副教授，金融学硕士生导师，经济学博士。现任上海大学国际工商与管理学院金融系副主任，上海投资学会理事，上海世界经济学会会员，上海钱币学会会员。

胡邦亚，女，上海大学国际工商与管理学院讲师。主讲课程包括货币银行学、财政学、国家税收、投资银行学、保险学、个人理财等。

为什么要理财？财富增长提出的新的需求。

近年来，我国经济快速发展，人民生活质量普遍提高，个人和家庭的财富也迅速增长。据北京、上海、天津、广州、深圳等统计局统计，这五个城市 2008 年居民人均可支配收入分别为 24 725、26 675、18 871.89、29 023.04、26 729 元。如果按照核心家庭为 3 口之家估算，每个家庭年均收入在 6—9 万元。与此同时，中国高净值人群也快速上升。按胡润《2013 年财富报告》，中国富豪人数和分布如下：

	600 万富豪		千万富豪		亿万富豪	
	人数	占比(%)	人数	占比(%)	人数	占比(%)
一线城市	1 085 500	39	420 400	40	24 500	38
二线城市	737 150	26	299 450	29	20 040	31
三线城市	977 350	35	330 150	31	19 690	31

资料来源：根据胡润《2013 年财富报告》整理。

中国富豪人数稳定增长，并且已经达到一个庞大的数字。居民财富的迅速增加，对财富的保值、增值，以及财富管理提出了更高的要求。所以，"理财"已经成为时下普通百姓考虑最多的问题之一。

人生的哪个时期理财比较合适？其实，一生都需要理财。

"个人理财"，其实是一个人一生的财富、职业、生活的规划。人生的不同阶段有不同的理财需求：开始职业生涯以后，对处于"单身期"的年轻人来说，当务之急就是筹集一笔紧急备用金，来应对可能出现的工作变动带来的财务问题。成家立业，又是年轻人这个时期最重要的问题。与此相联系的是，如何解决婚后的居住问题，是租房还是购房？经济实力是最重要的因素，还需要考虑房地产价格上涨、利率波动等经济因素，还应该考虑家人上班距离、未来小孩子读书，以及文化娱乐等等其他各种因素。进入家庭与事业成长期，常常会遇到职业瓶颈，家庭男女主人自身的教育策划将是重要的突破口。此时，家庭子女的教育规划也到了关键时期。教育策划,受到教育费用、事业发展等因素的影响。虽然教育理财是各项理财中回报较高的一项,然而,子女的潜质和爱好无法预测,是否能够顺利进入向往的学校存在诸多不确定性。自身的教育策划,面临收益、风险的权衡,例如 MBA 教育,其学费快速上升,名校的 MBA 学费更是高得离谱。在大投入的情况下,能否带来相应回报值得推敲。这些理财问题,都需要我们做出决策。那么,我们应该如何做出这些决策?是请教理财师呢,还是我们自己了解相关情况,形成一个基本的决策思路呢?

很多年轻人在开始职业生涯以后,过多关注投资理财、居住规划,很少会想到退休养老规划问题。然而,需要注意这样一个现象:人口平均预期寿命不断延长,从总体上对退休养老提出了更多的资金需求。同时,未来的退休养老将依靠社会的养老机构承担。然而,目前养老机构(不是敬老院,而是有一定生活质量的养老院)的平均费用已经相当可观,随着时间推移,相关费用也将随着通胀等因素而同步上升。社会基本养老保险,通常只能给退休人员提供基本的生活保障。如果退休以后,没有一定的资产积累,也没有其他收入,仅仅依赖社会基本养老保险的收入,将无法满足这些费用的支出。如果年轻人从职业生涯开始时就考虑退休养老,那么这个问题就会在你长远的安排中轻松得到解决。

在理财群体中,开始出现一个重要的群体:高净值人群(或者家庭)。这些家庭,不仅仅满足一般的购买理财产品、家庭财产的保值增值等需求,其理财需求呈现多元化趋势。例如海外置业,一些家庭在子女海外留学期间,在当地购置房产,这是一个居住和投资两相宜的行为;参与投资银行安排的风险投资或者股权投资,获得高收益;参与酒类投资、艺术品收藏等另类投资,等等。这是一个极为重要的理财人群。

如何选择理财产品?要有自己的思路。

现在理财市场上并不缺少理财产品,而是缺少独立的个人理财师或理财机构。目前,市场上的理财服务及其品种很多。不同金融机构的理财人员都在推介他们的产品。在这些推介活动中,客户经理是否会只推介那些佣金比较高的理财产品,包括银行信托产品、证券的代客理财(或者私募基金)、保险公司的各类保险产品?作为个人和家庭,是否了解自身需要什么理财产品,如何选择这些产品呢?除了推介理财产品以外,金融机构为那些高端客户提供量身定制的理财服务,包括私人银行服务。那么高端客户如何判断接受的服务正是自身所需要的服务,标准是什么呢?

不管何种类型的客户,在接受大量的、长期的理财产品和理财服务时,并不表明可以高枕无忧,全然相信银行等金融机构的产品及服务。否则,当我们购买理财产品或者接受理财服务的时候,金融机构为何让我们签署风险承诺书?诚然,我们确实存在各种金融需求,需要进行全面的理财规划,而且金融机构的理财产品和理财服务也是不可替代的。这里,我们迫切需要了解个人理财的基本内涵,储备理财知识,建立适合自己的一些判断标准,提高识别理财产品、理财服务的能力。本书正是为了让大家了解个人理财的相关知识。

本书的特色是什么?满足一般读者(非金融机构专业人士)的需求,深入浅出、通俗易懂。

目前,由于市场需求较大,理财类图书层出不穷。这些图书比较多的是针对各类理财师考证辅导,还有一些是为了满足专业读者的需求。这些作品或篇幅较大,或内容过于艰深,难以为一般读者所接受。

本书则以一般读者为对象(无需金融学基础知识作为阅读前提),用最通俗的方法介绍个人理财业务和相关产品。从个人(或者家庭)理财所需要的各种基本理论入手,抛弃了复杂的公式、繁复推导,而以简练的叙述方法展开,使读者在较为轻松的状态下学习各种枯燥的但又是必备的理论,以较少的篇幅介绍个人理财的主要内容。

在章节安排上,全书首先从个人的人生阶段划分和相关财务目标的描述切入,使得读者能够理解理财产品在各个人生阶段的地位和作用。然后,介绍如何分析个人财务状况,以及个人财务报表的编制。值得注意的是,目前很多教材中介绍家庭财务分析方法时,常常借用企业财务分析方法。一些教材中,可能片面强调财务报表的平衡,而家庭通常不会安排专门的财会人员进行管理,收入支出的单据收集也不会非常完备。因此,家庭的财务报表主要还是为了了解家庭财务中一些大额项目的变动情况。

从理财业务的实际需要出发,家庭理财首先涉及银行产品。本书安排较多篇幅介绍了个人现金管理、银行储蓄和融资等方面的产品。其次,探讨投资、房地产、教育、保险、税收、退休养老和遗产等方面的理财业务。虽然这些业务在其他相关教材中也做过介绍,但作为个人理财的教材,本书更多地着眼于个人理财业务的需求。在投资理财策划章节中,作者介绍了证券、外汇、金融衍生产品,同时也介绍了投资策划程序和操作程序。后者在证券投资教材中常常不会涉及。

阅读本书,将使你在选择理财产品,接受理财服务,规划自己的各种理财计划时,少一点茫然,多一点自信。

如果能够做到这一点,那正是作者所期待的。

目录

第1章

个人理财概述

本章学习要点

1. 掌握个人理财策划的概念；

2. 理解个人理财策划的目标和重要性；

3. 熟悉个人理财策划流程中的六个步骤；

4. 了解个人理财策划方案的组成；

5. 掌握个人理财策划的核心内容；

6. 了解个人理财规划书各部分构成；

7. 了解个人理财规划书的执行；

8. 了解我国的个人理财业务发展的概况。

基本概念：个人理财；人生阶段；个人理财规划；个人理财规划书；金融理财师

个人理财，贯穿人的一生。

一个大学生顺利毕业，离开母校，开始职业生涯的时候，其个人理财策划也将开始。刚毕业的大学毕业生，通常起薪相对较低。然而，新的人生将面临恋爱、婚姻、置业等诸多大事。这些人生的大事，每项都需要巨大的资金支持。

事业起步，面临激烈的竞争。为了提升自己的升职潜力，深造学习、考证考研都是重要的选项。攻读学术型全日制研究生，虽然费用较低；但这样的深造学习无法继续工作，辞职读书成本太高，攻读专业型研究生，其费用每年都在上涨。例如攻读 MBA，可以兼顾工作和深造学习，但是，MBA 学费持续上涨，名牌大学的 MBA 学费已经上升到 10 万元人民币以上了。

······

还有更远的将来，需要规划和拼搏。

纵观人的一生，从职业生涯开始以后，包含五个阶段：单身期、家庭形成期、家庭成长期、家庭成熟期以及退休期。每个阶段都有不同的生活目标,实现这些目标就需要相应的理财计划。

1.1 个人理财

1.1.1 什么是个人理财?

对于个人理财,有多种表述。我国银监会在 2005 年颁发的《商业银行个人理财业务管理暂行办法》中指出:"个人理财业务是指商业银行为个人客户提供的财务分析、理财规划、投资顾问、资产管理等专业化服务活动[①]。"

还有一种表述,即:"个人理财规划或个人理财,是一个评估客户各方面财务需求的综合过程,它是由专业理财人员通过明确个人客户的理财目标,分析客户的生活、财务状况、从而帮助客户制定出可行的理财方案的一种综合金融服务[②]。"

显然,上面的表述,是将个人理财作为银行或者金融机构的一项业务。因此,这里的个人理财,是商业银行根据客户的需要,将服务和产品推销给客户的过程。

个人理财,又称个人理财规划或者家庭理财规划等(见图 1.1),其含义是:根据个人(或家庭)所确定的特定人生阶段的财务目标,同时考虑该个人(或家庭)的收入和消费水平、预期目标、风险承受能力等情况,形成一套以收益(或者效用)最大化为原则的个人财务安排。个人理财,需要综合考虑包括储蓄策划、证券投资策划、居住策划、保险策划、教育策划、税务策划、退休养老策划、遗产策划等各项内容。

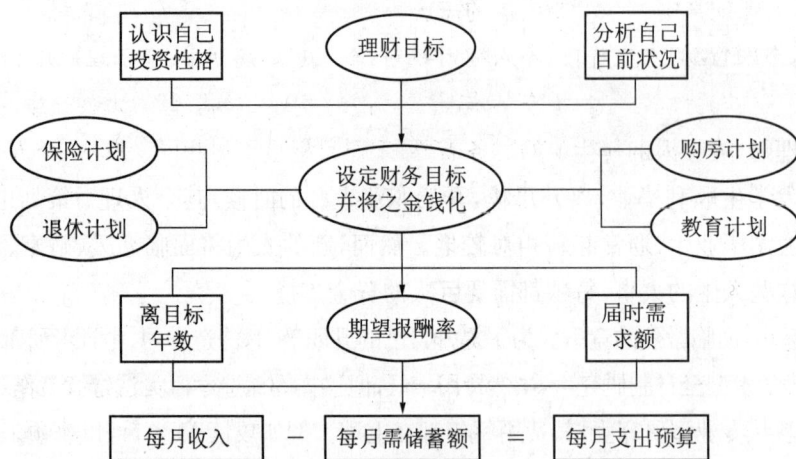

图 1.1 个人理财规划的构架

---

① 参见《商业银行个人理财业务管理暂行办法》,中华人民共和国银监会 2005 年 11 月颁布。
② 中国金融教育发展基金会金融理财标准委员会(FPCC):《个人理财》,中信出版社,2004 年 11 月版。

1.1.2 个人理财概念的理解

1. 个人理财的对象

从上述概念可以看到,个人理财的对象既包括个人,也包括家庭。在本书中,个人理财的大部分内容,主要研究家庭的理财规划。其主要原因在于:(1)目前多数个人的人生目标,都是和家庭的形成、成长、成熟等阶段的目标结合在一起的。一个大学生在完成学业后,首先将会考虑成立家庭,婚前理财目标的设定由此产生。顺利结婚,即完成第一个人生目标后,下一个人生目标也产生了:考虑生一个宝宝。由这个目标,就会衍生出女主人孕期保健和工作问题、孩子出生以后的抚养和教育问题,等等。因此,个人理财与家庭的演变过程是紧紧联系在一起的。(2)社会中的多数人,都生活在一个具体的家庭中。个人的日常支付、大额消费,都需要考虑家庭财务状况、家庭其他成员的想法等。此时,家庭理财是全局的问题,个人理财是一个局部的问题。很难想象,一个低收入家庭的成员,可以不顾家庭的实际情况和整体利益,购买私人汽车。因此,个人理财应该以家庭理财为前提,从大的方面服从家庭理财的目标和总体安排。

值得注意的是,个人和家庭是相互联系的两个概念,但两者之间的差异性是明显的。由于个人在家庭中的角色不同,所承担的责任也各异。而且,核心家庭中的夫妇双方,工作性质也不一定完全一样,由此对理财目标的要求也会不同。如果家庭成员中,其中一位是律师,经常要跑不同的法庭为客户出庭应诉。而另外一位成员,是一个普通文员(或者其他类型的职员)。那么,这个家庭就需要为律师购置一辆私人汽车用于工作。然而,在家庭成长期,置办两辆私人汽车,对于一个普通家庭恐难负担。因此,这时的家庭理财,需要重点保证其中一个重要成员的需要。

2. 个人理财的目标

个人理财的目标首先是动态的,与当事人的特定时期相联系。人的一生,要跨越好几个阶段,每个阶段都有其特定的财务需要,理财目标也不尽相同。其次,个人理财目标还具有战略性。例如,退休养老需要尽早做出安排。如果在即将要退休的时候才开始考虑这个问题,那就为时已晚了。退休养老,在人生早期的任何时候考虑安排,都不嫌太早。如果遗产税设立,那么如何安排身后的事情,就需要提前做出规划。再次,个人理财目标需要考虑不同个人或者家庭的风险偏好。对于相对保守的人士,可能更多选择固定收益的理财产品;相反一些比较激进的人士可能会选择高风险、高收益的产品。最后,个人理财目标,并非完全以收益最大化为前提条件。个人理财目标要以社会伦理道德为前提,考虑人的成长、日常生活、社会交往等各方面需要。因此,收益最大化并非个人理财的归宿,效用最大化才是个人理财的主要目标。

3. 个人理财的产品

个人理财的产品很多,包括(1)金融市场上的投资产品。其中有固定收益理财产品,包括储蓄存款、货币市场工具、各种债券、优先股等；风险投资产品，例如普通股票等；金融衍生产品，包括期货、期权等；外汇相关产品，包括外汇即期交易、外汇远期合约、外汇期货与期权等。(2)房地产投资和居住。(3)保险产品。(4)现金和银行卡。这些产品，是达到个人理财目标的手段。个人财务安排是一个非常个性化的工作，需要考虑不同家庭和个人的实际情况，以及具体的理财目标，然后综合运用这些产品实现理财目标。

1.1.3 个人理财与公司理财的区别

1. 理财的目标不同

个人理财以社会伦理道德为前提，以实现人生奋斗目标、提高个人和家庭的生活质量、规避各种风险、保障终身的生活为理财目标。与此不同，公司理财以利益最大化为主要目标，其主要目的是通过理财活动，来规避财务风险，达到企业价值最大化。

2. 服务对象的风险承担能力不同

个人理财的对象是个人或者家庭，相对于企业而言，前者的风险承担能力相对较弱，在进行风险、收益相权衡时，往往把安全性放在第一位，收益性放在第二位。而公司因拥有相对雄厚的财力，为了追求较高的利润，能够承担较高的风险。

3. 关注的时间长短不一样

个人理财是以个人的生命周期为时间基础的，关注的时间直到其生命终止为止。因此，理论上说，个人理财活动贯穿人的一生；而公司理财往往有一个持续经营的假设，即公司以其存续期间为限，预计在此期间持续营业。

4. 依据的法律法规不同

个人理财依据的是《个人所得税法》、社会保障及保险、遗产等方向的法律法规；而公司理财则要遵守《公司法》、《证券法》以及企业税收、会计等方面的相关法律。

5. 行业管理不同

在成熟市场里，为了向客户提供更好的理财服务、取得客户的信任、加强个人理财行业的管理和自律，往往会成立专门的行业组织。如1990年成立的国际注册财务策划师理事会，其主要任务在于指导成员国建立和维护行业的执业标准、负责职业培训、组织职业资格考试、颁发从业资格证书等；而公司理财通常由企业所聘用的会计师、审计师承担，会计师、审计师也由相关协会或机构负责职业培训，组织职业资格考试，颁发从业资格证书等。国际上著名的会计师协会有ACCA(英国特许公认会计师公会)、AIA(国际会计师公会)、CGA(加拿大注册会计师协会)以及CMA(美国管理会计师认证考试)。

6. 业务内容不一样

个人理财围绕个人和家庭的日常生活、购房购车、教育培训、职业发展等方面的需求，包括储蓄策划、保险策划、税务策划、退休保障策划、遗产策划等内容；而公司理财则围绕企业的日常经营、规模扩张的需求，包括有预算、筹资、投资、控制、分析等内容。

1.1.4 个人理财的理论基础

1. 莫迪利亚尼的生命周期假说

20世纪30年代,西方国家出现经济大萧条,凯恩斯的宏观经济理论(John Maynard Keynes,1936)对当时的经济状况做出了解释,提出政府采用扩张政策进行宏观调控。在经济萧条的情况下,储蓄、节俭的思想开始受到质疑,进而被视为不利于经济增长、对社会福利有害的行为。1953年,F.莫迪利亚尼(Franco Modigliani)和R.布伦伯格(Richard Brumberg)合写了《效用分析与消费函数:横截面数据的一种解释》,1954年他们又合写了《效用分析与消费函数:统一的释义》,这两篇文章奠定了储蓄的生命周期假说(LCH)的基础,调和了消费函数理论和消费资料研究的矛盾。同时,该理论也成为西方经济学中研究养老金问题的出发点之一。

生命周期假说,又被称为消费与储蓄的生命周期假说。这一理论假定人是理性的消费者,在追求其个人效用最大化的时候,追求其生命周期内一生的收入和财富效用的最大化,而其约束条件就是生命周期内的全部收入与消费支出的平衡。经济行为人(个人或家庭)根据其一生的全部预期收入来安排其消费储蓄活动,其在每一时点的消费和储蓄决策都反映了该行为人谋求在生命周期内达到消费的理想分布的过程——在收入高于其终生平均收入时储蓄较多,而在收入低于其终生平均收入时进行反储蓄,消费多一些。一般而言,未成年与年老时收入很低,因此消费多储蓄少,而成年时期收入高于预期的生命周期平均收入,因此储蓄率会提高。

2. 投资组合理论

投资理论(Theory of Portfolio)的产生以1952年3月H.马科维茨发表的《投资组合选择》为标志,马科维茨也因此获得了诺贝尔经济学奖。该理论包含两个重要内容:均值—方差分析方法和投资组合有效边界模型。此处讨论的投资组合限于由股票和无风险资产例如国债构成的投资组合。人们进行投资,本质上是在不确定性的收益和风险中进行选择。投资组合理论用均值—方差来刻画这两个关键因素。股票或者投资组合的收益以均值来刻画。所谓均值,是指投资组合的期望收益率,它是单只证券的期望收益率的加权平均,权重为相应的投资比例。当然,股票的收益包括经常收益(如股票的分红派息)及资本利得(主要体现为股票的买卖差价)两部分。股票或者投资组合的风险以方差来表示。所谓方差,是指投资组合的收益率的方差。

马科维茨的投资组合理论有两个基本前提:(1)投资者仅仅以期望收益率和方差(标准差)来评价资产组合(Portfolio);(2)投资者是不知足的和风险厌恶的,即投资者是理性的。因此,理性投资者在选择投资组合的时候,遵循均值—方差准则:他们在给定风险水平下(即方差相等)对期望收益进行最大化,或者在给定期望收益水平下(即均值相同)对风险进行最小化。由此将会在均值—方差平面上,形成一条呈抛物线的曲线(曲线的上半部分)。这条曲线在最小方差点以上的部分就是著名的(马科维茨)投资组合有效边界,对应的投资组合称为有效投资组合。

这一理论对个人投资决策具有重要启示:个人进行任何投资都存在一定风险,在投资过程中应通过投资组合来分散风险(此处的风险为非系统风险)。而分散风险的有效手段,就是将一些负相关的投资产品,作为投资组合,由此将会降低风险水平。相反,如果由一些正相关的投资产品来形成投资组合,将会增加风险水平。

3. 资本资产定价模型

资本资产定价模型(Capital Asset Pricing Model, CAPM)是由威廉·夏普(William Sharpe)和约翰·林特(John Linter)、简·莫森(Jan Mossin)等人创立的。该模型是在马科维茨的投资组合理论的基础上发展起来的,该模型与公司甚至个人的金融问题、尤其是资本市场理论联系在一起,实证地将投资风险与收益的关系定量化,论证了在给定的证券投资条件下损益是如何均衡的,证券市场中均衡价格是怎样形成的,以此来对市场中的证券进行定价。

具体而言,资本资产定价模型是在风险资产的期望收益均衡基础上的预测模型,它所表明的是单个证券的合理风险溢价,取决于单个证券的风险对投资者整个资产组合风险的贡献程度。而单个证券的风险是由系统风险和非系统风险组成的。系统性风险是与整体经济运行(如通货膨胀、经济危机等)相关的风险,非系统性风险是与资产自身特性相关的风险。多样化的投资可以降低直至消除资产组合的非系统风险,而系统风险因与整体经济运行有关,是不能通过多样化的投资消除的。资本资产定价模型对资产的定价,是对该资产的系统风险的定价(非系统风险是得不到市场回报的)。

4. 套利定价理论

套利定价理论(Arbitrage Pricing Theory),是由斯蒂芬·罗斯在 1976 年提出。该理论表明,资本资产的收益率是各种因素,诸如 GDP 的消长、通货膨胀的高低等综合作用的结果,并不仅仅只受证券组合内部风险因素的影响。套利定价理论是作为资本资产定价模型的替代物而问世的。资本资产定价模型有多项假设,涉及对市场组合是否有效的验证,但是这在实证上是不可行的。于是针对资本资产定价模型的单因素模型,罗斯提出用目前被统称为套利定价理论的多因素模型来取代它。

套利定价理论导出了与资本资产定价模型相似的一种市场关系。该理论以收益率形成过程的多因子模型为基础,认为证券收益率与一组因子线性相关,这组因子代表证券收益率的一些基本因素。事实上,当收益率通过单一因子(市场组合)形成时,将会发现套利定价理论形成了一种与资本资产定价模型相同的关系。因此,套利定价理论为投资者提供了一种替代性的方法,以此来理解市场中的风险与收益率间的均衡关系。套利定价理论认为,在给定资产收益率计算公式的条件下,根据套利原理可推导出资产的价格和均衡关系式。在均衡市场上,两种性质相同的商品不能以不同的价格出售。套利定价理论是一种均衡模型,用来研究证券价格是如何决定的。它假设证券的收益是由一系列产业和市场方面的因素确定的。当两种证券的收益受到某种或某些因素的影响时,两种证券收益之间就存在相关性。

但是,资本资产定价模型和套利定价理论还是存在比较大的差异:(1)假设条件不完全相同。资本资产定价模型是马科维茨投资组合理论的发展,接受马科维茨投资组合理论的所有假设。其中,最关键的假设是同质性假设。而且,该模型的假设条件很多;而套利定价理论的假设较少,且不包括单一投资期、不存在税收、投资者能以无风险利率自由借贷等假设条件。(2)理论基础不同。资本资产定价模型,是建立在均值—方差分析基础上的,假设投资者以收益率的均值和方差为基础选择投资组合。而套利定价模型则是以无套利均衡为基础的。

5.马斯洛的需求层次论

美国心理学家马斯洛在1934年和1954年先后发表了《人类动机的理论》与《动机和人》等著作,系统地提出了需要层次理论。他认为人们的行为都有一定的动机,而动机又是由需要决定的,需要是人类行为的原动力。如果人们某种需要得到满足,于是这种需要就消失了。同时,另一种需要又出现了,人们就会继续采取行动来满足新的需要①。

马斯洛把人的需要描述成具有五个层次的"金字塔",已满足的需要达到了什么层次,与人的心理健康程度是有关联的。人的基本需要按优势或力量的强弱排成等级,优势需要一得到满足,原来相对弱势的需要就变成优势需要从而主宰机体,以便尽可能达到最高效率。他的这个理论被学术界称为"需要层次理论"。马斯洛认为,人都潜藏着这五种不同层次的需要,但在不同的时期表现出来的各种需要的迫切程度是不同的。人的最迫切的需要才是激励人行动的主要原因和动力。人的需要是从外部得来的满足逐渐向内在得到的满足的转化。在高层次的需要充分出现之前,低层次的需要必须得到适当的满足。

(1)生理需求。生理上的需要是人们最原始、最基本的需要,如吃饭、穿衣、居住、医疗等等。这种需要处于"金字塔"的最底层,是最强烈的、不可避免的,也是推动人们行动的强大动力。若不满足这些基本需要,则有生命危险。这就是说,假如一个人缺乏食物(通常人们对食物的需求量是最强烈的),此时对他而言其他需要则显得不那么重要。此时人的意识几乎全被饥饿所占据,所有能量都被用来获取食物。在这种极端情况下,人生的全部意义就是吃,其他什么都不重要。只有当人从生理需要的控制下解放出来时,才可能出现更高级的、社会化程度更高的需要——安全的需要。个人理财,无疑应该从满足人的最基本需求出发,首先安排好日常开支,进而考虑居住策划、保险策划、退休的财务安排等。

---

① 戈布尔:《第三思潮:马斯洛心理学》,上海译文出版社,2006年版。

（2）安全需求。包括心理上与物质上的安全保障，要求劳动安全、职业安全、生活稳定、免于灾难、未来有保障等。以儿童为例：当孩子面临奇特、陌生而充满压力的事物或环境时，就表现出恐惧。例如，与父母分离一段时间、玩耍时迷路了、家庭中父母的激烈争吵甚至离婚、对孩子的粗暴惩罚等都会使孩子产生焦虑，表现出强烈的安全需求。通常情况下，成人的安全需求表现为喜欢从事稳定的工作、保持一定数目的存款或者现金等。安全需要比生理需要高一级，当生理需要得到满足以后就要保障这种需要。在现实中生活的每一个人，都会产生安全感的欲望、自由的欲望、防御的实力的欲望。个人理财中，风险管理、日常备用金的安排等属于安全的需要。

（3）社交需求。也叫归属与爱的需要，是指个人渴望得到家庭、团体、朋友、同事的关怀、爱护和理解，是对友情、信任、温暖、爱情的需要。人是社会的一员，需要友谊和群体的归属感，人际交往需要彼此同情、互助和赞许。当生理需要和安全需要得到某种程度的满足时，归属和爱的需要就产生了。这时，人会强烈地渴望亲情、友谊，与他人建立一种深厚的情感联系、隶属于某个团体并在团体中占有一席之地。他将尽一切努力去获得他的团体或家庭的接纳和认可，并对其他成员付出爱与关怀。社交的需要比生理和安全需要更细微、更难捉摸。它与个人性格、经历、生活区域、民族、生活习惯、宗教信仰等都有关系，这种需要是难以察悟，无法度量的。社交需求是一种高级的心理需求，在个人理财业务中也有体现。汽车购买、居住条件的改善等，也可以被认为属于满足这方面的需要。

（4）尊重需求。可分为自尊、他尊和权力欲三类。这种需要得到满足，会使人充满信心，相信自己的价值和能力，也使生活更充实，更有效率。反之，这种需要受挫时，人会感到自卑、弱小、无能，并可能进一步演变为神经症行为。尊重的需要很少能够得到完全的满足，但基本上的满足就可产生推动力。尊重需求，也可以在个人理财中获得满足，主要通过投资策划、教育策划、税务策划等方面的业务，及增加自己的财富、提升自己的教育层次等来实现。应该看到，财富是一种权力。

（5）自我实现需求。是最高等级的需要。马斯洛认为，这是人类生存的最高层次的需求，是成长、发展、发挥潜能，即自我实现的需要。自我实现需求是指通过自己的努力，实现自己对生活的期望，从而对生活和工作真正感到很有意义。满足这种需要，就要求完成与自己能力相称的工作，最充分地发挥自己的潜在能力，成为所期望的人物。这是一种创造的需要。有自我实现需要的人，似乎在竭尽所能，使自己趋于完美。自我实现意味着充分地、活跃地、忘我地、集中全力全神贯注地体验生活。人群中真正自我实现的人很少，可能只占总体的 1%，而且由于能力、个性特点、人生观、价值观的不同，每个人满足这一需要的方式也不相同，有的人想在艺术方面有所成就，有的人更倾向于在科学研究领域出成果，而有的人只希望做一位成功的母亲。毫无疑问，成功的理财规划，一方面给自身带来财富，另一方面也是一种自我实现需求的满足。

1.2　人生的阶段和财务目标

　　人的一生要经历不同的阶段,每个阶段都有相应的财务问题需要解决,个人理财可以帮助进行相关的财务安排。因此,个人理财策划是一项贯穿终生的活动,可按照人生每个阶段的财务目标,作出相应的安排。划分人生的理财阶段,有助于处于不同人生阶段的人,明确其各自的特点,制定适合的理财规划。只有这样,才能合理配置资金和各类财产。因此,了解并掌握五大理财阶段的各自特点,在个人理财规划中起着相当重要的作用。表 1.1 将人生不同阶段的理财需求和理财规划项目进行了归纳。

表 1.1　不同生命周期、不同家庭模型下的理财规划

生命周期	家庭模型	理财需求分析	理财规划项目
单身期	青年家庭	1. 预留应急基金 2. 租赁房屋 3. 满足日常支出 4. 偿还教育贷款 5. 储蓄 6. 小额投资积累经验	1. 现金规划 2. 消费支出规划 3. 投资规划
家庭与事业形成期		1. 购买房屋 2. 子女出生和养育 3. 建立应急基金 4. 增加收入 5. 风险保障 6. 储蓄和投资 7. 建立退休基金	1. 消费支出规划 2. 现金规划 3. 风险管理规划 4. 投资规划 5. 税务筹划 6. 子女教育规划 7. 退休养老规划
家庭与事业成长期	中年家庭	1. 子女教育规划 2. 购买房屋、汽车 3. 增加收入 4. 风险保障 5. 储蓄和投资 6. 养老金储备	1. 子女教育规划 2. 风险管理规划 3. 投资规划 4. 退休养老规划 5. 现金规划 6. 税务筹划 7. 财产分配规划
家庭成熟期		1. 提高投资收益的稳定性 2. 养老金储备 3. 财产传承	1. 退休养老规划 2. 投资规划 3. 税务筹划 4. 现金规划 5. 财产分配与传承规划
退休期	老年家庭	1. 保障财务安全 2. 遗嘱 3. 建立信托 4. 准备善后费用	1. 财产传承规划 2. 现金规划 3. 投资规划

1.2.1 单身期

人生的单身期,通常是指一个年轻人从参加工作至结婚的时期,时间跨度一般2—5年。在此期间,将面临三大压力:其一,择业压力。刚开始工作,对于自己的兴趣爱好、工作能力,以及职业发展的潜力等都没有把握,到底适合怎样的工作也不清楚。因此,彷徨中跳槽、犹豫中思索,寻找到符合自己意愿的工作,将是职业生涯最初的问题。这个过程,需要付出相应的经济代价。其二,工作压力。对于刚开始职业生涯的年轻人来说,工作经验缺乏,业务基础不扎实,起薪较低,业绩指标常常会对自身形成比较大的压力,进而会影响到工作的稳定性。如果该年轻人在自己的出生地就业,有父母的支持,在住房等方面的压力相对较轻。如果移民到一个新的城市工作,居住、交通等均对其构成不小的经济压力。为此,需要有一定的资金实力来保障该年轻人的生活的稳定性。其三,婚姻的经济压力。爱情、婚姻,是年轻人所追求的幸福生活,同时也带来了巨大的经济压力。当年轻人因为爱情而牵手、进而考虑居住和神圣的婚礼的时候,婚房、婚礼需要巨大的资金支持。按照中国人的传统观念,作为未来家庭的男主人,将要承担其中主要的部分,包括购买婚房、筹办婚礼的主要费用等。这些需求,构成这个阶段个人理财的主要内容。

这一时期,理财的主要目标是保障生活稳定,然后是成家立业。按照满足这些需求的迫切性程度,理财顺序依次为:首先考虑保障生活稳定,预留应急基金,办理失业保险,意外保险等。其次,制定节财计划,开始财富积累。最后,进行居住理财策划,即作出未来的家庭是购房还是租房的选择等。这个阶段的理财时间短,需要支出的项目多且金额大,要注意量力而行,切莫为了豪华婚礼、大的婚房,而背负沉重的债务。

1.2.2 家庭与事业形成期

这个阶段是指从顺利成婚之后,到孩子出生的时期。时间跨度一般为1—5年。这一时期,家庭经济收入逐步增加而且生活稳定,已经有一定的财力基础和基本生活用品。为提高生活质量往往需要较大的家庭建设支出,购买一些较高档的用品(例如汽车等);同时,婚前贷款买房的家庭还需一笔大开支——月供款。随着家庭的形成,家庭责任感和经济负担增加,财务风险也不断上升。一旦男主人(或者家庭主要的收入者)失业、生病中断工作,将会给家庭生活带来重大影响。成家以后,夫妇双方将注意力重点转向职业发展。对于一些教育层次相对较低的家庭来说,需要在教育上进行投资:本科毕业的,需要攻读 MBA 来提高学历;专科毕业的,需要读专升本等等。教育投资,为未来的职业发展提升更大的空间。最后,这一阶段必须为孕育宝宝以及宝宝出生做好财务准备。孕育宝宝,将会影响女主人的职业生涯,包括工作稳定性、以及未来的发展。

家庭形成期的理财目标有:减轻债务、增加财富积累;为孕育宝宝做好财务安排;提升生活质量、教育层次等。因此,在处理这三大财务目标的时候,首先要还贷、节财;其次,为购车、自身教育做好相应准备。从远期的理财目标来看,可以适当考虑购买一些定期寿险、意外保险、健康医疗保险等。结婚后,理财成为夫妇双方的共同责任。要建立合理的家庭理财制度,使家庭的稳定收入由小变大,保值增值。还要相互尊重对方的消费习惯,保持理智的消费观。在理财目标出现冲突的时候,要寻找适当的方法进行协调;避免因家庭财务问题,引起家庭矛盾。

1.2.3 家庭与事业成长期

家庭成长期,跨越时间最长,从孩子出生到上大学,时间超过 18 年。孩子出生以后,家庭的焦点开始转变,孩子成为这个家庭的中心。因此,孩子抚养和教育的各项费用,就需要作出相应的安排。在一般情况下,子女教育费用是逐步增加的,由最初的义务教育阶段费用相对较低,到高中阶段、大学阶段的教育费用大幅度上升。如果考虑安排子女海外求学,费用将会呈 10 倍上升状态。同时,夫妇双方(或者其中的一方)在事业上也步入正轨,收入快速上升,即财富快速增加的阶段,投资理财成为重要的内容。此时,选择何种理财模式,就成为一个家庭需要斟酌的对象。同时,随着子女自理能力增强,父母精力逐渐充沛,又积累了一定的工作经验和投资经验,投资能力也大大增强。如果一个家庭的夫妇双方(或者一方)事业有成,可能对居住、汽车等又有新的要求。如果这个家庭考虑投资创业,那么理财计划将需要做比较大的调整和安排。除了支持家庭创业的事业发展需要作出相应的财务安排,同时也应该防范可能出现的风险。值得注意的是,这个阶段是人生从青年向中年过度的时候,身体机能开始下降,对养老、健康、重大疾病等方面的保险需求开始上升。

这个阶段的理财目标主要是:子女教育费用的安排、财产增值及风险防范。在具体进行理财策划的过程中,首先要考虑子女教育基金。子女教育的安排没有时间弹性,子女的教育潜力也是无法预知的,而且教育费用在不断上涨。所以,子女教育基金策划,需要有足够的余地。其次,财产的保值增值,是这个阶段最重要的理财目标。对于多数中等收入水平的家庭来说,子女教育基金策划应该放在首要目标。如果不要考虑给子女特殊教育(例如,让子女到国外读中学、大学;或者让子女就读国内贵族学校),那么涉及金额仅仅是家庭财产的一小部分。从这个意义上来说,这个阶段最重要的理财目标是家庭财产的保值和增值。而不管是从历史的角度看,还是从全球的角度看,通货膨胀是一个普遍的现象。家庭财产数额越大,保值和增值的难度就越高。最后,处于家庭成长期的家庭男女主人身体机能开始下降,此时家庭的支出不断增加。防范家庭主要成员因病、因意外而给家庭带来财务风险,将是一个值得注意的问题。同时,也需要为养老提前作出财务安排。

1.2.4　家庭成熟期

这个阶段,从子女参加工作开始,到父母退休前,时间跨度约10—15年。这一阶段,家庭男女主人自身的工作能力、收入水平都达到高峰状态,子女已完全自立。子女参加工作后,夫妻的经济负担大幅减轻,最适合累积财富。这时应根据夫妻双方经济收入的实际情况,合理调整家庭理财规划,使家庭的稳定收入由小变大,保值增值;积累足够的财富以应不时之需;并为夫妻退休之后的老年生活做好储备。因此理财的重点是扩大投资,但不宜过多选择风险投资的方式。此外还要存储一笔养老资金,养老保险是较稳健、安全的投资工具之一。同时,子女也开始进入单身期,父母将需要为子女的婚嫁筹措一部分资金。

家庭成熟期的理财目标主要是三个:扩大投资,增加财富增值速度;在力所能及的情况下,为子女提供婚嫁的财务资助;为养老、健康、重大疾病等方面的保险,作好财务安排。这段时期,由于生活支出相对稳定,收入达到人生的最高点,通常情况下,这样的家庭就会有充裕的资产进行投资。所以,对成熟家庭来说,考虑中长期投资品种是比较合适的。这些投资是为了充实养老金,所以要控制好风险。在为子女提供婚嫁的财务资助的时候,要量力而行,更不能承担太多的债务。处于这个阶段的人,工作的时间已不是很长,要避免偿债时间超过工作年限。

1.2.5　退休期

这段时间是指退休以后。我国大多数城市人口预期的平均寿命在72岁以上,其中女性公民的预期寿命比男性公民平均要长2—3岁。如果男性公民60岁退休,女性公民55岁退休,退休以后将有10年以上的时间。因此,要充分考虑养老的费用。退休期的财务特征是,由于退休,收入将大幅度下降;同时,投资储蓄的资金将达到最高点,然后逐步下降。进入退休期的最初阶段,身体状况尚好,还可能利用原来积累的知识、经验和人脉,承担一些工作。这样,一方面可以丰富退休以后的生活,另一方面则可以获得一些收入,增加退休以后生活的质量。退休期的后面部分,身体状况下降,生病的次数增加,尤其是生命最后阶段,护理费用的支出会不断增加。对于平生积累较多的家庭,遗产处理开始提上日程。如果仅仅是独生子女,那么遗产的继承将比较简单。而对于多子女或者社会关系相对复杂的家庭,预先安排好身后的财产也是非常重要的。

因此,退休期的理财目标有三个:退休后的生活安排;适当处理好投资、或者工作与退休养老的关系;写好遗嘱,对身后事情作出安排。退休以后,可以考虑一些兴趣爱好,丰富自身的生活内容;与其他的同事、或者朋友保持良好关系,形成一些固定的或者非固定的社交圈子;同时,要注意日常支出的合理、适度,避免超过自己经济承受能力的过度消费。刚退休,还可以承担一些工作,或者进行一些投资。老年家庭的理财之道应当优先考虑投资安全,以稳妥收益为主。目前投资工具虽多,但并非只要投资就有钱赚,还是存在各种风险。客观来看,风险承受度和年龄成反比。老年家庭一生辛苦赚来的钱实在很不容易,如果投资一大笔金额,一旦有所损失,则对老人的精神、对家庭的负面影响都比较大,所以要特别注意投资的安全性,不可乱投资。适度工作或者适度投资是最为重要的原则,尤其应避免参与风险相对较高的投资。需要注意的是,不可把家庭日常生活开支、借来的钱、医疗费、购房款、准备子女婚嫁的钱用于风险投资。如果这些钱去投资,万一套牢,则只有忍痛割爱低价卖出,损失巨大。虽然说我们中国人比较忌讳谈论不好的事情,且除非年纪老迈,很少人会在身强力壮时立下遗嘱;但是,不立遗嘱会造成不必要的麻烦和经济上的损失。例如有人突然过世后,他的家人不知道他究竟有多少投资,甚至不知道有多少负债,这给家人今后的生活会留下许多不便。所以,负责家庭理财的人,一定要定时把自己的投资状况告诉家人,万一有什么突发状况,家人不至于无从着手。目前,人们对遗嘱也开始有一个比较明智的看法,一些老人也开始采用遗嘱来安排身后事。遗嘱可以避免不必要的家庭冲突、法律诉讼,使得财产处理变得相对简单。如果我国一旦开始遗产税立法,那么退休期的重要财务活动,就将是财产由上一代向下一代转移的策划、安排和实施的过程。

1.3　个人理财规划的步骤

个人理财规划的步骤,是商业银行或者其他金融机构的理财规划师为客户提供理财规划服务的操作程序(见图1.2)。虽然,不同商业银行或者金融机构的服务特色不同,但是具体步骤都必须符合国际注册理财规划师理事会(International CFP Council)所制定的,一个规范的 CFP(Certified Financial Planner)[①]从业者服务的《理财规划执业标准》(Financial Planning Practice Standards)[②]的规定。个人理财规划的标准服务程序分为六个步骤:(1)建立和定义与客户的关系;(2)搜集客户的信息;(3)分析与评估客户的财务状况;(4)整合理财规划建议,向客户提出;(5)执行客户理财规划;(6)重新评估客户的财务状况。(7)理财规划程序的自我实现,这是居民自我理财所追求的目的。

---

　①　CFP 是 Certified Financial Planner 的首字母缩写,是从事金融理财,达到国际 CFP 组织所规定的教育(education)、考试(examination)、从业经验(experience)和职业道德(ethics)标准(以下简称为"4E"标准),并取得资格认证的专业人士。

　②　来自 Financial Planning Standards Board 网站。

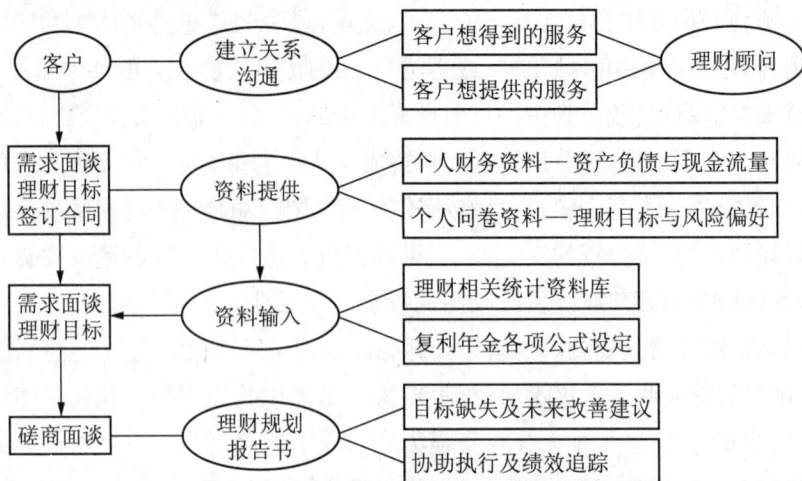

图 1.2　个人理财规划流程

1.3.1　建立和定义与客户的关系

在向客户提供理财规划之前,需要建立和定义与客户的关系。其原因在于:理财规划服务,是金融机构的相关人员在授权范围内进行的一项经营活动。因此,需要通过合同方式明确与客户之间的权利义务关系。在这个步骤中,理财规划师需要从三个方面去做:首先,要告知客户有关理财规划的程序,理财规划所能够提供的服务,以及理财规划师的执业资格和经验等情况。其次,要由客户来决定理财规划师是否能够满足其理财投资的需求,这是由理财规划师和客户双方共同决定的。由理财规划师介绍自身的资格、执业经历等,来表明自身能力所能够提供的服务、其资格和经验是否能满足客户的需求等。值得注意的是,理财规划师还必须考虑其自身在业务活动中,是否存在与客户的利益冲突。最后,考虑向客户提供理财规划、理财服务的内容和范围。这也应该由理财规划师和客户共同商定。在提供理财规划服务以前,理财规划师需要清晰地描述并撰写相关服务的情况。理财规划合同所要约定的范围,包括如下细节:理财服务涉及的每一方(包括第三方)的责任;合约的条款;理财规划师的资格;以及是否与客户存在利益冲突。合同约定范围确定后,合同双方签订正式书面文件,由此合同关系得以确认。此外,合同还可以通过其他法律认可的程序来予以确认。

作为一份明确双方权利义务关系的法律文件,要确保理财规划师与客户之间在理财规划约定的条款方面经相互理解而达成的协议,包括以下内容:

● 理财规划活动具体服务包含哪些内容或不包括哪些内容;

● 理财规划师在承担合同义务的情况下获得的补偿安排,包括客户所需缴付的费用等;

● 理财规划师与客户之间是否存在利益冲突,包括涉及与第三方的赔偿安排,并同意披露以后的利益冲突是否或何时发生；

- 特定当事人的约定，包括详细描述可能存在的任何法律的关系；
- 理财规划师保证为客户保密；
- 合同存续的期限；
- 客户的责任，包括充分和及时地披露信息；
- 理财规划师的责任；
- 规定终止客户的合同；
- 解决客户对理财规划师的要求和投诉的程序。

此外，还有其他一些需要提供的资料，或者正式书面文件包括：

- 在约定期间可能需要其他专业人士参与；
- 与客户一起工作的个人的资格、许可证以及经验的解释；
- 使用客户资料的具体限制；
- 任何其他必要的信息要充分通知客户。

特定情况可能会改变向客户提供服务的理财规划师的能力，或客户可决定终止服务或转移到另一个理财规划师。在理财规划合同以专业的方式确定后，可以在一定范围内脱离接触客户或便利客户转移到另一顾问。

1.3.2 搜集客户的信息

在着手进行个人理财策划之前，首先需要做两件基础性工作：搜集和整理与个人理财策划相关的信息；评估目标客户的财务状况。只有获得了客户的相关信息，并作出客观的评估以后，才能提出符合客户需求的个人理财策划报告。然而，客户信息的数量和类型都非常庞杂，如何有效地获取规划师所需要的信息，并在此基础上将其整理加工成系统的、能够为理财规划服务的信息，是个人理财业务最初遇到的难点。在实践中，由于客户自身的因素，如客户将重要的理财信息作为隐私信息自我保密、对理财规划流程的不了解等原因，都有可能造成理财规划师无法获得全面、有效的信息。因此，在进行规划之前，理财规划师一定要有较强的沟通技巧和丰富的实践经验，才能够获得客户的认可，并获取规划所需要的基本信息。相关的财务信息，只能通过客户陈述、提供书面资料等方法获得。所以，具备与客户沟通的技巧、并做好相关准备是非常重要的。

在与客户沟通以前，需要做好相应的准备工作。尤其是在谈话过程中注意一些细节的安排要具体、周到。理财规划师拟订详细的谈话提纲（或者直接根据相关的调查信息表展开谈话），明确个人信息收集的重点和难点，尽量将谈话要了解的信息以大纲的形式罗列出来，并根据客户的不同回答制定进一步交谈的要点。不仅如此，还要准备详尽的背景资料，包括宏观经济指标、理财规划案例、财务预测等相关内容，明确个人理财规划的基本环境形势，进而能确定一个比较切合实际情况的理财目标，而不是一个幻想的目标。在见面沟通的具体安排,包括面谈的时间、地点等细节内容,最好事前能够与客户预约,选定一个安静、舒适的交谈环境,让客户能够自如地进行交谈。在与客户沟通的过程中,理财规划师还要明确向客户传递的一些信息,包括规划师在策划过程中的角色和作用、理财规划的流程、理财师的行业经验和资格、费用收取的标准等。在个人理财活动中,理财规划师能够为个人理财提供重要的智力支持和业务指导,客户则对个人理财业务中一些重要事项作出决定。对于理财规划师来说,在制定理财规划建议以前,首先要识别客户的财务状况和理财目标、需求以及相关约定范围中的优先事项。

在具体搜集相关信息的时候,首先,理财规划师重点要关注客户的财务目标。客户在陈述理财目标的时候,需要得到理财规划师的指导。理财规划师要协助客户澄清相关概念,并且对客户的短期和长期目标进行排序,与客户讨论这些目标的优点和可行性。其次,搜集定量化的信息和文件。在作出任何建议或者执行任何建议以前,理财规划师搜集客户在约定范围方面的足够的数量化信息和文件。如有可能,可以要求客户提前准备好相应的材料和文件,如投资凭证、保险单、税收回执等。理财规划师依赖客户以及其他信息来源所提供的信息,了解客户的完整的、当前的以及准确的信息,来作出合适的建议。从职业操守和从业相关规定出发,理财规划师要告知客户相关的保密规定,为客户所提供的文件和相关私人信息提供机密性和安全措施。如果理财规划师无法采集到必须的客户信息来整合和支持投资建议,那么就应该与客户讨论这方面的情况,解释信息的局限性将会对理财合约和财务计划产生怎样的负面影响。

作为理财规划师,在搜集信息的时候,要了解客户的价值观、风险偏好和金融经验。首先,价值观是社会成员用来评价行为、事物以及从各种可能的目标中选择自己合意目标的准则。价值观通过人们的行为取向及对事物的评价、态度反映出来,是世界观的核心,是驱使人们行为的内部动力。它支配和调节一切社会行为,涉及社会生活的各个领域。客户之所以不同,其中价值观的差异是一个重要特征。有些客户秉持中国传统的理念,而有些客户的价值观比较接近西方国家人士的想法。

其次,对待风险的态度不同。适当地评价客户的风险属性对于理财规划师做出正确的理财规划建议尤为重要。一般来说我们可以从以下两个方面来评价个人的风险属性。第一个方面是个人的风险承受能力,许多研究表明,风险承受能力与个人财富、教育程度、年龄、性别、出生年代、婚姻状况和职业等因素密切相关。个人财富的多少是影响个人风险承受能力的主要因素,一般而言,绝对风险承受能力随着个人财富的增加而增加;另外,财富的获得方式也会影响到个人对风险承受能力的偏好,财富继承人和财富创造者相比,后者的风险承受能力高于前者,而前者更乐于听理财师的建议。投资者的年龄也是在做投资决策时必须重点考虑的因素,风险承受能力通常与年龄成负相关关系,年龄越大风险承受能力越低,年龄大的人一般来说无工作上的收入来源,仅有的积蓄都是为养老而准备的,是亏不起的。工作(或收入)的稳定性也是决定个人风险承受能力的重要方面,失业的可能性越大,投资人的风险承受能力就越低。第二个方面是个人的风险偏好问题,也就是个人面对风险的态度问题。按照现代金融学经典理论,所有的投资者都是厌恶风险的。风险厌恶是一个人在承受风险情况下其偏好的特征。可以用它来测量人们为降低所面临的风险而进行支付的意愿。在降低风险的成本与收益的权衡过程中,厌恶风险的人们在相同的成本下更倾向于作出低风险的选择。例如,如果通常情况下你情愿在一项投资上接受一个较低的预期回报率,因为这一回报率具有更高的可测性,你就是风险厌恶者。当对具有相同的预期回报率的投资项目进行选择时,风险厌恶者一般选择风险最低的项目。风险中立投资者,要求回报相等于其面对之风险。风险厌恶投资者,要求回报较高于其面对之风险。因此,理财规划师在为客户提供理财规划服务之前,必须认清客户的风险属性。一个风险承受能力不强的人,未必愿意投资高风险理财产品,如股票、基金等。

最后,就是分析客户的理财投资经验。一般地,理财师会通过投资者以往的投资经历,和询问风险的有关问题来分析判断客户的风险偏好,比如,做出风险投资决策后是否难以入睡? 从风险投资中获得5 000元是否比从稳健投资中获得5 000元更觉得高兴? 等等。

在搜集信息的过程中,理财规划师向客户提出问题确定客户思维和金融知识的水平,真正理解客户表达的原意。另外,客户在与理财规划师沟通的时候,也要注意个人理财的相关领域的知识,理解理财规划师的陈述和相关解释。

1.3.3　分析客户的财务状况和理财目标

这是理财规划的第三步,以前面两个步骤为基础。没有客户信息的搜集、整理,就无法对客户的财务状况作出分析和评估。同时,分析和评估的结论,又为下一步制定理财规划提供一个主要的依据,是理财规划程序中至关重要的一步。具体来说,审查财务状况就是整理客户的所有资产与负债,统计家庭的所有收入与支出,最后生成家庭一系列财务报表的过程。评估家庭财务状况的过程,对有些家庭来说可能极其简单,例如处于单身期的年轻人来说,可能所有资产一目了然;通常,对于处于成长期以后的家庭来说,资产负债的金额和种类都比较多,统计和评估都比较复杂。然而,对于客户的财务状况审查,不管是简单还是繁杂,都必须认真仔细地完成。只有完成分析评估工作,才能成为个人理财活动的依据,针对客户的个人理财活动才做到了知己知彼,有的放矢,否则就是漫无目的,不知所终。

1. 分析客户的财务状况

首先,分析客户的相关信息。正如前面提到的,理财规划师分析客户的各方面信息,包括价值观、风险偏好、金融投资经验以及客户的财务状况。理财规划师要认真分析客户当前的财务状况、与客户一起解决所搜集的信息的明显疏漏和不一致的地方。作为这项分析的一部分,理财规划师使用客户指定的、双方商定的目标和其他合理的假设,其中可能包括客户的退休年龄、预期寿命、收入的需要、风险因素、时间跨度和特殊需要,以及经济假设如通货膨胀率、税率和投资回报等等。

相关的分析,包括客户的资产价值的评估。在客户的各类资产中,现金价值最容易评估,只需直接统计家庭共用的及所有家庭成员手上的现金额即可。活期、定期存款的价值一般就是账户余额或存款额。当然这少算了部分利息,因为存款一般都存储了一段时间,产生了利息,但我们开始没必要非常精确,虽然我们也可计算出它的值。股票价值评估需参考当时的股票市场价格,一般就是持有某种股票的数量乘以它当前的报价,也就是计算股票的市值;其他如基金、外汇也采用类似的方法。股票、基金、外汇这些金融资产价值,将随着市场价格的波动而发生变化,在每个营业日,其面值都随着市场价格在波动之中。因此,金融资产的审查评估,无法获得精确的数据,而只能得出一个去除了波动以后的平均值。债券价值一般统计其面值金额,忽略其利息收入部分。由于我国的国债有多种类型,既有无法上市交易的凭证式债券,也有通过上海证券交易所发行的、可以在证券交易系统内进行交易的国债。从个人理财角度考虑,仅仅统计其面值金额也就足够了。

实物资产中,各种生活用品、汽车等的价值评估可以依据发票金额入账。房屋的价值相对来说比较难评估。对于多数家庭来说,房屋是一个家庭的最大资产,可以参考当地同类房屋的转让价格进行估值。如果得不到类似的转让价格,则可以以购入的价格为基础,考虑房地产指数的波动幅度,从而进行价值的调整。此外,一些家庭可能还持有金银玉器,古玩字画等收藏。这些实物资产估值的困难之处在于,资产常常缺乏可比性,其市场价格也不透明。因此,可以通过专家评估的方法为其定值。

保险的类型,按照保险标的不同,可以分为财产险和人身险。财产险,是指以财产以及相关利益为保险标的的保险,包括财产损失险、责任保险、信用保险、保证保险、农业保险等。它是以有形或者无形及其相关利益为保险标的的一类补偿性保险。人身保险则是以人的生命和身体为保险标的的保险。当人们遭受不幸事故或者因病、年老以致丧失工作能力、伤残、死亡或者年老退休时,根据保险合同的约定,保险人对被保险人或受益人给付保险金或者年金,以解决其因病、残、老、死所造成的经济困难。其中,人身保险的保费中,大部分被用于提存责任准备金,它是保险人的一项负债,具有储蓄性,所以保险人必须将提存的责任准备金用于投资,不断增值,以应付将来给付的需要。这样的保险单在一定时间后,具有现金价值,投保人或者被保险人享有保单抵押贷款等一系列权利,而这是财产保险所不具备的。所以,人身险的保单具有现金价值,可以记入资产负债表。相反,财产险的保单不具有现金价值,在资产负债表中以 0 来处理。

在此基础上,还需要对客户的资产负债结构进行分析。这里包括资产结构分析和负债结构分析。资产的结构分析,主要是研究流动资产与总资产之间的比例关系,反映这一关系的一个重要指标是流动资产率,其公式为:流动资产率=流动资产/总资产。也可以根据资产的性质分为金融资产、实物资产和无形资产。保持一定的资产流动性是客户应付日常生活开支、偿还到期债务和应对紧急开支的必然要求。因此,在客户的资产构成中,要保证3—6个月的平均开支的现金及其等价物性质的流动资产。此外,还应根据客户的不同情况,调整其金融资产的具体构成。根据高风险高回报的投资规则,许多客户为了追求资产的快速增值,将投资集中到风险性较高的金融资产中,从而提高了自身资产构成的风险水平。负债的结构分析,主要是研究客户的负债总额,以及流动负债和长期负债的构成。

最后,对客户的资产应急能力分析。资产的流动性一方面指资产的变现能力(当然现金是具有最强流动性的资产);另一方面也包括资产在变现过程中的价值损失水平(例如,由于不适当时间急抛股票,将会造成损失)。客户持有一定比例的流动资产(现金、活期存款等),主要是应付日常生活开支的需求、应急需求和投机的需求。在应急需求方面,主要是应对生活中的各种不时之需、甚至由于失业或失能导致的工作收入中断;以及紧急医疗或意外灾变所导致的超支费用。

2. 评估客户的理财目标

在分析客户财务状况的基础上,还要分析评估客户理财的预期目标、需求和优先事项。理财规划师评估客户目前财务情况的优势和不足,并与客户的目标,需求和优先事项进行比较。客户理财目标的实现,不仅取决于客户自身、理财规划师的能力等,还受到金融市场投资形势、宏观经济形势的影响。在我国,能够成为个人投资的金融市场相对较少,有证券市场、银行存款、外汇市场、黄金市场等。其中,外汇、黄金等金融市场,具有一定的周期性。证券市场,受到国内政策面和经济周期影响很大,这些市场都有比较高的风险。银行存款的风险相对比较低,然而,收益率也比较低。当个人理财客户在2005年提出理财策划要求的时候,正逢证券市场大牛市,目标相对可以定得高一些。相反,如果在2008年美国金融危机导致国内股市大幅度下挫的情况下,理财目标就必须正视这个现实。

客户的目标可能有多个,包括长期的、短期的目标;以及购房、购车、教育等理财目标。这些都需要理财规划师认真梳理,确定这些目标的轻重缓急、难易程度、风险大小等等。而且,理财规划师要在与客户充分探讨的基础上,确定适合客户需求的,同时又是比较实际的理财目标。理财规划师认为,机遇、客户的财务状况和目前行为的制约因素,决定了客户可能达到的目标或者预期的变化。理财目标不是一成不变的,而是要根据实际情况,适时调整、修订。在理财规划合约中,要明确理财目标的重审、修订的时间。

1.3.4　整合理财规划的建议并提交给客户

在了解了客户的基本信息和理财目标之后,就开始整合相关信息和理财目标,并开始制定个人(家庭)资产配置的方案。理财规划书以书面的形式来体现规划师与客户共同商定的方案。同时,理财规划书将理财规划双方的权利义务关系确定下来,是一份法律文件。通常,一份规范的理财规划书要包括如下内容(以某银行贵宾理财为例)。

1. 规范的理财规划书

(1) 给客户的重要提示部分,向客户告知提供理财规划书的金融机构所承担的义务、法律限制以及行业的规范。

(2) 客户背景资料,包括客户成员基本情况、家庭收支情况(每月双方的收入和支出)、家庭资产情况(流动性资产、投资性资产、实物资产)、家庭负债、家庭保险等情况。

(3) 财务状况分析,包括家庭资产负债表、家庭年收支情况表、家庭财务状况分析结果。家庭财务状况分析结果中,涉及资产负债率、流动性比率、月度消费比率、储蓄率、债务偿还比率、净资产投资率、财务自由度、净储蓄率等方面的分析结果。

(4) 客户理财目标与风险属性界定,包括客户理财目标与风险属性界定、客户理财目标描述等。

(5) 基本假设,包括收入增长率、物价增长率、留学学费及生活费增长率、货币型基金年化收益率、债券型基金年化收益率、股票型基金年化收益率、定期定投股票型基金年化收益率、黄金投资年化收益率等。

(6) 理财规划,这是文件的最核心部分。通过调整资产组合,提高家庭资产收益率,达到理财的目标。

(7) 后记。

在理财规划书中,规划师应该明确客户的预期目标、需求以及优先事项,共同商定理财规划策略。通常情况下,理财规划师将提出一个以上的、符合客户当前情况的理财策略。理财规划策略是否能够付诸实施,需要得到客户的确认,由客户最后选定。理财规划师要具备足够的评估每个策略的能力,以合理解决客户的目标、需求和优先事项。

一般而言,客户的理财策划主要有这样几种(见图1.3),居住、购车、教育、退休养老等需求,而这些需求,将需要通过贷款、投资、保险和节税等来完成。

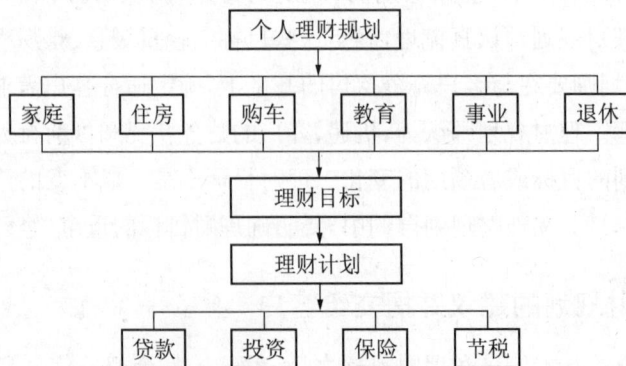

图1.3 个人理财规划要点

2. 财务策划类型

（1）购房的理财策划。

"衣食住行"是人生最基本的四大需求，其中"住"又是四大需求中覆盖时间最长、所需资金数额最大的一项需求。同时，购房本身，除了满足家庭的居住，还兼有投资功能，房产价格上升使得资产增值。在个人财务策划中，与"住"相对应的是房产投资策划。如果处理得当，房产投资的利润空间是比较大的。房产投资作为一种长期的高额投资，具有显著的投资价值。购房者在购买房产的时候，一般有四种考虑：自己居住、对外出租、投机获利和减免税收。在房地产投资策划中，个人理财规划师要提醒客户对如下因素进行慎重衡量：①自己或者理财规划师是否对所在国的房地产法律法规（包括交易规则、税收优惠等）和影响房地产价格的各种因素有比较深入的了解；②房产投资是否具有足够的支付能力。由于房地产单价高，常常成为一个客户的终身投资的对象，客户对房地产投资采取必要的谨慎是完全正确的。作出投资决策之前，客户必须详细了解自身的支付能力；③把握入市的时机。多数购房者，除了首付之外，主要依靠房贷。而房贷受利率的影响比较大，利率的上升和下降，对月供数额的影响是很大的。如果购房时，利率正好处于下行通道中，此时购房者可选择足额贷款；一旦利率走势翻转，进入上行通道，月供数额就会随之增加，就会给购房者还款带来压力，甚至演变成为个人财务风险。

（2）教育理财策划。

教育投资是一种智力投资，它不仅可以提高受教育者的文化素养与职业技能，而且还会使受教育者增加人力资本。教育投资可以分为两大类：①客户自身的教育投资。②对子女的教育投资。对子女的教育投资可以分为基础教育投资和高等教育投资，其中高等教育投资（可能包括本科阶段、硕士或者 MBA 阶段，甚至博士研究生阶段）通常是所有教育投资项目中花费最高的一项。有些家庭考虑让子女去国外就学深造，甚至去美国、欧洲等发达国家的大学上学，其学费、生活费更是一个天文数字了。

个人理财规划师在帮助客户进行教育的财务安排时要注意：①要了解客户的教育需求和子女的基本情况（例如，共有几个子女、各个子女的年龄、预期的受教育程度等），以确定客户当前和未来的教育投资资金需求。②要分析客户的收入状况（当前的和未来预期的），并确定客户和子女教育投资资金的来源（例如教育资助、奖学金、贷款、勤工俭学收入等）。③个人理财规划师应当分析客户教育投资资金来源与需求之间的差距，并在此基础上通过运用各种投资工具（包括常用的投资工具和教育投资特有的投资工具）来弥合客户教育投资资金来源与需求之间的差额。为了教育而进行的金融投资，与抱有其他目的的投资是完全不同的。为了教育而进行的投资更加注重投资的安全性，因此理财规划师在帮助客户选择具体投资工具时要特别慎重。

（3）投资策划。

在我国，投资渠道相对较少，包括外汇市场、黄金市场、证券市场等。通常，证券投资在我国居民个人总投资中占有很高的比例(这里主要分析证券投资策划的情况)。根据投资工具期限长短、风险收益特征的不同,证券市场投资可分为以下类型:①货币市场工具;②固定收益的资本市场工具;③权益证券工具等。至于金融衍生工具,由于风险大,多数客户对其并不了解,因此不适合进入一般的个人理财客户的资产组合。在我国,投资工具内含的风险与投资报酬率各有不同。一般来说,货币市场工具风险相对较小、投资回报率也相对较低。权益证券工具具有较高的投资风险,但投资的回报率也最高。对于客户来说,单一品种的投资产品很难满足其对资产流动性、回报率以及风险等方面的特定要求,而且客户往往也不具备从事证券投资的专业知识和信息优势。投资策划要求理财规划师在充分了解客户风险偏好与投资回报率要求的基础上,通过合理的资产配置满足客户对于投资目标的要求。

(4) 退休养老和遗产策划。

人在经过了大半生的奋斗之后,总会有退休的一天。一旦退休,作为收入主要部分的工薪收入便停止了,而代之以养老金的收入。通常情况下,对于一位退休人员来说,养老金的收入比工作期间的工薪收入则低得多。但人从退休到去世毕竟还有几十年的时间,如何在退休后保持一定的生活水平就成了每个人迟早都要面对的现实问题。尤其是一个人生命的最后时光,通常与疾病等相伴,即使有养老院等机构可以带去最后的慰藉,但需要一定的资金支持。此外,现实生活中普遍存在的通货膨胀也在不断地侵蚀个人的现金资产,如不及早计划,必然会导致退休后生活水平的大幅度下降。退休策划是一个长期的过程,不是简单地通过在退休之前存一笔钱就能解决,个人在退休之前的几十年就要开始确定目标,进行详细的规划,为将来退休做准备了。目前我国的计划生育政策,使得一对独生子女夫妇将要照顾四个老人,其负担可想而知。因此,提早做好退休理财策划不仅可以使自己的退休生活更有保障,而且可以减轻子女的负担。

遗产的继承,是人生需要妥善安排的最后一个重要事项。所谓遗产,是被继承人死亡时遗留的个人所有合法财产和法律规定可以继承的其他财产权益,包括积极遗产和消极遗产。积极遗产是指死者生前个人享有的财物和可以继承的其他合法权益,如债权和著作权中的财产权益等。消极遗产是指死者生前所欠的个人债务。因此,遗产是一个时间概念。一个人生前持有的财产或者权益,不是遗产;一个离世以后的财产或者权益已经被继承了,也不是遗产。个人财务策划中的遗产策划,通常不是在一个人去世以后才进行的相关策划活动,而是一个人在生前对其合法持有的财产做出处置的活动。

遗产继承策划的主要目的,就是帮助客户将合法持有的财产在生前或者去世以后顺利地转移到他所指定的受益人手中,具体包括以下几个方面:①将相关财产按照财产所有人的意愿,顺利向其所指定的继承人转移;②在财产转移过程中,避免承担过高的税费;③个人财务策划中的遗产继承策划,包括生前转移部分财产、离世以后转移部分财产。当有些老人考虑安排生前转移部分财产的时候,需要注意如何保障该老人的权益。

毫无疑问,订立遗嘱是遗产策划中的核心环节,可以保障遗产计划的顺利执行。

在上述财务策划中,通常要同时将储蓄策划、保险策划、税收筹划等内容,与上述各项理财策划整合在一起。

3. 个人财务策略的整合

对于一个个人理财客户来说,一个阶段通常有一个优先的理财目标。同时,该客户需要工作、生活。因此,个人财务策划不能仅仅考虑一个优先目标,排斥其他次要的目标。有些财务目标,虽然不是当前的优先目标,却涉及客户的长远利益,也需要做出安排。因此,理财规划师要与客户认真评价可能涉及的所有理财目标,并讨论这些理财目标的重要性、优先事项和客户目标的时间和需要。在具体制定理财规划策略前,要考虑多个假设,使得理财规划更加接近实际情况。

其次,理财规划师需要在选择相关策略的基础上,整合理财规划建议。在确定和评估各种战略和客户当前的理财现状以后,理财规划师着手整合理财规划建议,合理满足客户的目标、需求和优先事项。该建议可能是一个独立的理财计划,也可能是有多项理财计划的综合计划,还可能会继续目前客户正在进行的理财思路。如果理财规划师建议改变目前的理财思路,就需要和客户认真斟酌。对于理财规划师来说,建议修改客户的目标、需求或者优先事项,常常是必要的。重要的是,这些修改要在理财规划过程中得到充分的记载,明确得到客户的确认。由于理财规划本身涉及多个金融业务,理财规划师通常会对部分业务比较精通,所以有必要和其他的研究或咨询的专业人员讨论所制定的理财规划,包括涉及理财规划的不同业务人员、律师等。

最后,向客户提出理财规划建议。理财规划师介绍的理财规划的建议,必须由客户做出明确的决定的方式来支持这个建议。当提出理财规划建议的时候,理财规划师要帮助客户了解客户的当前形势、各种因素和主要的假设。理财规划师还要解释修改策略的风险,这些建议对客户的财务策划以及最终的理财业绩可能产生的影响,以此来满足客户的目标。理财规划师避免代替客户做出决定,或者将自己的观点作为事实,误导客户。尤其是,如果理财规划师与客户存在利益冲突,那么就要及时向客户说明以前没有披露的利益冲突,并解释这种冲突对于理财规划建议的影响。在理财规划过程中,理财规划师可以进一步评估理财规划建议是否满足客户的预期,客户是否愿意执行这个建议,或者是否愿意作必要的修改。

1.3.5　执行客户的理财规划建议

在经历上述几个阶段以后,理财规划建议(或者计划)将要付诸实施了。执行客户理财规划建议的第一步,就是明确执行规划的责任。通常,金融机构会提醒客户最后慎重考虑,然后做出理财决策。例如,给客户预留大约两个星期,以便客户有充足的时间来考虑金融机构提出的理财规划建议。一旦客户接受金融机构的理财策划建议,金融机构则将要求客户签署授权执行理财策划方案的授权书。理财规划师要和客户签署相关法律文件,同意执行相关的理财协议。在协议中,要明确表明客户接受的理财规划建议和理财规划师的能力,执行理财规划的建议。如果在理财策划过程中,理财规划师需要改变合同约定的范围,或者最初的定义,必须事先与客户达成一致。理财规划师在得到授权以后,其职责包括:确定需要开展哪些理财活动;确定理财规划师和客户之间各自的责任;注意协调与其他专业人员的关系;共享经过授权的客户信息;选择和确保服务。当客户对金融机构作出指示以后,金融机构将立即准备执行财务策划方案所需要的文件,包括投资申请表等。如果一个理财规划师由客户聘用实施理财规划程序,它必须在其书面约定的范围之内行使其授权。执行理财规划建议的书面授权的正文主要可以分为两个部分:(1)客户声明。主要包括客户对于理财规划师在此前所做的工作,以及客户对于理财规划建议的理解等方面所做的声明。例如:我已经阅读了您(理财规划师)的报告,并且理解了该报告。您同时还向我提供了其他的相关文件,包括内容说明书等。(2)客户要求。包括客户希望个人理财规划师提供的各种专业服务。比如,您作为我的个人理财规划师,需要为我提供专业服务。此外,客户常常还要被要求签署一份免责声明。免责声明是一种用来限制和减轻理财规划师所负责任的表述方式,用于告知客户,理财规划师对于超出他控制范围的事件所引起的损失不承担任何责任。例如,市场的波动可能会导致以当前市场状况为基础制定的建议迅速失效。但是如果理财规划师由于疏忽大意、或者其他过失而造成了客户的损失,那么不管是否签署免责声明,都无法在与客户的诉讼中起到保护理财规划师的作用。

第二步,识别和阐明要执行的产品和服务的特征和内涵。理财规划师调查和推荐产品或服务,必须适合于客户财务状况和达到客户理财目标、需求和优先事项。理财规划师使用的专业判断,确定的产品和服务,必须符合客户的利益。由理财规划师确定的结论,可能不同于其他规划师,因为不止一个产品或者服务能够满足客户的需求。理财规划师向客户公开的所有的内容,都需要符合理财规划的规定。因此,这里要强调一个准确性。也就是对所有产品和服务,所制定的资产分配比例和所选择的具体投资品种——如用于保险计划的资金数量,或者是具体的中长期证券投资品种的描述必须准确无误。同时,理财规划师必须实施理财规划建议,能够有效地完成财务策划方案的预定目标,使客户的财产得到真正的保护或者实现预期的增值。如果理财产品市场出现变化,按照原定计划无法实现客户的理财目标,理财规划师就应该及时联系客户,修订或者重新选择理财产品。

1.3.6 阶段审查和修改理财规划

为了帮助客户顺利达到理财的目标,理财规划师要与客户达成一致,对于客户阶段性理财的状况进行审查、评估。因为理财规划是一个动态过程,可能需要更新客户的经济或其他条件，也可能理财规划的预设假定发生了变化。因此，理财规划师应该在合同约定的时间内，对理财规划建议执行情况、客户的经济情况以及宏观经济形势等进行阶段性审查和评估。首先，要审查客户的理财目标和要求是否发生变化；客户的经济状况是否发生改变等。其次，审查理财规划建议的执行情况，包括投资组合的当前市值和业绩、各项保险是否适合客户的需求、税务策划部分是否应该做出调整等。最后，还要审查拟定理财规划建议的时候，预设假定与当前的经济形势是否存在差异、这些差异是否可容忍、是否需要做出调整，等等。

随后，理财规划师要根据审查情况，考虑是否需要修改理财规划建议。理财规划师要审查和重新评估客户的现状，理财规划师和客户根据审查的情况，尤其是评估实现理财规划目标的进展情况，决定理财规划建议是否仍然适当，并确认任何修订是否必要。这些审查过程可能包括：确认由客户和理财规划师所商定的理财规划建议已经实施的情况；评估至今为止理财规划建议完成理财目标的进展情况；重新评估由理财规划师作出的初次或其后的假设的合理性；确定是否更改客户端的情况或目标，是否需要调整财务计划；及相互同意的任何必要的变更。视情况和需要变化，理财规划师可能需要重新审视先前的理财规划过程。

在理财规划执行过程中，修改理财规划是每个理财规划师所要面对的一个重要情况。这种修改要求，通常出自两种情况：有来自客户的要求，也有来自理财规划师的要求。从客户要求修改理财规划的原因分析，主要有两种情况：（1）由于对理财目标或者相关服务要点的误解而要求修改理财规划建议；（2）客户对理财服务不满意而要求修改。修改原理财规划建议，可以视同建立新的理财规划建议。因此，在操作的过程中，每个环节都应该用书面形式予以确认。对磋商的过程和内容，也要作详细的记录，并由双方签字认可。等商量的过程完成，新的理财规划建议还要报部门主管备案或者批准，并成为以后理财规划执行的依据。

理财规划建议的修改，也可以来自理财规划师。由于理财规划方案受到多种因素，如利率、汇率、证券价格、保险费等的影响，而这些因素都会随着时间的推移而变化，从而使规划方案的各种预期结果与实际情况产生较大的差距。与此同时，客户自身各方面的情况也是不断变化的，如果执行者不能及时地执行计划，就可能对客户自身利益和理财目标的达成产生不利影响，甚至完全无法实现客户原来的目标。这时，理财规划师就应该及时向客户说明情况，适时修改原来的理财规划建议。

1.3.7 理财规划程序的自我实现

在金融机构的帮助下，进行理财规划并实施这样的计划，对于多数人来说并不适合。社会上多数人不是在银行或者各种金融机构的帮助指导下进行系统的理财规划的，而是按照自己的一套方法，自我进行理财规划、自我实现理财规划的目标。因此，前述程序适合于银行等金融机构的理财规划师操作使用,可被视作已经准备请理财规划师为自身制定理财规划的人士的重要参考,而并非针对自我个人理财的人群。那么,上述理财规划程序对他们来说是否适合呢？这将是我们在下面要讨论的。通常而言,理财规划程序的自我实现包括以下5个步骤。

1. 收集信息。这是自我个人理财的第一步。虽然你知晓自我的各种信息,但如果不是因为理财的需要,通常你不会对这些信息进行系统加工和整理。作为自我理财规划的基础工作,首先,要盘点一下自己的家底,做一份相对规范的家庭财务报表。

2. 分析自己的财务状况。阅读财务报表,运用最基本的财务分析方法,对自身的财务状况做出评估。例如,核实自己的净资产大小。如果净资产是正的,而且比较大,显示你具有比较强的经济实力。如果净资产为负的,显示你的债务负担相对较重。还可以分析资产的流动性大小、盈利能力高低等。通过简单分析,就可以发现自己的资产负债结构中存在的问题(家庭财务报表分析,在下一章介绍),进而可以提出自己的理财规划的目标。理财规划目标通常可以从两个视角考虑:(1)弥补财务结构的缺陷。例如,在考虑自我理财之前,自身的投资方式主要采用银行存款,影响了资产的盈利水平。那么,在分析了自身的财务结构以后,就可以将提高盈利能力作为下一步理财的主要目标之一;(2)实现人生某一阶段的目标。例如,购房和购车、或者提高教育层次(到国外留学)等。

3. 制定理财规划。由于是自我理财规划,因此,制定理财规划时,就不需要考虑太多的法律问题,在理财规划书中可以将相关部分忽略。由于金融机构所提供的理财规划书文本,是个人财务策划多年的经验积累形成的,其格式本身仍然具有重要价值。在进行自我理财规划的时候,完全可以参考这样的格式进行构思,并且也形成书面文件,便于以后的检查、评估之用。

4. 执行理财规划。在执行过程中,完全按照原来制定的计划进行,体现准确和有效的原则。

5. 阶段审查和修改理财规划。经过一段时间的理财活动,回顾、审查一下理财规划在哪些方面存在不足,是否需要修改。这个时间间隔,可以按照自然年份进行,也可以按照金融市场的波动情况来进行。不管以什么标准进行回顾、审查理财规划,这个阶段的工作是十分重要的。

1.4 个人理财规划书

向客户提供一份度身定做的个人理财规划书,是个人理财业务的开始。具体而言,理财规划书包括如下几个方面:

1.4.1　个人理财规划书各部分组成

1. 声明

声明是个人理财规划书的第一部分。虽然不涉及理财规划的具体内容,但因为其阐述了理财规划的目的与要求、理财师的专业胜任与保密条款等项内容,故这部分也是非常重要的。

(1) 理财规划的目的与要求。包括三个方面:①用来帮助理财客户明确财务需求及目标,对理财事务进行更好的决策,达到财务自由、决策自主与生活自在的人生目标。②理财规划报告书是客户提供的资料基础上,以通常可接受的假设、合理的估计以及综合考虑客户的资产负债状况、理财目标、现金收支等状况制定的。③理财规划报告书所做出的所有的分析都是以该客户当前的家庭情况、财务状况、生活环境、未来目标和计划以及对一些金融参数的假设和当前所处的经济形势为基础。以上内容都有可能发生变化,所以,客户经理通常会建议客户定期评估自己的目标和计划,特别是在人生阶段发生较大变化的时候,如家庭结构转变或更换工作等。

(2) 专业胜任与保密条款。这些条款主要说明提供个人理财规划书服务的客户经理所具备的专业知识、技能,以及职业操守等。①专业胜任说明:理财师(AFP/CFP)的教育背景、工作经验、专业水平及所获证书和专长等。②保密条款:未经客户书面许可不得透漏任何有关客户的个人信息。

(3) 应披露事项。主要是理财师在处理相关业务时,应该保障客户的知情权,维护客户的利益,这里包括披露下面的事项:①规划报告书收取报酬的方式,或各项报酬的来源。②推介专业人士时,该专业人士与理财师的关系。③所推荐产品与理财师个人投资是否有利益冲突。④与第三方签订书面代理或者雇佣关系合同。

2. 摘要

(1) 摘要的重要性。为客户做简报时应先报告摘要,再对客户感兴趣,或想进一步了解的内容作详细解说。因此,篇幅较长的理财规划报告书有必要编写摘要。20 页以内的报告,其摘要最好不要超过一页。

(2) 摘要的内容主要包括:①家庭财务诊断摘要。②客户原先设置的理财目标能否达成的结论。③理财方案评估后的结论与方案选择建议。④各专项理财规划调整的建议。⑤定期检讨的频率与方式。

3. 基本状况介绍

这部分主要对客户的需求、年龄、职业,以及理财中遇到的主要问题等基本情况做介绍。收集客户相关资料,需要专业技能和良好的沟通能力。通过沟通,确定客户理财规划的主要对象、范围与限制情况等。

(1) 一般或特殊需求,规划的对象、范围与限制方面的情况介绍。

① 客户来银行做理财规划书的主要目的，可以归纳为三种：第一，解决当前家庭财务的困境。如一个家庭面临突发事故，因自然灾害导致居家财产价值大幅减损，因意外或疾病导致医疗费用大幅增加，因失业或失能导致家庭收入大幅减少，不但使得原定的理财目标无法达成，而且威胁到眼前的生计问题。如何规划才能使客户脱离困境？要变现财产的话，应该变现哪些财产？有无其他的增收减支之道？面对此类客户时，应先帮他们解决眼前的困境，再考虑未来长期的规划。第二，规划购房、子女教育与退休等一般性的财务需求。客户目前的经济状况尚可，但是想通过规划来达成理财目标，或提高生活质量。面对此类客户时，要明确其未来的目标与目前的现况，再来拟定由现况达到目标的可行路径。第三，应对家庭结构或生涯转变的特殊经济需求做出安排。如结婚、离婚、生子、赡养父母等家庭结构转变，转换工作或创业等生涯状况改变，迁居或移民等居住环境改变，或客户面临人生的十字路口，希望藉由理财规划做出更理性的决策——这时理财师就负有指点迷津的使命。

理财师搜集客户在理财目标、特殊需求与价值观上的想法，通常通过当面沟通并在问答中取得这些定性分析所需的资料。

② 理财规划的主要对象、范围与限制概况。这里涉及三方面的情况：第一，家庭成员的相关情况，包括年龄、与客户关系、职业、健康状况。年龄对于退休、保险与遗产规划等方面的重要性不言而喻。从理财的角度来说，除了遗产规划以外，家庭理财所考虑的家庭成员，以同住一个屋檐下或依赖客户照顾者为主。如果子女已经就业，在经济上独立，甚至成家立业，没有一起生活的，可以不用放入考虑。居住在外地，但需要客户汇钱赡养的父母应列入家庭成员。职业与工作稳定性、收入形态、课税类别及收入成长率有关。健康状况牵涉到能否以标准体投保及要准备多少医疗基金。第二，规划范围，到底是部分资产、还是所有资产。一般情况下，理财师都是从帮助客户策划部分资产开始，待获得客户信任后，进而策划全部资产。资产管理取得成效后，理财师进而提醒客户保险、税务、遗产规划的重要性，争取帮助客户做全方位理财规划。对于已充分信赖你的客户，则可以提供有针对性的理财服务。第三，理财规划限制项目，主要考虑避免投资工具、保费预算、家人保密等方面的问题。根据客户的具体情况，有选择地安排适合客户风险偏好的投资工具。例如，客户比较保守，避免将股票、认购或认沽权证、股指期货、外汇保证金交易等风险较高的投资理财工具安排到理财规划中。保费预算，通常是按税后收入的比率来计算的。若保障不足，在安排保单时，可以建议客户提高保费预算。如预算固定时，要以调整旧保单的方式，为客户买足适当的保障。所谓家人保密，主要指理财客户将相关的理财策划对其家人保密。有时客户要求的保密对象甚至包括最亲密的爱人，尤其是客户单独一个人来理财中心讨论理财规划的时候，这种情况就更多。对此，客户经理要严格遵守客户要求的对其家人保密的相关规定，相关理财报告应面交客户或是寄到客户指定的邮箱，避免直接寄到客户家里，引起不必要的纷争。

（2）税务与福利身份的确认。

税务与福利身份的确认主要包括：①居民与非居民纳税人，考虑国内是否有处所，与国内持续居住的时间长短。在税务筹划的时候，是否是居民身份，在适用税种、税率方面影响很大。②所得税适用类别。个人所得税的税种达11种，客户应该缴纳的所得税属于哪种，需要明确。③是否有社保福利，主要指客户是否享有养老、医疗、失业、工伤、生育保险与住房公积金等社会福利。④是否有企业年金福利。⑤是否还有其他员工福利，例如员工认股权、员工分红、实物补贴。⑥是否因非本国籍而在投资上受到限制，例如外国人投资股票与购房的限制。

这部分主要是要确定客户的税务与福利身份。通常理财师可通过与客户当面沟通或问卷的方式获得。账户金额与提缴比率可做定量分析，其他可作为定性分析的基础。

（3）首次与客户面谈讨论的主要问题。

这些问题包括：①让客户认知理财规划对其人生的重要性。②让客户知道，客户经理个人及所属的银行金融机构具备足够的专业素质，可以帮他作整体的理财规划。③取得客户愿意规划的承诺（独立顾问需签约）。④依职业道德为客户保密并告知应披露的事项。⑤以客户陈述及发问的方式确认客户理财需求。⑥列出客户所应提供的信息清单或问卷，请客户准备。

首次面谈要敲开客户规划的观念之门，注意两个关键点：其一，让客户认知理财规划对其人生的重要性；其二，客户经理自身专业能力和所属金融机构的人才、业务等方面的优势。理财师必须以身垂范，靠合理的规划理好自己的财，产生示范效应，让客户树立理财的信心。在保密的前提下（如省略姓名），也可略述原有客户理财规划后达到的成效。客户认识到需要理财之后，还要证明客户经理具备足够的专业素养和资质（例如拥有的专业证书、从业时间等），完全胜任客户的理财经理。专业素养通常从两个方面反映：一是以拥有的专业证书体现其具备专业资质，如CFP持证资格是目前理财师的黄金证照；二是理财师还要能够实时回答客户关心的有关当前金融市场的热门话题，分析当前的经济、金融形势，在如何根据实际情况选择金融产品等方面，反映其专业能力。一旦客户愿意做理财规划，就要先告知在前述声明中的内容，接着以客户陈述或发问的方式确认客户需求，此时以搜集前面所述的定性分析资料为主。在客户离开前要列出客户所应提供的信息清单或问卷，请客户准备，此时以搜集家庭财务信息与量化的理财目标等定量分析数据为主。

4. 宏观经济与基本假设

理财规划书通常以一定的经济假设作为分析的起点。如果相关的经济假设发生变化，原来的分析也将需要作出调整。这部分主要提供有公信力的依据或自行判断的逻辑基础，据此设置下列假设，包括：一国或者当地的经济成长率水平与趋势（例如GDP）；一国或者当地的通货膨胀率（采用CPI）水平与趋势；利率水平与趋势的合理假设；汇率水平与趋势;收入成长率水平与趋势;根据现行当地法规设置的比率,如税率、三险一金扣缴率;个别设的比率,如学费成长率、房价成长率、折旧率;合理的目标水平,如大学学费、出国留学费用、国外旅游费用。

理财师可根据当时国民经济的五年计划的经济成长率与通胀率目标、中国统计局的年度预测,依据中国社会科学研究院的某计量模型的估计,或者参考某知名券商的宏观经济研究报告等,提供有公信力的依据,作为制定理财规划报告书的假设基础。但一个有经验的理财师,应该消化这些整理过的资料,或直接搜寻原始资料,做出自己的判断。

5. 家庭财务报表编制与财务诊断

(1)家庭财务报表的编制。

家庭财务报表,通常包括家庭资产负债表、家庭现金流量表。通常情况下,家庭资产负债表通常采用现收现付制原则编制报表,并按照财务准则调整资产、负债的账面价值。

(2)家庭现金流量表编制。

家庭现金流量表是财务报表的基本报告之一,反映在一固定期间(通常是每月或每季)内,家庭(或者个人)的现金(包含银行存款)的增减变动情形。现金流量表根据其用途划分,可分为日常生活、投资及贷款融资。现金流量表可用于分析一个家庭在短期内有没有足够现金去应付日常消费、周期性消费以及偶然消费等的支出。

(3)家庭财务诊断。

家庭财务诊断是指针对家庭的财务状况进行全面的调查分析,通过一系列的方法,找出家庭在财务管理方面的问题,并提出相应的改进措施,指导改善家庭财务管理的过程。家庭财务诊断通常采用比例分析法,包括如下几个方面的分析:一是资产结构分析,包括流动性资产与投资性的比例、投资性资产与自用性资产的比例等;二是负债结构分析,包括负债的用途,偿还期限,以及负债比率;三是现金流量分析,分析收入来源,并分析收入与支出的比例,以及储蓄率等;四是综合比率分析,主要分析财务自由度,净值成长率等指标。

一般而言,家庭资产负债表中流动资产应大于三个月支出,以充当紧急预备金;投资性资产最好超过50%。在家庭现金流量表中,财务负担应控制在20%以下,保费支出应控制在10%以下,消费支出以60%为上限,储蓄率最好超过30%。依照客户所属的家庭生命周期阶段,判断客户的储蓄率、投资率、流动比率、负债比率与财务自由度是否合理,若不合理,应做相应的调整。理财师收集家庭财务信息后要对以下几点作重点分析:确定客户是否量入为出;确定客户资产与负债的相关问题;确定客户的紧急情况备用金,评估紧急情况备用金是否充足;考量潜在的现金管理策略;评估收入与费用的潜在变化的影响;发现现金流相互冲突的要求;评估融资替代方案等。

6. 客户的理财目标与风险属性界定

(1)理财目标。

理财目标是指客户进行财务活动所要达到的根本目的,它决定着客户理财的基本方向。理财目标是一切理财活动的出发点和归宿,是评价家庭理财活动是否合理的基本标准。家庭理财的基本目标是实现家庭财务安全,包括以下七个衡量标准:

一是有稳定的收入来源,这是保障家庭生活的必须条件。

二是有安全的现金准备,一般建议准备 3—6 个月的家庭开支就行。

三是有基本的社会保障。社会保险是国家提供给社会居民的基本保障。

四是有必要的风险管理。社保是广覆盖的保障,只能是最基础的保障。对于一些中产阶级以上的个人或者家庭光有社保还不够,还得补充商业保险。

五是有固定的居住房产,如居无定所,就会缺乏安全感和归属感。

六是有额外的养老计划。中国提前步入老龄化阶段,养老金储备不够,必须自己准备额外养老金作为补充。

七是有合理的投资组合。所谓理财,就是追求稳定的长期受益,不是投资,更不是投机。

家庭理财终极目标是追求财务自由和实现财务自由,即被动收入大于生活支出。与靠时间、精力换取收入的主动收入不同,所谓被动收入,是指客户没有重大参与贸易或商业活动而获得的收入,或者不需要花费多少时间和精力,也不需要照看,就可以自动获得的收入,包括:①退休工资,通过社保单位等获得的稳定收入、退休工资、各种补贴等。②资本利得,通过金融资产等获得的稳定收入、银行存款、债券借款等。③租赁资产的租金收入,通过租赁资产等获得的稳定收入、房屋租赁、机器设备等。④年金约定,通过特殊约定等获得的稳定收入、年金保险、信托计划等。⑤知识产权带来的收益,即通过版权专利等获得的稳定收入、著作版权、专利技术等。

(2) 个人理财目标的分类。

个人理财目标按时间长短,可分为短期目标(1 年左右)、中期目标(3—5 年)、长期目标(5 年以上)。按人生过程,可分为个人单身期目标、开始工作到结婚之前目标、家庭与事业形成期目标、结婚到生育子女之前目标、家庭与事业成长期目标(子女出生到子女大学毕业)、家庭成熟期目标(子女就业到子女结婚前)和退休养老期目标。

理财师在关注顾客个人理财目标的制定时,要注意以下几点:①要适合客户自身的条件(客户所处的社会地位、经济状况、日常收入、家庭、子女等)。②要符合客户自己人生各个阶段的要求,要长、中、短期目标相结合。

个人理财目标的内容要非常清楚,即时间明确、数字具体。对于顾客个人理财目标不切实际或不妥的地方,理财师应该提醒顾客进行回顾、评估,斟酌修正。也就是说,顾客个人理财目标制定后不是一成不变的,而应根据实施的情况、具体的环境背景,适时地作相应的调整,以达到最切合自身的实际要求。最好每隔一段时间(如 1 年),对原来所制定的理财目标进行一次修正。

完整的目标陈述应包括:①何时达成(N_1),如 5 年后购房,或者 20 年后退休。②期初开销(FV),如首付款 70 万元,或者欧洲旅游 2 万元。③持续几年(N_2),如贷款年限 20 年,或者老人余寿 20 年。④年需求额(PMT),如年供额 10 万元,或者年金 3 万元。

(3)理财目标与理财价值观。

理财目标及优先顺序取决于客户的理财价值观。所谓理财价值观,是指个人所固有的个人价值观、生活方式。人在成长的过程中,受到社会环境、家庭环境、教育水平等方面的影响,逐渐形成了自己独特的价值观。理财价值观是价值观的一种,它对个人理财方式的选择起着决定因素。

(4)风险偏好。

风险偏好,是建立在风险容忍度概念基础上的。针对客户理财目标实现过程中所面临的风险,在客户家庭的财务风险管理方面,提出风险偏好和风险容忍度两个概念。从广义上看,风险偏好是指理财客户在实现其目标的过程中愿意接受的风险的大小。风险容忍度是指在客户理财目标实现过程中对差异的可接受程度,是客户在风险偏好的基础上设定的对相关目标实现过程中所出现差异的可容忍限度。不同的行为者对风险的态度是存在差异的,一部分人可能喜欢大得大失的刺激,另一部分人则可能更愿意"求稳"。根据投资体对风险的偏好将其分为风险回避者、风险喜好者和风险中立者。

其中,风险回避的理财客户选择资产的态度是:当预期收益率相同时,偏好于具有低风险的资产;而对于具有同样风险的资产,则钟情于具有高预期收益率的资产。风险喜好的理财客户,其选择资产的态度与风险回避理财客户的态度完全相反,风险喜好的理财客户通常主动追求风险,喜欢收益的动荡胜于喜欢收益的稳定。他们选择资产的原则是:当预期收益相同时,选择风险大的,因为这会给他们带来更大的效用。风险中立理财客户,通常既不回避风险,也不主动追求风险。他们选择资产的唯一标准是预期收益的大小,而不管风险状况如何。

7. 拟定可达成理财目标或解决问题的方案

理财规划书通常会向客户提供可达成理财目标、或者解决问题的方案。有两种做法:

(1)单一目标决策,即理财规划书针对一个理财目标,如教育理财目标、居住理财目标等。在这种情况下,理财规划采用目标基准点法,以实现日为基准点,提出解决问题的方案。这里,目标基准点法就是将基准点之前的现金流累积,基准点之后的现金流折现,并将二者在目标基准点进行比较,从而做出决策的方法。

(2)多目标时的解决方案。当理财客户需要同时考虑多项目标时,除了可以采用目标基准点法以外,还可以采用目标顺序法、目标并进法、目标现值法等方法进行分析,并最终做出决策。其中,目标排序法是在把决策的全部目标按其重要性大小排序的基础上,根据最重要的目标选出一部分方案,然后按第二位的目标从所选出的这部分方案中再作选择,如此按目标的重要性一步一步地选择,直到选择一个最合适的目标方案。目标并进法则是从一开始将资源配置到所有目标上去,然后将所有目标一起推进的做法。目标现值法就是将达到目标时候的终值折算为现值,分析判断是否能够实现这些目标的方法。

在大多数情况下,客户的财力是有限的,选择单一目标方案,其目标达成的速度会比较快。然而,我们的生活又常常是多目标的。因此,理财方案常常是取舍和妥协的结果。

8. 各专项理财规划

按照客户的需求,制定包括投资、置业、教育等各种理财专项规划。

9. 风险告知与定期检讨的安排

(1) 风险告知。

即就理财规划所建议的投资产品、保险产品,以及其他的理财策划,告知客户可能的风险,包括:①流动性风险,例如急需变现时可能的损失;②市场风险,即市场价格变动的不确定性;③信用风险,即个别标的的特殊风险。

(2) 预估的投资报酬率。

理财规划书需要对所规划的项目,以及整个的理财规划书的投资报酬率进行预估,提出说明,包括估计平均报酬率的依据,以及预估最高报酬率与最低报酬率。

(3) 安排定期检讨。

家庭理财师的职责是准确评估客户的财务需求,并在此基础上为客户提供高质量的理财建议和长期的定期检讨服务。客户如果有任何疑问,可随时向理财师进行咨询。值得注意的是,宏观经济金融环境会发生变化,银行金融机构的经营策略也会做出相应的调整,理财规划书需要定期检查、评估,理财的业绩也要定期做检讨。通常至少需要一年定期检讨一次。可预先设置下次检讨的日期或需要重新制作理财规划报告书的情况。

1.4.2 理财规划书的执行

1. 与客户面谈

完成理财规划书后,与客户进行一次面谈。这是执行理财规划书的第一步,也最为重要。要让客户接受面前的理财规划书,而非拒绝。面谈中,客户经理先陈述告书摘要,再针对客户有疑问或想多了解的部分作详细的分析讲解;犹如医生的处方,规划师所推荐的投资与保险或信贷产品必须能解决客户的问题,而且具体到客户可直接执行或授权理财师执行;用客户可听得懂的话语做说明,避免使用太专业的术语;对所配置的产品需作风险告知,切勿保证收益;约定是否定期追踪及下次检讨的日期。

2. 定期检讨

定期检讨对于理财规划书的执行非常重要。定期检讨是及时发现问题、调整理财规划书,避免出现较大理财失误的重要手段。定期检讨的要点包括:以制订支出预算为主时,与客户一起就预算与实际支出的差异作检讨;如果所配置的投资产品的报酬率不如预期,针对经济环境调整周边投资组合,利用固定投资比例法调整核心投资组合;客户因收入大幅下降使得原来规划无法达成时,降低目标或延长年限是比较可行的方式;客户在首期顺利达成原定目标时,应予以鼓励。

3. 资产配置的追踪调整

理财规划最难的地方,不在一开始时的资产配置,而在经过一段时间之后,投资绩效不如预期时,应该要如何调整才能确保原定的理财目标仍有机会达成。假使投资绩效不如预期,为确保长期投资计划在短期亏损后仍然有机会达成,可以比照零基预算模式,算出在剩余的年限内,应增加多少储蓄本金投入才能弥补先前的账面损失。

4. 资产配置再平衡的方法

资产配置完成后,虽然着眼于长期投资,但是市场发生变化时,不同类别的资产价值也在发生变化,因此完全不动不见得是最好的策略,资产组合若经过再平衡的过程,则更有机会达到理财目标。

1.5 金融理财规划的发展概况

随着过去近 30 年中国经济的快速发展,中产阶级和豪富阶层正在迅速形成,并有相当一部分从激进投资和财富快速积累阶段逐步向稳健保守投资、财务安全和综合理财方向发展,因而对能够提供客观、全面理财服务的理财师的需求不断上升。麦肯锡的一项调查资料表明,2006 年中国的个人理财市场将增长到 570 亿美元,专业理财将成为我国最具发展潜力的金融业务之一。与理财服务需求不断上升形成反差,我国理财规划师数量明显不足。我国国内理财市场规模远远超过 1 000 亿元人民币,一个成熟的理财市场,至少要达到每三个家庭中就拥有一个专业的理财师,这么计算,中国理财规划师职业有 20 万人的缺口,仅北京市就有 3 万人以上的缺口。在中国,只有不到 10% 的消费者的财富得到了专业管理,而在美国这一比例为 58%。

理财规划师既可以服务于商业银行、保险公司等金融机构,也可以独立执业,以第三方的身份为客户提供理财服务。1997 年,美国理财师年薪的平均数是 11 万美元,相当于大公司的中层经理。不同的是,他们中的很多人每年仅工作 600 小时。2001 年,美国在包括总统等职位在内的"工作职位评鉴"排名中,理财师位列第一。反观我国,经济持续高速增长,个人理财需求大幅度上升,而取得资格的个人理财师却难以满足市场的需求。不难预见理财规划师将成为继律师、注册会计师后,国内又一个具有广阔发展前景的金领职业。

1.5.1 金融理财规划在国外的发展

1. 美国等西方国家理财业的发展沿革

美国等西方国家理财业的发展经历了三个时期：萌芽期、发展期和成熟期。

（1）萌芽期。美国的理财业萌芽于20世纪30年代的保险业，它是当时保险推销员推销产品的一种手段。1929年10月股票暴跌，保险的"社会稳定器"功能促使保险公司的地位得到了空前的提高，同时大危机使人们开始萌生了对个人生活的综合设计和资产运用设计方面的需求。在这种背景下，一些保险推销员在推销保险商品的同时，也提供一些生活规划和资产运用的咨询服务，这些保险营销员被称为"经济理财员"，也就是理财规划（Financial Planning，FP）的萌芽，尽管不成熟但已显现出很强的生命力。

（2）发展期。尽管理财萌芽于30年代的美国保险业，但真正意义上的理财概念和理财资格考试制度是20世纪60年代末期以后才确立的。二战结束后，经济的复苏和社会财富的积累使得美国个人金融理财业进入了起飞阶段。社会、经济环境的变化逐渐使富裕阶层和普通消费者无法凭借个人的知识和技能，通过运用各种财务资源来实现自己短期和长期的生活及财务目标。因此，消费者开始主动寻求称职的、客观公允的、以追求客户利益最大化为己任的专业金融理则规划人员来获取咨询。1969年是美国理财业发展的标志性年，这一年美国创立了首家理财团体机构IAFP（International Association for Financial Planning），这是一家以普及理财知识、促进理财发展为目的的社会团体。1972年，美国创立了理财教育机构（College for Financial Planning），并创立了CFP标志（Certified Financial Planners）。1973年该校的首批42名毕业生获得了CFP资格证书，并由该批毕业生设立了旨在建立和维护理财的专业权威性，在世界上推广理财资格活动的团体ICFP（Institute of Certified Financial Planners）。

（3）成熟期。经过了20世纪70和80年代的发展，美国开始出现真正意义上的理财业界和较为完善的理财制度。另一方面，围绕个人财产的管理、运用的时代背景发生了重大变化，突出表现在：个人金融资产膨胀、金融自由化浪潮兴起、老龄化社会来临等方面。这一系列因素促使人们对理财的需求急剧增加，作为金融自由化改革的结果，金融商品迅速增加、金融风险加大，人们迫切需求理财师的帮助，这样就推动了理财业的空前发展，理财师的地位不断提升。1985年，美国金融理财学院（College for Financial Planning）和CFP学会（Institute of Certified Financial Planners，ICFP）共同设立了国际CFP标准和实践委员会（International Board of Standards and Practices for Certified Financial Planners，IBCFP）。

1987年10月19日的"黑色星期一"使投资者损失达1万亿美元。理财师由于提出的投资方案遭到重创而丧失了信用，给人们留下了强烈的不信任感，社会地位直线下降，理财业迎来了最艰难的时期。尽管如此，其后的一段时间，理财业的热心者们开始考虑改革理财制度,将理财的工作重心转移到生活规划上来,如退休后养老年金的安排等。CFP 也开始重视后续教育和严格遵守伦理规定等方面的问题,直到现在还严格遵守这些规定。

1994 年,IBCFP 更名为著名的美国 CFP 标准委员会(CFP Board of Standards)。2000 年 1 月 IAFP 和 ICFP 合并,成立新的理财组织 FPA(Financial Planning Association),其目的是为理财师提供一个有机的活动空间,使理财业朝着健康的方向发展。

建立于美国的 CFP 资格认证制度,于 1990 年前后开始了其国际化的历程。先后有澳大利亚、日本、加拿大等国家与美国 CFP 标准委员会签署了 CFP 商标国际许可协议。这些协议允许当地唯一获得授权的组织参照美国 CFP 标准委员会的模式,向达到教育(Education)、考试(Examination)、从业经验(Experience)和职业道德(Ethics)等严格要求(即"4E"标准)的当地金融理财师颁发 CFP 资格证书。至 2005 年 4 月,国际 CFP 组织已有 18 个正式成员组织。随着正式成员组织的增加,世界各地的 CFP 持照人数也相应地增加。现在全世界的 CFP 持照人员总数已超过 89 943 人。这种采用统一的、国际公认的金融理财师(CFP)称号的做法,有利于推动国际 CFP 组织所提倡的金融理财规范流程六大步骤和全心全意为客户利益服务的理念,在全世界金融理财领域和公众中受到更大的关注和认可。

现今金融咨询领域内的很多职业资格认证制度,如美国特许金融分析师(CFA)、加拿大注册会计师(CGA)、英联邦国家注册会计师(ACCA)等专业资格的认证制度,虽也得到了一定程度的国际认可,但并不致力于在引进地实现全面本土化。而金融理财服务的一大特点是,服务内容与所在国家或地区有关税收、遗产、养老和社会保障等方面的法律法规,以及金融市场发展状况紧密相关。因此,国际金融理财标准委员会主要负责制定获得 CFP 资格证书的人员应达到的"4E"标准。而金融理财从业者在提供服务过程中应具备的知识和技能,则应全面考虑当地法律及习惯,由国际金融理财标准委员会所授权的当地金融理财标准委员会自行制定。

值得一提的是,获得国际金融理财标准委员会授权颁发 CFP 资格证书的当地金融理财标准委员会,都必须根据统一的国际标准,制定并颁布三大文件:

- 《CFP 执业操作准则》
- 《CFP 职业道德准则》
- 《CFP 纪律处分原则和程序》

根据《CFP 执业操作准则》的规定,获得认证的 CFP 从业者在提供金融理财服务时,必须严格遵循一个包括六大步骤的规范流程,只有这样,才能避免他们为客户服务时仅以推销金融产品为导向。2004 年起,国际金融理财标准委员会开始就这六大步骤向国际 ISO9000 组织正式提交申请。《CFP 职业道德准则》的确立和实施,标志着当地金融理财标准委员会可以根据该准则严格而准确地界定,CFP 执业者的服务是否符合守法遵规(Compliance)、正直诚信(Integrity)、客观公正(Objectivity & Fairness)、专业胜任

(Competence)、保守秘密(Confidentiality)、专业精神(Professionalism)和恪尽职守(Diligence)七大原则。而《CFP 纪律处分原则和程序》则意味着,一旦获得认证的 CFP 执业者没有遵循职业道德准则或执业操作准则中的某项规定,该资格认证组织将依据相关原则和程序对其进行纪律处分。这三个文件本身就是"CFP 永远以客户利益为行为导向"的这一重要理念的直接体现。

2. 美国理财业的商业运营

(1) 理财的模式。美国的理财大致可分为两种模式:独立经营型 FP(主要在咨询公司、理财师事务所、会计师事务所、税务师事务所、律师事务所从业,也称为"独立理财体系")和企业型 FP(主要在金融机构内从业,也称为"机构内部理财体系")。在机构内部理财体系中,理财通常被作为促进本机构商品销售的手段或仅给 VIP 客户提供的服务;在独立理财体系中,理财被作为其本身的业务。两种理财模式的主要区别在于:在机构内部理财体系中,理财策划、咨询等通常免费,但策划内容通常与本机构的业务相关,因此,独立公正难以保证;独立理财体系由于没有自身的产品兜售,因此相对公正,但其理财策划、咨询通常要收费。目前,约有 2/3 的理财师在专业理财事务所从业或者是隶属于会计师事务所等社会中介机构,属于独立经营型 FP。另外的 1/3 是在银行、证券公司、保险公司等金融机构从业,属于企业型 FP。

(2) 理财师的商业活动。根据 CFP Board 的现状调查,典型的注册理财规划师(CFP™)实务者,除持有 CFP™ 资格外,一半以上的人同时持有证券、保险或者其他两个以上的资格,例如作为投资顾问而对投资进行咨询时,获得报酬必须持有美国联邦政府认可的投资顾问资格。尽管理财师以财务策划为主业,但在实际的商业运营中,在做生活规划的同时,还伴随有金融商品的推销,或者是税务、会计咨询等。因此,几乎所有的理财师提供的服务都是由两种以上的综合型服务构成。

(3) CFP™ 的报酬形态。典型的 CFP™ 收入是由手续费和佣金两部分构成的。也就是为顾客管理和运用资产而按一定比例(通常是 0.5%—1.5%)收取的手续费;以及当出售特定的商品时,从该商品的所有权人处获得的一定的手续费(佣金),这两种收入构成了 CFP™ 报酬的基本形态。还有部分 CFP™ 实务者以小时为单位,收取顾问费(咨询费)。

3. 国外主要执业资格介绍

(1) 特许人寿理财师(CLU, Chartered Life Underwriter),是美国人寿保险管理学会(LOMA, Life Office Management Association)推出的,是美国三大理财认证之一。作为公认的寿险专业领域最高级别的资格认证,CLU 始于 1927 年,已有超过 94 000 人取得该证书,是目前持有人数最多的理财认证证书。LOMA 是一个国际性的保险学术组织,会员分布在美国、加拿大、日本、欧洲、中国香港等 30 多个国家和地区,是寿险专业领域最高级别的认证。CLU 比较侧重于收入支出规划、不动产规划、财产传承规划、财产管理等方面的能力。考试涉及人寿保险经营原则及地位、人寿保险销售渠道、个人理财、所得税筹划、人寿保险相关法律、房产以及遗产规划等内容。取得证书后,也要参加继续教育。随着 CLU 的发展,它的范畴超出了寿险的范围,现在是一个综合理财规划资格的认证。

(2) 特许理财顾问师(ChFC, Chartered Financial Consultant)于 1982 年由美国金融职业培训界历史最悠久、最负盛名的美国学院(American College)创立,以其考试难度较高,后续培训比较完善,侧重实务操作而获得广泛认可,在美国金融界颇受尊重,与 CFP 齐名。ChFC 注重于为客户提供综合的理财规划。要取得 ChFC 证照,需有 3 年相关工作经验,并通过 8 门核心课程。ChFC 和 CFP 一样有继续教育制度,会员每年必须按规定获得一定的继续教育学分。ChFC 与其他理财职业资格相互承认学分。

(3) 注册金融理财师(CFA, Chartered Financial Analyst),是"注册金融分析师"或"特许金融分析师"的简称,是国际通行的金融投资从业者专业资格认证,是美国以及全世界公认的金融证券业最高认证,也是全美重量级财务金融机构的分析从业人员必备证书。CFA 由总部位于美国的 CFA 协会(原名为"投资研究及管理专业协会"——Association for Investment Management and Research, AIMR)进行资格评审和认定,CFA 考试内容分为三个不同级别,分别是 Level Ⅰ、Level Ⅱ 和 Level Ⅲ。考试在全球各个地点统一举行,每个考生必须依次完成三个不同级别的考试。CFA 资格考试采用全英文,候选人除应掌握金融知识外,还必须具备良好的英文专业阅读能力。顺利通过 CFA 课程即达到一种成就,能获得雇主、投资者和整个投资界的高度尊重。随着 CFA 考试参考人数的不断增加,"投资管理与研究协会"自 2003 年起,将 Level Ⅰ 考试由每年一次增加为每年两次,除了 5 月/6 月在全球 160 个考点举行一次外,2003 年 12 月将在包括新加坡、香港等考生较为集中的 23 个地区再举行一次。因而,从 2003 年起 Level Ⅰ 考生将有两次机会参加考试。中国内地已经开设考场,每年 6 月份的考点有北京、上海、广州、香港,12 月份的考点有北京、上海、香港。CFA 考试内容大致包括伦理和职业标准、财务会计、数量技术、经济学、固定收益证券分析、权益证券分析、组合投资管理等 7 个方面的内容。自从 20 世纪 60 年代中期第一次考试以来,CFA 考试已经历经了近 40 个年头。目前,CFA 已经毫无异议地成为全球金融第一认证体系,CFA 所推广的金融理念已经成为行业标准,CFA 资格已广泛地被全球顶尖金融结构采用,成为主要人力资源评估标准。特许金融分析师在全球增长迅速,CFA 协会将此归功于 CFA 知识体系的全球适用性和考试的严格性,及高标准的职业道德要求。简而言之,CFA 资格已经成为金融市场公认的衡量从业人员水平的标尺。

1.5.2 金融理财规划在国内的发展

1. 我国理财业发展沿革

我国改革开放以来,经济的高速增长显著地改善了人民生活,居民可支配收入不断增长。住房制度、医疗制度、养老制度、社会保障制度、教育体制等改革相继推出,属于个人的各项支出不断加大。近年来,理财热潮在上海、北京等大城市兴起,理财策划(Financial Planning)业发展迅速,不少金融机构相继开设理财中心,推出新的理财服务和工具,开拓理财业务市场,以专业理财为主题的媒体、论坛和展会层出不穷,以培养理财策划师(Financial Planner)的专业理财培训机构日趋增多。中国工商银行上海分行1997年就开设个人理财工作室,向社会推出包括理财咨询设计、存单质押贷款、外汇买卖、单证保管、存款证明等12项内容的理财系列服务,随后不少银行相继设立个人理财中心,推出大量本、外币理财产品,开展个人理财服务。保险公司代理人转型为理财顾问,2001年平安寿险北京分公司推出首批50名经过培训的理财顾问,依靠软件支持为客户提供理财咨询。证券公司也推出集合理财产品;基金产品更是琳琅满目,规模不断扩大;信托产品也处热销中。2001年,专业理财媒体《理财周刊》在上海成立,从2003年12月开始联合各大金融机构和媒体,召开每年一度的理财博览会。众多报纸和网站都专门开设理财频道和专栏;电视和广播电台的理财节目也是日益增多。2000年和2002年,在北京召开的两届"中美金融论坛",就中国金融理财师的市场需求、导入准备、教育、考试、后续教育等进行了广泛的讨论,中国金融理财师资格的认证体制工作步入新的发展阶段。

2. 国内主要理财师职业资格介绍

(1) 国家理财规划师。

理财规划师国家职业资格认证是国家人力资源和社会保障部在全国范围内推行的理财规划专业人员资格认证。其具有本土化和实务性两大基本特点,同时又充分参考了国际先进经验,认证内容完全依照我国金融、法律环境和具体国情设置,在保证严谨、科学、权威的基础上,强调实用性和服务性,从而迅速提升从业者的专业能力。多家银行与保险机构指定员工报考该认证,并组织理财规划师认证团体培训。

《国家理财规划师》全国统一考试的实施进一步标志着理财规划师职业在国内已成为一个热门职业。以贵宾理财为代表的顾问式金融行销已成为银行、证券、保险、投资、理财、信托等金融机构应对激烈市场竞争和开展个人金融服务的重要手段。不难预见理财规划师将成为继律师、注册会计师后,国内又一个具有广阔发展前景的金领职业。

(2) 中国注册理财规划师。

中国注册理财规划师协会(The China Institute of Certified Financial Planners Ltd.,英文缩写CICFP)于2005年3月成立,是经中国香港政府相关部门核准登记注册的国际社团及工商组织,持有商业登记证书和社团登记证书,业务活动受工商税务署及社团署的指导。理事会总部设在香港,下设注册理财规划师行业标准委员会、注册理财规划师资质考试委员会、注册理财规划师教材编辑委员会、注册理财规划师职业能力评估委员会、银行理财委员会、保险理财规划委员会、证券理财委员会、金融管理委员会、风险管理委员会、税务规划专业委员会,考试委员会设在北京。2005年9月16日,经国家工商行政管理总局批准,协会在北京设立了办事机构,负责统一协调和指导各授权机构的工作,以使各授权机构所提供的服务质量符合协会的标准。协会在中国大陆及香港、台湾等地共设有 28 个授权机构,为协会会员提供学前组织、水平认证、后续教育、热点讲座等服务。

中国注册理财规划师协会组织专家学者自主开发了具有独立知识产权的注册理财规划师 CFP 的创新理财培训体系。中国金融网作为金融门户网站与中国注册理财规划师协会联合成立中国注册理财规划师考试管理办公室,注册理财规划师管理办公室负责 CFP 行业资格认证的实施,全面负责试点培训及认证工作。目前 CICFP 实施三级理财师认证制度,即:助理理财规划师、理财规划师和注册理财规划师的认证制度。

(3)上海人才培训市场促进中心:注册金融理财师。

"注册金融理财师"是上海人才培训(市场)促进中心、上海人才培训市场考试认证部特别为从事金融理财相关行业的人士以及希望从事金融理财相关行业的人士所设立的一项专项职业资格认证,该认证在上海人才培训(市场)促进中心人才库中注册。

该课程将通过系统学习理财工具和理财规划实务操作,使学员熟练掌握理财基本技巧,具备独立为客户量身定制理财规划分析报告、开展理财服务和个人金融营销的能力。

学员经"注册金融理财师"考试培训认证中心所安排的相关培训,并最终通过专业考试合格后,即可获得该资格,提升学员自身价值及专业水平,从而获得更多的社会及行业内的认可,为进一步开拓自身广阔的职业空间做准备,并且通过一系列的后续培训考核及国内外相关专业资格互相承认等,让持有注册金融理财师资格的人士充分获取国际国内的市场认同。

本章小结

1. 个人理财,是根据个人(或家庭)所确定的特定人生阶段的财务目标,同时考虑该个人(或家庭)的收入和消费水平、预期目标、风险承受能力等情况,形成一套以收益(或者效用)最大化为原则的个人财务安排。

2. 个人理财与公司理财在理财的目标、服务对象的风险承担能力、关注的时间长短、依据的法律法规、行业管理,和主要业务内容等六个方面都存在差异。

3. 个人理财的理论基础,包括莫迪利亚尼的生命周期假说、投资组合理论、资本资产定价理论、套利定价理论和马斯洛的需求层次论等理论。

4. 人的一生,经历五个不同的阶段,每个阶段的财务目标是不相同的,包括:单身期,其主要的财务需求有租赁房屋、满足日常支出、偿还教育贷款等;家庭与事业形成期,其主要财务需求有购房、子女出生与教育、建立应急基金、风险保障等;家庭与事业成长期,其主要的财务需求有购房购车、子女教育规划、风险保障、养老金储备等;成熟期,其主要财务目标有提高投资收益的稳定性、养老金储备、财产传承等;退休期,其主要财务需求包括保证财务安全、遗嘱、建立信托、以及准备善后费用等。

5. 按照国际注册理财规划师理事会(International CFP Council)的规定,标准的个人理财规划的步骤有六步,包括建立和定义与客户的关系、收集客户的信息、分析客户的财务状况、整合理财规划的建议并提交客户、执行客户的理财规划建议以及最后阶段的审查和修改理财规划。

6. 个人理财规划书各组成部分包括:声明,摘要,基本状况介绍,宏观经济与基本假设,家庭财务报表编制与财务诊断,客户的理财目标与风险属性界定,拟定可达成理财目标或解决问题的方案,各专项理财规划,风险告知与定期检讨的安排。

7. 执行理财规划书的第一步是在完成理财规划书后与客户进行一次面谈,让客户接受面前的理财规划书。执行理财规划书时要定期检查,要注意资产配置的追踪调整,以及选择适当的资产配置再平衡的方法。

8. 金融理财规划业务首先在美国发端,经历了萌芽期、发展期和成熟期。20世纪90年代开始,美国的金融理财业务开始了国际化的历程,先后有澳大利亚、日本、加拿大等国家与美国相关机构签署了许可协议。

思考与练习

1. 个人理财与公司理财的区别有哪些?

2. 如何理解莫迪利亚尼的生命周期假说是个人理财的理论基础之一?

3. 为什么马斯洛的需求层次论是个人理财的理论基础之一?

4. 个人理财规划是否就是处理一个人的理财事务的过程?

5. 个人理财师的主要职能是否就是帮助客户制订和实施个人理财规划?

6. 下列个人理财规划与哪些类型的理财目标有关?

(1) 综合个人理财规划;

(2) 特殊需求个人理财规划。

7. 试举若干特殊需求个人理财规划的例子。

8. 个人理财的主要目标是否会随着你生命历程的变化而变化?

9. 选择综合性个人理财规划还是特殊需求个人理财规划取决于个人的生活目的和理财目标。对还是错?

10. 一个综合性个人理财规划是否能引发一个特殊需求个人理财规划?

11. 列出个人理财规划流程的标准步骤。

12. 人生目标是决定个人理财规划的主要因素吗?

13. 简述个人理财策划方案是由哪些内容组成的。

14. 个人理财规划书中基本状况包括哪些部分?

15. 家庭财务诊断通常包括哪几个方面的分析?

16. 家庭财务安全可以用七个标准来衡量,请说出是哪七个标准。

17. 阐述风险偏好的概念;简要描述风险回避的理财客户、风险喜好的理财客户和风险中立的理财客户选择资产的不同态度。

18. 在个人理财业务中,除个人理财师外,是否还有其他专业人员也可能涉入计划流程中? 举例说明。

19. 准备一张表格,列出能够帮助人们进行个人理财策划的理财策划专家。

第2章

个人财务分析

本章学习要点

1. 掌握个人财务分析的概念；

2. 理解个人财务分析的程序；

3. 熟悉个人财务分析的基本方法；

4. 掌握个人资产负债表的编制和分析方法；

5. 了解个人资产与负责的估值方法；

6. 掌握个人现金流量表的编制与分析方法；

7. 掌握判断个人财务健康状况的标准。

基本概念：个人财务分析；个人资产负债表；个人现金流量表；财务健康状况

　　不管是金融机构提供的理财规划服务，还是个人自我理财策划，都需要进行财务分析。美国南加州大学教授 Water B.Neigs 认为，财务分析的本质是搜集与决策有关的各种财务信息，并加以分析和解释的一种技术。为此，首先都需要了解理财对象现在的资产和负债的分布状况，包括流动资产和长期资产的结构。其次，还要了解理财对象的预期现金收入和现金支出计划。现金收入一般包括工资奖金收入、银行存款或者债券的利息收入和资本投资收益等。

　　在进行财务分析的过程中，将运用一系列的分析方法与工具。最常用的还是围绕财务指标进行单指标、多指标综合分析；以及借用一些参照值（如预算、目标等），运用一些分析方法（如比率、趋势、结构、因素等）进行分析，然后通过直观的、人性化的格式（报表、图文报告等）展现给用户。

2.1 财务分析概述

2.1.1 个人财务分析概念

1. 个人财务分析概念

所谓个人财务分析,是以财务报告资料及其他相关资料为依据,采用一系列专门的分析技术和方法,对个人(或者家庭)的过去和现在有关筹资活动、投资活动、日常生活等的盈利能力、支付能力、偿债能力状况等进行分析与评价的经济管理活动。它为个人(或者家庭)、理财规划师了解分析对象的过去、评价该对象的现状、预测其未来,做出正确决策提供准确的信息或依据。

2. 个人财务分析与企业财务分析的差异性分析

个人理财规划,作为一项重要的经济管理活动,以财务分析为重要基础。通常,个人财务分析是个人理财业务的第一步和出发点。通过对理财对象进行财务分析,可以发现其财务结构方面存在的问题,也可以作为下一步调整理财重点的依据。而且,个人财务分析,又是个人理财规划的一项基础工作。在开始个人理财业务之前,多数的个人和家庭都不会进行财务分析,也不知道自己的财务状况。而规范的个人理财业务,必然包括完善的财务分析。值得注意的是,个人理财活动,通常不是完全按照收益最大化为原则的,还需要考虑各种社会的、道德伦理的等方面的因素。因此,个人财务分析与企业的财务分析,还是存在许多差异:

(1)财务报告的使用对象不同。个人财务会计报告的使用者主要包括被分析的个人(或者家庭)、被分析对象的理财规划师。而且,个人财务报告,具有一定的私密性,通常不会公之于众。与个人财会报告的使用者不同,企业财务会计报告的使用者主要有:经营者、投资者、债权人、政府有关部门。企业财务会计报告根据企业的性质不同,其公开的对象会有所区别。如果是一家未上市企业,那么仅仅需要向政府的管理机构、经营者、投资者、债权人等公开其财务会计报告。如果是一家上市公司,该企业就有责任向社会公开其财务会计报告——不仅仅是向政府的管理机构、经营者、投资者、债权人等公开,而且要向社会公众公开。不同的财会报告,使用者不同,使用的目的不尽相同,财务分析的作用也就有所侧重。个人财会报告有助于个人和理财规划师了解理财对象的财务状况,为下一步的个人理财业务打下基础;而企业财会报告则能够帮助经营者、投资者了解企业的获利能力、投资风险等情况,便于进行正确的投资决策。在企业中,既有经营者运作企业内部的资金,进行投融资决策;还有企业外部的投资者购买、或者抛售相关企业的股票,等等。

(2)财务分析的作用不同。首先,个人财务分析有助于个人和理财规划师正确评估个人的理财情况,发现其财务结构中存在的问题和所具有的优势,是提高个人理财业绩的重要依据;企业财务分析有助于经营者正确评估企业的财务状况和经营成果,把握企业现金流量情况,是企业改善管理,提高公司理财水平的重要依据。

其次,个人财务分析有助于个人和理财规划师掌握个人的偿债能力,而企业财务分析有助于经营者、债权人等掌握企业偿债能力、营运能力等情况,从而作出正确的信贷决策。

第三,企业财会报告有助于政府及有关部门及时了解企业财务状况和经营成果等动向,为适时调整政策和宏观调控服务;而个人财会报告则没有这样的功能。

(3) 在会计报表上的差异。个人或者家庭财务报表,国内外尚无统一标准。如果不是个人财务策划的需要,多数个人或者家庭也不会劳心费神去做财务报表。有些个人或者家庭会购买(或者自己做)家计簿,进行一些简单的收入、支出的记录。不同的金融机构,也会在开展个人财务策划的时候,依据基本的会计准则,编制适合个人和家庭的财会报表。个人理财的财会报告仅仅是给个人(或者家庭)、以及理财规划师的参考,没有强制要求符合哪些法律或者规章,不必像企业财务报告一样要包括资产负债表、利润表、现金流量表、所有者权益变动表、附表会计报表附注和财务情况说明书,而且借贷项目也不要求严格的平衡。相反,企业的财会报告要求符合国家的法律、相关的会计准则以及财税方面的规定,而且报表的借贷项目必须平衡。除此之外,个人财务报告的编制在时间上没有强制性要求,但是企业财务报告必须按照国家统一会计制度规定,定期编制财务报告,财务报告可以按月度、季度、年度等编制,公开发行股票的股份有限公司还应发布半年编报一次的财务报告。而且企业的财务报表要求数字真实、计算准确、内容完整、说明清楚,公司法人对报送财务报告的合法性、真实性负法律责任,但个人的财务报表就没有如此繁杂的要求。

具体而言,在会计原则方面,企业财务报表一般采用权责发生制,而个人财务报表一般采用收付实现制。前者在交付货物或者劳务时记"应收款",收到货物或者劳务时记"应付款"。原因在于企业会计应符合收入与支出的配合原则。在开具发票的时候,如果还没有收到现金,就列为损益表的收入,资产负债表记入应收账款,收到现金后再作资产调整,将应收款转为现金。为简便起见,个人财务报表将会采用收付实现制,也就是说,只有现金流入或者流出时候才记账。虽然企业会计的权责发生制是最严密的、正确的记账方法,每笔交易都做借贷分录来记账;但在实践中,个人(或者家庭)不可能有专人做这样的管理工作,而且家庭的每日收支也无必要细致严密地记账。

2.1.2 财务分析程序

建立规范而合理的分析程序,是个人财务分析能够有序、顺利进行的重要保证。而且,也只有这样,才能在财务分析过程中对于个人(或者家庭)的财务状况作出正确判断和恰当的评价,保证分析质量。财务分析工作,一般应当按照以下程序进行。

1. 确定分析目标、制定分析方案

财务分析目标,依分析目的不同而有不同的分析方案。从分析者来说,分析目标可分为财务状况分析、信用分析、投资分析、税务分析、风险偏好分析等。其中,财务状况分析,主要分析个人的资产、负债等结构是否合理,期限结构是否合理等。信用分析,主要是分析个人的偿债能力和支付能力,是否存在信用风险等。投资分析,主要是分析投资资金的安全性和获利性。税务分析的目标主要在于分析个人的收入与支出情况,尤其是能否通过税收筹划,来合理合法避免或者减轻税收负担等。风险偏好分析,主要是分析个人属于风险偏好型、风险厌恶型还是风险中立型,以更好地为其提供后续服务。

从分析性质来说,财务分析有定期总结分析和预测分析。一般而言,企业有专门的财会人员,所以企业可以进行日常经营的财务分析。个人财务分析,通常不需要考虑日常的财务分析,可以进行定期总结分析。定期总结分析,是对个人(或者家庭)当期的投资业绩、财务状况进行的全面分析。预测分析,则是对个人(或者家庭)投资的未来前景作出评估。

分析目标明确之后,要根据分析量的大小、分析问题的难易程度,制订出分析方案,以确定财务分析的重点。

2. 搜集、整理核实资料

搜集、整理相关资料,是开展财务分析工作的基础。一般来说,在分析工作开始之前就应更多占有资料,切忌资料不全就着手分析。通常,个人(或者家庭)的相关资料并不复杂,但是也需要注意日常的积累和收集,具体包括日常开支和收入,重大的支出和收入,各类税收支出,工资薪金收入,投资收益,其他收入等数据资料。

3. 选用适宜的分析方法进行分析工作

一般应根据分析的目的、内容选用适宜的分析方法。分析方法恰当与否,对分析的结果和质量有重要影响。应根据财务分析目标和内容,评价所搜集的资料,寻找财务数据间的因果关系;联系客观环境,解释形成现状的原因,揭示个人理财的成绩和失误,暴露存在问题;提出分析意见,探讨改进办法与途径。

4. 编写分析报告

编写个人财务分析报告,是财务分析的最后步骤。它将财务分析的基本问题、财务分析结论,以及针对问题的措施建议以书面的形式表示出来,是为个人(或者家庭)、理财规划师提供财务策划的依据。财务分析报告作为对财务分析工作的总结,还可作为历史信息,以供后来的财务分析参考,保证财务分析的连续性。

财务分析报告要明确分析目的,评价要客观、全面、准确。财务分析报告,首先要说明分析评价的依据,然后要进行必要的分析,对分析的主要内容、选用的分析方法、采用的分析步骤也要作简明扼要的叙述,以备运用分析报告的相关人员了解整个分析过程。

2.1.3 财务分析的基本方法

财务分析的基本方法很多,根据个人财务策划的需要,简单介绍如下三类分析方法,包括比率分析法、比较分析法和趋势分析法。相对来说,比较分析法简单直观,比率分析法则是最重要的分析方法。

1. 比较分析法

个人财务分析中的比较分析法,是指将实际达到的财务数据同特定的各种标准相比较,从数量上确定其差异额,分析和判断个人(或者家庭)当前财务状况和投资理财业绩的一种分析方法。通过比较分析,揭示财务活动中的数量关系和存在的差距,从中发现问题,为进一步分析原因,挖掘潜力指明方向。比较分析法是最基本的分析方法,不仅比较分析法本身在财务分析中被广泛应用,而且其他分析方法也是建立在比较分析法的基础上的。比较分析法包括水平比较分析法和纵向比较分析法。

(1) 水平比较分析法,又称横向比较分析法,是指将报告期的财务数据与市场上同类数据或个人自己(或者家庭)前期或历史某一时期的同项目数据进行差异比较,找出原因的一种分析方法。水平比较分析法又有绝对数比较分析、绝对数增减变动比较分析、百分比增减变动分析等。其中,绝对数比较分析法一般通过编制比较财务报表进行,包括比较资产负债表和比较利润表等,将各种有关会计报表项目的数据与比较参照对象进行比较。这里的参照对象,可以是市场上的同类数据,也可以是个人(或者家庭)自己的历史数据。绝对数增减变动比较分析法主要衡量财务数据的增减变动情况。百分比增减变动分析法是为消除总量因素的影响,将增减变动的绝对数,转化为百分比,即在计算增减变动额的同时计算出增减变动百分比。因此,百分比增减变动分析法,使得不同的财务分析结果具有可比性。

(2) 纵向比较分析法,又称垂直分析法或动态分析法,它与水平分析比较法不同。纵向比较分析法,不是将财务报告期的分析数据直接与基期进行对比,以此来计算出增减变动量和增减变动率;而是通过计算报表中各项目占总体的比重或结构,反映报表中的项目与总体关系情况及其变动情况。也就是说,理财规划师以资产负债表、利润表等财务报表中的某一关键项目为基数项目,以其金额作为100,再分别计算出其余项目的金额各占关键项目金额的百分比,这个百分比表示各项目的比重,通过这个比重对各项目作出判断和评价。这种仅有百分比,而不表示金额的财务报表被称为共同比财务报表,它是纵向分析的一种重要形式。资产负债表的共同比报表通常以资产总额为基数,利润表的共同比报表通常以个人的收入总额为基数。

2. 比率分析法

比率分析法是财务分析的最重要的方法。比率分析法是将影响财务状况的两个相关的项目加以对比,计算两者的比率,以此来确定经济活动变动程度的分析方法。这些比率,可以反映资产、负债等的构成、效率等情况,是其他分析方法所无法获得的结果。比率指标主要有以下三类:

(1) 构成比率。

构成比率又称结构比率,主要用以计算某项经济指标的各个组成部分占总体的比重,反映部分与总体的关系。其计算公式为:

$$构成比例 = 某一组部分数额 \div 总体数额 \times 100\%$$

利用构成比率,可以考察总体中某个部分的形成和安排是否合理,以便协调各项财务活动。

(2) 效率比率。

效率比率是用以计算某个经济活动中所费与所得的比例,反映投资与回报的关系。利用效益比率指标,可以进行得失比较、考察经营成果、评价经济效益的水平。

(3) 相关比率。

相关比率是以某个项目与相互关联但性质不相同的项目加以对比所得的比率,反映有关经济活动的相互关系。如将流动资产与流动负债加以对比,计算出流动比率,据以判断短期偿债能力。

比率分析法的优点是计算简便,计算结果容易判断,而且可以使某些指标比较容易进行比较,但采用这一方法时对比率指标的使用该注意以下几点:

● 对比项目的相关性。计算比率的子项和母项必须具有相关性,将不相关的项目进行对比是没有意义的。

● 对比口径的一致性。计算比率的子项和母项必须在计算时间、范围等方面保持口径一致。

● 衡量标准的科学性。运用比率分析,需要选用一定的标准与之对比,以便对个人的财务状况作出评价。通常而言,科学合理的对比标准包括预定目标、历史标准、公认标准。

3. 趋势分析法

趋势分析法是根据个人(或者家庭)连续各时期的会计报表中的相同指标,运用指数或完成率的计算,确定分析各期有关项目的变动情况和趋势的一种财务分析方法。趋势分析法既可用于对会计报表的整体分析,即研究一定时期报表各项变动趋势;也可对某些主要指标的发展趋势进行分析。趋势分析法的一般步骤是:

(1) 计算趋势比率或指数。指数的计算通常有两种方法:一是定基指数;二是环比指数。定基指数就是各个时期的指数都是以某一固定时期为基期来计算的。环比指数则是各个时期的指数以前一期为基期来计算的。趋势分析法通常采用定基指数。但应当注意的是,对基年的选择要有代表性,如果基年选择不当,则以其为基数计算出的百分比趋势,会造成判断失误或作出不准确的评价。

(2) 根据指数计算结果,评价与判断个人(或者家庭)财务状况的各项指标的变动趋势及其合理性。

(3) 预测未来的发展趋势。根据个人(或者家庭)财务状况以前各期的变动情况,研究其变动趋势或规律,从而可预测出企业未来的发展变动情况。

在采用趋势分析法时,必须注意以下问题:

一是用于进行对比的各个时期的指标,在计算口径上必须一致;

二是剔除偶发性项目的影响,使作为分析的数据能反映正常的财务状况;

三是应用例外原则,应对某项有显著变动的指标作重点分析,研究其产生的原因,以便采取对策,趋利避害。

这些财务分析方法,被广泛地用于企业财务分析中。通常情况下,个人(或者家庭)的财产规模没有企业的大,财产多样化也不及企业;而且企业有专门的部门进行财会管理工作,而个人是不具备这样的条件的。因此,个人的财务分析,需要根据实际情况,选择合适的分析方法进行。

2.2　个人资产负债表的编制与分析

2.2.1　资产负债表概述

资产负债表是反映个人在某一特定日期财务状况的报表。由于它反映的是某一时点的情况,又称为静态报表。资产负债表主要提供有关个人(或者家庭)财务状况方面的信息。通过资产负债表,可以提供某一日期资产的总额及其结构,表明个人拥有或控制的资源及其分布情况;可以提供某一日期的负债总额及其结构,表明个人未来需要用多少资产或劳务清偿债务以及清偿时间等。资产负债表还可以提供进行财务分析的基本资料,通过分析可以获得个人的变现能力、偿债能力和资金周转能力,从而有助于会计报表使用者作出经济决策。

简言之,资产负债表反映了报告日的财务状况:财务状况就是指个人的资产、负债、所有者权益。通俗地讲,就是反映个人有多少资产,是什么资产;有多少负债,是什么负债;有多少净资产,是怎样构成的。

1. 编制资产负债表的意义

通过资产负债表,可以反映个人(或者家庭)在某一个特定日期所拥有的经济资源及其分布状况;反映个人(或者家庭)在某一个特定日期所要承担的经济义务及其分布状况;反映个人(或者家庭)总体财务结构状况及其变化态势。

2. 结构和内容

一般而言,会计要素是会计对象的基本内容,是对资金运动静态和动态两种表现的基本分类。会计要素有六项,即:资产、负债、所有者权益、收入、费用和利润。前三种要素,资产、负债和所有者权益属于静态三要素,它构成了资产负债表;此后的三种要素,收入、费用和利润则属于动态三要素,它构成了损益表;连接这两张报表的桥梁则是现金流量表。

从个人财务报表的编制来说(参见表 2.1),个人(或家庭)的资产、负债等的统计不可能像企业那样严密,难以完全按照企业财务报表的设置和做法来进行。因此个人的会计报表可以根据实际情况作适当的简化。对日常生活开支,可以做一些估算记账;重点将一些大额的收支情况记载完整,便于财务分析作出准确、全面的评估。

表 2.1 家庭资产负债表

×××年××月××日

资 产	金额	负 债	金额
现金及活期存款：		流动负债	
现金		信用卡贷款	
活期存款		应付账单	
信用卡		租金	
定期存款：		应付税金(所得税、房产税等)	
整存整取存款		保险金	
存本取息存款		长期负债	
投资性资产：		各类消费贷款(包括汽车贷款、装修贷款、大额耐用消费品贷款等)	
股票投资			
股票投资(A股)		住房贷款	
股票投资(B股)		投资贷款	
开放式基金		留学贷款	
……		助学贷款	
		创业贷款	
		循环贷款	
黄金、外汇和金融衍生品投资		抵押品	
债券投资		其他负债	
房地产投资			
理财产品投资			
其他投资(珠宝、各类收藏品)			
消费性资产：			
家庭用品			
自用住宅			
交通工具			
收藏品			
债权及其他			
无形资产			
专利			
商标			
版权著作			
保险类资产			
其他资产			
遗产			
捐赠			
赡养费			
所有者权益＝总资产－总负债			

从上述的资产负债表可以看出,该表主要包括两大类项目,资产类项目、负债类项目。同时,还包括所有者权益。

(1) 资产类项目。

资产按其流动性的大小进行排列,流动性大的在前,流动性小的在后。依次分别为:现金及活期存款、定期存款、投资性资产、消费性资产、债权及其他、无形资产、保险类资产和其他资产等。其中,现金及活期存款属于流动资产,包括现金、活期存款和信用卡等。所谓流动资产,是指可以在 1 年或者不超过 1 年的时期内变现或者耗用的资产。

定期存款及以下的各类资产,都属于中长期投资。所谓中长期投资,是指个人不准备随时变现,持有时间预计超过一年(不含 1 年)的各种股权性质的投资、不能变现或者不准备随时变现的债券、其他债券投资和其他长期投资。定期存款包括整存整取存款、零存整取存款、存本取息存款、整存零取存款以及定活两便存款。通常,各类定期存款中,人们比较多地接受整存整取存款、存本取息存款等。零存整取存款、定活两便存款等,因其功能与社会渐行渐远而淡出人们的视线。

投资性资产中的证券投资包括股票投资、开放式基金投资、债券投资等。除证券投资外,还有黄金、外汇的现货、期货等产品的投资,其他金融衍生产品的投资等。通常情况下,资本市场投资是个人财务策划的重要投资项目,包括股票债券投资,开放式基金投资。但是,这些投资收益和风险都比较大。风险偏好不同的个人(或者家庭),在配置这些资产的态度是完全不同的。房地产投资,是个人(或者家庭)除了自用以外,专门用于投资获利的房地产买卖行为。目前,我国居民的房地产投资主要通过两种方式获利:买入房地产后出租,收取租金获利;或者通过房地产的价差获利。理财产品投资,是指个人购买人民币理财产品、外币理财产品、双币理财产品等获得收益。最后一种投资性资产还包括珠宝玉器、文物古玩、名人字画、以及各类有经济价值的收藏品的投资。通常,这类投资品种的投资,需要具备专门的知识,避免投入了大量资金,结果得到是赝品。

消费性资产,主要满足个人(或者家庭)的自我消费,包括家庭的各种用品,例如家用电器、家具、摆设等;自用住宅;交通工具、收藏品等。这些消费性资产,可能获得升值以后的账面收益,却常常无法兑现,实现盈利。例如,购买的名贵家具、自用住宅等。然而,投资性资产与消费性资产,常常在一定条件下相互转化。尤其是消费性资产,例如自用住宅,一旦具有了相当的升值的时候,就需要考虑实现其价值。一般 5 年左右的自用住宅相对较新,容易出手交易。相反,在 10 年以上的自用住房相对比较陈旧,交易就相对困难。所以,选择合适时机将自用住房进行适当置换,不仅能够提升这部分自用住宅的价值,而且还可以根据自身职位、工作的变化,使自用住宅在区位、规格方面做出相应的改善。

债权及其他,包括民间借贷的债权、以及其他类型的资产。由于民间借贷的债权,无法像金融机构那样进行抵押、担保,追偿较为困难,信用风险也相对较大;因此这部分资产应尽量减少,除非万不得已。无形资产,包括专利、商标和版权著作等。无形资产是人们比较容易忽视的一部分,因此,在编制个人资产负债表时除了考虑有形资产,也不要忽略无形资产。保险类资产,包括人身险、财产险和责任险等。可以根据不同的人生阶段配置相应的人寿险、健康险等,同时考虑是否需要一些财产险(例如,在地震多发地区,配置财产险是非常必要的)。其他资产,指除上述提到的资产以外的资产,主要包括遗产、捐赠和赡养费等。

(2) 负债类项目。

个人资产负债表中的负债项目,包括流动负债、长期负债以及其他负债等。流动负债包括信用卡贷款、应付账单、租金、应付税金和保险金等。流动负债主要是日常生活引起的各类支付。

长期负债包括各类消费贷款、住房贷款、投资贷款、留学贷款、助学贷款、创业贷款、循环贷款以及抵押品等。对于多数个人(或者家庭)来说,长期负债中,主要的负债是住房按揭贷款。该部分贷款,金额大、期限长、利率风险很大。一旦遇到利率上行,将会增加还款人的每月供款。因此,按揭住房贷款的负债,对于一个家庭影响极大。留学贷款和助学贷款,通常产生于子女出国深造,而家庭又尚未具备完全的支付能力的情况下。为了支持子女顺利出国,完成学业,家庭以自用住宅为抵押,向银行借款。

(3) 所有者权益。

如果从企业的资产负债表来看,所有者权益是指企业资产扣除负债后,所有者具有的剩余权益。公司的所有者权益又称为股东权益。所有者权益具有以下性质:①在一般情况下(发生减资、清算除外),不需要偿还给所有者。②在企业清算时,债权人拥有优先清偿权,只有在偿还所有负债后才返还给所有者。③所有者凭借所有者权益能够参与利润的分配。在讨论个人资产负债表的时候,所有者权益是个人实际的财富数额,是总资产扣除总负债后的剩余权益,也就是个人净资产。个人的所有者权益每天都在发生变化。资产负债表是在特定日期,对资产、负债和所有者权益进行结算而编制成的报表。通过对一段时间里不同日期的资产负债表进行比较,我们就可以评估个人财务目标的实现情况。通常,在人的一生中,个人的所有者权益是不断增加的。例如,一个刚开始职业生涯的年轻人,他的财务状况通常是非常简单,仅有适量的现金,如储蓄;此外,他还有一些自用的消费用品。他可能尚未买房,也就没有长期债务。流动负债部分,信用卡贷款、应付账单等还是有的。总之,他的净资产是很少的。但对一个中年人(或者这样的家庭)来说,经过多年积累,现金、定期存款、住房等各种财产都很多。不仅如此,他还有不少的负债,包括流动负债、长期负债等。但总体而言,这样的中年人(或者这样的家庭)拥有的净资产较多。

2.2.2 资产与负债的估值

在介绍了资产负债表的结构和包含的内容以后,下面将要讨论如何将个人(或者家庭)的资产与负债记录到资产负债表。当我们开始做这件事情的时候,就会发现,实际情况并不是如我们想象的那样简单。个人资产与负债的价值是动态的,随着利率、汇率以及市场价格而变化。5 年前买入的自用住宅,用什么价格记入资产负债表呢? 这里,我们遇到了一个问题:记录到资产负债表中的资产与负债,应该以什么为标准?

按照一般的会计准则,通常有历史成本、重置成本、可变现净值、现值以及公允价值等标准。其中,历史成本,又称原始成本,是指以取得资产时实际发生的成本作为资产的入账价值。在历史成本计量下,资产按照购置时支付的现金或者现金等价物的金额,或者按照购置资产时所付出的对价的公允价值计量。负债按照因承担现时义务而实际收到的款项或者资产的金额,承担现时义务的合同金额,或者按照日常活动中为偿还负债预期需要支付的现金或者现金等价物的金额计量。

重置成本,就是现在重新购置同样资产或重新制造同样产品所需的全部成本。因此,重置成本是一种现行成本,它和原始成本在资产取得当时是一致的。之后,由于物价的变动,同一资产或其等价物就可能需要用较多的或较少的交换价格才能获得。因此,重置成本表示当时取得同一资产或其等价物需要的交换价格。这种交换价格应该是从企业资产或劳务市场获得的成本价格,而不是从企业正常经营过程中通常出售其资产或劳务的市场中的销售价格。

公允价值,亦称公允市价、公允价格。是指熟悉情况的买卖双方在公平交易的条件下所确定的价格,或无关联的双方在公平交易的条件下一项资产可以被买卖的成交价格。在公允价值计量下,资产和负债按照在公平交易中,熟悉情况的交易双方自愿进行资产交换或者债务清偿的金额计量。购买企业对合并业务的记录需要运用公允价值的信息。在实务中,通常由资产评估机构对被并企业的净资产进行评估。

上述方法,通常在企业会计中广泛使用,个人财务策划中则可以相对简化。即使这样,我们也应该按照会计准则,科学、合理地对个人的资产负债作出估值,使得计入会计报告的各项数据都是真实的、可信的。

1. 资产价值的评估

按照上面介绍的资产分类,首先是现金、活期存款和信用卡。其中现金的价值是最容易计量的,直接统计家庭共用的及所有家庭成员手上的现金额即可。活期存款的资产价值,通常就是统计其账户余额或存款额。因此类存款的利息率比较低,可以不考虑其利息金额。信用卡是指商业银行向个人和单位发行的,凭其向特约单位购物、消费和向银行存取现金,且具有消费信用的特制载体卡片。信用卡按使用对象分为单位卡和个人卡;按信誉等级分为金卡和普通卡。如果信用卡中预存一部分现金,那么这些现金视同活期存款。如果信用卡出现透支金额,那就作为流动负债考虑。

定期存款,包括整存整取存款、存本取息存款等。这部分资产的价值,主要计量其存单面值。是否将定期存款的利息作为估值范围,首先考虑其存单面值大小,以及定期存款在整个资产中所占比重；其次考虑利率的高低情况，我国的存款利率曾经历了大起大落的波动，1993年1年期定期存款利率达到10.98%；到2002年相应期限存款利率下降到1.98%，再到2012年7月6日一年期定期整存整取的利率达3.00%。在对这些情况综合考虑以后，再决定是否将利息作为资产估值考虑的范围。

投资性资产，其估值相对复杂，可以按照其不同的特性，采用不同的方法分别处理。债券投资，如果不是为了谋取资本利得，而是为了获取到期收益的话，可以采用历史成本法确定其价值。虽然在持有期内债券价格会有上下波动，但是债券（尤其是国债）的到期收益是确定的。一般理财产品的收益也是固定的，可类比债券投资，采用历史成本法确定其价值。对于股票、开放式基金、房地产等，价格将会出现比较大的波动，所以，在对这部分资产进行估值的时候，可以采用公允价格。例如，股票、开放式基金等可以采用市场价格。至于珠宝玉器、各类藏品的估值比较困难，也很难采用一个公允价格进行定价，可以采用历史成本来定价。这类资产持有时间较短的情况下，可以采用历史成本来估值；持有时间比较长，则可以采用公允价格来估值，例如参考国家的文物古玩市场的相关价格作为估值的参考。

消费性资产，例如自用住宅，其价值可能有升值空间，因此需要注意其价值的变化。如果购入的时间比较短，可以采用历史成本来估值。如果购入的时间比较长，则采用公允价格来估值。对于自备汽车、自用物品，可以采用重置成本方法，进行估值。因为，这些物品的折旧将会随着使用年限的增加而增加。

债权及其他，可以视情况来考虑是否按照历史成本，还是其他的方法估值。无形资产的估值比较复杂，但是针对个人的专利、商标和版权著作等一般采用市场价值法确定其价值，即根据市场交易来确定无形资产的价值；还可以采用收益法，即根据无形资产的经济利益或未来现金流量的现值计算无形资产价值；或者是成本法，即计算替代或重建某类无形资产所需的成本。保险类资产价值的评估比较独特，需分两种情况进行分别处理：一种是保费作为支出是消费性的，到期没有任何收益，例如财产险、责任险等险种的保险产品，人身险中的意外伤害险等保险产品。保险公司推出这些产品，主要是为了给客户提供避险的工具，没有投资功能。我们可将这些保险产品的价值确定为0。因为这些产品在保险事件出现以前，无法体现其价值。只有当保险事件出现，保险公司开始办理理赔的时候，这些产品才体现出具体的价值；保险类资产中，另一种是所缴保费可到期返还的，具有一定的储蓄、投资功能的产品，例如人身保险中的人寿险等。对于这种保险产品，将以其已缴保费的现金价值，即寿险保单退保时能够领取的退保金价值，作为此保险的价值。对于其他资产的价值评估，则需要具体情况具体分析，比如之前举例的遗产和捐赠等，可以根据当期接受的具体数额加上通胀等因素之后的现值进行记录。

2. 负债价值的评估

流动负债，通常按照账单的数量来估值，包括应付账单、租金、保险金等。信用卡贷款部分,通常有 50—60 天的免息期限,如果在此期限内还款,将不用支付透支利息。应付税金部分,我国的个人所得税采用单位代缴的方法,所以当你拿到薪金工资、稿费、劳务所得等收入的时候,相关单位已经代为扣缴了。如果是一位自由职业者、小业主、店铺经营者等人士,则可能需自行纳税。这时,您就需以收入或利润计算出应纳税额,作为负债进行统计。

长期负债部分,通常不是采用市场价值来估值,而是计算到评估时间为止所欠金额的现值(包括贷款余额加上利息的现值)。因为如果市场利率发生变化,一笔贷款可能会比所欠余额要多。例如按揭贷款期限较长,若 10 年以上,利息所占比例也相当高。值得注意的是,当我们衡量负债的现值时,债务利息的因素已经包含在时间里面了。

2.2.3　资产负债表的财务分析

在介绍了资产负债表的结构和内容,分析了个人(或者家庭)的资产负债的估值方法以后,就可以编制一份个人(或者家庭)的资产负债表了(参见图 2.1)。在完成了资产负债表的编制以后,就需要对个人资产负债表进行财务分析。个人资产负债表的财务分析,要根据不同个人的资产负债大小、种类等情况,选择相应的分析方法。对于资产负债规模大、种类多的个人来说,需要用多方面的财务分析方法;对于资产负债规模小、种类少的个人来说,则选择相对简单的财务分析方法进行分析。资产负债表的财务分析主要包括以下四个方面:净资产分析、财务结构分析、偿还债务安全性分析及偿债能力分析。

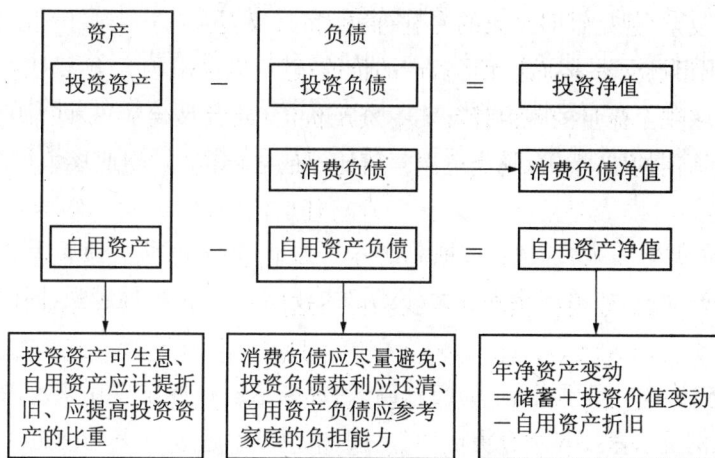

图 2.1　家庭资产负债结构

1. 净资产分析

净资产,也就是股东权益。从企业会计来说,股东权益又称净资产,是指公司总资产中扣除负债后所余下的部分,是指股本、资本公积、盈余公积、未分配利润之和,代表了股东对企业的所有权,反映了股东在企业资产中享有的经济利益。在分析个人的资产负债表的时候,还是用净资产的概念比较合理。个人净资产值按照如下公式计算:

$$净资产 = 总资产 - 总负债$$

显然,按照上述公式,个人净资产值有三种结果:正的、负的、0。其中,个人净资产值为正,说明其总资产大于总负债。反之,则表明其总资产小于总负债。通常情况下,个人净资产为负的,说明其债务规模过大,财务安全性降低。如果个人净资产长期为负,而且没有改善的情况,这种情况说明该客户将可能出现财务危机,甚至破产。在这种情况下,就需要马上采取措施,减少总负债,或者增加总资产。

如果个人净资产是正的,那么需要讨论其规模大小。从资产运用的角度看,并不是净资产规模越大越好。如果净资产规模比较大,常常是因为其部分资产没有得到充分的运用,也就很难获得快速的资本增值。这种现状,通常采用增加投资规模、提高资产的盈利能力、加快资产增值速度等方法来加以改变。

2. 财务结构分析

这里,主要针对个人资产负债表中各个单项金额占总体项目的比例变化,分析个人财务状况,揭示财务管理中所存在的问题和成因,主要由下列指标构成:

(1) 净资产比率 = 净资产/总资产×100%。该指标主要用来反映个人的资金实力和偿债安全性,它的倒数即为负债比率。净资产比率的高低与个人资金实力成正比,但该比率过高,则说明企业财务结构不尽合理。该指标一般应在50%左右,但对于一些净资产金额很多的个人而言,该指标的参照标准应有所降低。

(2) 资本化比率 = 长期负债合计/(长期负债合计+所有者权益合计)×100%。该指标主要用来反映个人需要偿还的有息长期负债占整个长期运作资金的比重,该比例越高,说明长期负债的包袱越小,总体来说越健康,反之则相反。因而该指标不宜过高,一般应在20%以下。

(3) 流动负债率 = 流动负债/负债总额×100%。其中流动负债属于个人负债中短期内需要偿还的债务,如果该比率过大,说明对短期资金的依赖性越强,因此该指标也不宜过高。

(4) 资产负债率 = 负债总额/资产总额×100%。该指标主要用来反映个人资产总额中有多少比例是依靠外界资金提供的。一般来说以不超过50%为理想。

3. 偿还债务安全性及偿债能力分析

流动比率 = 流动资产/流动负债。该指标主要用来反映个人偿还债务的能力。一般而言,该指标应保持在2:1的水平。过高的流动比率是反映个人财务结构不尽合理的一种信号,它有可能是因为个人财务管理中,某些环节的管理不合理,从而导致个人在现金、活期存款等方面有较高的水平;也可能因个人投资意识较为保守而不愿扩大负债规模。流动比率过高,常常影响个人资产运作的效率。如果流动比率过低也不好,这说明流动资产对流动负债的保障程度小,流动负债若是到期的话,不能通过流动资产完全偿还。但是我们需要清楚的一点是,流动比率高并不能说明偿还短期债务的能力就强,因为个人的流动资产中有些变现能力比较弱,因此用速动比率(速动比率＝速动资产/流动负债×100％)则相对比较准确,其中速动资产是指流动资产中容易变现的那部分资产,该比率比较合理的数值是1。

2.3　个人现金流量表的编制与分析

从企业会计来说,现金流量表是财务报表的三个基本报告之一,所表达的是在一个固定期间(通常是每季或每年)内,个人现金(包含银行存款)增减变动的情况。损益表可以显示这个家庭是怎样从去年的财务状况变成现在的财务状况的。由于在个人/家庭财务中使用的记账方法是现金收付制而不是权责发生制,因此个人/家庭损益表实际上也就是现金流量表。

2.3.1　现金流量表概述

1. 现金流量表的概念

现金流量表(见表2.2),是指反映个人在一定会计期间,现金和现金等价物流入和流出的报表。现金,是指个人持有现金以及可以随时用于支付的活期存款。现金等价物,是指个人持有的期限短、流动性强、易于转换为已知金额现金、价值变动风险很小的投资。为了简化,通常也就将现金等价物归于其他项目,而不单独列出。在个人财务分析中,编制个人现金流量表,主要是想反映出个人资产负债表中各个项目对现金流量的影响,并根据其用途划分为日常项目、投资及筹资三个活动分类。如果个人或家庭有关于外汇的投资或收入,也应该加上汇率折算差额,保证现金流量的准确性。现金流量表可用于分析个人(或者家庭)在短期内有没有足够现金去应付开销。

表 2.2　现金流量表

××××年××季度

项　　　目	本期金额	上期金额
1. 日常项目 　　工作所得 　　其他收入 　　日常现金流入小计 　　日常开支 　　教育		

项　　目	本期金额	上期金额
奢侈消费		
日常现金流出小计		
日常现金流量净额		
2. 投资		
各种利息		
投资收益		
偶然所得		
投资现金流入小计		
投资支付		
其他		
投资现金流出小计		
投资活动的现金流量净额		
3. 筹资		
吸收投资		
取得借款		
其他		
筹资活动现金流入小计		
偿还债务		
偿付利息		
其他		
筹资现金流出小计		
筹资活动的现金流量净额		
4. 汇率折算差额		
5. 期末现金及现金等价物余额		
期末现金流入		
期末现金流出		
总余额		

注：表 2.2 为期间表，用一个区间表示比较合理。

2. 现金流量表的结构和内容

通常情况下，收入项目相对简单，但内容却非常丰富。多数家庭没有支出的详细记录，可能大部分家庭都不一定能完全了解自己的支出状况。为了简化项目，将整个报表分为四个部分，包括日常项目、投资和筹资和汇率折算差额，最后，是期末现金及现金等价物余额。

（1）日常项目。

● 工作所得：全家所有成员的工资、奖金、补助、福利、红利等。

● 其他收入：赡养费、退休金、馈赠、遗产继承、租金收入、兼职收入等。

● 日常开支：每天、每周或每月生活中重复的必须开支。一般包括饮食、服饰、房租、水电、交通、通讯、赡养、纳税、医疗、维修等。这些支出项目是家庭生活所必需的，一般为不可自行决定的开支。

● 教育：包括自我的培训费、子女学费、书本费、学习用品、学校组织活动等。

● 奢侈消费：休闲、保健、旅游等。这些是休闲享受型支出，并不是家庭生活所必需的，一般为可自行决定。另外，还可以将家庭的开支分为可控开支与不可控开支。不可控开支主要是指债务的偿还、维持日常生活水平的开支等，这些开支受家庭的收入影响较小；可控开支主要是指一些高档消费，如照相机、电脑、高档家具等，这些开支受收入的影响程度比较大。

（2）投资。

● 各种利息：存款利息、放贷利息、国债利息以及其他利息。

● 投资收益：租金、分红、资本收益、其他投资经营所得等。

● 偶然所得：中奖、礼金等。

● 投资支出：为了资产增值目的所投入的各种资金支出。如储蓄、保险、债券、股票、基金、外汇、房地产等各种投资项目的投入。

● 其他：因投资而支出的各种费用等。

（3）筹资。

● 吸收投资：来自于其他方面的投资。

● 取得借款：从金融机构等获得的借入资金。

● 其他：收到其他与筹资活动有关的现金。

● 偿还债务：偿还各种贷款支出。

● 偿付利息：偿付各种贷款产生的利息。

● 其他：支付其他与筹资活动有关的现金。

（4）汇率折算差额。

（5）期末现金及现金等价物余额。

2.3.2 现金流量表的财务分析

这里，主要是对客户现金收入与支出状况进行分析，以判断其收支水平和财务自由度水平。财务自由度是家庭理财中一项很重要的指标，其公式是：财务自由度＝非工资收入/年支出×100％。财务自由度越大，说明你对工资的依赖程度越小。假如你靠获得的租金、红利、投资收益等非工资收入，正好应付日常的开销，工资可以基本不用，那么，你的财务自由度就等于1。这就意味着无论是退休还是失业，都不会对家庭生活带来太大的负面影响。然而，绝大部分人没有这么高的财务自由度，一般都在0与1之间。个人的现金流量由日常项目产生的现金流量、投资活动产生的现金流量和筹资活动产生的现金流量这三个主要部分和汇率折算差额构成。分析现金流量及其结构,可以了解客户现金的来龙去脉和现金收支构成,评价客户日常收支状况、创现能力、筹资能力和资金实力。

1. 日常项目

日常项目,反映个人(或者家庭)在日常生活中的收入和支出情况。在这个项目中,可以分析工作所得在日常现金流入的比重;日常开支在日常现金流出的比重;还可以分析教育、或者奢侈消费在日常支出中的比重。

2. 投资

投资,是个人(或者家庭)资产保值增值的重要手段。通过现金流量表,可以分析各种利息、投资以及偶然所得的现金流入占投资现金流入的比率;投资支付、其他的现金流出占投资现金流出的比率。同时,还要比较同期金额和上期金额的情况。如果投资活动的现金流量金额为负,那么就需要考虑是否会出现财务风险。

3. 筹资

一般来说,筹资活动产生的现金净流量越大,个人面临的偿债压力也越大。在分析时,可将吸收投资性现金(例如购买房地产的借款)、短期借款等做出区别。房地产按揭贷款的金额虽然比较大,但是短期还款的压力可能并不大。相反,短期借款金额可能并不大,可是对客户带来的短期还款压力确是比较大的。

4. 汇率折算差额

一般来说,涉及外汇结算的个人或家庭在编制现金流量表时不可避免地会考虑汇率的折算差额。因为外汇汇率时常波动,所以很可能你之前收入的 5 000 美元由于汇率的变化而兑换的人民币值有所调整,由此产生的现金流量虽然比较小,但为了最后的准确性,也是必须要考虑的。

5. 现金流量构成分析

首先,分别计算日常现金流入、投资活动现金流入和筹资活动等现金流入占现金总流入的比重,了解现金的主要来源。一般来说,日常现金流入占现金总流入比重大的个人,财务状况较好,财务风险较低,现金流入结构较为合理。其次,分别计算日常现金支出、投资活动现金支出和筹资活动等现金支出占现金总流出的比重,它能具体反映个人的现金用于哪些方面。一般来说,日常现金支出比重大的个人,其财务状况也算正常,现金支出结构较为合理。

2.4 个人财务健康状况分析

在认识了各项财务指标,并编制了个人财务报表以后,最关键的是如何判断个人财务状况是否健康。所谓财务健康状况分析,即通过对个人资产负债表、个人现金流量表的分析,判断个人财务状况是否满足安全性、流动性以及盈利性等方面的要求。判断的方法,就是将有关的资料尤其是每个人未来的收入和支出专项进行比较,以了解期望实现的消费支出和实际收入之间的差距。通过分析上述两种报表的几种财务比率方法,可以找出改善财务状况、实现财务目标的方法。

2.4.1 储蓄比率

储蓄比率是客户现金流量表中盈余和收入的比率,它反映了客户控制其开支和能够增加其净资产的能力。为了更准确地体现客户的财务状况,这里采用的一般是客户的税后收入。以中等收入家庭为例,一般情况下该比例以 0.4 为宜,即家庭收入中 60% 用于消费开支,满足日常生活需要,40% 用于储蓄积累,以应付将来子女教育、医疗、养老等大宗支出需要。该比例过大将降低生活品质,比例过小则影响资产积累增值,进而影响未来的生活需要。其计算公式为:储蓄比率＝家庭每月(年)的储蓄额 / 每月(年)收入。在美国,受高消费低储蓄观念的影响,居民的储蓄率普遍较低,平均储蓄比率只有 5%—8%。但在中国,由于客户储蓄是为了实现某种财务目标,则该比率会比较高。

2.4.2 投资与净资产比率

家庭投资资产/净资产,该指标反映家庭资产中投资增值性资产所占比例,用以衡量家庭资产的增值潜力。它的计算公式为:投资与净资产比率＝投资资产 / 净资产。 其中,投资增值性资产主要指银行存款、债券、基金、股票、信托理财产品等能够直接产生利息或投资收益的资产。此外,还包括投资性的房地产(相应地,自用汽车、住宅、家用电器等消费品就是非投资资产),该比例大于 0.5 为佳,说明家庭的投资渠道较多,家庭财富的增值能力较强。例如刚参加工作不久就倾其所有甚至负债进行购房的年轻人,他们的投资比率也会较低,一般在 0.2 左右。尽管迫于无奈,但也应该随着年岁的增长主动加大净资产中投资性资产的比例,增强家庭财富增值的能力,否则将无力解决医疗、养老等一系列今后必须面对的现实问题。

2.4.3 流动性比率

资产的流动性是指资产在未来可能发生价值损失的条件下迅速变现的能力,该指标用来反映家庭资产配置抵御突发意外情况的能力。能迅速变现而不会带来损失的资产,流动性就强;相反,不能迅速变现或变现过程中会遭受损失的资产,流动性就弱。该比例在 6—9 浮动较为适宜,即家庭的流动性资产足以应付家庭 6—9 个月日常支出的需要则比较稳妥,比例过高则表明资金相对闲置,过于强调流动性而牺牲了资产的收益率,过低则会给正常的生活保障带来风险。在财务策划中,我们将客户的"现金及现金等价物"中的专项看做流动性资产,流动性比率就反映了这一类资产数额与客户每月支出的比例,其计算公式为:流动性比率＝流动性资产／每月支出。公式中的流动资产包括现金、活期存款、货币基金等。一般而言,客户流动性资产最起码可以满足其3个月的开支,即流动性比例大约为3,理财专家可以认为该客户资产结构的流动性基本达到要求。但是,由于流动资产的收益一般不高,对于一些有收入保障或工作十分稳定的客户,其资产流动性比例可以较低,如果他们把更多的资金用于资本市场投资,就能获得更高的收益。例如,在美国,很多居民都通过参与职工福利计划为自己提供收入保护,他们就不须保留过多的流动资产。

2.4.4　资产负债比率

该指标用来衡量家庭资产结构是否合理,同样可以用来衡量客户的综合还债能力,以及是否会因为负债太多引发风险。该比例的计算公式为:资产负债比率＝家庭总负债／总资产。

例如,当家庭拥有银行存款、国债、基金等金融资产30万元,房产总市值120万元,购房按揭贷款还有90万元欠款。则该家庭总资产是150万元(30＋120),而负债为90万元,资产负债率为60%。相应地,该指标也是在0到1之间。一般情况下,家庭资产负债率应控制在0.5以下。但理财师应该建议客户将该数值控制在0.5以下,以减少由于资产流动性不足而出现财务危机的可能。如果负债占家庭总资产比例过高,债务本金、利息等费用支出偏多,将减低家庭现金净流入,侵蚀家庭的资产,在一些突发情况下(如家庭成员失业、重病)更可能引发"财务危机",难以应付家庭的突然变化,甚至造成家庭财务"资不抵债"。如果客户的该项比例大于1,则意味他的财务状况不容乐观,从理论上讲,该客户已经破产。

2.4.5　负债收入比率

负债收入比例又称债务偿还收入比例,它是理财师衡量客户财务状况是否良好的重要指标。该比例是客户某一时期(可以是一个月、一个季度或一年)到期财务本息和与收入的比值,由于财务偿还是在交纳所得税之前进行的,所以这里采用的是客户每期税前收入。该比例的计算公式为:负债收入比率＝负债／税前收入。

对于收入和财务支出都相对稳定的客户,可以用年来作为计算的周期;如果客户收入和财务数额变化较大,则应该以月为周期进行计算,这样才能更准确地反映客户收入满足债务支出的状况,避免了某些月份客户的收入不足或到期的债务较多而产生的债务问题。

从财务安全角度看,个人的负债比例数值如果在0.4以下,则其财务状况属于良好状态。如果客户的负债收入比率高于0.4,则继续进行借贷融资会出现一定的困难。也有学者认为,要保持财务的流动性,负债收入比例在 0.36 左右最为合适。当然,对于负债收入比例高的客户,理财师应该进一步深入分析客户的资产结构、借贷信誉和社会关系情况,然后再作出判断。

2.4.6　净资产比率

净资产比率是客户净资产与总资产的比值,它反映了客户综合还债能力的高低,并帮助理财师判断客户面临破产的可能性。它的计算公式为:净资产比率 = 净资产 / 总资产。

理论上,净资产比率的变化范围在 0 到 1 之间。一般客户的该项数值 0.5 较为适宜,如果其净资产比率太低,意味着他现在的生活主要要靠借债来维持,一旦债务到期或经济不景气,客户的资产出现损失,则很可能资不抵债。当然,如果客户的净资产比率很高,接近于 1,也意味着该客户可能没有充分利用自己的信用额度,通过借款来进一步优化其财务结构。

2.4.7　收入偿债比

用以衡量家庭负债与收入是否配比。该比例的计算公式为:收入偿债比 = 家庭每月偿债额 / 每月收入。

例如,家庭月均总收入 1 万元,每月按揭还款等额本金利息共 4 500 元。其收入偿债比为 0.45(4 500/10 000)。一般来说,收入偿债比应小于 35%,偿债最好不超过家庭收入的 1/3,否则将直接影响到家庭生活质量、降低抵御风险的能力。当然,还需要考虑家庭月均总收入水平,如果家庭月均总收入水平较高,则偿债比较高一些也没有太大问题。相反,如果家庭收入水平较低,则 1/3 的收入偿债比也将会严重影响日常生活。目前,各地房价高居不下,购房者事先应仔细评估自己的债务偿还能力,尽可能量入为出,将这一比率控制在合理范围内,以免收入大半用于按揭还款,陷入"房奴"生活。

2.4.8　固定资产比率

固定资产比率的计算公式为家庭固定资产/总资产,该指标反映家庭财产变现能力的高低。其中,固定资产主要指自住房屋和非运营用的车辆,还包括价格昂贵的家用电器。如上所述,流动资产是那些现金、存款、股票、基金、债券等变现能力比较强的资产。该指标应尽量低于 0.6,指标过高表明家庭资产大多以不能即时变现,或变现价值损失很大的资产为主,流动性不足。这样的资产结构在遇到突发情况下,一些临时性的大宗支出需求将很难满足,存在一定隐患。

2.4.9　保费支出占比

保费支出占比的计算公式为家庭年保险费支出/家庭税后总收入。保险是家庭防范风险的重要措施。根据保险界的双十原则,家庭保费总额为家庭收入的 10％较为适合。合理的保险配置,可使家庭具备抵御突发事件的负面影响的能力,维护财务安全。

2.4.10 风险资产比率

风险资产比率的计算公式为风险资产/家庭总资产,该指标反映的是家庭通过配置预期收益率较高的风险较高的资产,提升家庭的财富增长速度。风险资产是指基金(股票型基金、混合型基金、债券型基金)、股票、黄金、期货、信托、外汇等。参考值为(100－年龄)/100,根据家庭的风险属性和理财目标可以上下浮动 10％—20％,风险资产比例过高,一旦投资失败,可能使家庭财务陷入危机,甚至有瘫痪的可能。该比率过小,则会降低家庭投资组合的收益,导致资产缩水。

2.4.11 财务自由度

财务自由度的计算公式为家庭投资性收入(非工资收入)/目前的年支出理想目标值。该指标反映家庭在财务方面的自由程度。一个家庭如果靠投资收入(例如房租、基金和股票投资收益、存款利息等)完全可以应付家庭日常支出,无需动用工资奖金等收入,即该指标超过 1,那这个家庭财务自由度就高,即使家庭成员失业也不会对家庭生活带来太大影响,而如果一个家庭除了工资以外就没有任何收入来源,即财务自由度为 0,那唯一的指望就是努力工作,人家休假你加班,保住这个饭碗。因此,每个人都要及早树立理财意识,通过增加理财收入提高家庭财务自由度,如此你不单会财务自由,人生也会更加自由惬意。

本章小结

1. 个人财务分析,是以财务报告资料及其他相关资料为依据,采用一系列专门的分析技术和方法,对个人(或者家庭)的过去和现在有关财务活动和状况等进行分析与评价,为个人理财业务做出正确决策提供准确的信息或依据。个人财务分析与企业财务分析,在财务报告的使用对象、财务分析的作用以及会计报表的内容设置上等方面都存在较大差异。

2. 个人财务分析程序,包括确定分析目标、制定分析方案;搜集、整理核实资料;选用适宜的分析方法进行分析工作;编写分析报告等四个步骤。

3. 个人财务分析的基本方法包括:比较分析法(有水平比较分析法、纵向比较分析法)是将实际达到的财务数据同特定的各种标准相比较,进而来分析和判断的方法;比率分析法,包括构成比率、效率比率、相关比率等,它是将影响财务状况的两个相关的项目加以对比,计算两者的比率,以此来确定经济活动变动程度的分析方法;趋势分析法是运用指数或完成率的计算,确定分析期各有关项目的变动情况和趋势的一种财务分析方法。

4. 个人资产负债表,是反映个人在某一特定日期财务状况的报表。在做资产负债表以前,需要对资产和负债的一些项目进行估值。按照一般的会计准则,通常有历史成本、重置成本、可变现净值、现值以及公允价值等标准。

5. 现金流量表是财务报表的三个基本报告之一,所表达的是在一固定期间(通常是每季或每年)内,个人现金(包含银行存款)增减变动的情况。现金流量表的财务分析,主要是对客户现金收入与支出状况进行分析,以判断其收支水平和财务自由度水平。

6. 个人财务健康状况分析,即通过对个人资产负债表、个人现金流量表的分析,判断个人财务状况是否满足安全性、流动性、盈利性等方面的要求。重要的财务指标包括储蓄比率、投资与净资产比率以及流动性比率等。

思考与练习

1. 什么是个人财务分析?

2. 个人财务分析在个人理财业务中的地位和作用如何?

3. 简述财务分析的程序。

4. 简述财务分析的基本方法。

5. 试比较财务分析中三种水平比较法各自有什么优点。

6. 个人资产负债表与企业的资产负债表有哪些区别?

7. 在编制个人资产负债表的时候,如何合理运用历史成本、重置成本、可变现净值、现值以及公允价值等标准?

8. 偿还债务安全性及偿债能力分析的要点是什么?

9. 现金流量分析的主要目的是什么?

10. 如何理解财务自由度水平?

11. 简述如何根据各项重要的财务指标,分析个人财务状况是否健康。

第**3**章

现金、银行产品与互联网金融策划

本章学习要点

1. 掌握现金管理的概念；

2. 理解个人理财策划中现金管理的重要性；

3. 熟悉现金管理的各种策略；

4. 了解银行各种储蓄产品；

5. 掌握银行储蓄产品理财策略；

6. 了解银行卡的功能和分类；

7. 掌握信用卡的使用方法和风险防范；

8. 掌握银行融资产品，包括汽车贷款、个人信用贷款、个人质押贷款、个人经营贷款、个人助学贷款、个人综合消费贷款等产品的使用。

基本概念：现金管理；储蓄；银行卡；百夫长黑金卡；银行贷款

现金管理和银行产品策划，是个人理财业务中最基本的理财业务，贯穿于日常生活之中。对于工薪阶层，每月工资及奖金收入，成为生活开支、储蓄积累、支付月供等的主要来源。如何安排好这些项目，就成为人们日常生活的重要内容。在进行这些方面的理财业务的时候，首先需要了解理财对象现在的资产和负债的分布状况，包括流动资产和长期资产的结构。其次，还要了解理财对象的预期现金收入和现金支出计划。现金收入一般包括工资奖金收入、银行存款或者债券的利息收入和资本投资收益等。现金支出计划包括投资支出计划和消费支出计划等。当理财对象在一定时间内的现金收入大于现金支出时，就可以将剩余的现金存入银行或进行投资，获取利息或投资收益。而当理财对象在一定时间内现金收入小于现金支出时，可能需要从银行提取存款、借入资金或出售资本资产。如果从银行借入资金，则需要支付利息。因此，个人的财务分析是非常重要的。

3.1　现金管理

现金管理是指在整个家庭财产中,保留合适比例的现金及现金等价物,以满足家庭需求的过程。它是实现个人理财规划的基础;是帮助客户达到短期债务目标的需要。现金规划的目的是满足对日常的、周期性开支、突发事件和未来消费的需求,以保障个人或者家庭成员生活质量和状态的持续性稳定。现金规划主要涉及在短期内现金流的以下问题决策:

如何确保拥有足够的资金,以应付预期和非预期的花费?

如何运用和分配剩余资金或现金流入?

如何在现金流入不足时取得现金?

如何在短期内同时达到现金的流动性和适当的报酬率?

3.1.1　现金需求分析

1. 现金概念

现金与现金等价物,有三种不同层次的含义。

(1) 现金,是指立即可以投入流通的交换媒介。它具有普遍的可接受性,可以立即用来购买商品、货物、劳务或偿还债务。它是个人(或者家庭)资产中,流通性最强的资产,可由个人(或者家庭)任意支配使用纸币、硬币和银行卡。

(2) 从相对广义上讲,现金,在包含(1)的基础上,还包括银行存款(包括支票账账户和储蓄账户的存款)、流通支票、银行汇票以及银行卡。

(3) 更加广义上讲,现金,包括(1)和(2)的范围,还包括 3 个月内可变现的有价证券。

在讨论个人理财相关问题的时候,通常是以最广义的现金概念为基础的。

2. 现金需求类型

从个人或者家庭来说,需求包括如下几种:

(1) 基本需求。这里,现金是指为了维持个人(或家庭)日常生活中各种需要而进行的支付,包括衣食住行各个方面。

(2) 临时性需求。在日常生活中,人们可能会面临许多不确定性事件的发生:头疼脑热引起的医疗费用支出、亲朋好友间交往的支出、休假的临时休闲娱乐的支出以及生活中未列入计划的临时性购买的支出,等等。满足临时性需求的方法,主要是通过持有一定数量的现钞、银行卡来解决。如果数额比较大,可以动用现金中的第二部分,提取银行存款来满足相关的需求。

（3）应急性需求。这种需求，也是由于不确定性事件发生所引致的。然而，与上面临时性需求不同的是，这种需求是紧急的、刚性的、大额的需求，会打乱日常生活规律。例如：家人（或者至亲）罹患重病、家人失业、遭受重大自然（或者人为）灾害，以及家庭的重大变故等等。这时候，要维持日常生活、同时还要应付这些应急性需求，就需要有一笔应急备用金。应急性需求的备用金，在不同情况下金额大小是不同的。由于应急性需求出现的概率大大低于临时性需求，故在考虑相应的防范措施的时候，也可以采用期限相对长一些的方法。对于因失业带来的应急性需求，备用金金额大小通常要能够支持此后的 6 个月内生活质量不受影响。因此，可以考虑在储蓄产品中，专门设立一笔资金来应付这方面的需要。对于疾病、灾害引起的应急性需求，可以考虑购买相关的保险产品，同时将一定数量的备用金储蓄起来，以兼顾这方面的需要。

（4）大额购买需求。在人的一生中，通常会遇到购房、购车等问题。多数人是通过银行贷款来满足自身的大额购买需求的。所以，在某一人生阶段，每月供款成为现金需求的重要部分。

3.1.2　现金管理策略

1. 个人现金结构

确定现金需求数量后，我们就需要考虑个人（或者家庭）的现金来自于哪些方面。只有弄清现金来源，才能合理配置这些现金资产。

（1）来自于日常项目、投资和筹资的现金流量。现金流入可以分为：首先是日常项目的现金流入，包括全家所有成员的工资、奖金、补助、福利、红利等的工作所得，以及赡养费、兼职收入等其他方面的现金流入。其次是投资项目的现金流入，包括存款利息、放贷利息以及其他利息等各种利息；租金、分红、资本收益、其他投资经营所得等的投资收益；中奖、礼金等的偶然所得。最后，现金流入还包括来自于其他方面的投资、从金融机构等获得的借入资金等。同样，现金流出也可以分为日常项目、投资和筹资等方面。通常情况下，个人（或者家庭）的现金流出范围广，项目多，难以作精确统计。这里，可以利用现金流量表中各项现金流量净额得到现金是流入、还是流出的情况。

（2）来自于资产负债结构调整产生的现金流量。当个人为了平衡收支或者重新配置个人资产的时候，就可能产生现金流入或者现金流出。

（3）个人预期现金流入。如果个人是工薪阶层，那么可以预期未来的工资、奖金等的收入。尤其是与业绩挂钩的奖金、暑期的福利费用、法定假日（中秋节、春节等）的喜庆红包等，都是可预期的现金流入。然而，奖金、福利费用等毕竟不是工资，所以发放的时间会提前、或者延后，金额也会依据经济形势的好坏而发生变化。对于一个正常经营的企业、一个正常运作机关而言，其员工对这些现金的预期是合理的。

2. 人生不同阶段的现金管理策略

不同的人生阶段，其需求会有很大差异。因此，现金管理策略是不同的。

（1）单身期。在此阶段，将面临择业、工作和婚姻等三大压力。而且，刚开始职业生涯，事业基础尚未稳固。尤其是那些远离父母至亲的年轻人，在一个陌生的城市、甚至在一个陌生的国家打拼，需要考虑积累一笔应急备用金，作为安身立命的基础。如果尚未决定在一个城市长期居住，那么不急于考虑保险方面的安排。如果刚开始工作，薪金收入相对低的情况下，基本需求、临时性需要应尽可能压缩，而将资金用于应急备用金的储蓄和投资——通过快速增加银行存款，来提高自身抗风险能力。

（2）家庭和事业形成期。通常，这个阶段的个人（或者家庭）已经建立一定的事业基础，经济上也开始逐步宽裕了。这时候，可以在现金配置上考虑满足基本需求、临时性需求和应急性需求三方面的现金。尤其是，当经济上逐步宽裕以后，生活中的临时性需求也会不断增加，休闲旅游，至亲好友的来往，以及奢侈消费等，都需要用临时性需求的现金来满足。因此，个人可以逐步增加临时性需要的资金安排（通过银行存款、或者银行卡的透支等来满足）。此时，虽然个人的健康、工作等方面的风险相对较低，还是需要考虑准备一点金额的应急需要资金。值得注意的是，居住规划可能会影响现金资产配置。在结婚成家的时候，如果父母提供首付购房以后，每月供款会对家庭带来不小经济压力。那么，月供成为这一时期家庭的重要支出项目。值得注意的是，这样的大额购买需求所带来的现金支出，应该是以保证家庭基本需求为前提的。

（3）家庭和事业成长期。在一般情况下，处于这个阶段的个人（或者家庭）事业基础、经济基础更加稳固。因此，满足生活中的基本需求、临时性需求和应急性需求是没有困难的。这样的个人（或者家庭），现金已经比较充裕，也就不需要刻意按照三种不同的需求来配置现金资产。在此期间，人生的各种风险相对较低，应急性需求也大大降低。临时性需求会有所提高。

（4）家庭成熟期。这时个人的人生阶段处于最好时期，事业达到高峰，经济基础也比较殷实。然而，家庭的不确定性事件出现的概率增高。因社交活动增加、子女婚嫁，以及自身体质下降、医疗费用增加等原因，临时性支出会大大增加。甚至在该阶段需要考虑因疾病导致的大额支出，提取应急性备用金作相应准备。

（5）退休期。在退休期，人生已经步入老年阶段。因此，生活中的基本需求大大下降。离开工作岗位后，社交范围缩小。因社交、休闲引起的临时性需求相对下降，因普通疾病而导致的临时性需求会不断上升。而且，老人还需要有足够的应急性备用金来应付重大疾病，在人生最后阶段还是要维持相对高的生活质量。所以，退休期的基本需求方面的现金可以稍微小一些。而应急性需求的资金，要尽可能多地配置，避免老人在人生最后阶段活得比较艰难。

3.2　银行储蓄产品

在个人理财中,银行储蓄常常成为首选,原因有三:其一,银行储蓄安全,风险几乎为零。大多数人追求安全稳妥地存放自己的资金,且能获得一定收益。如此去银行无疑是一个很好的选择。其二,银行储蓄是多数个人(或者家庭)能够选择的理财产品。其中,不管是刚开始职业生涯的年轻人,还是已经步入退休的老者;不管是收入较高的高级白领阶层,还是普通职员,银行储蓄以其金额随意、操作简便、安全稳定,而受到众多客户的欢迎。其三,银行储蓄具有比较高的流动性。银行储蓄产品包括活期储蓄、定期储蓄等,在客户遇到紧急情况时候,都可以凭借个人证件提取银行存款,而不会影响其本金安全。其四,银行网点广泛,给客户办理业务提供了便利。银行的定期存款,在同一银行是通存通兑;活期存款还具有转账结算功能、可以开通网银业务、手机银行业务等。除了银行储蓄产品具有很多优点以外,我国金融市场上适合居民投资的产品偏少,也是银行储蓄成为首选的一个重要原因。

目前,我国居民储蓄存款快速增长,储蓄依然是我国居民个人进行财富积累的主要方式。在现金管理方面,储蓄策划不仅要满足财富积累、增值的需求,更重要的是要建立一套有效的储蓄计划,使得储蓄既能够享受相对高的收益率,同时还具有一定的流动性。

3.2.1　储蓄概述

1. 储蓄的含义

储蓄有三层不同的含义:(1)指储存和储藏的概念。它不仅包括居民的存款,还包括手中持有的现金、各种有价证券和实物等。(2)指居民可支配收入减去即期消费后剩余的那部分收入。(3)仅指居民在银行储蓄所和信用社的存款。这种意义上的储蓄,只包括居民存入银行信用社的款项,不包括现金储藏和有价证券,更不包括其他实物储藏。在本章中,我们讨论银行储蓄产品,主要就是指储蓄的第三层含义。

2. 我国商业银行的储蓄原则

储蓄机构办理个人储蓄存款业务,必须遵循"存款自愿、取款自由、存款有息、为储户保密"的原则,这是银行办理储蓄业务必须遵守的基本准则。储蓄存款,是商业银行的负债业务,是银行经营的基础。所以,商业银行都十分重视个人储蓄存款业务。而且,我国法律规定国家保护公民的合法收入、储蓄、房屋和其他合法财产的所有权、继承权。我国的储蓄原则,就是相关法律的最好体现。

(1) 存款自愿。

存款自愿原则是指居民对其所持有的合法财产,依法享有占有、处分权利。居民是否参加储蓄必须出于存款人的自愿,存与不存,什么时候存,存在哪个储蓄所,存多少,存的时间长短,选择什么储蓄种类,都由储户自己决定,银行或单位不得以任何方式加以干涉。银行应当提高服务质量,改善服务态度,以吸引存款。

(2) 取款自由。

取款自由原则体现了储户对其财产的所有权。银行应当按照相关规定及时地、无条件地保证付款,不得压单、压票或者强收手续费以及其他费用。储户可根据需要,取出部分或全部存款,银行不得以任何理由拒绝、为难或限制,更不应加以查问或干预。银行只有积极为储户服务,才能赢得储户的信任和欢迎,从而自愿存款。

(3) 存款有息。

存款有息原则是指银行按储户存款的期限长短、金额大小,以及相应的储蓄种类,依照中国人民银行规定的利率,支付相应的利息。银行的储蓄利率是由中国人民银行规定的,不能随意降低、提高利率,储户有取得利息的权利。存款有息原则是对存款人的奖励,体现了国家、银行和个人利益的统一。

(4) 为储户保密。

为储户保密原则是指任何单位和个人没有合法手续不能查询储户的有关信息,户名、账号、存款金额、储蓄种类、期限、密码等。银行负有为储户保密的义务。如果因经济纠纷或案件等方面的原因,需要查询储户个人存款的相关信息,有关单位和个人必须严格依照法律程序进行。

3. 个人存款账户实名制

2000 年 3 月 20 日,国务院颁布的《个人存款账户实名制规定》自 2000 年 4 月 1 日起施行。个人存款账户实名制,是指个人在金融机构开立存款账户、办理储蓄存款时,应当出示本人法定身份证件,使用身份证件上的姓名;金融机构要按照规定进行核对,并登记身份证件上的姓名和号码,以确定储户对开立账户上的存款享有所有权的一项制度。个人存款账户是指个人在金融机构开立的人民币、外币存款账户,包括活期存款账户、定期存款账户、定活两便存款账户、通知存款账户以及其他形式的个人存款账户。有效身份证件是指符合法律、行政法规和国家有关规定的身份证件。在办理业务的过程中,不出示本人身份证件或者不使用本人身份证件上的姓名的,金融机构不得为其开立个人存款账户,否则,金融机构及其工作人员必须承担相应的法律责任。目前,在多数发达国家和发展中国家,个人金融往来实名制已成为社会经济生活的一项规则和个人经济生活的一种习惯。发达国家在以实名制为基础的个人金融服务上,已有相当成熟的经验,而且将其渗透到个人生活的方方面面。

个人存款账户实名制的实行,是对我国公民参与金融活动的一项制度改革,是规范金融机构的经营行为,完善金融监管的基础性措施。它有利于保证个人存款账户的真实性,维护存款人的合法权益;且利于配合现金管理,防范经济、金融犯罪。长期以来,我国实行的储蓄制度是存款记名制,其记名可以是真名、假名等,这为评估个人信用等带来诸多不便。与存款记名制相比,实行储蓄实名制的好处主要表现在以下几个方面:

(1) 实名制便于储户办理挂失。如果存款人不使用实名开立存款账户,一旦存单(折)遗失或毁损需要到金融机构挂失时,由于本人身份证件上的姓名与要求挂失存单(折)上的户名不一致,按照《储蓄管理条例》的规定,金融机构不能受理其挂失请求,极易造成存款人的实际经济损失。

(2) 实名制便于储户办理提前支取。储户使用真实姓名开立账户办理存款,当定期存款提前支取时,按照《储蓄管理条例》的规定,储户可以持存单(折)和存款人的法定身份证明办理。反之,如果储户不使用真实姓名开立账户办理存款,一旦储户需要提前支取的时候,存单(折)上的户名与存款人出示的身份证件上的姓名不一致,是不能办理提前支取的。

(3) 实名制有效避免因存单同姓名而引发的存档纠纷。我国人口众多,同名同姓的人很多,因而在一些涉及存单纠纷的诉讼中,司法机关无法辨别存单的归属。实行个人存款账户实名制后,可以有效地克服上述弊端,使存款人在遗失存单(折)时切实行使挂失权,使定期存款提前支取得以顺利办理,且有效减少因同名同姓问题而引发的存单纠纷,提高个人存款的安全性,从而更加有利于保护公民的合法权益。此外,实行个人存款账户实名制还对健全社会信用、改革现金结算工具、推行个人支票具有积极的促进作用。

3.2.2 银行储蓄产品的利息计算

银行储蓄存款产品,向人们提供利息收益、资金转账,以及安全保管资金等便利。其中,利息收益无疑是最重要的。银行储蓄产品的利息收益,不仅与银行的经营策略有关,而且和我国利率市场化进程有直接关系。

1. 利率

利率又称利息率。表示一定时期内利息与本金的比率,通常用百分比表示,按年计算则称为年利率。利率,就其表现形式来说,是指一定时期内利息额同借贷资本总额的比率。银行储蓄产品的利率,也就是存款利率,表示一定时期内利息与存款金额的比例,通常也是用百分比表示,一般分为年利率、月利率、日利率三种。年利率以百分比表示,月利率以千分比表示,日利率以万分比表示。为了计息方便,三种利率之间可以换算,其换算公式为:

$$月利率 = 年利率 \div 12$$
$$日利率 = 月利率 \div 30$$

计息期限的计算方法:

(1) 欧洲货币法——在欧洲货币市场和美国采取欧洲货币法,或称 365/360 计算方法,即以 360 天作为一年的基础天数,但生息天数则按实际天数计算。

(2) 大陆法,或称 360/360 计算方法,即 1 个月被看做 30 天,则 1 年有 360 天,生息天数和基础天数均按这个时间概念计算。大陆法在欧洲大陆国家较为流行。

(3) 英国法,或称 365/365 计算方法,即按实际天数计算利息,逢闰年则改为 366/366。英国法主要为英国、科威特和比利时等国所采用。

在我国,年利率与日利率换算按照如下公式:

$$日利率 = 年利率 \div 360$$

值得注意的是,银行在计算贷款利息的时候,计息天数却是按照贷款的实际天数。

1996 年以来,根据中共十六届三中全会精神,结合我国经济金融发展和加入世贸组织后开放金融市场的需要,中国人民银行按照先外币、后本币,先贷款、后存款,存款先大额长期、后小额短期的基本步骤,逐步建立由市场供求决定金融机构存、贷款利率水平的利率形成机制,中央银行调控和引导市场利率,使市场机制在金融资源配置中发挥主导作用。回顾利率市场化改革的进程,中国人民银行累计放开、归并或取消的本、外币利率管理种类为 119 种,目前,人民银行尚在管理的本外币利率种类有 29 种。我国储蓄存款利率主要由国家统一规定,中国人民银行挂牌公告,各家银行有权作微调。而且,我国储蓄存款用年利率挂牌。

2. 计息起点

存款利息在计息时,以本金"元"为起点,元以下角、分不计利息。利息金额算至分位,分以下尾数四舍五入。

3. 不计复息

活期储蓄在年度结息时并入本金,因此活期储蓄可以计算复息。其他各种储蓄产品,包括自动转存的定期储蓄,其储蓄存款不论存期多长,一律于支取时利随本清,一律不计复息。

4. 存期计算规定

存期计算方面的规定包括:(1)在计算存期天数的时候,按照算头不算尾的方法计算。计算利息时,存款天数也一律算头不算尾,即从存入日起算至取款前一天止;(2)在基础天数的计算方面,不论闰年、平年,不分月大、月小,全年按 360 天,每月均按 30 天计算。

5. 利息计算的方法

由于存款种类不同,具体计息方法也各有不同,但计息的基本公式不变,即利息是本金、存期、利率三要素的乘积,公式为:

一般的公式为:利息＝本金×利率×存期;

如用日利率计算,利息＝本金×日利率×存款天数;

如用月利率计算,利息＝本金×月利率×月数。

3.2.3 银行储蓄产品

1. 活期存款

活期存款是一种不限存期,凭银行卡或存折及预留密码可在银行营业时间内通过柜面或通过银行自助设备随时存取现金的服务。人民币活期存款1元起存,外币活期存款起存金额为不低于人民币20元的等值外汇。

活期存款的服务特色,主要体现在三个方面:(1)通存通兑:客户凭银行卡可在同城的相同银行网点和自助设备上存取人民币现金,预留密码的存折可在同城银行网点存取现金。其中,中国工商银行的客户凭银行卡可在其全国网点和自助设备上存取人民币现金。有些银行还推出了同城也可办理无卡(折)的续存业务。(2)资金灵活:客户可随用随取,资金流动性强。(3)缴费方便:客户可将活期存款账户设置为缴费账户,由银行自动代缴各种日常费用。

活期存款利率。人民币活期储蓄存款在办理存取业务时,应逐笔在账页上结出利息余额,到储户清户时一次性计付利息。活期储蓄(存折)存款每年结息一次(每年6月30日为结息日),中国工商银行采用每季结息。结息时可把"元"以上利息并入本金,"元"以下角分部分转入下年利息余额内。活期储蓄存款在存入期间如遇利率调整,则按结息日挂牌公告的活期储蓄存款利率计算利息。全部支取活期储蓄存款,按清户日挂牌公告的活期储蓄存款利率计付利息。活期储蓄的本金和存期经常变动,因而,活期储蓄利息的计算比较复杂,计算公式为:未到结息日清户时,按清户日挂牌公告的活期存款利率计息到清户前一日止。人民币个人活期存款采用积数计息法,按照实际天数计算利息。所谓积数计息法,就是按实际天数每日累计账户余额,用累计积数乘以日利率来计算利息。积数计息法的计息公式为:

$$利息 = 累计计息积数 \times 日利率$$

$$其中累计计息积数 = 账户每日余额合计数。$$

活期存款的操作流程:(1)开户。储户若办理活期存款开户,需持本人有效身份证件到商业银行营业网点办理。(2)存款。储户持商业银行发行的各类银行卡或存折到营业网点即可办理存款。有些银行还可以开展无卡(折)存款。如果储户能提供本人或他人的卡号或存折号,也可办理无卡(折)存款(需出示身份证件)。(3)取款。如果需要取款,客户持银行卡或存折到营业网点即可办理取款。有些银行对于取款超过一定金额的,规定至少提前一天与取款网点预约。若持银行卡(不含贷记卡和国际借记卡)在ATM机上取款,当天取款最高限额为2万元。

2. 定期存款:整存整取

整存整取定期储蓄是指客户将其人民币或者外币一次性存入储蓄机构,约定存期,到期一次性支取本息的一种储蓄存款。人民币 50 元起存,外汇整存整取存款起存金额为等值人民币 100 元的外汇。另外,如果客户需要提前支取,必须提供身份证件。代他人支取的不仅要提供存款人的身份证件,还要提供代取人的身份证件。该储种只能进行一次部分提前支取。计息按存入时的约定利率计算,利随本清。整存整取存款可以在到期日自动转存,也可根据客户意愿,到期办理约定转存。人民币存期分为三个月、六个月、一年、两年、三年、五年六个档次。外币存期分为一个月、三个月、六个月、一年、两年五个档次。

整存整取定期储蓄的服务特色:利率较高,可以为储户获得较高的利息收入;提供约定转存和自动转存功能;储户可在通存通兑区域内同一银行的任一联机网点办理取款、查询及口头挂失等业务。

整存整取定期储蓄的利率。该储蓄的利息计算有如下规定:(1)时间规定。定期储蓄存款的到期日,按照对年、对月、对日计算方法进行。也就是说,各种定期存款的到期日均以对年、对月、对日为准。即自存入日至次年同月同日为一对年,存入日至下月同一日为对月。31 日支取 30 日到期的存款不算过期,30 日支取 31 日到期日存款,不算提前支取,但要验看储蓄证件。定期储蓄到期日,如遇法定节假日不办公,可以提前一日支取,视同到期计算利息,手续同提前支取办理。(2)利率规定。定期储蓄存款在存期内遇有利率调整,按存单开户日挂牌公告的相应的定期储蓄存款利率计付利息。(3)定期储蓄存款提前支取,按支取日挂牌公告的活期储蓄存款利率计付利息;部分提前支取的,提前支取部分按活期,其余部分到期时按原定利率计息。(4)逾期支取的定期储蓄存款,其超过原定存期的部分,除约定转存的外,按支取日挂牌公告的活期储蓄存款利率计息。(5)整存整取利息的计算分为三种情况,即到期支取,过期支取和提前支取。

● 到期支取的利息按下式来计算:

$$本金＝利息率×存期×利息$$

● 过期支取情况下,到期日部分支付规定利息,到期日以后部分按活期利率付息。

● 提前支取按活期储蓄利率计算。

整存整取定期储蓄的办理程序:(1)储户凭有效身份证件办理开户。申请开户时,储户需正确填写定期储蓄存款凭条。(2)商业银行的操作员认真审查存款凭条各要素,核实储户提交的有效身份证件。收妥资金后,签发定期存单。若储户要求办理通存通兑业务的,储户需输入密码。(3)存款到期时,储户凭存单到银行办理取款、销户,按存入日中国人民银行公布的相应存期利率支付利息。提前支取时,按支取日活期利率支付利息。部分提前支取,未取部分按原存期、原利率开始新存单。(4)到期转存业务是指银行按照与客户约定,在整存整取定期储蓄到期日自动将税后利息和本金一并转入下一存款周期,利率按照转存日中国人民银行挂牌公告的同档次定期储蓄利率执行的一种存款方式。它包括约定转存和自动转存。(5)储户开立整存整取定期存款账户时,凡选择约定转存的,在原存期内或转存期内办理提前支取,营业网点受理时要审验存款人本人有效身份证件,代理他人支取时还需出示代理人的有效身份证件;凡没有选择约定转存的,视为自动转存。在转存期内办理支取,视同到(逾)期支取办理。

整存整取定期存款的服务特色。(1)利率较高:定期存款利率高于活期存款,是一种传统的理财工具,定期存款存期越长,利率越高。(2)可约定转存。(3)可质押贷款:如果定期存款临近到期,但又急需资金,客户可以办理质押贷款,以避免利息损失。(4)如果客户急需资金,可提前支取。

3. 定期存款:零存整取

人民币零存整取存款,是指客户将其人民币存入银行储蓄机构,每月固定存额,集零成整,约定存款期限,到期一次性支取本息的一种定期储蓄。一般5元起存,多存不限。存期分为一年、三年、五年。

零存整取定期储蓄的服务特色:该储种利率低于整存整取定期存款,但高于活期储蓄,可使储户获得稍高的存款利息收入。可集零成整,具有计划性、约束性、积累性的功能,可以培养个人的理财习惯。不仅如此,零存整取可以提前支取,约定转存;而且还可以质押贷款。

零存整取定期储蓄的利率,按存入日挂牌公告的相应期限档次中的零存整取定期储蓄存款利率计息。遇利率调整,不分段计息,利随本清。客户中途如漏存一次可在次月补齐,未补存或漏存次数超过一次的视为违约,对违约后存入的部分,支取时按活期存款利率计付利息。人民币零存整取定期存款采用积数计息法计算利息。具体而言,就是用积数法计算出每元本金的利息,化为定额息,再以每元的定额息乘以到期结存余额,就得到利息额。如果储户逾期支取,那么,到期时的余额在过期天数的利息按活期的利率来计算利息。

零存整取定期储蓄的办理程序:(1)储户凭有效身份证件到商业银行的营业网点办理开户,如委托他人代办开户,还需同时出示代理人身份证件。开户时需与银行约定每月存储金额和存期。(2)客户可在营业网点办理现金续存,亦可在网上银行通过活期账户转账形式办理续存。零存整取可以预存(次数不定)和漏存(如有漏存,应在次月补齐,但漏存次数累计不超过2次),漏存两次(含)以上的账户之后的存入金额按活期存款计息。账户金额等于应存金额时不允许存入。不允许部分提前支取。(3)客户可持银行卡或存折对零存整取定期存款进行支取。如果取款金额超过20万元(含20万元),必须至少提前一天与取款网点预约。办理提前支取需凭有效身份证件,但不办理部分提前支取。(4)储户可以约定零存整取账户进行自动供款,即在开立零存整取存款时,由储户指定某一活期存款账户,自动按月从该活期账户扣划相应金额至零存整取账户;客户也可在存期内任意时间增加或取消约定,也可以修改指定的供款账户。

4. 定期存款：整存零取

整存零取定期储蓄，是指个人将人民币资金一次性存入较大的金额，分期陆续平均支取本金，到期支取利息的一种定期储蓄。这种储蓄适宜有较大的款项收入，而且准备在一定时期内分期陆续使用的家庭储蓄。储户开户时将本金一次存进，起存额为 1 000元，多存不限，存款期限分为一年、三年、五年期三个档次。支取本金期可分为每一个月或三个月或六个月支取一次，支取期限由储户选择和确定。

整存零取定期储蓄的服务特色：多次支取本金，取款灵活，而且客户可以获得较活期储蓄高的利息收入。不仅如此，该储蓄品种还可以质押贷款。

整存零取定期储蓄的利率，按存入日挂牌公告的相应期限档次中的整存零取储蓄存款利率计息。遇利率调整，不分段计息，利随本清。

零存整取定期储蓄的办理程序：(1)储户凭有效身份证件到商业银行网点办理开户，开户时由储户与银行协商确定支取期限和每次支取金额。(2)客户持银行卡或存折即可在营业网点办理取款业务。(3)储户在存期内如有急需，可持存款凭证及有效身份证件办理全部提前支取。

5. 定期存款：存本取息

人民币存本取息定期储蓄，是指客户在银行储蓄机构将其人民币一次性存入较大的金额，约定存期及取息期，分期支取利息，存款到期一次性支取本金的一种定期储蓄。存本取息定期存款 5 000 元起存。存本取息定期存款存期分为一年、三年、五年。存本取息定期存款取息日由客户开户时约定，可以一个月或几个月取息一次；取息日未到不得提前支取利息；取息日未取息，以后可随时取息，但不计复息。

存本取息定期储蓄存款的服务特色：该储蓄品种的客户，可以分期支取利息，灵活方便，利息收入比活期储蓄高，但是起存金额较高。存本取息储蓄存款可以质押贷款，也可以提前支取。如果客户需要提前支取本金时，应该按照商业银行的整存整取定期存款的规定计算存期内利息，并扣除多支付的利息。

存本取息定期储蓄的利率，存本取息的利息计算公式与整存整取的计算公式相同，只是为了弥补提前分期取息给银行造成的贴息损失，该种储蓄所定的利率要低于整存整取的储蓄利率。具体来说，就是该品种按照商业银行存入日挂牌公告的相应期限档次中的存本取息储蓄存款利率来确定利率。遇利率调整，不分段计息。提前支取本金时，按照整存整取定期存款的规定计算存期内利息，并扣除多支付的利息。人民币存本取息定期存款采用逐笔计息法计算利息，公式如下：

$$每期支取利息 = 本金 \times 取息期 \times 利息率$$

如储户要提前支取，那么银行将对已经分期支付的利息，采用如数扣回，再按活期利率的标准计算利息来交付本利。如储户逾期支取，那么逾期的时间内应按活期利率计算利息一并支付给储户。

存本取息定期储蓄的办理程序:(1)开户。客户若办理开户,需持有效身份证件到营业网点办理(也可以在网上办理存本取息的相关业务,具体参照各商业银行的业务流程)。如委托他人代办开户,还需同时出示代理人身份证件。(2)开户时,由商业银行按本金和约定的存期计算出每期应向储户支付的利息数,签发存折,储户凭存折分期取息。取息期确定后,中途不得变更。

6. 人民币定活两便存款

人民币定活两便储蓄存款是一种不确定存款期限,利率随存期长短而变动的储蓄存款。起存金额为 50 元,存款时不约定存期。定活两便单位存款的存期分为 3 个月以下、3 个月、6 个月和 1 年,共 4 档,最长期限暂定为 1 年。

人民币定活两便储蓄存款的服务特色:该种储蓄具有活期储蓄存款可随时支取的灵活性,又能享受到接近定期存款利率的优惠。不仅如此,人民币定活两便储蓄存款还可以质押贷款。

人民币定活两便储蓄存款的利率,存期在 3 个月以内的按活期计算;存期在 3 个月以上的,按同档次整存整取定期存款利率的六折计算;存期在 1 年以上(含 1 年),无论存期多长,整个存期一律按支取日定期整存整取 1 年期存款利率打六折计息,如利息税率变动则分段计算利息税。

人民币定活两便储蓄存款的办理程序:客户需持有效身份证件,到商业银行营业网点办理开户手续。如委托他人代办开户,还需同时出示代理人身份证件。人民币定活两便储蓄存款,支取时一次性支付本金和利息。

7. 个人通知存款

个人通知存款是存入款项时不约定存期,但约定支取存款的通知期限,支取时按约定期限提前通知银行,约定支取存款的日期和金额,凭存款凭证支取本金和利息的服务。最低起存金额为人民币 5 万元(含)。外币方面,各个银行规定不同,像工商银行和平安银行规定外币通知存款的最低存款金额为等值人民币 5 万元(含)。个人通知存款按存款人选择的提前通知的期限长短划分为一天通知存款和七天通知存款两个品种。其中一天通知存款需要提前一天向银行发出支取通知,并且存期最少需两天;七天通知存款需要提前七天向银行发出支取通知,并且存期最少需七天。

外币通知存款只设七天通知存款这一个品种,最低起存金额为 5 万元人民币等值外汇;个人最低支取金额为 5 万元人民币等值外汇。对于个人 300 万美元(含 300 万)以上等值外币存款,经与客户协商,可以办理外币大额通知存款。在支取时按照大额外币通知存款实际存期和支取日利率(即支取日上一交易日国际市场利率-约定利差)计息。

个人通知存款的服务特色:存款利率高于活期储蓄利率。资金存期灵活、支取方便,能获得较高收益。适用于大额、较频繁的存款。其中,中国工商银行还有专有积利存款计划。客户可按最短八天(七天通知存款)或两天(一天通知存款)为周期对通知存款的本金和利息进行自动滚存,并可根据实际需要定制通知存款转账周期和存期。个人通知存款还可提供自动转存定期存款服务。客户可约定在通知存款存期结束后将本金和利息自动转存为定期存款。

个人通知存款的利率按实际存期并按同档次利率计付利息,实际存期不满一个月或超过三年部分的,按支取日挂牌公告的活期存款利率计付利息。个人通知存款为记名式,可以挂失,但不得转让。通知存款如遇以下情况,按活期存款利率计算:实际存期不足通知期限的;未提前通知而支取的;已办理通知手续而提前支取或逾期支取的;支取金额不足或超过约定金额的;支取金额不足最低支取金额的。通知存款如已办理通知手续而不支取或在通知期限内取消通知的,通知期限内不计息。个人通知存款采用逐笔计息法,按支取日挂牌利率和存款实际天数计算利息,如遇利率调整,不分段计息。

个人通知存款的办理程序:(1)个人通知存款凭证为记名式存单,开立存单时注明"通知存款"字样。通知存款开户金额不得低于 5 万元人民币(含)或等值外币。(2)客户一次全部支取通知存款时,由开户银行收回存单,办理销户手续;客户部分支取通知存款时,留存资金高于最低起存金额的,需重新填写通知存款存单,从原开户日计算存期;未支取部分若低于通知存款起存金额,应予以清户。(3)中国工商银行的"积利"存款计划:客户可根据需要设置通知存款自动转存的周期,例如,如客户设定通知存款的转存周期为八天,则银行将每八天这一期间的本金和利息进行自动滚存,客户将不仅可以获得复利收益,并且可以随时提前支取通知存款。

除了上述这些主要的储蓄产品以外,还有一些方便客户的储蓄产品,例如,工商银行等商业银行的活期一本通、定期一本通,专门为客户提供一种综合性、多币种的活期(或者定期)储蓄账户,方便客户存取人民币、外币资金。另外,为了支持全民义务教育,各商业银行都推出了人民币教育储蓄(将在第 6 章"教育策划"中介绍)。

3.2.4　银行储蓄产品理财策略

银行的储蓄产品很多,也很容易操作。但是,如何根据自身的需求、利率的走势,选择合适的投资策略,还是有许多问题可以讨论。银行储蓄产品的理财策略,主要是考虑满足个人的流动性、收益性的需要。因为这些产品的安全性,是没有任何问题的。这里的策略,主要通过合理组合不同产品来操作。

1. 在整个家庭的资产组合中考虑储蓄

首先,家庭除去日常开支的现金(实际上现在家庭的许多开支都可以通过信用卡在下一个月支付),应尽可能存入银行,避免因持有过多现金而损失利息收入的情况。当储蓄达到一定金额的时候,就将这部分资金配置到收益相对高的投资产品上。在其他投资产品收益兑现以后,又可以转换成为储蓄。其次,作为一种固定收益、流动性相对较高的理财产品,储蓄是家庭应急备用金、或者其他现金需求的重要投资途径。总之,储蓄是家庭资产组合的重要产品,可以根据不同的风险偏好,确定其在资产组合中的权重。

2. 对不同期限的种类的储蓄产品进行组合

储蓄产品的组合,首先要满足家庭的日常开支的需要,进行活期存款和定期储蓄的组合。根据家庭支出的情况,可以估算出每个月需要的现金支出和收入的情况。这样就可以将一部分现金放在活期账户供日常家用,其余部分可以进行定期储蓄。

其次,根据利率走势,合理调整定期存款的期限。通常,人们以为定期存款期限越长,收益越高。在利率长期不变的情况下,这样的观点是对的。实际的情况是,在宏观经济出现频繁波动的时候,利率也不是一成不变的,中央银行也将根据经济情况的变化适时调整基准利率。因此,在进行定期存款的期限搭配的时候,需要考虑利率的走势。如果中央银行开始不断加息了,那么定期存款的期限不宜太长,可以确定为 6 个月、或者 1 年。如果定期存款期限太长,存单又未到期,那么遇到中央银行提高利率,储户就无法享受新的利率;要享受新的利率而去银行转存,储户就会损失前面的定期利息。因为转存相当于提前支取定期存款,未到期的定期存款只能获得活期存款利息。如果利率进入下行通道,中央银行开始不断降息,那么定期存款的期限相对长一些比较好。因为,不管中央银行如何降息,都不影响储户原来的定期存款利息收益,且老储户都是按照原来存单确定的利息到期一次性还本付息的。

再次,根据自己的需求情况,合理安排定期储蓄的期限结构。如果为了筹措远期的资金,例如在孩子还在上小学的时候,为筹措孩子未来出国深造,就读国外大学所需要的资金,就可以考虑 3 年的定期存款;又如,为了近期购买私人汽车而积累资金,可以考虑 1 年左右的定期存款。即使作为长期储蓄投资的资金,也可以考虑依照自己的意愿,按 1 年、3 年等不同期限进行搭配,来满足流动性、盈利性的需求。

合理安排定期储蓄的月份结构。在进行定期储蓄的时候,可以将资金分配到每季度或者每个月。如果每个月份都有到期的定期存款,那么就能够很好满足家庭的流动性需要。同时,每月到期的定期存单,为家庭增加储蓄提供了机会。如果遇到家庭有大额购买需求,就可以将临近几个月的存单取出,也不会损失较多的定期存款利息。

3. 储蓄产品的选用技巧

(1)储蓄金额的选择。避免将资金集中存储于一张或者少数几张存单,这样可以避免因为临时小额急用而提现的时候,影响大额资金享受定期存单的利息。按照银行规定,整存整取的定期储蓄,每张存单,可以有一次部分提前支取的机会,提前支取的部分按支取日挂牌公告的活期存款利率计付利息,剩余部分到期时按开户日挂牌公告的定期储蓄存款利率计付利息。所以,可以将大额资金适当分为几张存单,便于应付临时急用导致的提前支取的情况出现。

(2)巧用通知存款。个人通知存款,适合于手头有大笔资金,频繁调动于银行、证券公司之间；或者准备用于近期(三个月以内)开支的情况。假如你有 10 万元现金,拟于近期打新股获利。由于新股不是每天都有,也不是每次新股申购结束,资金释放后就能和后面的新股申购相互衔接；那么,就会有几天或者一周的资金间歇。这种情况下,可以办理通知存款,利用短暂的时间,获得比银行略高的收益。目前,网银的开通,使得相关业务非常便捷、高效。

(3) 积少成多勤储蓄。储蓄,是积累资金的良好途径。可以将平时暂时不用的资金、日常生活中的临时性收入都及时存入银行。例如将增加的薪金、得到的一次性奖金、亲友馈赠以及其他一些临时性收入存入银行。常常有些家庭,会将那些临时性收入用于临时性消费,这样就会失去增加财富的机会。

(4) 注意资金的安全。银行的定期储蓄具有比较好的安全性。客户在开户存款的时候,可以设置账户密码、预留印鉴等。这些安全措施,要与客户的需求相吻合。如果客户需要通存通兑的,那么可以预设账户密码,而不留印鉴。因为,预留印鉴的存单是不能通存通兑的。同时,避免将存单与身份证、印鉴放在一起。这样,万一家中遭窃,即使存单失窃也无妨,资金还是安全的。预留密码,不要将自己的生日设置为存款密码,也不要将一些特殊的数字设置为存款密码,例如"168"、"888"等等。更不能为了安全,设置很多密码,最后连自己都无法搞清楚这些密码到底对应哪个存单了。这样,就失去了密码应有的作用。

3.3　银行卡

银行卡是由银行客户申请、银行依照章程发行的、供客户办理存取款现金、支付、转账结算、信贷消费等业务的新型服务工具的总称。银行卡包括贷记卡、借记卡、自动出纳机卡等。因为各种银行卡都是塑料制成的,又用于存取款和转账支付,所以又称之为"塑料货币"。20 世纪 70 年代以来,由于科学技术的飞速发展,特别是电脑和互联网的迅速发展,使银行卡的使用范围不断扩大——不仅减少了现金和支票的流通,而且使银行业务由于突破了时间和空间的限制而发生了根本性变化。银行卡自动结算系统的运用,使一个"无支票、无现金社会"的到来不久将成为现实。银行卡的大小一般为 85.60×53.98 mm(3.370×2.125 英寸),但是也有比普通卡小 43% 的迷你卡和形状不规则的异型卡。常见的银行卡一般分两种:借记卡和贷记卡。前者是储蓄卡,后者是信用卡。

3.3.1　银行卡功能

银行卡的功能是由发卡银行根据社会需要和内部经营能力所赋予的。随着我国银行卡事业的发展及市场竞争的日趋激烈,为扩大市场份额,各发卡银行积极开拓市场,不断增加业务品种,扩大服务范围,为持卡人提供更多种类的相关服务。尽管各发卡银行所发行的银行卡的功能不尽相同,产品种类及服务范围也有所差异,如一些发卡行通过银行卡为客户提供代发工资、购买有价证券、缴纳公用事业费用等多项服务,但银行卡的基本功能都是一致的。归纳起来,我国银行卡具有如下基本功能:

1. 支付结算功能

持卡人可在特约商户持卡直接购物或者进行其他消费,无须以现金货币支付款项,只需使用银行卡支付购物款项和其他各类服务性消费款项,完成支付结算。随后,由发卡银行扣减持卡人银行卡账户资金,在一定期限内银行将持卡人所支付款项划拨给特约商户。支付结算是银行卡最主要的功能,它能为社会提供最广泛的结算服务,方便持卡人与特约商户的购销活动,减少社会的现金流通量,节约社会劳动。

近年来,网络消费兴起,网络购物成为时尚,通过银行卡(网银)网上支付转账成为趋势。银行卡的支付结算业务,现在已经有了很大的拓展。从区域角度,现在很多银行卡可以完成跨区域支付,甚至是跨国支付结算。目前,我国银联开通了140多个国家和地区,包括欧洲、美国、澳洲、俄罗斯、东南亚、日本、港澳等。从交易的渠道来说,不仅是商场,而且网上购物的支付结算(网银业务的开展)也非常普遍。

2. 储蓄功能

城乡居民储蓄一直是我国各商业银行的主要负债业务,为银行经营提供了主要的资金来源。然而储蓄业务工作量巨大,劳动强度相对较高。为提高业务效率,以吸纳更多存款,各发卡银行推出的银行卡都具有储蓄功能(贷记卡除外)。发卡银行对持卡人开立的银行卡存款账户,按照中国人民银行规定的活期储蓄存款利率和计息办法计付利息。持卡人可在发卡银行所指定的各地银行卡受理网点通存通兑,办理存、取款业务,也可在发卡银行提供的自动柜员机(ATM)取款和查询银行卡账户余额等。有些发卡银行的银行卡产品还具有理财功能,从而大大方便了持卡人的储蓄活动,提高了持卡人的储蓄积极性。另外,持卡人持卡支取现金,需要提供持卡人本人的有效身份证件或个人密码,从而,在一定程度上保障了持卡人银行卡的资金安全。

在此基础上,银行卡可与定期储蓄产品组合。如银行卡与整存整取账户的组合,中国农业银行金穗卡的自动约转功能等。自动约转功能是指银行根据持卡人申请,将卡账户中超过约定留存金额且达到最低起存金额的款项,按照事先约定的期限自动转存为定期整存整取存款。该笔存款到期后,持卡人还可以选择继续转存的期限。在自动约转功能中,持卡人在金穗借记卡下开立零整子账户(包括教育储蓄子账户)后,从金穗借记卡账户向零整子账户转账供款的交易,分为手动供款和自动供款两种方式。

3. 转账功能

银行卡转账,是指持卡人可以将卡内资金通过银行的 ATM 机,转入其他银行卡账户内。银行卡转账,可以在同一银行内进行,也可以跨行、跨地区转账。转账功能有多种拓展,扩大了转账的用途,包括转账结算、自动供款、约定还款等。转账结算,就是持卡人持卡可在特约商户办理大额购货转账结算,也可在发卡银行指定的银行卡受理网点办理转账业务或卡与卡之间的转账业务。持卡人通过发卡银行的结算系统将银行卡账户存款划至指定账户。自动供款,具体做法是银行的系统根据持卡人的申请,在约定的每月供款日从银行卡人民币活期账户中把约定的金额转入约定账户的业务,约定账户包括同一发卡行内的活期存折、准贷记卡、借记卡及卡下的其他人民币活期账户。约定还款的具体做法是,持卡人通过与银行签订相关协议,授权银行在每月的到期还款日,根据其银行的贷记卡的上月结欠金额,自动从银行卡的活期账户中扣除相应欠款金额。

4. 消费信贷功能

银行卡的消费信贷功能仅体现于信用卡、贷记卡和准贷记卡。持卡人在消费过程中,如果所得支付款项超过其信用卡存款账户余额,发卡银行允许持卡人按规定限额进行短期透支。也就是说,信用卡的透支金额,即为发卡银行向持卡人提供的消费信贷。信用卡透支利率一般比商业银行同期贷款利率高得多。目前,许多银行的信用卡都规定了比较长的免息期限。在免息期内还款,银行将不收透支利息。

5. 出国金融

针对国内的留学、探亲、移民等需求,商业银行推出了多种与银行卡有关的出国金融服务。其中包括国际借记卡、国际信用卡及各种汇款服务。

6. 理财平台

现在的银行卡,已经成为银行向客户提供综合性理财服务的平台。在卡业务方面,集成了多项理财服务。交通银行的太平洋卡,就是集储蓄、购物消费、自动转账、电话银行、代理业务、消费贷款等功能于一身的个人理财工具。它突破了传统的储蓄方式,通过客户管理这一先进的模式将人民币活期、定期、存本取息、零存整取、定活两便储蓄与美元、日元、港币、澳元、英镑、欧元等外币储蓄连在一起,免去了客户保管多张存单与存折的麻烦。而且,银行可以根据客户(持卡人)提供的有效身份证件,产生唯一客户号并建立客户信息。在同一客户号下,集太平洋卡账户、本外币全储种储蓄账户于一体,一号多户,卡储相通,实现了客户管理的科学性。

7. 营销渠道

银行卡是商业银行重要的营销渠道。商业银行在将银行分为普通卡、银卡、金卡,甚至铂金卡的同时,也对客户做了细分。然后,银行将据此向不同层次的客户提供相应的服务。在金融市场上,有一个"2—8"定理,20%的客户创造了银行80%的利润;80%的客户创造了20%的利润。银行将通过强化对20%优质客户的服务,稳定这些客户,为银行提供更多的业务收入来源。银行在发展优质客户的时候,通常向客户提供理财顾问服务、推荐理财产品、提供优先办理业务的通道,甚至进行特殊的授信等,使得客户在接受服务的时候,还能够获得尊重和满足。例如,招商银行的金葵花客户,就能够获得理财顾问的服务,包括量身定做的理财规划、及时检视客户的投资组合、优先供应的理财产品等。

随着银行的不断创新,其服务内涵也在不断被开发出来。

3.3.2　银行卡分类

随着银行卡业务的发展,银行卡的种类不断增多,用途也多种多样。根据不同的划分标准,其大致可分为以下几种类型:

(1) 按币种不同,可分为人民币卡、外币卡,以及双币种卡。本币卡,也就是人民币卡,属地区卡,仅限在中国大陆使用。外币卡是指结算货币非发卡机构所在国家法定货币的信用卡。在大多数发展中国家,其本国货币通常不是可兑换货币。因此,以此种货币作为结算货币的信用卡即便参加了国际信用卡组织,所发行的也只能是地区卡,无法国际通用。为此,发卡机构必须以某种可自由兑换货币,即国际通用的货币作为自己国际卡的结算货币,从而实现发行国际通用信用卡的目的,这就是所谓的外币卡。外币卡属国际卡,可在世界各地使用。双币种卡,例如中国建设银行的龙卡双币种信用卡,是发卡银行向社会公开发行的、持卡人可在发卡银行核定的信用额度内先用款后还款、并可在中国境内(不含港澳台,下同)和境外(含港澳台,下同)使用、以人民币和指定外汇分别结算的信用支付工具。

(2) 按发行对象不同,可分为单位卡(商务卡)和个人卡。单位卡(商务卡)是由发卡银行向企事业、机关团体、部队院校等单位发行的银行卡,其使用对象为单位指定的人士。有些地方政府,将单位卡作为一种国家预算资金管理方式,单位卡账户的资金一律从其基本存款账户转账存入,不得存取现金,不得将销货收入存入单位卡账户。单位卡不得透支办理商品交易、劳务款项的结算。销户时,单位卡账户资金应转入其基本存款账户。个人卡账户的资金可以其持有的现金存入或以其工资性款项及属于个人的合法的劳务报酬、投资回报等收入转账存入。通过这种结算方式办理公务支出安全、便捷、交易透明度高,财政财务部门还可以有效监控支付的真实性和规范性,强化了财务管理,提高了支付效率。

个人卡是由发卡银行向居民个人发行的银行卡,此处不再赘述。

(3) 按信息载体不同,可分为磁条卡和芯片卡。磁条卡是将银行卡的有关信息置入银行卡卡片专用的磁条内;芯片卡(IC 卡)是将银行卡有关信息置入银行卡卡片专用的芯片内,芯片卡(IC 卡)既可应用于单一的银行卡品种,又可应用于组合的银行卡品种,即磁条与芯片合一的复合型银行卡品种。2005 年 12 月 16 日,中国工商银行和万事达卡国际组织在国内率先发行国内第一张符合 EMV 标准的信用卡。EMV 是目前全球各国或地区最为广泛采纳的芯片卡标准,是由 Europay、Mastercard 和 Visa 三大支付卡组织于 1994 年共同制定的。EMV 标准的卡片内置一个芯片,其中的个人信息很难被复制,因此具有强大的防欺诈功能,并可实现全球互通互用。而现在国内普遍使用的磁条卡,只要泄露了卡号和卡片有效期,就有可能发生伪卡风险。故此后,从磁条卡过渡到芯片卡就成为银行卡业的发展趋势。

(4) 按持卡人的资信等级不同,可分为普通卡(银卡)、金卡、白金卡、无限卡等。不同等级的银行卡(主要是信用卡,借记卡通常没有等级),持卡人所能够享受的服务是完全不同的。通常情况下,金卡能够享受理财顾问,快捷办理业务的服务等,同时,需要交纳相对较高的年费。普通卡可以获得基本的银行相关业务的服务。其实,对于一般的客户而言,普通的相关功能已经完全够用了。随着个人资金实力的上升,在消费金额、透支金额等项指标上升以后,普通卡还是可以升级成为金卡客户的。

(5) 按持卡人的清偿责任不同,可分为主卡和附属卡。年满 18 周岁,具有完全民事行为能力、有合法稳定收入的中国公民和在中国境内有居留权等条件的外国人及港澳台同胞,均可在本地申请中国各商业银行的信用卡主卡。在此基础上,持卡人可为年满 16 周岁的直系亲属申领附属卡。信用卡的主卡和附属卡的持卡人,可以共同使用信用卡账户内的资金或信用额度(全部或部分)。信用卡附卡使用者所有消费还款的信用记录将与主卡持卡人承担共同责任,附属卡产生的未还清费用由主卡持卡人负责偿还。要注意的是,因主卡和附卡持卡人使用的是同一个信用额度,双方(或者多方)可能不太清楚彼此刷了多少钱,万一刷卡金额超过信用额度,特约商户还要请发卡银行作临时超额授权,这样就会影响到刷卡的便利。所以最好保留每次消费的签账单,以确定双方已用了多少额度。待每月的对账单寄来时,仔细的核对清楚,以免账务不清。附属卡持卡人由于使用的是主卡的信用,反而无法建立自己的信用记录。因此如果觉得使用信用卡有很多好处,又已符合申请主卡的资格时,客户应申请一张自己的信用卡,开始建立自己的信用记录。

3.3.3 信用卡

信用卡是银行卡中的一种,由银行或信用卡公司依照用户的信用度与财力发给持卡人,持卡人持信用卡消费时无须支付现金,待结账日时再行还款。它是一种非现金交易付款的方式,是简单的信贷服务。除部分与金融卡结合的信用卡外,一般的信用卡与借记卡、提款卡不同,信用卡不会由用户的账户直接扣除资金。

1. 信用卡起源

信用卡于 1915 年起源于美国。

作为 20 世纪最伟大的发明之一,信用卡在美国萌芽。在 20 世纪早期,美国的一些商户为推销商品、扩大营业额,同时也为了巩固与经常购物的大客户间的关系,开始有选择性地为一些信用良好的客户提供金属徽章式的信用卡片,允许持有该卡片的客户在本商店及下属分店赊欠消费,并于指定日期一次性还款。

在 20 世纪 50 年代,第一个第三方信用计划,大莱信用卡(Diners Card)诞生。1950 年,大莱俱乐部(Diners Club)将一系列餐饮商户组织起来共同形成一个赊欠消费网络,并发行了世界上第一张以塑料制作的信用卡。使用该卡即可在所有加入大莱俱乐部的餐厅先消费后还款。大莱俱乐部率先尝试将信用卡构建成一个能够益利的产业模式,向特约商户收取一定的手续费(最初的手续费高达交易金额的 7%),同时也向持卡人收取年费。

1958 年,美国著名的旅行服务公司美国运通公司(American Express)也推出了自己的信用卡产品,美国运通卡(American Express Card)。美国运通卡的诞生标志着信用卡正式受到了美国主流商户的认可。

随着商户信用卡发行量的增大,信用卡应收账务处理及风险管理任务逐渐变得日益繁重,同时银行业也迅速发现了其中所蕴藏的巨大商机。1952 年美国纽约富兰克林国民银行推出了第一张银行信用卡,随后美国最大的两家银行,美洲银行及大通曼哈顿银行也相继发行了自己的信用卡。在这之后的 60 年代里,美国其他银行纷纷跟进推出银行信用卡。随着受理网络的普及和信用卡影响力的扩大,美国以外的英国、日本、加拿大及欧洲各国也纷纷推出信用卡。

银行信用卡推出后,在经历最初的高速增长后,很快就陷入了一个增长瓶颈,发卡量及交易量均维持在一个较低水平。其原因在于,美国 1927 年颁布的《麦克法登法》(McFadden Act)银行法案明确禁止银行跨区域经营银行业务;银行信用卡的各发卡银行各自为政,运营成本非常高昂。

为此,美洲银行(Bank of American)在 1966 年开始授权其商标给其他家银行使用,允许他们发行一种有蓝、白、金三色图案的美洲银行卡(Bank American Card),所有会员银行发行的卡片均带有统一标识,并能在各银行间通用。为了再扩充业务,美洲银行信用卡公司在 1974 年组织部分银行成立国际信用卡服务公司(National Bank American Card Incorporated,NBI),原先使用授权商标的银行成为 NBI 的非持股会员。同时,美洲银行也开始逐步将业务发展到美国境外,不过带着浓厚美国商业银行色彩的 Bank American Card 在开始之初并不受到国外银行的青睐。为拓展国际市场,1977 年该组织正式使用 Visa 标志。为应对竞争,1966 年另外四家加州银行组成了"西部各州银行卡协会"(Western States Bank card Association,WSBA),并推出 Master Charge 的信用卡计划,1978 年,Master Charge 正式改名为 MasterCard。目前,VISA 与万事达国际组织已经发展成为全球最大的两个国际信用卡机构。

同时,20 世纪 60 年代,银行信用卡很快受到社会各界的普遍欢迎,并得到迅速发展,信用卡不仅在美国,而且在英国、日本、加拿大以及欧洲各国也盛行起来。从 20 世纪 70 年代开始,中国香港、中国台湾、新加坡、马来西亚等发展中国家和地区,也开始发行信用卡。

20 世纪 70 年代末期,当中国打开国门,大胆引进外国的先进科学技术和管理经验的同时,信用卡作为国际流行的信用支付工具也进入了中国,并得到较快的发展。1979年,中国银行广东省分行首先同香港东亚银行签订协议,开始代理东美信用卡业务,信用卡从此进入了中国。不久,上海、南京、北京等地的中国银行分行先后同香港东亚银行、汇丰银行、麦加利银行以及美国运通公司等发卡机构签订了兑付信用卡协议书。1985年 3 月,中国银行珠海分行第一张"中银卡"(BOC 卡)问世,1986 年 6 月,中国银行北京分行发行了长城信用卡,经中国银行总行命名后,长城信用卡作为中国银行系统统一的信用卡名称,在全国各地的中国银行分支机构全面推广。长城信用卡的诞生和发展,不仅填补了我国金融史册上的一项空白,而且预示着我国传统的"一手交钱,一手交货"的支付方式,将发生重大的变革。

2006 年 2 月 28 日全国人民代表大会常务委员会关于有关信用卡的解释规定,刑法规定的"信用卡",是指由商业银行或者其他金融机构发行的具有消费支付、信用贷款、转账结算、存取现金等全部功能或者部分功能的电子支付卡。所以说在刑法上的信用卡是指我们平时所说的银行卡。

移动互联网作为下一代互联网产业的重要组成部分,已进入了国家战略性新兴产业的发展视野。信用卡的创新实践,围绕着无卡支付、精细化管理、精准化营销、数据挖掘等领域的新技术、新方法在信用卡产业中的运用而展开。作为重要的互联网平台的微信用户已达到 4 亿,因此,接入此类平台在近年被各发卡行高度重视。各个银行在短时间内纷纷推出微信银行或是微信营业厅,为信用卡的发展开拓了更加广阔的空间。

2. 信用卡的信用额度

信用额度是指信用卡最高可以透支使用的限额。首次申请信用卡时获得的信用额度主要依据用户申请信用卡时所填写的资料和提供的相关证明文件综合评分而得。用户主卡、附属卡共享同一额度。对于一些银行双币卡,信用额度是人民币和美元共享,当用户在境外用卡时,用户的信用额度等值于按当时汇率所能折算的美元。比如:用户的额度是 30 000 元人民币,当美元与人民币的汇率为 1∶6.22 时,那么用户在境外用卡时的信用额度就大约等值于 4 800 美元。

第二额度是专门用于分期的。客户自己刷卡是不可能用到这个第二额度的,还是会占用自己卡片本身的信用额度。通常情况下,第二额度仅限于在银行网站进行分期交易时使用。

3. 信用卡的辨识

信用卡一般是长 85.60 毫米、宽 53.98 毫米、厚 1 毫米的塑料卡片(尺寸大小是由ISO 7810、7816 系列的文件所定义的),卡面上至少有如下信息,正面:发卡行名称及标识、信用卡别(组织标识)及全息防伪标记、卡号、英文或拼音姓名、启用日期(一般计算到月)、有效日期(一般计算到月),最新发行的卡片正面附有芯片。背面:卡片磁条、持卡人签名栏(启用后必须签名)、服务热线电话、卡号末四位号码或全部卡号(防止被冒用)、信用卡安全码(在信用卡背面的签名栏上,紧跟在卡号末四位号码的后面的3位数字,用于电视、电话及网络交易等)。

4. 信用卡的申请、核发和开卡

申请手续,多数情况下,具有完全民事行为能力(中国大陆地区为年满18周岁的公民)的、有一定直接经济来源的公民,或没有直接经济来源的在校大学生,可以向发卡行申请信用卡。申请方式一般是填写信用卡申请表,并提交申请人的证件复印件等。申请表都附带有使用信用卡的合同,申请人授权发卡行或相关部门调查其相关信息,以及提交信息真实性的声明,发卡行的隐私保护政策等,并要有申请人的亲笔签名。

信用卡核发方式,由银行会根据申请资料,考察申请人多方面的资料与经济情况,来判断是否发信用卡给申请人。考虑的因素有,申请人过去的信用记录、申请人已知的资产、职业特性等。发卡行审核的具体因素与过程属于商业机密,外界一般很难了解。各个发卡行的标准也不尽相同,因此,同样的材料在不同的银行可能会出现核发的信用额度不同,信用卡的种类不同,甚至会出现有的银行审核通过,而有的银行拒发的情况。

信用卡开卡,通常是由银行邮寄等方式将信用卡及相关手册送交申请人。然而,无法保证领取人就是申请人,信用卡在正式启用前设置了开卡程序。开卡主要是通过电话或者网络等,核对申请时提供的相关个人信息,符合后即完成开卡程序。此时申请人变为卡片持有人,在卡片背后签名后可以正式开始使用。

5. 信用卡使用

信用卡通常仅限于持卡人本人使用,外借给他人使用一般是违反使用合同的。

(1) POS机刷卡,是目前最常见的信用卡使用方式,是一种联网刷卡的方式。

(2) RFID机拍卡以拍卡感应是一种新类型的信用卡使用方式,亦是联网方式的一种。

(3) 手工压单,通常在没有POS机或不能联网的情况下使用。

(4) 网络支付,在网络交易中向特约商户直接或者通过第三方支付平台支付。

(5) 预授权一般用于支付押金,即冻结一部分信用卡的可用额度,当作押金。预授权和手工压单的过程类似,但是电话内容是要求预授权相应的金额,不是要求支付,也不需要压单,只需要出具收到押金的凭证即可。

6. 信用卡的利息和费用

(1) 通常不具有存款功能,发生溢缴款时亦不计算利息。

(2) 对于销售交易有免息还款待遇,一般以当月结账后20—30日全额付款为条件。

(3) 利息一般为按日单利计息,按月复利计息。

(4) 年费或月费。新卡收到后,未开卡消费,不收年费。有些银行于2009年6月1日开始,就算是旧卡处于清偿状态,也会开始累计年费。

此外,还有其他多项费用,包括邮寄信用卡的加急手续费、补发新卡工本费、挂失手续费、取现或转入个人账户手续费、滞纳金、超限费、补制对账手续费、跨境交易手续费(指定的结算外币)、调阅签购单手续费、境外紧急服务手续费、自动分期付款手续费等等。

3.3.4　信用黑卡

谓信用黑卡,是指美国运通公司在 1999 年推出了名为"Centurion"的信用卡(或称为百夫长卡),也包括花旗银行名为"Ultima"的信用卡,通常也被叫做"黑卡"、"黑金卡",是世界公认的高端信用卡(以下简称黑卡)。截至 2012 年仅在全球 31 个市场凭邀请发行,持卡人可以享受全球顶级的会员专属礼遇、权益和服务。

1. 申请标准及费用

黑卡是必须通过邀请后才能申请使用的银行卡,美国运通公司通过评估客户的资产净值、信贷情况和消费状况后发出邀请函,不过美国运通公司并不公布黑卡的邀请标准。美国运通公司形容黑卡的持卡人是一群"拥有超高个人净资产并不断追求最好和最独特享受"的个人,他们拥有自己的公司,经常出差,完全符合成功人士的定义。同时黑卡持卡人拥有格外挑剔的品味,是一群真正深入人迹罕至地区的全球玩家。他们永不妥协并期待享有比周遭人士更好的服务待遇:量身定制的个性服务、无上限的财政支付能力、独家的旅游优惠和畅通全球的影响力。黑卡不仅仅是一张银行卡,更代表了一个高收入和享受奢侈消费的上流社会。

2. 优质服务

黑卡的服务宗旨属于最高等级,无论持卡人身在何处,其任何要求均会得到即时响应与协助实现。曾经有位持卡人的女儿突然住院,无法参加偶像摇滚乐团红辣椒合唱团(Red Hot Chilli Peppers)的演唱会。为完成其心愿,百夫长黑金卡专属生活顾问设法联络了该乐团经纪公司,促成乐团主唱在开演前探望这位小歌迷。

黑卡的服务几乎囊括所有领域,包括非凡全球旅行、至臻生活礼遇、精选优待和积分计划等四大板块,旅行、娱乐、活动策划和紧急事务处理等配套服务应有尽有,充分满足客户对极致生活方式的关注和无微不至服务的需求。作为世界公认的高端信用卡,持卡人可以享受全球顶级的会员专属礼遇、权益和服务。

3. 发行状况

在美国运通的主页上并不显示黑卡信息。美国运通不宣传黑卡,也不接受客户的主动申请,运通只在自己的白金卡用户中挑选其中的 1‰ 作为特定对象,采用运通邀请的方式发卡。通常情况下,知名企业总裁或董事长,35—60 岁之间,年收入至少达 1 000 万美元以上,拥有多辆轿车、多处豪宅,喜欢开私家游艇、开飞机兜风的客户才有可能受到邀请。黑卡的持卡人每年最低消费额为 25 万美元,年费 2 500 美元,目前在美国、英国、中国香港,以及中国内地等国家和地区发行。中国香港的标准是最低年薪 200 万港币或最近三个月存款余额不少于 800 万港币,年费 19 800 港币,入会费 23 800 港币。

除了运通黑卡,还有一些机构也拥有这类卡片。如 Stratus Rewards 公司和美国银行联合发行的一种白卡,持卡人只能被邀请或任命,可得到私人飞机租赁优惠,100 万美元的旅行意外保险;如果年消费量达到 19.5 万英镑,可免费乘坐私人飞机去卢浮宫或金字塔旅行。

3.3.5　信用卡的销户

信用卡销户,是客户不打算继续使用的情况下必须要做的。如果没有销户,银行会按年收取信用卡的年费。

在卡没有透支的情况下,随时可以申请销户。销户费用每个银行各不相同,特别是卡遗失后,费用比较多。

如果卡片没有到期,需要先提出申请,隔些天后再到银行办理销户;如果卡片已经过了有效期,且账户余额为零,那么可以直接到指定银行网点办理销户手续。

销户时,应该携带有效身份证件原件、卡片,如果本人不方便办理销户手续,可以由他人代办。代办人需持委托人(本人)书写的委托书,携带有效身份证件原件代办销户业务。或者打电话到信用卡中心,电话销户。目前电话销户最常见。

信用卡销户时如果您的卡没有到期,有的银行规定,需要到指定网点办理收卡业务,隔一定时间后(最长为 30 天)再来办理正式销户手续。这主要是因为持卡人在销户前如果做过手工压卡交易,在销户时商户还未将压卡单交至银行入账,持卡人就已经销户了,这样银行就无法正常清算;另一方面如果持卡人在境外消费或取现,有可能几天以后才能清算,如果立即销户,也会影响银行的正常清算。

3.4　银行融资产品

银行融资产品,是指银行贷款产品。"贷款,系指经国务院银行业监督管理机构批准的金融机构,以社会公众为服务对象,以还本付息为条件,出借的货币资金①。"根据不同的划分标准,商业银行贷款可以分为各种不同的类型:按偿还期不同,可分为短期贷款、中期贷款和长期贷款;按偿还方式不同,可分为活期贷款、定期贷款和透支;按贷款用途或对象不同,可分为工商业贷款、农业贷款、消费贷款等;按贷款担保条件不同,可分为票据贴现贷款、票据抵押贷款、商品抵押贷款、信用贷款等;按贷款金额大小不同,可分为批

---

① 中国人民银行《贷款通则》,2004 年 4 月 7 日公布。

发贷款和零售贷款;按利率约定方式不同,可分为固定利率贷款和浮动利率贷款,等等。这里,将围绕消费贷款来介绍。

3.4.1　汽车贷款

汽车贷款,是个人消费贷款的一个品种,是向商业银行申请购买汽车的借款人发放的人民币担保贷款,具有办理手续简便快捷、担保形式多样、贷款额度高等特点。按照各家银行的相关规定,汽车贷款也是一种担保贷款,可以以质押、抵押或者第三方担保等方式提供贷款担保。

各银行间的汽车贷款有许多共同点:要求贷款者是年龄在18周岁(含)至60周岁(含),具有完全民事行为能力的自然人;贷款额度方面,所购车辆为自用车的,贷款金额不超过所购汽车价格的80%;所购车辆为商用车的,贷款金额不超过所购汽车价格的70%,其中,商用载货车贷款金额不得超过所购汽车价格的60%;在贷款期限方面,所购车辆为自用车,最长贷款期限不超过5年;所购车辆为商用车,贷款期限不超过3年;在担保方式方面,申请个人汽车贷款,借款人须提供一定的担保措施,包括纯车辆抵押、车辆抵押＋担保机构、车辆抵押＋自然人担保和车辆抵押＋履约保证保险;在还款方式的规定方面,贷款期限在一年以内的,可以采取按月还息任意还本法、等额本息还款法、等额本金还款法、一次性还本付息还款法等方式;贷款期限在一年以上的,可采取等额本息、等额本金还款法,具体还款方式由经办行与借款人协商并在借款合同中约定。对于贷款利率,各家银行有所不同。借款人需要通过比较,才能得出哪家银行的利率优惠,服务好。

1. 申请材料

在申请汽车贷款的时候,需要提供如下申请材料,包括:

●《个人贷款申请书》;

● 个人有效身份证件,包括居民身份证、户口簿、军官证、护照、港澳台湾同胞往来通行证等。借款人已婚的要提供配偶的身份证明;

● 户籍证明或长期居住证明(有些银行提出要提供户口簿或近3个月的房租、水费、电费、煤气费等收据);

● 个人收入证明,必要时须提供家庭收入或财产证明;

● 由汽车经销商出具的购车意向证明;

● 购车首期付款证明;

● 以所购车辆抵押以外的方式进行担保的,需提供担保的有关材料;

在贷款担保方面,银行一般规定,采用质押担保方式的,质押物范围包括借款人或第三人由工商银行签发的储蓄存单(折)、凭证式国债、记名式金融债券,银行间签有质押止付担保协议的本地商业银行签发的储蓄存单(折)等;

采用房产抵押担保的,抵押的房产应为借款人本人或其直系亲属名下的自由产权且未做其他质押的住房,并办理全额财产保险。

采用第三方保证方式的,应提供保证人同意担保的书面文件、保证人身份证件原件及复印件、有关资信证明材料等。

● 贷款保险。借款人应该按照银行的要求办理抵押物保险,保险期不得短于借款期限,投保金额不得低于贷款本金和利息之和。贷款银行享有保险单优先受偿权,保险单不得有任何有损贷款银行权益的限制条件。如果借款人以所购车辆抵押提供担保的,贷款银行将要求借款人对抵押物至少投保车辆损失险、盗抢险。

● 在保险有效期内,客户不应以任何理由中断或撤销保险;如保险中断,中国银行有权代为投保。如发生保险责任范围以外的损毁,客户应及时通知中国银行并落实其他担保。

● 如借款所购车辆为商用车,还需提供所购车辆可合法用于运营的证明,如车辆挂靠运输车队的挂靠协议、租赁协议等。

● 是个体商户的,必须提供个人的营业执照。

2. 办理流程

● 客户申请。客户向银行提出申请,书面填写申请表,同时提交相关资料;

● 签订合同。银行对借款人提交的申请资料调查、审批通过后,双方签订借款合同、担保合同,视情况办理相关公证、抵押登记手续等;

● 发放贷款。经银行审批同意发放的贷款,办妥所有手续后,银行按合同约定以转账方式直接划入汽车经销商的账户;

● 按期还款。借款人按借款合同约定的还款计划、还款方式偿还贷款本息;

● 贷款结清。贷款结清包括正常结清和提前结清两种。(1)正常结清:在贷款到期日(一次性还本付息类)或贷款最后一期(分期偿还类)结清贷款;(2)提前结清:在贷款到期日前,借款人如提前部分或全部结清贷款,须按借款合同约定,提前向银行提出申请,由银行审批后到指定会计柜台进行还款。

贷款结清后,借款人应持本人有效身份证件和银行出具的贷款结清凭证领回由银行收押的法律凭证和有关证明文件,并持贷款结清凭证到原抵押登记部门办理抵押登记注销手续。

3.4.2　个人信用贷款

个人信用贷款是近年来逐步发展起来的一种无抵押、无担保的贷款品种。这种贷款是银行或其他金融机构向资信良好的借款人发放的无需提供担保的人民币信用贷款,它是以个人信用记录为贷款依据,申请贷款人只要个人信用记录良好、拥有稳定的工作和收入即可获得银行的贷款。对符合特定准入条件的客户,还可享受贷款银行的更多优惠服务。

对于贷款申请条件,不同银行的要求不尽相同。但是也有许多共同的方面,包括:在中国境内有固定住所、有当地城镇常住户口、具有完全民事行为能力的中国公民;有正当且有稳定经济收入的良好职业,具有按期偿还贷款本息的能力;遵纪守法,没有违法行为及不良信用记录等等。此外,银行还将根据客户的信用等级等条件,决定给予客户不同的贷款额度。

贷款期限一般为 1 年(含),最长不超过 3 年。个人信用贷款一般不办理展期,确因不可抗力或意外事故而不能按期还贷的,经银行同意,贷款期限在 1 年(含)以内的可予以展期一次,展期期限不得超过原贷款期限,且累计贷款期限(含展期期限)不得超过 1 年。

贷款利率按照中国人民银行规定的同期同档次贷款基准利率执行;个人信用贷款采用逐笔计息法计算利息。

个人信用贷款的申请流程一般是:个人信用贷款申请人向银行提出贷款申请,同时按照银行的要求提交自己的工作证明、固定居住地证明供银行审核。银行会从人民银行调阅申请人的个人信用记录,确认个人信用记录良好、具备良好的还款能力以后,银行会根据内部标准核定贷款金额并将核定的金额打入申请人的账户。

个人信用贷款适用于:临时需要大额资金同时具备稳定收入的工薪阶层、政府公务员、事业单位职工等。中国银行还设有个人信用循环贷款(一般只对 VIP 客户),贷款金额达到 30 万元人民币。

需要注意的是个人信用贷款虽然不需要抵押和担保,但这并不意味着借款人没有责任。信用贷款申请人拖欠银行贷款将会给个人信用记录带来污点,不良的信用记录可能导致客户以后再也无法获得所有银行的信任。

3.4.3　个人质押贷款

个人质押贷款,是指以储户未到期的定期储蓄存单、凭证式国债作为质押,按质押存单和凭证式国债面额的一定比例向借款人发放的贷款。其主要特点为,银行存款、国债、人寿保险单、个人外汇买卖资金等都可以用于质押,贷款手续简便,且贷款额度比较高。此外,个人质押贷款办理时间短,能够快速提供贷款资金,解决客户的资金短缺矛盾。如今,一些商业银行还推出了网上银行个人质押贷款业务和银保通保单质押贷款业务。这样,就可以大大节省客户办理质押贷款的办理时间。贷款的办理流程:

(1) 借款人申请办理个人权利质押贷款,须持银行定期存单或贷款行承销的凭证式国债向贷款行开办该项业务的营业网点提出申请,填写申请表,提交相关资料;

(2) 客户经理调查、审核并经有权部门审批同意后,办理质押止付手续,签订质押借款合同;

(3) 客户经理办理放款手续,将款项转入借款人在银行开立的个人结算账户上,客户即可使用贷款资金；

（4）借款人到营业柜台还款，或在存款账户或银行卡上留足还款金额，委托贷款银行代扣还款；

（5）贷款结清后，营业网点将质押权利解除止付，并退还给客户。

个人质押贷款条件方面，单笔（户）贷款额度为最低 5 000 元（含），最高不超过 1 000 万元（中国银行个人抵（质）押循环贷款额度最高限额为从 400 万元—2 000 万元）。网上银行质押贷款最高额度不超过 100 万元。凡所有权有争议、已挂失、已被依法止付或已做担保的存单和凭证式国债不得作为质押物。贷款期限一般为 1 年，最长不超过 3 年（含）（中国建设银行最长 5 年，中国银行对特别优质客户的期限最长可以达到 5—10 年）。

个人质押贷款的贷款利率，执行中国人民银行同期同档次期限利率，浮动幅度按照中国人民银行有关规定执行，利随本清。不足 6 个月的，按 6 个月商业银行贷款利率执行，如遇贷款利率调整，在贷款期限内本贷款利率不变，个人质押贷款采用逐笔计息法计算利息。

贷款期限在 1 年（含）以内的，采用一次还本付息的还款方式；贷款期限超过 1 年的，可采用按月（季）还息、一次还本，或按月等额本息、等额本金的还款方式。质押贷款的对象是具有完全民事行为能力的中国籍自然人。质押贷款的期限不能超过存单或凭证式国债的到期日，用多张存单或凭证式国债作为质押物的，贷款到期日不能超过最早到期日（自动转存的存单不受此期限限制）。

3.4.4　个人经营贷款

个人经营贷款，是指银行发放的用于解决借款客户投资经营过程中所需资金周转的人民币担保贷款。借款人只要从事正常、合法的经营活动，无论是否办理经营实体，均可办理个人经营贷款。这种贷款的额度高，最低额度为 10 万元，最高达 500 万元；贷款期限长，有效期限不超过 5 年。个人经营贷款的担保采取抵押、质押和保证方式，但是不接受单纯以第三方保证形式提供的担保。个人经营贷款的还款方式比较灵活，贷款期限在一年以内的，可以采取按月还息任意还本法、等额本息还款法、等额本金还款法、一次性还本付息还款法等方式；贷款期限在一年以上的，可采取等额本息、等额本金还款法。

该种贷款的申请条件分为两种类型：无经营实体的自然人，以及有经营实体的自然人。在具体的条件中，存在如下几方面区别，前者要求申请人年龄在 55 周岁以下；后者则放宽到 60 周岁以下。前者要求申请人有稳定的职业；后者则强调具有稳定的收入来源和按时足额偿还贷款本息的能力，经营情况良好，现金流量稳定。而且还要求后者的产品有市场、有效益，有良好的经营前景，借款人及配偶所拥有的经营实体（包括个体工商户、个人独资企业和合伙企业）在银行无融资。两者的共同点在于，都要求在银行取得

A 级(含)以上的个人资信等级,具有良好的信用记录和还款意愿,在工商银行、人民银行个人征信系统及其他相关个人信用系统中无任何违约记录等等。

个人经营贷款的期限一般为 1 年(含),最长不超过 3 年。贷款利率个人经营贷款利率执行中国人民银行同期同档次贷款利率并适当上浮;个人经营贷款采用逐笔计息法计算利息。

贷款操作流程有 5 个步骤:客户申请;签订合同;发放贷款;按期还款。最后,是贷款结清。贷款结清包括正常结清和提前结清两种。①正常结清:在贷款到期日(一次性还本付息类)或贷款最后一期(分期偿还类)结清贷款;②提前结清:在贷款到期日前,借款人如提前部分或全部结清贷款,须按借款合同约定,提前向银行提出申请,由银行审批后到指定会计柜台进行还款。贷款结清后,借款人应持本人有效身份证件和银行出具的贷款结清凭证领回由银行收押的法律凭证和有关证明文件,并持贷款结清凭证到原抵押登记部门办理抵押登记注销手续。

有些银行还将个人经营贷款称为"个人助业贷款"。中国银行还推出"个人营运类汽车贷款","个人投资经营贷款",都属此类贷款。

3.4.5　个人助学贷款

个人助学贷款,是指商业银行向借款人发放的、用于本人或家庭成员支付特约教育单位,除义务教育外所有学历入学、本科(含本科)以上非学历入学所需教育费用(学杂费和生活费)的人民币贷款。按贷款方式可分为国家助学贷款(信用贷款)和商业助学贷款(担保贷款)。

其中,国家助学贷款是商业银行向已签署合作协议的中华人民共和国境内(不含香港特别行政区、澳门特别行政区和台湾地区)高等院校中的经济困难学生发放的,用于支付学杂费和生活费的人民币贷款。国家助学贷款按用途分为学杂费贷款和生活费贷款。学杂费贷款用于借款人向所在学校支付学费及其他杂费;生活费贷款用于借款人日常生活费用的开支。国家助学贷款适用于全日制普通本、专科生(含高职生)、研究生和第二学士学位学生,保证贫困学生顺利完成学业。

一般商业性助学贷款是银行对正在接受非义务教育学习的学生、直系家属或法定监护人发放的商业性贷款。贷款适用于学生的出国留学贷款、再教育进修贷款等。

上述两种贷款,都是个人助学贷款,但是存在明显的差异。在贷款对象方面,国家助学贷款的借款申请人须诚实守信、遵纪守法、品行端正、无违法或违纪行为;学习刻苦,能够正常完成学业;家庭经济困难,在校期间无法支付完成学业所需基本费用,包括学费和基本生活费等。而一般商业性助学贷款对借款申请人的要求相对宽松,凡年满 18 岁,具有完全民事行为能力的中国公民,均可向商业银行申请办理个人助学贷款。此外,还有一些户口、录取通知书等方面的要求。

在贷款额度方面,国家助学贷款按照每人每学年最高不超过 6 000 元的标准执行,而一般商业性助学贷款则规定贷款金额与抵押物价值的一定比率。在贷款期限方面,前者规定借款人须在毕业后 6 年内还清贷款,其中可有 1 至 2 年的贷款宽限期,但贷款期限最长不得超过 10 年。后者规定个人助学贷款期限最长不超过 8 年。在贷款利率方面,前者贷款利率执行中国人民银行规定的同期同档次贷款基准利率。借款人在校期间的贷款利息全部由财政补贴,毕业后由个人承担全部贷款利息。后者规定个人助学贷款利率按照人民银行规定的同期贷款利率执行。

3.4.6　个人综合消费贷款

个人综合消费贷款是指银行向个人发放的、用于借款人本人及其家庭旅游消费、装修及其他指定消费用途的人民币担保贷款。个人综合消费贷款用款灵活,在合同约定期限和额度内,随借随还,即用即支,不再需要逐笔审批;担保方式多样:可接受质押和抵押两种方式担保;期限较长,贷款期限最长可达 5 年;用途广泛,可满足借款人的旅游、装修、健美、购买消费用品等多种消费资金需求。

该贷款的借款申请人要求在贷款银行所在地有固定住所、有常住户口或有效居住证明、年龄在 65 周岁(含)以下、具有完全民事行为能力的中国公民;有正当职业和稳定的收入,具有按期偿还贷款本息的能力;具有良好的信用记录和还款意愿,无不良信用记录;能提供银行认可的合法、有效、可靠的担保等条件。

贷款额度由银行根据借款人资信状况及所提供的担保情况确定具体贷款额度。以个人住房抵押的,贷款金额最高不超过抵押物价值的 60%—70%;以个人商用房抵押的,贷款金额最高不超过抵押物价值的 60%;以信用或保证做担保的,贷款额度根据借款人或保证人的信用等级确定。在贷款期限较长时,有些银行规定期限最长不超过 5 年,对贷款用途为医疗和留学的,期限最长可为 8 年(含),不展期。有些银行贷款期限按照担保情况分为抵押额度的有效期最长为 10 年(含);信用额度有效期最长为 2 年(含)。贷款利率按照中国人民银行规定的同期同档次期限利率执行。贷款期限在 1 年(含)以内的,可采用按月还息,按月、按季、按半年或一次还本的还款方式;期限超过 1 年的,采用按月还本付息方式。

3.5　互联网金融

互联网金融,是指依托于互联网技术、移动通信技术实现资金融通、支付和信息中介等业务的新兴金融模式。互联网金融不仅仅是传统金融行业与互联网通讯技术的结合,更是一种全新意义上的金融创新。其核心价值在于遵循或者倡导互联网的"开放、平等、协作、分享"的理念,通过互联网、移动互联网等工具,使得传统金融业务具备透明度更强、参与度更高、协作性更好、中间成本更低、操作上更便捷等一系列特征。互联网金融包括三种基本业务:网络小额贷款、第三方支付以及金融中介。当前商业银行普遍推广的电子银行、网上银行、手机银行等也属于此类范畴。

3.5.1　手机银行

移动银行(mobile banking service)也可称为手机银行,是利用移动通信网络及终端办理相关银行业务的简称。作为一种结合了货币电子化与移动通信的崭新服务,移动银行业务不仅可以使人们在任何时间、任何地点处理多种金融业务,而且极大地丰富了银行服务的内涵,使银行能以便利、高效而又较为安全的方式为客户提供传统和创新的服务。中国工商银行目前涵盖了四种手机模式的银行业务,包括:手机银行(WAP)、iPhone 手机银行、Android 手机银行、Windows Phone 手机银行等。

作为一种结合了货币电子化与移动通信的崭新服务,移动银行业务越来越受到国际银行业者的关注。中国移动银行业务在经过先期预热后,逐渐进入了成长期;如何突破业务现有发展瓶颈,增强客户的认知度和使用率成为移动银行业务产业链各方关注的焦点。

1. 主要业务

银行向客户提供客户端手机银行,服务范围包括账户管理、转账汇款、个人贷款、缴费站、手机股市、基金、外汇、贵金属、理财、信用卡等。具体来说:

(1) 账户管理。即为客户提供注册账户列表、联名账户、账户挂失、查询交易明细、查询工资明细和住房公积金、电子工资单、我的积分等功能。

(2) 转账汇款。即为客户提供注册账户转账、同行汇款、跨行汇款、跨行快汇、向境外 VISA 卡汇款、手机号汇款、E-mail 汇款、我的收款人和查询汇款明细等功能。

(3) 个人贷款。即为客户提供查询未结清的贷款合同信息、借据信息、还款计划表、已还款明细等信息和逸贷功能。公积金委托贷款查询不包括在此功能内。

(4) 其他业务。其他业务包括为客户提供缴纳分行特色缴费项目费用功能;手机股市、基金业务、国债业务、外汇业务、贵金属业务、手机充值、理财、信用卡查询、定期存款、B2C 支付、账户原油等金融业务。

2. 特色优势

手机银行的特色优势包括以下几个方面:

(1) 服务专享。在手机交易界面、使用流程、操作特点上均与现有的手机及其应用软件保持一致风格,符合手机用户的使用习惯。

(2) 功能丰富。手机银行为客户提供账户管理、转账汇款、基金业务、贵金属、手机充值、服务与设置、查询网点等功能,客户能随时掌握市场动向,积累财富。手机银行还设有移动生活栏目,客户可在不登录手机银行的情况下进行金融信息查询、注册银行 e 支付等操作,同时提供与银行合作的 e 支付商户图标链接,支持网上充值、飞机票订购等服务。

(3) 安全可靠。为客户提供手机银行登录的安全产品,保障账户资金的安全性。

3. 开通流程

(1) 手机银行自助注册。第 1 种路径为客户可以通过手机银行客户端首页选择"自助注册",按照提示进行办理。第 2 种路径为客户可通过手机登录手机银行(WAP)主页,选择"自助注册"后按照提示信息自助开通。第 3 种路径为客户可登录银行门户网站,在门户网站首页,找到手机银行自助注册或在个人网上银行登录页面左侧,点击手机银行自助注册后按照提示信息自助开通等。

(2) 银行网点的柜面注册。客户可以持本人有效身份证件及银行卡或活期存折到银行营业网点,填写《银行电子银行个人客户注册申请表》,办理注册手续。

3.5.2 第三方支付

第三方支付,是具备一定实力和信誉保障的独立机构,采用与各大银行签约的方式,提供与银行支付结算系统接口的交易支持平台的网络支付模式。在第三方支付模式中,买方选购商品后,使用第三方平台提供的账户进行货款支付,并由第三方通知卖家货款到账、要求发货;买方收到货物,并检验商品进行确认后,就可以通知第三方付款给卖家,第三方再将款项转至卖家账户上。第三方支付作为目前主要的网络交易手段和信用中介,最重要的是起到了连接网上商家和银行,实现第三方监管和技术保障的作用。

1. 支付流程

商品交易利用第三方支付,除了避免泄露客户信用卡信息以外,最重要的是,避免买卖双方因互不信任而导致交易失败。在互联网商品交易中,买卖双方在虚拟空间交易,无法真正做到一手交钱、一手交货。如果买方先汇款支付,就会担心付款以后卖方不能履约;相反,卖方先发货,也会有类似的担心。第三方支付的出现,很好地解决了这个矛盾。具体可以从第三方支付交易流程看出:

(1) 客户在电子商务网站上选购商品,最后决定购买;买卖双方在网上达成交易合同。

(2) 客户选择第三方作为支付中介,将货款支付到第三方账户。

(3) 第三方支付平台将客户已经付款的消息通知卖家,并要求卖家在规定时间内发货。卖家知道客户已经付款,但无法立即取得货款,保障客户的资金安全。

(4) 卖家收到通知后按照订单发货。因为卖家知道,只要他按约发货,是会获得货款的。

(5) 客户收到货物并验证后,确认收货,并通知第三方支付。

（6）第三方将其账户上的货款划入商家账户中，交易完成。

2. 第三方支付机构类型

（1）互联网型支付企业。以支付宝、财付通、盛付通为首的互联网型支付企业，它们以在线支付为主，捆绑大型电子商务网站，迅速做大做强。

（2）金融型支付企业，以银联商务等为首的金融型支付企业，侧重行业需求和开拓行业应用。

（3）以非金融机构的第三方支付公司为信用中介，类似银联商务、拉卡拉、嘉联支付等。这类移动支付产品通过和国内外各大银行签约，具备很好的实力和信用保障，是在银行的监管下保证交易双方利益的独立机构，在消费者与银行之间建立一个某种形式的数据交换和信息确认的支付的流程。比如，乐富支付向广大银行卡持卡人提供基于POS 终端的线下实时支付服务，并向终端特约商户提供 POS 申请/审批、自动结账/对账、跨区域 T+1 清算、资金归集、多账户管理等综合服务。

本章小结

1. 现金管理是指在整个家庭财产中，保留合适比例的现金及现金等价物，以满足家庭需求的过程。从个人或者家庭来说，现金需求包括基本需求、临时性需求、应急性需求，以及大额需求。如何满足这些现金需求，主要是看这些现金的来源（包括来自于日常项目、投资和筹资的现金流量）；来自于资产负债结构调整产生的现金流量；以及个人预期现金流入等方面。在人生的不同阶段，现金管理的重点有所不同，单身期关注于自身抗风险能力的提高；在家庭和事业的形成期、成长期，以保证家庭的基本需求为前提；家庭的成熟期，要做好临时性支出的准备；退休期，对现金需求会逐步上升。

2. 银行储蓄是个人理财中的主要产品，原因是银行储蓄是多数个人（或者家庭）能够选择的理财产品；具有比较高的流动性；银行网点广泛，给客户办理业务提供了便利。银行储蓄包括活期存款、定期存款、定活两便存款、个人通知存款等。在进行银行储蓄存款理财的时候，应根据家庭开支、利率走势等因素，进行产品组合。

3. 银行卡是由银行发行、供客户办理存取款现金、支付、转账结算、信贷消费等业务的新型服务工具的总称。我国银行卡的基本功能包括支付结算功能、储蓄功能、转账功能、消费信贷功能、出国金融、理财平台、营销渠道等。银行卡可以从不同角度进行分类，按币种不同，可分为人民币卡、外币卡，以及双币种卡；按发行对象不同，可分为单位卡（商务卡）和个人卡；按信息载体不同，可分为磁条卡和芯片卡；按持卡人的资信等级不同,可分为普通卡(银卡)、金卡、白金卡、无限卡等;按持卡人的清偿责任不同,可分为主卡和附属卡。

4. 信用卡是银行卡中的一种,由银行或信用卡公司依照用户的信用度与财力发给持卡人,持卡人持信用卡消费时无须支付现金,待结账日时再行还款。信用卡通常仅限于持卡人本人使用,可以 POS 机刷卡,RFID 机拍卡。也可以采用手工压单,网络支付等方式。在银行卡中,尤其要关注银行高端客户持有的信用黑卡。

5. 商业贷款是指商业银行向个人客户提供的贷款,包括汽车贷款、个人信用贷款、个人质押贷款、个人经营贷款、个人助学贷款以及个人综合消费贷款等。

思考与练习

1. 什么是个人理财业务中的现金管理?

2. 简述现金的三个不同层次的含义。

3. 结合人生的不同阶段,分析个人或者家庭的现金需求类型。

4. 试分析个人现金结构。

5. 试比较银行各种储蓄产品的特点。

6. 如何根据个人(或家庭)的需求进行储蓄产品的组合?

7. 如何根据自己和家庭的需要,选择储蓄产品?

8. 简述银行的功能。

9. 试分析如何扩大信用卡的信用额度。

10. 试分析信用卡有哪些费用和使用要点。

11. 试比较银行融资产品的特点和贷款条件。

第**4**章
投资理财与慈善公益策划

本章学习要点

1. 掌握投资和投资策划的概念；
2. 了解投资的分类；
3. 熟悉证券、外汇和金融衍生产品等投资工具；
4. 掌握证券投资策划程序；
5. 掌握证券投资操作程序；
6. 掌握证券投资的原则、决策方法和投资方法。

基本概念：投资；证券；外汇；金融衍生产品

在个人理财中，投资理财策划居于核心地位。

如果将投资理财策划等同于个人理财的话，那是片面的。因为个人理财需求是多样化的，至少包括现金管理、保险策划、房地产投资策划、投资策划等。各种理财需求各司其职，发挥着其应有的作用。比如现金管理可保障我们的流动性，满足日常生活需求；保险策划可使得我们提前对各种风险作出安排等。我们不能将投资理财策划简单看作是个人理财的全部，但是同样，将投资理财策划排除在个人理财之外更是不科学的。因为个人理财目标包括个人资产的保值、增值；这在很大程度上是通过投资来达到的。不仅如此，现金管理、保险策划、房地产投资策划等等的理财需求，只有在充裕的资金或者资产支持下才能顺利进行。

4.1 投资概述

人的一生分为 5 个阶段，其中，在家庭与事业形成期及成长期，伴随着家庭的形成、孩子的出生,以及购车需求的提出,经济压力不断增加,为此提出了投资的需求。到了家庭成熟期,虽然功成名就、事业有成、并积累了一定的经济实力,然而如何使得自己的财产保值、增值,同样对投资提出了需求。而退休期,通常是颐养天年的时候。在这个时期,经济收入下降,经济压力随之大大减少,同时抗金融风险能力也在下降,因此,在投资方面需要格外谨慎了。如下图 4.1 所示。

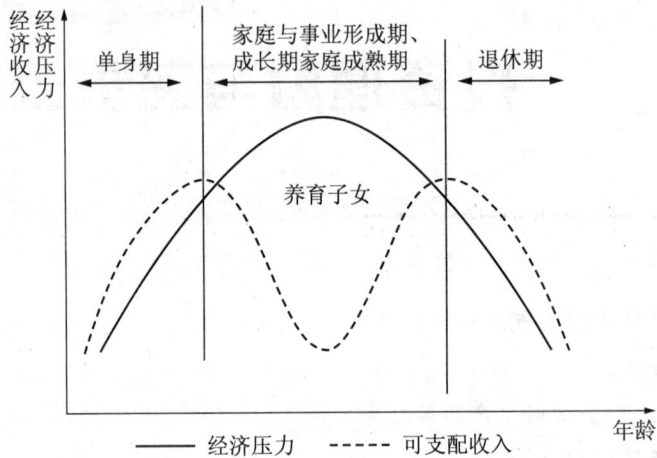

图 4.1　人生阶段、财务目标与经济压力

4.1.1　投资的基本概念

1. 投资

什么是投资,美国金融学家威廉·夏普认为,"从广义上讲,投资是为未来收入货币而奉献当前的货币。投资一般具有两点特征:时间和风险[①]。"

从夏普的定义可以看到如下几层含义:首先,投资要减少当前消费、将当前的货币投入到经营、或者购买金融资产;其次,投资的目的是为了获得未来货币收入,而且期望未来收入的货币大于当前投入的货币;再次,投资是一个货币转化为资本的过程,需要一定的时间;最后,未来收入货币的金额是不确定的,也就是说,投资存在一定的风险。

2. 投资对象

投资的对象大体可以分为实业投资和证券投资。前者是以货币投入企业,通过生产经营活动取得一定利润。后者是以货币购买股票、债券、基金等有价证券及其衍生产品以获取红利、利息及其他资本利得的投资行为和投资过程。

3. 投资的风险与收益

(1) 投资风险,是指未来投资收益的不确定性。主要来自投资、技术、财务、利息、政

---

① 威廉·夏普等著,赵锡军等译:《投资学》中国人民大学出版社 1998 年版。

治、汇率等诸多因素。投资结果因投资收益的不确定性可能会出现三种情况：大于零、等于零，或者小于零。虽然投资风险还包括可能带来的收益，但大多数投资者还是对投资遭受损失比较敏感，例如，股票可能被套牢，债券及房地产价格可能会下跌等。所以，投资者在谈及投资风险的时候，通常仅仅是指投资不确定性带来的损失结果。

投资风险，可以分为系统风险和非系统风险两种。

系统风险，也称不可分散风险，是指由于某种不确定的因素，给金融市场带来全局性的影响，是所有投资者无法避免的投资风险。系统风险具有如下特征：其一，它是由共同因素引起的。经济方面的不确定因素包括利率、汇率、通货膨胀、宏观经济政策（尤其是货币政策）、能源危机等。政治方面的不确定因素包括政权更迭、战争冲突等。社会方面的包括体制变革、所有制改造等。其二，它对市场整体产生影响。例如它对所有的股票持有者都有影响，其中有些对政策敏感程度高的股票受到的影响比较大。如来自于基础性行业、原材料等行业的上市公司，其股票的系统风险就可能更高。其三，它无法通过分散投资来加以消除。由于系统风险是个别企业或行业所不能控制的，是由社会、经济政治大系统内的一些因素所造成的，它影响着绝大多数企业的运营，所以股民无论怎样选择投资组合也都无济于事。系统风险无法分散风险，只能回避风险。例如，我们从股市中退出，将会避免由此系统风险所带来的亏损。

2007 年 10 月 16 日，上证指数上冲到 6 124.04 点，然后开始下跌，直到 2008 年 10 月 28 日，下探到 1 664.93 点时止跌反弹。这波反弹一直持续到 2009 年 8 月 4 日，上证指数变为 3 478.01 点。导致股市大起大落的原因很多，有股市本身的原因、也有宏观经济政策的影响等。作为股票投资者，如果在 2007 年上证指数到达最高点的时候没有及时抛售，那么每次下跌都会给股民带来损失。在大盘下跌过程中，不同的股票下跌的幅度有所不同。

导致股市整体下跌的原因，包括：①股价过高、股票的投资价值相对不足，股市本身出现调整需求；③一国政治环境的变化，政权或政府的更迭；④一国宏观经济政策的变化，例如利率的提高；⑤税收政策变化；⑥股市自身的变化，例如扩容，等等。

非系统风险又称非市场风险或可分散风险。它是与整个股票市场波动无关的风险，是指某些局部、与某个（或某些）股票有关的因素导致价格波动，从而给股票持有人带来盈亏的可能性。引起非系统风险的原因包括：企业的管理问题、上市公司的劳资问题等；只影响某些股票收益的外部因素，如油价上升对航空、出租汽车等行业的影响。非系统风险的表现形式包括：经营风险，即由于公司的外部经营环境、条件以及内部经营管理方面的问题造成公司收入的变动而引起的股票投资者收益的不确定。操作性风险，是由于经营的关键人物的人为失误、不完备的程序控制、欺诈和犯罪活动等造成的不确定性损失。操作性风险所致损失可能来自于企业的内部或外部事件、宏观趋势，其不能为公司决策机构和内部控制体系、信息系统、行政机构组织、道德准则或其他主要控制手段和标准所发现。

（2）投资收益。投资者在一定的会计期间通过投资所取得的回报，包括经常收益和资本利得。前者是指投资者所分得的股利和收到的债券利息，后者是指到期收回或到期前转让债权获得的款项高于或低于账面价值的差额等，也就是投资工具的价差损益。

投资收益还可以分为固定收益和不确定性收益。前者通常来自于银行存款利息、国债的债券利息等；后者是指资本利得，例如股票的价差收益、房地产的价差收益，开放基金投资收益等等。为获得不确定的预期效益，投资者就需要承担一定的风险。

投资收益有三种情况：其一，投资收益大于零，这时候，投资者获得正的收益；其二，投资收益小于零，表明投资活动遭受损失；其三，投资收益为零，没有盈亏。

（3）风险与收益的关系，投资风险与收益之间存在一定的相关关系。如果投资者追求比较高的收益，通常需要承担较大的风险。相反，如果投资者不愿意承担较大的风险，那么只能获得相对较低的收益。例如股票投资风险比较大，投资不慎就可能遭到很大的亏损。如果没有承担比较大风险的心理承受能力，就可以通过银行存款或者购买国债进行投资，这些固定收益的产品没有投资风险（或者很小），同时也只能获得相对比较小的收益。

4. 投资者的风险偏好

研究表明，投资者都是"风险厌恶者"。夏普在解释投资者厌恶的时候，曾经指出"大量的证明指出几乎每个人做重大决策时都是风险厌恶者。明显的反例很少发现。在赛马场的一天提供了风险和可能的损失以及其他东西，即便是狂热的爱好者也很少会把他的全部收入投放到赛马场上去[①]。"

值得注意的是，虽然投资者都是厌恶风险的，但是厌恶程度却存在差异，也就形成了不同程度的风险偏好。有些投资者能够容忍比较大的风险、有些对风险无所谓、而有些投资者则完全排斥风险，由此可以将投资者分为风险喜好者、风险中立者、或者风险厌恶者。风险偏好的不同，与投资者自身的财富、教育、性别、年龄和婚姻等因素有关，也将影响投资者的投资决策。因此，在开始投资之前，投资者需要根据自己的投资目标与"风险偏好"选择相应的"金融工具"，制定与自己的风险偏好相符合的投资策略。

4.1.2 投资分类

1. 狭义投资和广义投资

广义投资是指为了获得未来报酬或收益而预先垫付资本及货币的各种经济行为；狭义投资仅指投资于各种有价证券，进行有价证券买卖，也称证券投资。从个人理财的角度看，投资以证券买卖为主，包括购买股票、债券以及各类证券投资基金等。此外，还可

---

① 威廉·夏普著，霍小虎等译：《证券投资理论与资本市场》，中国经济出版社，1992年8月版。

以根据各人的爱好,进行艺术品、古玩玉器等方面的投资和收藏。当然,收藏虽然也是投资的重要途径,但是需要更多的专业知识,资金,还需要耐心。

2. 直接投资和间接投资

(1) 直接投资,是指投资者将货币资金直接投入投资项目,形成实物资产或者购买现有企业,并进行经营管理的一种投资行为。通过直接投资,投资者便可以拥有全部或一定数量的企业资产及经营所有权,直接进行或参与投资的经营管理。直接投资包括对厂房、机械设备、交通工具、通信、土地或土地使用权等各种有形资产的投资,也包括对专利、商标、咨询服务等无形资产的投资。

(2) 间接投资,是指投资者以资金买卖公司债券、金融债券或公司股票等各种有价证券、以预期获取一定收益的投资行为。由于其投资形式主要是买卖各种各样的有价证券,因此也被称为证券投资。与直接投资相比,间接投资的投资者一般只享有定期获得一定收益的权利,而无权干预被投资对象对这部分投资的具体运用及其经营管理决策。

3. 实际投资和金融投资

(1) 实际投资,或者称为实物投资,是指投资于具有实物形态的资产,即实物资产,包括土地、建筑物、用于生产产品的机械设备,以及知识等。除以上资产外,运用这些资源所必需的有技术的员工即人力资源,也可以被包括在实物资产中。

(2) 金融投资,则是指投资于货币价值形态的金融资产,包括股票、债券、各类证券基金、银行存款、外汇,以及金融衍生产品等。由于金融资产是一种合约,表示投资者未来现金收入的合法权益,因此金融投资不涉及人与自然界的关系,只涉及人与人之间的财务交易。另外,金融资产也是一种虚拟资产,对其进行投资具有投资收益和价值不稳定的特点。

4. 国内投资和国外投资

(1) 国内投资,是指个人等在本国境内所进行的实物投资和金融投资。在个人理财业务中,可以进行金融投资,也可以进行实物投资,甚至利用自身的知识、技能、资金、人脉等优势,创办企业。

(2) 国外投资,指个人在中国境外所进行的投资。它包括个人对国外的实物投资和证券投资。目前,由于我国的外汇管制尚未完全解除,个人对外投资渠道还不是非常多。随着我国外汇管制的进一步消除,我国居民有可能将全球的市场纳入到投资范围之内。

4.2　投资工具

在个人理财业务中,投资策划主要涉及金融投资。因此,这里将主要介绍证券、外汇、金融衍生产品等投资工具。如表 4.1 所示。

表 4.1　投资工具特征比较

投资工具	本金安全性	对抗通胀	当前收入	增值潜力	流动性	难易度
储蓄账户	极好	普通	稳定、不高	无	极好	很方便
货币市场基金	极好	普通	固定、平稳	一般没有	很好	方便
股票	中等至差	中等	不确定	中等至好	好	方便
债券	好	中等	固定、平稳	没有	好	方便
证券投资基金	中等至差	中等	不确定	中等至好	普通	方便
房地产	好	好	普通	极好	普通至差	困难
贵金属	普通	好	无	极好	普通至好	困难
金融衍生产品	差	好	不确定	不确定	不确定	困难

注:评价分 5 级——极好、好、中等、好、差。

4.2.1　证券

1. 证券的概念

证券是多种经济权益凭证的统称,可以概括为用来证明持券人有权按其券面所载内容取得相应权益(所有权或债权)的书面证明。证券的形式多种多样,并且在不断地发展变化,包括钞票、邮票、印花税票、股票、债券、国库券、商业本票、承兑汇票、银行定期存单等等,都是有价证券。但一般市场上所说的证券,特指证券法所规范的有价证券,即股票和债券,及相关产品,而钞票、邮票、印花税票等,就不在这个范围了。证券的基本特征包括法律特征和书面特征。前者指证券所反映的是某种法律行为的结果,其出现、存在、使用以及所包含的特定内容都由法律规定并受法律保护,后者指证券一般采用书面形式,具有一定的格式。

2. 证券的特征

(1)权益性。证券是资本所有权或债权的书面证明,它表明持券人,如持有一定比例股票的投资者拥有与证券相对应的经济权利,表明其对公司资本拥有该比例的所有权,以及与所有权相对应的控制权和获取投资收益的权利。持股比例比较低的中小投资者,对公司的控制权主要体现在参与股东大会,通过投票行使股东权利。持股比例比较高的投资者,对公司的控制权可以通过参与公司经营管理、参与股东大会投票表决等多种途径来实现。债券代表了持券人定期获取利息和到期收回本金的权利。权益性反映证券的本质。

(2)流通性,是指证券资产能够以一个合理的价格顺利变现的能力,反映投资的时间尺度(卖出它所需多长时间)和价格尺度(与公平市场价格相比的折扣)之间的关系。证券是资本市场上主要的融资工具,其流通性是通过在市场上交易转让来实现的。证券的流通性,使得原来的投资者可以通过交易转让退出市场,来实现其盈利或者规避风险;而新的投资者也可以买入证券进行投资。

（3）风险性，是指证券的市场价格将受到各种因素的影响而上下波动，给投资者带来盈亏。其中，股票价格将会因为宏观经济因素、市场供求关系以及上市公司自身的原因而上下波动；债券的波动性相对比较小。正是由于证券价格的波动，使得投资者有可能进行高抛低吸的投资操作，获得价差收益；也可能因机会把握不好，错判市场情况而导致亏损。

3. 证券类型

（1）股票，也称公司股票，是股份公司为筹集资金而公开发行的一种有价证券，是股份公司发给股东证明其所入股份的凭证。投资者在认购了股份公司的股票以后，就成为该公司的股东。股东按其持有的股份多少，对公司经营管理、重大投资事项的决定、红利分配等享有相应的权利。而股票是股东对股份公司享有权利的依据。

股份公司是通过发行股票，筹集资本而建立起来的企业，是目前企业的主要组织形式。股票所代表的资本是股份公司的资金的一部分。我们在讨论股票的时候，通常要从两个角度考虑：一是股票的价值单位，即面值。我国法律不允许发行无面额的股票，股票面额必须用人民币（或者外币）计价。二是单位股票的大小，即每股占总资本的比例。

目前我国 A 股市场上，每股股票的面额为 1 元人民币；上海证券交易所上市的 B 股股票（即人民币特种股票）以美元买卖和结算；深圳证券交易所上市的 B 股以港币买卖和结算。

（2）债券，是政府（通常是中央政府，地方政府所占比重比较小）、金融机构、工商企业等机构直接向社会举借债务、筹措资金的时候，向投资者发行，承诺按票面利率支付利息并按约定条件偿还本金的债权债务凭证。债券的本质是债的证明书，具有法律效力。债券购买者与发行者之间是一种债权债务关系，债券发行人即债务人，投资者（或债券持有人）即债权人。由于债券的利息通常是事先确定的，所以，债券又被称为固定收益证券。我国的债券市场，有如下类型：

① 国债，也叫国债券，是中央政府根据信用原则，以承担还本付息责任为前提而筹措资金的债务凭证。自从改革开放以来，我国发行过的国债主要品种有：国库券和国家债券。其中，国库券自 1981 年后基本上每年都发行，主要面向我国的企业、个人等；国家债券还包括国家重点建设债券、国家建设债券、财政债券、特种债券、保值债券、基本建设债券等。这些债券大多对银行、非银行金融机构、企业、基金等定向发行，部分也对个人投资者发行。向个人发行的国库券利率基本上根据银行利率制定，一般比银行同期存款利率高 1—2 个百分点。在通货膨胀率较高时，国库券也采用保值贴补的办法。

根据国债发行、兑现方式不同，我国的国债又可以分为：凭证式国债、无记名国债及记账式国债。凭证式国债是一种国家储蓄债，可记名、挂失，以"凭证式国债收款凭证"记录债权，不能上市流通，从购买之日起计息。在持有期内，持券人如遇特殊情况需要提取现金，可以到购买网点提前兑取。提前兑取时，除偿还本金外，利息按实际持有天数及相应的利率档次计算,经办机构按兑付本金的2‰收取手续费。

无记名(实物)国债是一种实物债券,以实物券的形式记录债权,面值不等,不记名,不挂失,可上市流通。发行期内,投资者可直接在销售国债机构的柜台购买。在证券交易所设立账户的投资者,可委托证券公司通过交易系统申购。发行期结束后,实物券持有者可在柜台卖出,也可将实物券交证券交易所托管,再通过交易系统卖出。

记账式国债以记账形式记录债权,通过证券交易所的交易系统发行和交易,可以记名、挂失。投资者进行记账式证券买卖,必须在证券交易所设立账户。由于记账式国债的发行和交易均无纸化,所以效率高、成本低、交易安全。

② 企业债券,是公司依照法定程序发行、约定在一定期限还本付息的有价证券,通常泛指企业发行的债券。由于我国一部分发债的企业不是股份公司,故一般把这类债券叫企业债。企业债券包括地方企业债券、重点企业债券、附息票企业债券、利随本清的存单式企业债券、产品配额企业债券和企业短期融资券等。

重点企业债券,是国家为促进重点企业发展,调整投资结构,保证国家重点产业建设的需要而特别批准发行的企业债券。具体而言,重点企业债券包括发行的电力建设债券、重点钢铁企业债券、有色金属企业债券、石油化工企业债券等。该债券是从1987年开始发行的,目的是为了弥补国家计划内重点建设项目的投资资金的不足。该年度重点企业债券共发行45亿元,由中国人民建设银行代理电力、钢铁、有色金属、石油化工与部门所属企业,面向企业和事业单位发行。债券到期由筹资企业还本付息,债券期限为3年到10年,年利率较低。大部分债券是以平价能源、原材料等来补偿本息。1988年以后,重点企业债券改由各专业银行代理,国家专业投资公司发行。各部门、地方政府及单位,按当年自筹资金的一定比例认购,并允许个人认购其中某些债券。1990年以后,我国重点建设项目和重点企业的资金基本上都采用地方企业债券的形式募集,重点企业债券的发行改为国家专业投资公司发行。于是发行重点企业债券的数字开始计入国家投资公司债券。

附息票企业债券,是附有息票,期限为5年左右的中期债券;利随本清的存单式企业债券;是平价发行,期限为1—5年,到期一次还本付息的债券。产品配额企业债券,是由发行企业以本企业产品等价支付利息,到期偿还本金的债券。短期融资券,是企业依照《短期融资券管理办法》规定的条件和程序,在银行间债券市场发行和交易,并约定在一定期限内还本付息的有价证券。短期融资券的发行人为符合《短期融资券管理办法》规定条件的企业法人;发行对象为全国银行间债券市场的机构投资人,主要包括商业银行、保险公司、基金管理公司和证券公司及其他非银行金融机构;发行价格以市场为基础,采用簿记建档集中配售的方式确定,主要受到央行票据利率、主承销商议价能力、企业信用评级水平、企业规模大小等因素影响。

我国企业债券的发行始于1983年。最初主要是以集资方式出现,其票面形式、还本付息方式等方面都很不规范。1987 年 3 月 27 日国务院发布了《企业债券管理暂行条例》，使中国企业债券在发行、转让、形式、管理等各个方面开始走向规范化。

③ 可转换债券，是可转换公司债券的简称。它是一种可以在特定时间、按特定条件转换为普通股票的特殊企业债券，兼具债券和股票的双重特征，是金融衍生产品的一种。与一般的企业债券不同，可转换债券有转股价格。在约定的期限后，投资者可以随时将所持的可转换债券按股价转换成股票。可转换债券的利率是年均利息对票面金额的比率，通常以票面价发行。转换价格是转换发行的股票每一股所要求的公司债券票面金额。可转换债券的优点为普通股所不具备的固定收益和一般债券所不具备的升值潜力。可转换债券具有三个特征：一是债权性。与其他债券一样，可转换债券也有规定的利率和期限，投资者可以选择持有债券期限，收取本息。二是股权性。可转换债券在转换成股票之前是纯粹的债券，但在转换成股票之后，原债券持有人就由债券人变成了公司的股东，可参与企业的经营决策和红利分配，这也会在一定程度上影响公司的股本结构。三是可转换性。可转换性是可转换债券的重要标志，债券持有人可以按约定的条件将债券转换成股票。转股权是投资者享有的、一般债券所没有的选择权。可转换债券在发行时就明确约定，债券持有人可按照发行时约定的价格将债券转换成公司的普通股票。如果债券持有人不想转换，则可以继续持有债券，直到偿还期满时收取本金和利息，或者在流通市场出售变现。如果持有人看好发债公司股票的增值潜力，在宽限期之后可以行使转换权，按照预定转换价格将债券转换成为股票，发债公司不得拒绝。正因为具有可转换性，可转换债券利率一般低于普通公司债券的利率，企业发行可转换债券可以降低筹资成本。可转换债券持有人还享有在一定条件下将债券回售给发行人的权利，发行人在一定条件下拥有强制赎回债券的权利。

双重选择权是可转换公司债券最主要的金融特征，它的存在使投资者和发行人的风险、收益限定在一定的范围以内，并可以利用这一特点对股票进行套期保值，获得更加确定的收益。可转换债券对投资者和发行公司都有较大的吸引力，它兼具债券和股票的优点。可转换债券的售价由两部分组成：一是债券本金与利息按市场利率折算的现值；另一是转换权的价值。转换权之所以有价值，是因为当股价上涨时，债权人可按原定转换比率转换成股票，从而获得股票增值的收益。

1996 年我国政府决定选择有条件的公司进行可转换债券的试点，1997 年颁布了《可转换公司债券管理暂行办法》，2001 年 4 月中国证监会发布了《上市公司发行可转换公司债券实施办法》，极大地规范、促进了可转换债券的发展。

(3) 投资基金，是一种利益共享、风险共担的集合投资方式，即通过公开发售基金份额，集中投资者的资金，由基金管理人管理，由基金托管人托管，以组合投资的方式进行证券投资。国际证监会组织（The International Organization of Securities Commissions, IOSCO)在总结各国基金的共性后，将证券投资基金通称为"集合投资计划"（Collective

Investment Scheme)。在不同国家或地区,证券投资基金称谓也有所不同,在美国被称为"共同基金"(Mutual Fund),在英国和我国香港特别行政区被称为"单位信托基金"(Unit Trust),在日本和我国台湾地区被称为"投资信托"(Investment Trust)。

证券投资基金属于广义的"投资基金"的一个重要品种。广义的"投资基金"除证券投资基金以外,还包括以公募形式募集的投资其他领域的基金,如房地产投资信托基金(Real Estate Investment Trusts,REITs),也包括以私募形式设立的投资基金,如对冲基金、风险资本等。狭义的"投资基金"一般仅指证券投资基金。证券投资基金是一种间接投资工具,投资者通过购买基金参与证券投资,并成为基金份额的持有人。

证券投资基金的主要特点有:①集合理财,专业管理。基金将众多投资者的资金集中起来,有利于发挥资金的规模优势,降低投资成本,是一种集合理财行为。基金管理人一般拥有大量专业的投资研究人员和完善的投资决策机制,投资者能够享受专业化的投资管理服务。②组合投资,分散风险。证券投资基金通过汇集众多投资者的小额资金,形成雄厚的资金实力,可以同时把投资者的资金分散投资于各种股票,分散了投资风险。我国的《基金法》也对投资组合作出相关规定。③利益共享,风险共担。证券投资基金投资收益在扣除基金应承担的费用后,盈余全部归基金投资者所有。④独立托管,资产安全。资产托管是基金运作的基本制度。基金管理人负责基金的投资运作,但并不保管基金财产。基金财产由完全独立于管理人的托管人负责保管(在我国中大型商业银行承担),以确保基金资产的安全。⑤买卖方便,易于变现。一般而言,开放式基金的投资者既可以向基金管理人直接申购或赎回基金,也可以通过商业银行、证券公司等代理销售机构申购或赎回。而且,基金每天公告基金净值,投资者可随时据以申购与赎回。⑥监管严格,信息透明。为切实保护投资者利益,各国证券监管机构均对基金业实行严格的监管,并强制基金进行较为充分的信息披露,以便于投资者了解信息和进行投资决策。

由于基金产品的不断创新,基金分类的日益复杂,可根据不同标准将证券投资基金划分为不同的种类。从基金的运作方式来看,根据基金份额是否可增加或减少,分为开放式基金和封闭式基金。开放式基金设立后,投资者可以随时申购或赎回基金份额,因此基金规模不固定;封闭式基金的规模在发行前已确定,在发行完毕后的规定期限内,基金规模固定不变。根据组织形态的不同,证券投资基金主要分为公司型基金和契约型基金。公司型基金依据公司章程设立,基金投资者是公司的股东,按照其所持股份分享投资收益,承担有限责任。公司型基金具有独立的"法人"地位,一般设有董事会,代表投资者的利益行使职权。公司型基金虽在形式上类似一般的股份公司,但不设经营管理层,而委托投资顾问(基金管理公司)管理基金资产。契约型基金依据投资者、基金管理人、托管人之间所签署的基金合同而设立,基金投资者的权利主要体现在基金合同的条款上。根据投资对象的不同,基金可分为股票基金、债券基金、货币市场基金、混合基金等。股票基金是指主要以股票为投资对象的投资基金;债券基金是指主要以债券为投资对象的投资基金；货币市场基金是指以国库券、大额银行可转让存单、商业票据、公司债券等货币市场短期有价证券为投资对象的投资基金；混合基金是指同时投资股票、债券或者其他投资品种的基金。此外，在传统的基金分类基础上，近年来基金市场出现了不少新的品种，如伞形基金、基金中的基金、保本基金和交易所交易基金（ETFs，Exchange-Traded Funds）和上市开放式基金（LOF，Listed Open-Ended Fund）等。需要指出的是，随着基金业的发展和不断创新，基金的分类标准越来越复杂，各种分类方法不可避免地会存在重复和交叉。

4.2.2　外汇

1. 外汇的概念

外汇，是以外币表示的可以用作国际清偿的支付手段和资产。国际货币基金组织对外汇的解释为：外汇是货币行政当局（中央银行、货币机构、外汇平准基金和财政部）以银行存款、财政部库券、长短期政府证券等形式所保有的在国际收支逆差时可以使用的债权。我国的《外汇管理条例》中对外汇包含的范围定义为：外币现钞，包括纸币、铸币；外币支付凭证或者支付工具，包括票据、银行存款凭证、银行卡等；外币有价证券，包括债券、股票等；特别提款权；其他外汇资产。

2. 外汇的特点

（1）外汇是以外币计值或表示的金融资产，任何以外币计值或表示的实物资产和无形资产并不构成外汇。因此，外汇是除了本币以及由本币表示的金融资产以外的所有外国货币及其资产。

（2）外汇必须具有可靠的物资偿付的保证，能为各国所普遍接受。一个国家的货币能普遍地被其他国家接受为外汇，这实际上反映了该国具有相当规模的生产能力和出口能力，或者该国丰富的自然资源正是其他国家所缺乏的，其货币的物质偿付便会因此而得到充分保证。显然，这一特征表明，一些生产能力和出口能力相对小的国家的货币无法成为外汇。

（3）外汇必须具有充分的可兑换性，既能够自由的兑换成其他国家的货币或购买其他信用工具以进行多边支付。这既取决于该国进出口能力的大小及进出口贸易的自由程度，如果一国的出口商品具有较高的竞争力，进口也不受限制，那么该国货币就可以自由兑换成外国货币；也取决于该国外汇管制程度。如果一个国家实行严格的外汇管制，那么该国的货币无法成为外汇。

在当今世界上，并非所有的外国货币都同时具备以上三个基本特征，因此，不能将外汇简单地理解为外国货币。目前，全世界有 150 多个国家，其中大约有 30 种货币属于交易活跃的货币。然而，人们重点关注的外汇，包括美元、欧元、日元、英镑、瑞士法郎等少数几种货币。

3. 外汇类型

目前世界外汇市场上,美元仍然是国际主要货币。欧元逐渐成为仅次于美元的全球第二大货币。其后是日元、英镑、瑞士法郎等货币。

(1) 美元(United States Dollar,$),其发行权属于美国财政部,办理具体发行的是美国联邦储备银行(U.S Federal Reserve Bank)。目前流通的美元纸币面额主要有 100、50、20、10、5、1 美元等 7 种,另有铸币 1、5、10、25、50 美分(￠)等 5 种。美国目前流通的钞票是 1928、1934、1935、1950、1953、1963、1966、1969、1974、1977、1981、1985、1996 等各年版。钞票尺寸不分面额,均为 15.6×6.6 厘米。每张钞票正面印有券类名称、美国国名、美国国库印记、财政部官员的签名。美钞正面人像是美国历史上的知名人物,背面是图画。另有 500 元和 500 元以上面额,背面没有图画,流通量极有限。1963 年起以后的各版,背面画面的上方或下方又加印一句"IN GOD WE TRUST(我们信仰上帝)"。1996 年美国开始发行一种具有新型防伪特征的纸币,第一次发行的为 100 元券。美国钞票图样中的中心字母或阿拉伯数字分别代表美国 12 家联邦储备银行的名称。

全球外汇交易中,美元的交易额占 86%,美元是目前国际外汇市场上最主要的外汇,主要表现在:各国中央银行的外汇储备包括黄金与各种货币,但其中最主要的储备资产仍然是美元;全球的主要贸易品几乎都以美元计价;大多数的国际贸易以美元进行交易;绝大多数的国际性债务工具以美元计价;在国际间旅行时,美元往往是最普遍被接受的货币;几乎每一种货币都建立了与美元的汇率关系;当国际间发生危机事件,资金希望寻求避风港时,美元通常是第一个被考虑的对象;美元区的情况决定世界范围内利率的发展。

(2) 欧元(EURO),是欧洲货币联盟(EMU)国家单一货币的名称,是这些国家的统一法定货币。欧元(€;代码 EUR)是欧盟中 16 个国家的货币。这 16 个国家是:奥地利、比利时、芬兰、法国、德国、希腊、爱尔兰、意大利、卢森堡、荷兰、葡萄牙、斯洛文尼亚、西班牙、马耳他、塞浦路斯和斯洛伐克,它们合称为欧元区(Eurozone)。欧元在香港一般称为欧罗。目前欧元区共有 16 个成员国和超过 3.8 亿人口。

1 欧元=100 欧分(cent)

欧元纸币共分为 5、10、20、50、100、200、500 欧元 7 种面值,尺寸和颜色各不相同。每种面值的纸币都显示一个欧洲建筑时期,一张欧洲地图和欧洲旗帜。硬币有 1 分、2 分、5 分、10 分、20 分、50 分、1 元、2 元 8 种面值。

(3) 日元,日文为"円",英文表示为"Japanese Yen,JPY",符号为"￥",由日本银行发行,国立印刷局印制钞票,独立行政法人造币局铸造铸币。日元是日本的官方货币,于1871 年制定。其纸币称为日本银行券,有 1 000、5 000、10 000 元三种面额,铸币有 1、5、10、50、100、500 元等。日元也是一些国家的储备货币,但是比例很小。现在使用的日本货币单位"円"是在 1871 年 6 月 27 日(明治 4 年 5 月 10 日)制定的。当年明治政府将 1 日元的币值订为与纯金 1 500 毫克等值,并设有次一级的币值单位,相当于 0.01 日元。日本是二战后经济发展最快的国家之一,日元也是战后升值最快的货币之一,因此日元在外汇市场上也是非常重要的。

(4) 英镑,是英国货币和货币单位名称。英国虽然是欧盟的成员国,但尚未加入欧元区,故仍然使用英镑。英镑主要由英格兰银行发行,但亦有其他发行机构。最常用的表示英镑的符号是 £；&pound。国际标准化组织(ISO 4217)为英镑取的货币代码为GBP(Great Britain Pound)。除了英国,英国海外领地的货币也以镑作为单位,与英镑的汇率固定为 1∶1。由于历史因素,英国的货币法并不统一而且极为复杂。在英格兰和威尔士,英格兰银行券为无限法偿之法定货币,而海峡群岛和马恩岛等各地方政府亦印行与英格兰银行券等值之纸币,亦为当地之法定货币。然而在苏格兰和北爱尔兰法例中并无法定货币之说,因此所有在这两地的纸币实为英国铸币的兑换券。

一英镑等于 100 新便士(New Pence)。硬币分为半便士(halfpenny,于 1985 年停止流通)、1 便士、2 便士、5 便士、10 便士、20 便士、1 克朗(25 便士,于 1990 年停止流通)、50 便士、1 镑、2 镑、5 镑(1990 年后叫克朗)。所有硬币正面皆为英国君主像,背面除铸有币值外,在不同行政区所铸的硬币铸有不同的图案。但不论硬币于那个行政区铸造,皆全国通用。英国纸币分为 1 镑(于 1988 年停止流通),5 镑,10 镑,20 镑和 50 镑,所有币值的纸币正面皆印有英国君主像,编号及币值,不同币值的纸币,背面则印有不同的英国名人像。

英镑的发行机构,在英格兰由英格兰银行(Bank of England)发行;在苏格兰,由苏格兰银行(Bank of Scotland)、苏格兰皇家银行(The Royal Bank of Scotland)发行;Clydesdale Bank;在北爱尔兰,由爱尔兰银行(Bank of Ireland)、第一信托银行(First Trust Bank)、北方银行(Northern Bank)、阿尔斯特银行(Ulster Bank)发行。

英国于 1821 年正式采用金本位制,英镑成为英国的标准货币单位。1914 年第一次世界大战爆发,英国废除金本位制,金币停止流通,英国停止兑换黄金,英镑演化成不能兑现的纸币。但因外汇管制的需要,英国 1946 年 12 月 18 日仍规定英镑含金量为 3.581 34 克。1947 年 7 月 15 日,英国宣布英镑实行自由兑换,由于外汇储备迅速流失,于同年 8 月份又恢复外汇管制。1971 年 8 月 15 日美元实行浮动汇率后,英镑开始以不变的含金量为基础确定对美元的比价。同年 12 月 18 日美元正式贬值后,英镑兑换美元的新的官方汇率升值为 1 英镑兑换 2.605 7 美元,实际汇率在 1 英镑兑换 2.547 1 美元至 2.664 3 美元的限度内浮动,波幅为 4.5% 左右。欧洲货币体系于 1978 年 12 月 5 日由欧洲理事会决定创建,1979 年 3 月 13 日正式成立,其实质是一个固定的可调整的汇率制度,英国未参加,继续单独浮动。1990 年 10 月 8 日,英镑加入欧洲货币体系,其对货币体系内各种货币汇率的波动幅度为 6%。1992 年 9 月 16 日,英国宣布英镑暂时脱离欧洲货币体系。

(5) 港币，又称香港元，其正式的 ISO 4217 简称为 HKD(Hong Kong Dollar)，标志为 HK＄，是中华人民共和国香港特别行政区的法定流通货币。按照香港特区基本法和中英联合声明，香港的自治权包括自行发行货币的权力。港元的纸币绝大部分是在香港金融管理局监管下由三家发钞银行发行的，三家发钞行包括汇丰银行、渣打银行和中国银行，另有少部分新款 10 元钞票，由香港金融管理局自行发行。硬币则由金融管理局负责发行。自 1983 年起，香港建立了港元发行与美元挂钩的联系汇率制度。发钞银行在发行任何数量的港币时，必须按 7.80 港元兑 1 美元的兑换汇率向金管局缴纳美元，记入外汇基金账目，领取了负债证明书后才可印钞。这样，外汇基金所持的美元就为港元纸币的稳定提供支持。目前在香港流通的港币面额有：1 000、500、100、50、20、10 元纸币，另有 1、2、5 毫；1、2、5、10 元的硬币。1 港币等于 10 毫，1 毫等于 10 分。虽然港元只在香港有法定地位，但在中国内地和澳门特区的很多地方也接受港元。

(6) 澳大利亚元，或者称为澳元是澳大利亚联邦的法定货币，由澳大利亚储备银行负责发行，目前澳大利亚流通的有 5、10、20、50、100 元面额的纸币，另有 1、2、5、10、20、50 分铸币，其进位是 1 澳元等于 100 分(Cents)。新版澳大利亚元是塑料钞票，经过近 30 年的研制才投入使用，它是以聚酯材料代替纸张，耐磨，不易折磨，不怕揉洗，使用周期长而手感强烈，具有良好的防伪特性。目前澳大利亚流通的有 5、10、20、50、100 元面额的纸币，另有 1、2、5、10、20、50 分铸币。1 澳大利亚元等于 100 分。所有硬币的正面图案均为英女皇伊丽莎白二世头像。

1966 年 2 月 14 日，澳大利亚发行了现行流通的货币澳大利亚元，以取代先前流通的旧币澳大利亚镑，并规定 1 澳元等于 1.12 美元，可兑换 0.5 个澳镑。1971 年 8 月 15 日美元实行浮动汇率后，澳元于当月 23 日开始与英镑挂钩，12 月 22 日美元贬值，澳大利亚宣布澳元的含金量不变(即 0.995 31 克)，对美元的官方汇率上升为 1.216 美元，且波幅为 2.25％。1972 年 6 月 23 日，随着英镑区的解体，澳元因此享受的优惠也就宣告结束。1974 年 9 月 25 日，澳大利亚重新实施有效汇率制，且澳元不再钉住美元，改为澳大利亚主要贸易伙伴国 20 种货币一揽子加权货币联系，并实行管理浮动汇率制度。1976 年 11 月 29 日，澳元有效汇率贬值 17.5％。1983 年 12 月 12 日，澳大利亚取消了澳元钉住一揽子贸易加权货币的有效管理浮动汇率，而实行自由浮动，澳大利亚也因此取消所有外汇管制。目前，澳元已成为国际金融市场重要的硬通货和投资工具之一。

(7) 加拿大元(英文为 Canadian Dollar；法文为 Dollar canadien)，代码为 CAD，由加拿大银行(Bank of Canada/Banque du Canada)发行。钞票面额为 1、2、5、10、20、50、100、1 000 元。铸币有 1、5、10、25、50 分，以及 1、2 加元。加拿大居民主要是英、法移民的后裔，分英语区和法语区，因此钞票上均使用英语和法语两种文字。

(8) 新加坡元(Singapore Dollar, SGD)，是新加坡的法定货币基本单位，以 S＄标记。1"元"被细分为 100"分"。新币旧称"叻币"，因为在马来语中"实叻"(selat)为海峡的意思;新加坡元的发行机构为新加坡货币发行局。1965 年 8 月 9 日新加坡宣告独立,12 月 22 日成立共和国,但仍使用马来亚元。法定汇率为 8.514 2 马元等于 1 英镑,3.061 22 马元等于 1 美元。1967 年 6 月 12 日,原联合"货币基金委员会"停止发行马来亚币,新加坡政府发行了自己的新加坡元,取代了马来亚元,新加坡元与马来亚元等值。同年 11 月 18 日,英镑贬值,19 日新加坡宣布新元含金量不变。1971 年 12 月 18 日美元贬值后,新元含金量仍不变。1972 年 6 月 23 日,英镑浮动后,新加坡元不再钉住英镑,改与美元挂钩。1973 年 6 月 20 日新加坡实行浮动的实际汇率制。

新加坡货币分纸币和硬币,近期也开始发行塑胶币。目前在新加坡流通的新加坡货币有:10 000、1 000、100、50、10、5、1 元等面额的纸币,另有 1 元及 50、20、10、5 分的铸币。从 1967 年至今,新加坡已经发行过三套钞票,第一套以新加坡国花"胡姬花"为主要图案,第二套以各种鸟为主要图案,第三套以船为主要图案,1999 年开始发行以该国首任总统尤索夫肖像为票面主要图案的新版纸币。

(9) 瑞士法郎(Swiss franc),是瑞士和列支敦士登的法定货币,由瑞士的中央银行发行。瑞士法郎是一种硬通货。瑞士的大部分邻国使用欧元。瑞士境内亦有商铺、机构通行欧元。瑞士法郎的发行机构是瑞士国家银行,辅币进位是 1 瑞士法郎等于 100 生丁,纸币面额有 10、20、50、100、500、1 000 瑞士法郎,铸币有 1、2、5 瑞士法郎和 1、5、10、20、50 生丁等。由于瑞士奉行中立和不结盟政策,所以瑞士被认为是最安全的地方,瑞士法郎也被称为传统避险货币。而且,瑞士政府对金融、外汇采取的保护政策,使大量的外汇涌入瑞士,瑞士法郎也成为稳健而颇受欢迎的国际结算和外汇交易货币。

4. 外汇交易类型

外汇交易主要可分为现钞外汇交易、现货外汇交易、合约现货外汇交易、外汇期货交易、外汇期权交易、远期外汇交易、互换交易等。

(1) 外汇现钞交易。

外汇现钞主要指的是由境外携入或个人持有的可自由兑换的外国货币现钞。外汇现钞交易是国外旅行者所进行的外汇现钞货币兑汇和买卖,包括现金、外汇、旅行支票等。

(2) 外汇现货交易,是外汇交易中最主要的交易产品。现货外汇交易是指大银行之间,以及大银行代理大客户的交易,买卖约定成交后,最迟在两个营业日之内完成资金收付交割。在信息处理技术突破之前,为期 2 天的交易期是长期以来的交易方式。这段时间内必须核对所有交易详情。现货市场的特点是高流动性和高波动性。

国内银行面向个人推出的、适于大众投资者参与的个人外汇交易,又称外汇宝,是指个人委托银行,参照国际外汇市场实时汇率,把一种外币买卖成另一种外币的交易行为。由于投资者必须持有足额的要卖出外币,才能进行交易,较国际上流行的外汇保证金交易而言,没有保证金交易的卖空和融资杠杆的机制,因此也被称为实盘交易。自从 1993 年 12 月上海工商银行开始代理个人外汇买卖业务以来,随着我国居民个人外汇存款的大幅增长,新交易方式的引进和投资环境的变化,个人外汇买卖业务迅速发展,目前已成为我国除股票以外最大的投资市场。

(3) 合约现货外汇交易,又称外汇保证金交易、按金交易、虚盘交易,指投资者和专业从事外汇买卖的金融公司(银行、交易商或经纪商),签订委托买卖外汇的合同,缴付一定比率(一般不超过 10%)的交易保证金,便可按一定融资倍数买卖 10 万、几十万甚至上百万美元的外汇。因此,这种合约形式的买卖只是对某种外汇的某个价格作出书面或口头的承诺,然后等待价格出现上升或下跌时,再作买卖的结算,从变化的价差中获取利润,当然也承担了亏损的风险。由于这种投资所需的资金可多可少,所以,近年来吸引了许多投资者的参与。可见,外汇买卖的保证金是银行或经纪人为避免投资者交易风险转嫁到其身上,而要求投资者事先质押的现金。其实,保证金交易(Margin Trading)是目前金融市场中一种普遍的投资手段。证券投资中的信用交易、或者各种期货交易都是通过保证金账户成交。保证金包含了融资(finance)和杠杆(leverage)两种元素,它们亦是成熟的金融市场中必不可少的元素。其本质在于利用第三方的资金并借助于杠杆比例最大限度地扩大投资回报(也增加了损失的风险)。

合约现货外汇交易,以合约形式买卖外汇,投资额一般以合约金额的 5% 左右计算,而得到的利润或付出的亏损却是按整个合约的金额计算的。外汇合约的金额,不同货币金额不同,日元合约为 12 500 000 日元、英镑合约为 62 500 英镑、欧元合约为125 000 欧元、而瑞士法郎合约为 125 000 瑞士法郎,这些合约的金额等值于约为 10 万美元。投资者可以根据自己定金或保证金的多少,买卖几个或几十个合约。一般情况下,投资者利用 1 000 美元的保证金就可以买卖一个合约,当外币上升或下降,投资者的盈利与亏损是按合约的金额即 10 万美元来计算的。

4.2.3　金融衍生产品

1. 金融衍生产品的概念

金融衍生产品(derivatives),是指其价值依赖于基础资产(underlyings)价值变动的合约(contracts)。这种合约可以是标准化的,也可以是非标准化的。标准化合约是指其标的物(基础资产)的交易价格、交易时间、合约金额、交易方式等都是事先标准化的,因此这些合约大多在交易所上市交易,如期货合约交易。非标准化合约,是指以上各项由交易的双方自行约定,因此具有很强的灵活性,比如远期协议,因此这些合约大多在银行金融机构柜台上交易。

2. 金融衍生产品的特征

(1) 期限性。金融衍生产品包含着交易者对价格因素变动趋势的预测。金融衍生产品,是指通过约定在未来某一时间按照某一条件进行交易或选择是否交易的合约。而过了这个期限,金融衍生产品就可能进行交割、或者失效。例如,到了期货的交割期限,期货品种就退出交易所交易,买卖双方进行交割。为了避免期货交割,许多交易者会在期货交割期到来前先行平仓。再如,期权只有一个到期时间。如果期权买方没有及时行权,期权就会失效。

(2) 财务杠杆性。支付少量保证金或权利金就可以签订大面值的远期或期货合约等。这种比较高的财务杠杆性,将交易者的收益和风险都扩大了。例如,买卖双方只要交纳保证金,就可以买入(或者卖出)期货合约。如果保证金为 5%,那么交易者满仓操作将是保证金的 20 倍,收益和损失都扩大了 20 倍。

(3) 联动性:指金融工具的价值与基础资产或基础变量的价值紧密联系。例如,股票价格指数与股票价格指数期货之间存在紧密联系,波动的方向一致。国库券期货价格和国库券价格之间,存在紧密的联系。

3. 金融衍生产品的分类

金融衍生产品的分类有三种标准,可以根据产品形态分类、根据基础资产分类,以及根据交易方式分类。

(1) 根据产品形态,可以分为远期、期货、掉期(互换)和期权四大类。其中,远期合约和期货合约都是交易双方约定在未来某一特定时间、以某一特定价格、买卖某一特定数量资产的交易形式。期货合约是期货交易所制定的标准化合约,对合约到期日及其买卖的资产的种类、数量作出了标准化的规定。远期合约是金融机构根据客户的特殊需求,由双方经过磋商后签订的合约。因此,期货交易流动性较高,远期交易流动性较低。互换合约是一种由交易双方签订的在未来某一时期相互交换某种资产(或者承担某种义务)的合约,例如利率互换、货币互换等。期权交易是买卖权利的交易。期权合约规定了在某一特定时间、以某一特定价格买卖某一特定种类、数量、质量原生资产的权利。期权合同有在交易所上市的标准化合同,也有在柜台交易的非标准化合同。

(2) 根据基础资产大致可以分为 3 类,即股票、利率和货币。如果再加以细分,股票类中又包括具体的股票和股票价格指数;利率类中又可分为以国库券价格为代表的短期利率和以中长期国债为代表的长期利率;货币类中包括欧元、日元、加拿大元等期货产品。

(3) 根据交易方法,可分为场内交易和场外交易。场内交易,又称交易所交易,指所有的买卖方集中在交易所进行竞价交易的交易方式。这种交易方式具有交易所向交易参与者收取保证金、同时负责进行清算和承担履约担保责任的特点。在交易所交易的时候,交易者可以选择与自身需求最接近的合同和数量进行交易。相同产品的交易者集中在一个场所进行交易,这就增加了交易的密度,形成流动性较高的市场。期货交易和部分标准化期权合约交易都属于这种交易方式。场外交易,又称柜台交易,指交易双方直接成为交易对手的交易方式。这种交易方式有许多形态,可以根据每个使用者的不同需求设计出不同内容的产品。同时,为了满足客户的具体要求、出售衍生产品的金融机构需要有高超的金融技术和风险管理能力。场外交易不断产生金融创新。但是,由于每个交易的清算是由交易双方相互负责进行的,交易参与者仅限于信用程度高的客户。互换交易和远期交易是具有代表性的柜台交易的衍生产品。

4. 权证

权证,也就是认股权证,也是衍生产品的一种形式,其英文名称为 Warrant,故在香港又俗译“涡轮”。它是指基础证券发行人或其以外的第三人发行的,约定持有人在规定期间内或特定到期日,有权按约定价格向发行人购买或出售标的证券,或以现金结算方式收取结算差价的有价证券。权证实质反映的是发行人与持有人之间的一种契约关系,持有人向权证发行人支付一定数量的价金之后,就从发行人那里获取了一个权利。这种权利使得持有人可以在未来某一特定日期或特定期间内,以约定的价格向权证发行人购买/出售一定数量的资产。

(1) 权证价值,由两部分组成,一是内在价值,即标的股票与行权价格的差价;二是时间价值,代表持有者对未来股价波动带来的期望与机会。在其他条件相同的情况下,权证的存续期越长,权证的价格越高;美式权证由于在存续期可以随时行权,故比欧式权证的价格要高。

$$认购权证价值 =(正股股价 - 行权价)\times 行权比例$$
$$认沽权证价值 =(行权价 - 正股股价)\times 行权比例$$

(2) 权证种类,按买卖方向分为认购权证和认沽权证。认购权证持有人有权按约定价格在特定期限内或到期日向发行人买入标的证券,认沽权证持有人则有权卖出标的证券。

按权利行使期限不同,权证分为欧式权证和美式权证,美式权证的持有人在权证到期日前的任何交易时间均可行使其权利,欧式权证持有人只可以在权证到期日当日行使其权利。

按发行人不同,可分为股本权证和备兑权证。股本权证一般由上市公司发行,备兑权证是由持有该相关资产的第三者,即独立于其指定证券之发行人及其附属公司的个体(通常是投资银行)所发行。指定资产可以是股本证券以外的资产,例如指数、货币、商品、债券或一揽子证券。备兑权证所赋予的权利可以是购买的权利(认购权证)或出售的权利(认沽权证)。如下表 4.2 所示。

表 4.2　股本权证与备兑权证的比较

比较项目	股本权证	备兑权证(衍生权证)
发行人	标的证券发行人	标的证券发行人以外的第三方
标的证券	需要发行新股	已在交易所挂牌交易的证券
发行目的	筹资或激励高管人员	为投资者提供避险、套利工具
行权结果	公司股份增加、每股净值稀释	不造成股本增加或权益稀释

按权证行使价格是否高于标的证券价格,权证可分为价内权证、价平权证和价外权证。

若行使价格等于标的证券价格,则认购权证和认沽权证都是价平;若行使价格小于标的证券价格,则认购权证是价内,认沽权证是价外。若行使价格大于标的证券价格,则认购权证是价外,认沽权证是价内,如下表 4.3 所示。

表 4.3　价内权证、价平权证与价外权证的比较

价 格 关 系	认购权证	认沽权证
行使价格＞标的证券收盘价格	价外	价内
行使价格＝标的证券收盘价格	价平	价平
行使价格＜标的证券收盘价格	价内	价外

按结算方式,权证可分为证券给付结算型权证和现金结算型权证。权证如果采用证券给付方式进行结算,其标的证券的所有权发生转移;如采用现金结算方式,则仅按照结算差价进行现金兑付,标的证券所有权不发生转移。

(3) 权证设立,是指权证上市交易后,由有资格的机构提出申请的、与原有权证条款完全一致的增加权证供应量的行为。权证的注销是指创设人(即创设权证的证券公司)向证券交易所申请注销其所指定的权证创设账户中的全部权证或部分权证。上海证券交易所规定,申请在交易所上市的权证,其标的证券为股票的,标的股票应符合以下条件:最近 20 个交易日流通股份市值不低于 10 亿元;最近 60 个交易日股票交易累计换手率在 25% 以上;流通股股本不低于 2 亿股。

5. 股指期货

股指期货的全称是股票价格指数期货,也可称为股价指数期货、期指,是指以股价指数为标的物的标准化期货合约。双方约定在未来的某个特定日期,可以按照事先确定的合约规模,进行标的指数的买卖。股指期货是金融期货的一种,此外还包括外汇期货、利率期货等。作为期货交易的一种类型,股指期货交易与普通商品期货交易具有基本相同的特征和流程。我国的股指期货业务已经启动,正式交易时间在 2010 年 4 月中旬,2010 年 02 月 22 日已正式启动开户。

(1) 股指期货的交易策略包括套期保值、套利和投机。

① 套期保值是指把期货市场当作转移价格风险的场所,将期货合约作为将来在现货市场上买卖商品的临时替代物,对其现在买进准备以后售出商品或对将来需要买进商品的价格进行保险的交易活动。例如,某个投资基金持有大量股票,等待未来股票价格大涨以后抛售获利。但是又担心股票价格下跌给基金持有的股票市值带来亏损,为此在股指期货市场上卖出股指期货。如果未来股市大盘下跌,那么股指期货将会获得盈利,弥补基金市值亏损。如果未来股市大盘上涨,那么股指期货亏损,抵消了

基金市值上升带来的盈利。套期保值可以锁定盈亏,但是无法给投资者带来盈利。套期保值,是基于现货和期货市场的走势趋同(在正常市场条件下),由于这两个市场受同一供求关系的影响,所以二者价格同涨同跌;但是由于在这两个市场上操作相反,所以盈亏相反,期货市场的盈利可以弥补现货市场的亏损。套期保值交易中需遵守如下原则:交易方向相反原则;商品种类相同原则;商品数量相等原则;月份相同或相近原则。

② 套利,指同时买进和卖出相同数量不同种类的期货合约,赚取其差价的交易方式。例如,美国的股指期货"E-mini S&P 500 Futures"2010 年 6 月的价格为"1 160.50",而 2010 年 9 月的价格为"1 140.75"。交易者在买进价格偏低的 1 009 合约的同时卖出价格过高的 1 006 合约。如果正如交易者所预料的那样,股指期货价格会趋同,1 006 合约将会下跌而 1 009 合约会上涨,那么交易者就可以从两合约价格间的变动关系中获利。在进行套利时,交易者注意的是合约之间的相互价格关系,而不是绝对价格水平。套利一般可分为三类:跨期套利、跨市套利和跨商品套利。

跨期套利是套利交易中最普遍的一种,是利用同一商品但不同交割月份之间正常价格差距出现异常变化时进行对冲而获利的,又可分为牛市套利和熊市套利两种形式。例如在进行牛市套利时,交易所买入近期交割月份的合约,同时卖出远期交割月份的合约,希望近期合约价格上涨幅度大于远期合约价格的上涨幅度;而熊市套利则相反,即卖出近期交割月份合约,买入远期交割月份合约,并期望远期合约价格下跌幅度小于近期合约的价格下跌幅度。

跨市套利是在不同交易所之间的套利交易行为。当同一期货商品合约在两个或更多的交易所进行交易时,由于区域间的地理差别,各商品合约间存在一定的价差关系。

跨商品套利指的是利用两种不同的、但相关联商品之间的价差进行交易。这两种商品之间具有相互替代性或受同一供求因素制约。跨商品套利的交易形式是同时买进和卖出相同交割月份但不同种类的商品期货合约。例如金属之间、农产品之间、金属与能源之间等都可以进行套利交易。

③ 投机,指交易者根据对市场的判断,把握机会,利用市场出现的有利交易机会进行买卖从中获得利润的交易行为。投机者可以"买空"投机,即先低价买入,然后高价卖出;也可以"卖空"投机,即先卖出,然后低价回补。根据持有期货合约时间的长短,投机可分为三类:第一类是长线投机者,此类交易者在买入或卖出期货合约后,通常将合约持有几天、几周甚至几个月,待价格对其有利时才将合约对冲;第二类是短线交易者,一般进行当日或某一交易节的期货合约买卖,其持仓不过夜;第三类是逐小利者,又称"抢帽子者",他们的技巧是利用价格的微小变动进行交易来获取微利,一天之内他们可以做多个回合的买卖交易。投机者是期货市场的重要组成部分,是期货市场必不可少的润滑剂。投机交易增强了市场的流动性,承担了套期保值交易转移的风险,是期货市场正常

运营的保证。

（2）股指期货交易的基本制度，包括保证金、"逐日盯市"、价格限制等项制度。

① 保证金，投资者在进行期货交易时，必须按照其买卖期货合约价值的一定比例缴纳资金，作为履行期货合约的财力保证，然后才能参与期货合约的买卖。例如：假设沪深 300 股指期货的保证金为 8%，合约乘数为 300，那么，当沪深 300 指数为 1 000 点时，投资者交易一张期货合约，需要支付的保证金应该是 1 000×300×0.08＝24 000 元。

② 逐日盯市，或者称为每日无负债结算制度，就是期货交易所要根据每日市场的价格波动对投资者所持有的合约计算盈亏并划转保证金账户中相应的资金。若经结算，投资者的保证金不足，交易所立即向其发出追加保证金通知，投资者应在规定时间内向交易所追加保证金。目前，投资者可在每日交易结束后上网查询账户的盈亏，确定是否需要追加保证金或转出盈利。

③ 价格限制，也就是涨跌停板制度，主要用来限制期货合约每日价格波动的最大幅度。根据此项规定，某个期货合约在一个交易日中的交易价格波动不得高于或者低于交易所事先规定的涨跌幅度，超过这一幅度的报价将被视为无效，不能成交。假如，一个交易日内，股指期货的涨幅和跌幅限制设置为 10%。那么，这就意味着以某一合约上一交易日的结算价为基准，加上允许 10% 的结算价成为当日价格上涨的上限，称为涨停板，而该合约上一交易日的结算价格减去允许 10% 的结算价成为当日价格下跌的下限，称为跌停板。

④ 持仓限制。交易所为了防范市场操纵和少数投资者风险过度集中的情况，对会员和客户手中持有的合约数量上限进行一定的限制，这就是持仓限制制度。限仓数量是指交易所规定结算会员或投资者可以持有的、按单边计算的某一合约的最大数额。一旦会员或客户的持仓总数超过了这个数额，交易所可按规定强行平仓或者提高保证金比例。

⑤ 强行平仓，是与保证金、持仓限制等制度等相互配合的风险管理制度。当交易所会员或客户的交易保证金不足并未在规定时间内补足，或当会员或客户的持仓量超出规定的限额，或当会员或客户违规时，交易所为了防止风险进一步扩大，将对其持有的未平仓合约进行强制性平仓处理。

⑥ 股指期货交割，通常采用现金交割，客户不需要交割一篮子股票指数成分股，而是用到期日或第二天的现货指数作为最后结算价，通过与该最后结算价进行盈亏结算来了结头寸。

（3）国内股指期货合约。

目前，中国金融期货交易所推出的股指期货品种为沪深 300 股指期货合约，如下表 4.4 所示。

表 4.4　沪深 300 股指期货合约标准

合 约 标 的	沪深 300 指数
合约乘数	每点 300 元
报价单位	指数点
最小变动价位	0.2 点
合约月份	当月、下月及随后两个月
交易时间	上午:9:15—11:30,下午:13:00—15:15
最后交易日交易时间	上午:9:15—11:30,下午:13:00—15:00
每日价格最大波动限制	上一个交易日结算价的±10%
最低交易保证金	合约价值的 12%
最后交易日	合约到期月份的第三个周五,遇国家法定假日顺延
交割日期	同最后交易日
交割方式	现金交割
交易代码	IF
上市交易所	中国金融期货交易所

资料来源:中国金融期货交易所网站。

（4）股指期货开户条件。按照中国金融期货交易所的《股指期货投资者适当性制度操作指引（试行）》,要求期货公司会员认真审核投资者的开户申请资料,全面履行测试、评估职责,严格执行股指期货投资者适当性制度。股指期货开户条件主要包括:

① 保证金账户可用余额不低于 50 万元;

② 具备股指期货基础知识,通过相关测试（评分不低于 80 分）;

③ 具有至少 10 个交易日、20 笔以上的股指仿真交易记录,或者是最近三年内具有 10 笔以上商品期货交易成交记录（两者是或者关系,满足其一即可）;

④ 综合评估表评分不低于 70 分;

⑤ 不存在严重不良诚信记录;不存在法律、行政法规、规章和交易所业务规则禁止或者限制从事股指期货交易的情形。

4.3　证券投资规划程序

4.3.1　证券投资策划程序

在制定投资规划之前,首先要确定投资目标和可投资财富的数量,再根据自己对风险的偏好程度,确定到底是采取稳健型还是激进型的投资策略。如下图 4.2 所示。

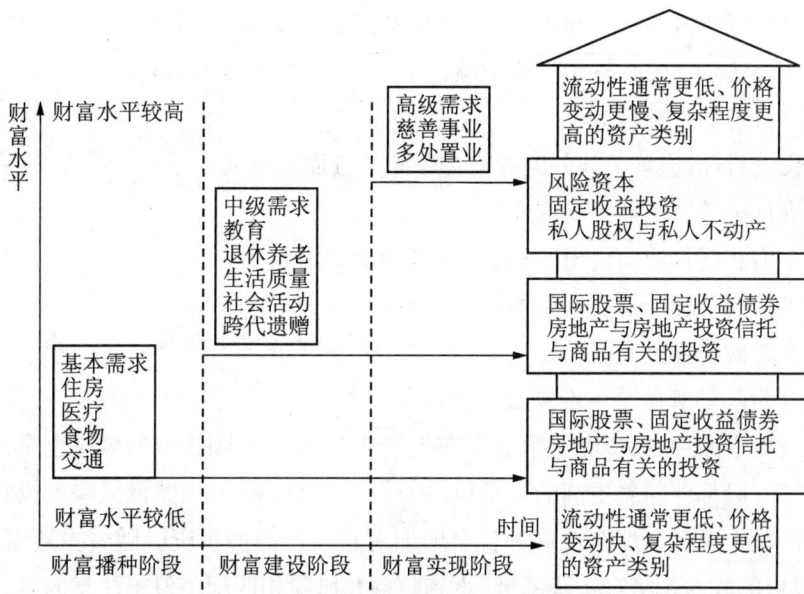

图 4.2　投资需求和资产配置

1. 确定投资目标

投资规划应该围绕理财目标来制定,投资规划仅仅是理财策划中的一个部分,投资目标实际上也要服从理财策划的总目标。

投资目标主要包括以下几种:

● 家庭大额消费和支出。例如成长型家庭在购房以后,考虑购车、或者国外旅游度假等消费支出;

● 子女教育和个人职业生涯培训和教育需要。这里考虑子女学历教育、兴趣和素质的培养等各方面的教育费用的支出,同时也考虑自身发展过程中需要参加培训、或者提高学历等方面的支出需要;

● 养老、医疗等费用的需要。通过投资获得增加养老金,以及医疗费用,对自己晚年生活有保障;

● 积累财富。这是指没有特殊目标的、一般意义上的财富积累。

在投资目标中,应着重防范以下个人或者家庭的各种风险:

● 人寿风险,包括英年早逝而无法抚养妻儿、活得太久使得养老金难以为继等;

● 家庭财务风险,包括收入风险、流动性风险、投资风险、购买力风险、债务风险;

● 家庭的意外风险,包括重大疾病、丧失劳动能力、或者失业等。

设定投资目标的过程,包括如下几个方面:

● 记录投资目标,按目标重要性进行排序;

● 确定所需要的投资金额;

- 决定投资所需要的时间；
- 定期评估自己的目标和投资业绩；
- 修订自己的投资目标。

设定投资目标，应该关注的问题有如下几个方面：

- 投资目标长期不能实现的原因；
- 愿意为实现目标而付出的初始投资金额的大小；
- 为了达到目标所需要的创始投资资金；
- 什么时候需要投入资金。

2. 认清自己的风险偏好和风险承受能力

按照投资学原理，投资者追求的潜在收益越高，那么这项投资的风险也是比较大的。高的收益率一般都伴随着更高的投资风险。如果市场中有高收益低风险的投资存在（相对于其他的投资而言），那么投资者就会增加对这项产品的投资。随着投资者的不断进入，该项投资的收益率将会逐步降低，直到收益和风险相匹配。值得注意的是，每一个人的风险偏好和承受能力都是不一样的，金融机构的财务策划师一般都是通过风险测试以及根据客户的年龄与资产状况，来评估客户的风险偏好程度和金融风险的承受能力。年轻人、资金实力雄厚的个人或家庭，通常风险承受能力比较强；反之则承受能力较弱。因此，财务策划师在为客户进行投资组合的时候，通常对于那些风险偏好、并且资金实力比较强的投资者，配置风险较高的投资产品，以满足其获取高收益的投资目标。相反，对于那些风险厌恶的投资者，则配置固定收益的产品，满足这些投资者的需求。

3. 根据自己的目标确定投资计划

要制定一个完善的投资计划，首先就需要从自己的投资目标出发。在设定投资目标的时候，既要考虑自身的风险偏好、风险承受能力以及自己的资金实力，同时也要考虑当时的金融市场的实际情况。例如，2005 年中国证券市场开始启动，一波大牛市渐次展开的时候，可以将投资目标逐步提高。相反，当 2007 年中国证券市场开始逐波回调的时候，自身的投资目标也将要做出相应的调整。在制定投资计划的时候需要考虑：

（1）明确目标，回避不必要的风险。尤其是要跟着市场的节拍调整投资目标；

（2）不要长期固定在某些类型的投资产品、投资方法、投资领域，要注意市场热点的切换，及时调整投资策略；

（3）充分理解投资组合，不做自己不熟悉的投资。包括在股市投资的时候，不做不熟悉的股票；在选择市场的时候，不做不熟悉的金融产品。因为每种产品都有自身的投资周期，如果投资者不熟悉别人推荐的产品或者市场，就无法在准确的时间介入市场进行投资操作从而造成重大损失。

4. 投资计划的实施

投资计划的实施，也就是按照原先制定的投资计划书，买卖证券、外汇等。在具体实施的过程中,还需要根据实际情况,做"相机抉择"。投资计划书,不可能将金融市场的所有情况都计划在内,可能会出现新的情况、遇到新的问题,那么就需要根据计划中所确定的原则来处理。

在进行具体操作的时候,首先,要把握好介入的时机。2005 年年底开始,中国证券市场经历了一波大牛市。如果 2005 年年底没有介入市场,那么在 2006 年年中,在股市的趋势已经确定的时候,就应该介入市场。2007 年下半年股市到达顶点,如果当时没有退出股市,那么 2008 年就应该退出,因为股市的趋势已经改变了。如果投资者以短线投资为主,那么就无法事先进行详尽的计划安排,只能确定投资原则了。如果投资者以短线投资为主,那么就无法事先进行详尽的计划,必须确定投资操作原则,寻找短线计划。其次,当金融市场的实际情况与投资计划出现较大差异的时候,就必须考虑调整原来的计划。最后,在执行投资计划的时候,一定要设立止损点。即规定在投资的市值亏损达到什么程度的时候,就必须马上止损出局。

5. 评估和调整投资计划

投资计划实施以后,投资者必须按照事先确定的期限,对投资业绩进行财务评估。投资业绩评价,是指对该投资计划一定期间的盈利情况、资产质量、债务风险等方面进行定量对比分析和评判。具体包括:

(1) 对该投资计划的盈利情况进行评估;

(2) 对持有的资产质量情况进行评估;

(3) 分析市场的投资风险。

通过评估,然后考虑是否需要对投资计划作出调整。

4.3.2　证券投资操作程序

证券投资操作程序,将主要介绍证券交易所交易的产品的操作程序。值得注意的是,许多开放式基金可以通过网银业务购买,外汇交易与证券交易的规则也是不同的。因此,开展相关业务的投资者,需要熟悉这些方面的交易规则、影响交易的因素等。

1. 开户

证券投资一般是通过托管交易的方式实现的。因此,每个打算参与证券交易的投资者,必须向证券登记公司申请开设证券账户。投资者要参与证券投资,开 A 股证券账户;如果要开 B 股账户,投资者先将美元或港币存入证券公司营业部指定银行账户,到账后本人携带有效身份证原件、银行卡到营业部前台填写"开户申请表"办理开户手续。

(1) 选择一个证券公司的营业部作为开户代理机构,申请开户,填写《证券账户开户登记表》,同时要出示有效身份证件和复印件,并缴纳开户费用。

(2) 客户等待。在办理了这些手续以后,相关的申请文件由该证券公司提交到证券登记公司办理手续。

（3）客户领取证券账户卡。经过一段时间以后，完成了这些手续，该证券公司就会通知该投资者前去领取证券账户卡。

开户时，国内个人只要带好本人身份证和复印件；外籍人士要提交本人有效的身份证件和复印件，持有中国护照的，还应同时提交境外居留证明；机构投资者需提供法人营业执照或注册登记证书复印件、法定代表人或董事会证明书和授权委托书，以及经办人的有效身份证明和复印件；委托他人代办的，请提供代办人身份证明及其复印件，和委托人的授权委托书。

按照规定，投资人开立证券账户必须满足合法性和真实性的要求。投资者取得账户后，就有资格购买在证券交易所上市的所有品种，包括股票、债券、基金等。证券账户的具体用途有：在各证券机构买卖股票；办理股票的过户、托管、挂失、领取股息、红股和配股；更改股东地址、银行账号、电话号码等档案资料。证券账户是投资者进行证券投资的"身份证"，遗失或被窃时应及时办理挂失。

2. 开设资金账户

投资者取得证券账户的时候，通常已经选定了证券公司作为经纪人。在进行证券投资交易之前尚需选择一家银行作为第三方存管的机构，在银行开户。银行的工作人员会建立银行的资金账户与证券账户的衔接，便于客户将银行的资金划入证券账户，开展证券交易活动。此时，客户可以在银行账户中存入交易所需的资金。

3. 证券买卖

投资者开立了股票账户和资金账户以后就可以进行证券交易活动。证券交易通常有如下几种途径：网上交易、手机炒股、电话委托等方式。

（1）网上证券交易通常需要经历如下程序：首先选择一家证券营业部，办理股票账户、资金账户及办理指定交易手续。如果选择网上证券交易的话，那么还需要携带本人身份证、股东账户、资金卡等，到选定的证券营业部签订《网上证券委托书》，办理网上交易开通手续。其次，登录证券公司网站，进入该公司"交易大厅"的软件下载栏目，下载你所需要的网上交易客户端软件。再次，安装并登录网上交易客户端进行交易。最后，交易者需要将银行账户的资金转入证券账户，然后进行交易。

（2）电话委托证券交易通常有如下程序：首先拨通解该证券公司电话委托的电话号码，然后按照语音提示，输入股东账号和交易密码。其次，选择电话委托的服务，例如"委托"、"查询"、"咨询服务"等等（相关程序可以参照证券公司电话委托流程图）。

（3）手机炒股。目前，手机炒股（手机证券）提供了包括股票、期货、外汇、外盘、黄金等最新行情和资讯，各种技术分析图表，股票交易，模拟炒股，短信预警，股友聊天室等十多种服务内容。而且，手机证券的技术全面、速度快捷、功能强大、操作简便、安全可靠。尤其是手机证券为客户解决3大炒股死角：其一，办公室。很多办公室的电脑不能安装炒股软件，网络也受到限制。于是，越来越多的白领都选择用"投资堂"在办公室里炒股，

"行情想看就看,即随时买卖自如"。其二,会议室。一般公司里的会议室都不能用电脑,不能打电话,可谓"炒股禁地"。不过这也难不倒精明的上班族,上面开会,在下面照样能用"投资堂"看大盘,看个股,看分析;要是赶上好时机,做上两笔交易,这"炒股禁地"就成"炒股宝地"了。其三,出差中。出差是炒股的最大死角。不过,"投资堂"可以"全天候替您钉盘,涨跌幅度随时提醒"。它可以在"投资堂"上预设好所操作股票的价格上限和价格下限(即:价格警戒点),全天候监控股票,并随时告知自选股的涨跌情况,无论出差到哪,出差多久,照样炒股赚钱。

4. 价格委托方式

委托是投资者进行投资决策的行为,是决定买进还是卖出,买什么,卖什么,买多少,卖多少,以什么样的价格买进或卖出。其中委托买卖价格是委托行为中最重要的要素。目前,价格委托方式有如下几种:

(1) 市价委托。投资者在网上交易中发出买卖某种证券的委托指令时,要求买卖价格按当时的交易所场内的卖价或者买价买进或者卖出。这种按发出指令时的市价买入或卖出的委托,称作市价委托。

(2) 限价委托。是指投资者发出限定的价格买卖证券,即必须按限价或者低于限价买进证券,或者按限价或者高于限价卖出证券。限价委托方式的优点是,股票买卖可以按照投资者希望的价格,甚至比预期价格更有利的价格成交,有利于投资者实现预期投资计划,谋求最大利益。但是,采用限价委托时,由于现价与市价之间有一定的距离,必须等待市价与现价一致时才有可能成交,而此时如果慢,有时甚至无法成交,将会错过良好的交易机会。多数情况下,投资者采用限价委托。

5. 竞价成交

(1) 竞价原则,证券交易所实行证券交易的集中竞价成交,竞价原则是:价格优先、时间优先。其中,价格优先即买入申报时,买入价高的申报优先于买入价低的申报;卖出申报时,则卖出价低的申报优先于卖出价高的申报。时间优先即同价位买卖申报时,依照申报时间顺序进行。值得注意的是,竞价原则中,首先是价格优先,只有在竞价相同的情况下,才考虑时间优先原则。

(2) 竞价方式,证券交易所的竞价方式有集合竞价和连续竞价两种,这两种方式是在不同的交易时段上采用的。集合竞价,就是上交所、深交所在每个营业日的上午9:15 到9:25 期间,大量买或卖某种股票的信息都输入到电脑内,但此时电脑只接受信息,不撮合信息。在正式开市前的一瞬间(9:25)电脑开始工作,系统撮合定价,按成交量最大的首先确定的价格产生这种股票当日的开盘价,并及时反映到屏幕上,这种方式就叫集合竞价(下午开市没有集合竞价)。通过集合竞价,可以反映出该股票是否活跃。

所谓连续竞价,是指上海证券交易所在每个营业日的上午 9:30—11:30,下午 1:00—3:00,深圳在每个营业日的 9:30—11:30,下午 13:00—14:57 采取连续竞价方式,接受申报,进行撮合。即对申报的每一笔买卖委托,由电脑交易系统按照以下两种情况产生成交价:最高买入申报与最低卖出申报相同,则该价格即为成交价格;买入申报价格高于即时揭示的最低卖出申报价格时,以即时揭示的最低卖出申报价格为成交价;卖出申报价格低于即时揭示的最高买入申报价格时,以即时揭示的最高买入申报价格为成交价。

(3) 竞价结果,证券交易竞价的结果有三种可能,即全部成交、部分成交和不成交。通常情况下,投资者或者是全部成交、或者是不成交,部分成交的情况相对较少。

6. 委托的撤销

在委托执行的有效期内,委托人有权撤销委托或变更委托,俗称撤单。如果委托已经成交,就无法撤销。

7. 清算交割与过户

竞价成交之后的程序就是办理清算、交割和过户手续,办理清算、交割过户手续由证券商完成,并向委托人(投资者)提交清算交割单。

证券商在完成成交后,应当在次日向委托人传达证券成交通知书。通知书一般应当载明如下事项:成交日期及时间、成交数量、证券名称;完成委托的证券交易所;成交价格和金额;过户费;利息;佣金;税金;应收或应付金额;交割日期;其他事项。

在我国的证券交易中,实行 T+1 交易制度,直接决定了证券的清算交割和过户的程序。自 1995 年 1 月 1 日起,为了保证股票市场的稳定,防止过度投机,沪深股市实行"T+1"交易制度。当日买进的股票,要到下一个交易日才能卖出。同时,对资金仍然实行"T+0",即当日回笼的资金马上可以使用。目前沪深 A 股和 B 股清算交收制度均采用 T+1 方式,指的是投资者当天买入的股票不能在当天卖出,需待第二天进行交割过户后方可卖出,也就是第二天才可卖出股票。在资金使用上,当天卖股票后,资金回到投资者账户上,当天即可以用来买股票,但如果想马上提取现金是不可能的,必须等到第二天才能将现金提出。实际上,资金同样是 T+1 到账。

8. 交易费税

交易税费是指股票买卖中需要缴纳的费用,现在主要有开户费、手续费、证券公司收取的交易佣金,以及国家收取的印花税等费用。

(1) 交易佣金,是证券经纪商的业务收入,是买卖双方在委托买卖成交后按规定向证券经纪商(也就是投资者开户交易的证券公司)支付的费用。佣金的收费标准是按实际成交金额的规定比例计收的。

(2) 过户费。股票、基金等证券委托买卖成交后,买卖双方为变更股权登记所支付的费用。这笔费用由证券登记清算机构收取,由证券经纪商在和投资者清算交割时代为扣收。

(3) 印花税,是国家税法规定的一项税种,在人民币股票成交后对买卖双方投资者分别征收的一项税金。印花税一般由证券经纪商在同证券投资者的交割中代为扣收,然后,经纪商在同证券交易所或所属中央结算公司的清算交割中进行结算之后,由结算公司统一向国家缴纳。为了鼓励证券投资者长期持有股票,国外一般对股票买卖双方实行差别税率,即对卖出方实行较高税率,对买入方则实行较低税率或者免征。我国对股票买卖双方实行同一税率。

4.4 证券投资策略

4.4.1 证券投资的原则

对于投资人来说,进行证券投资的目的是实现效用的最大化,即在某一风险水平上,去挑选预期收益率最大的证券,或者在某一预期收益率水平上,去挑选风险最小的证券。

1. 效益与风险最佳组合原则

在进行证券投资时,如何妥善地处理好收益与风险的矛盾至关重要。按照均值—方差原则,在风险一定的条件下,应尽可能地使投资收益最大;在收益一定的条件下,应力争使风险降低到最小程度。这是证券投资的一条最基本的原则,它要求投资者首先必须明确自己的目标,恰当地把握自己的投资能力,从而不断培养自己驾驭风险的能力,从心理上确立自己的投资出发点和应付各种情况的基本素质。

2. 分散投资原则

分散投资是将投资资金按不同比例,投资于若干风险程度不同的证券,建立合理的证券组合,以便将证券投资风险降低到最低限度。证券投资分散化,虽不能消除证券市场的系统风险,但却可以降低、甚至消除非系统风险。分散投资,首先是指投资于多种证券。如果仅对一种证券投资,如只购买一家公司的股票,一旦该公司经营不善甚至倒闭退市,投资者不仅得不到收益(经常性收益和资本收益),还会因为股票退市而造成巨大的损失。显然,这种投资方法风险比较大。如果对多种股票或几家公司同时投资,同时还要分析这些股票价格之间是否存在相关性。如果投资组合中的股票价格之间存在负相关性,则有可能降低投资风险。其次,进行多种证券投资时,应注意股票所属行业,将不同的行业组合在一起,降低非系统风险。分散投资,应该从证券品种、投资的时机、投资风险和获利大小等方面进行合理组合。

3. 合法投资原则

所谓合法投资原则,首先是指投资者的证券投资活动,包括投资的地点、品种、交易方式等,都必须符合国家的法律、法规。小股民不能去投资那些未上市的企业,购买这些企业的股票。对于那些资金实力雄厚的机构投资者,也不能依仗自己的实力在股市上进行对倒、操纵市场来牟取不当利益。其次,对于那些国家尚未明确开放的市场,也不能轻易通过其他途径介入。例如，国外股票、期货市场，甚至衍生产品市场等，通过国内公司代理相关产品。如果轻易相信这些机构的宣传，就可能上当受骗，也可能因此扰乱国家的金融秩序。

4. 量力投资原则

量力投资原则，其实就是追求适度投资，稳健投资。证券投资的量"力"而为，涉及投资者的财力、能力和时间等三方面。在投资的财力方面，个人投资者进行金融投资的资金的最大极限，是其自身全部现金收入扣除家庭日常生活开支后剩余的部分。由于证券投资的涨跌随机性很大，起落的幅度也很难事先料定；所以投资者在投资操作以前，至少要留有足够的紧急备用金。投资的能力，包括进行证券投资所需要的金融知识、投资经验、以及承受风险的心理素质等。如果刚涉足证券投资，这样的投资者就需要十二分的谨慎。即使投资者久经"沙场"，也不能过于自信而过度投资，进而造成亏损。投资的时间也是影响一位投资者的重要因素。如果是一个上班族，那么进行证券投资操作会因上班而受到影响。如果是一位退休的老者，虽然其投资的时间相对宽裕，但因老人的财力、能力等相对较差，故投资的时候也要留有余地。

4.4.2　证券投资的决策

为了实现最佳的投资业绩，实现投资目标，投资者需要在三个方面谨慎决策：

1. 时机决策

证券投资的诸多决策中，时机决策是最重要的。如果投资者入市的时机准确，然而股票买错了，那么这项错误，最多造成投资者的收益相对较低。反之，投资者选择错误的时机入市，那么投资者即使买对了股票，那么还是可能造成亏损。时机决策是投资者的战略决策，这项决策的对错，将会对证券投资的全局带来影响。

2. 种类选择

证券投资的种类选择，就是要求投资者选择质量高、收益丰厚、期限短、变现能力强的证券品种。选择股票，一般有四种策略：其一，价值发现。这是华尔街最传统的投资方法，其基本思路就是运用市盈率、市净率等一些基本指标来发现价值被低估的个股。其二，选择高成长股，关注的是公司未来利润的高增长，而市盈率等传统价值判断标准则显得不那么重要了。采用这一价值取向选股，人们最倾心的是高科技股。其三，技术分析选股，也就是运用技术分析理论或技术分析指标，通过对图表的分析来进行选股，从中寻找超跌个股，捕捉获利机会。最后，选择大盘指数的投资组合（指数基金），也就是选择一个与大盘一致的指数基金，投资者就不需要选股，只需在看好股市的时候买入该基金、在看空股市的时候卖出。由于我国已经推出了指数基金，投资者可以采取这样的策略投资。

3. 数量决定

投资规模的决定，是证券投资决策的最后一项，是实际操作的决策。在具体进行投资操作的时候,到底是满仓操作、还是半仓等,是颇费思量的问题。数量的决策,反映投资者对投资时机决策、种类选择的把握程度。如果把握程度比较高,那么投资者可尽可能满仓操作;如果不是,那么就可以三分之一仓位操作。其次,数量决定与投资者的投资习惯也直接相关。有些投资者喜欢滚动操作,高抛低吸,那么投资者的仓位就不会是满仓的。反之,如果投资者喜欢做长期投资,那么在选择品种、确定了投资时机之后,投资者就可能满仓介入。

4.4.3　证券投资的方法

成功地进行证券投资,除了了解一般的投资策略外,还需掌握一些成功有效、随机应变的投资方法。投资者在证券市场上为了规避风险,获取收益,总结出了一些经验,形成了带有一些专业性的投资技巧。本节对几种方法作扼要介绍。

1. 顺势投资法

顺势投资法,顺着股价的走势去买卖股票,当整个股市大势向上时就以买进股票为宜,当股价趋于下跌时,就以卖出手中的股票,而换取现金为佳。对于小额股票投资者来说,由于投资能力有限,无法控制股市行情,只能跟随股价走势,采取顺势投资法。顺势投资法,只有在判明涨跌的中期趋势或长期趋势时才可实施。如果大盘只有短期趋势时,投资者则不宜冒险跟进,避免因看错趋势或落后于趋势而遭受损失。因此,采用这种方法必须注意两个基本前提:一是善于判断股市涨跌趋势;二是能够早期把握大盘的趋势,并及时采取行动。股市中,经常会遇到下列征兆,这就需要好好把握:

- 个股或者大盘的不利消息(甚至亏损之类的消息)出现时,股价下跌;
- 个股或者大盘的有利消息见报时,股价暴涨;
- 个股在除息除权股以后,很快出现填权行情;
- 大盘行情上升,成交量趋于活跃;
- 个股或者板块行情出现轮动,形成轮番上涨格局;
- 投资者开始重视纯益、股利;开始计算本益比、本利比等等。

2. 摊平投资法

投资者在股票价格处于高位时候买进股票,如遇股市行情急剧下跌,便会遭受亏损。此时,投资者应该做出判断,大盘是属于一种箱体震荡,还是属于牛熊趋势的转折。如果属于后者,那么投资者不能恋战,而必须果断斩仓出局。如果大盘属于一种箱体震荡,那么投资者可以在股价处于低位时候,买入相同类型股票。在股票价格重回高点的时候,获利抛售。摊平投资法,可以用于少量被套住的投资者,也可以用于深度被套的投资者。一位投资者在 20 元/股时买入股票,在股价下跌过程中没有及时抛售,结果股价下跌至 10 元/股,而且一直在低位盘整;此时如能确认已到价格的底部区域,那么每次股价下跌就可以买入,逐步摊薄成本。一旦价格回升到一定水平(不一定要到原来的价格),就及时抛售。这样来回操作,就可以不断减少亏损。在实施摊平法投资时候,要注意不能在牛熊趋势刚转折的时候,就采用该种办法,否则会使自己深陷股市泥潭而不能自拔。还要注意不能一次将手中所有资金抛出摊平成本,否则如果股价继续下跌,就会失去所有反击的能力。摊平投资法主要有两种方式:

(1)逐次等数买进摊平法。当第一次买进股票后便被分档套牢时,等股价下跌至一定程度后,分次买进与第一次数额相等的股票。使用这种方法时,每次投资都必须严格控制投入的资金,留存剩余资金作以后摊平之用。

(2)倍数买进摊平法。这一方式是在第一次买进后,如果行情下跌,则第二次再买进第一次一定倍数的股票,以便摊平。相对于逐次等数买进摊平法,倍数买进摊平法将承担比较大的风险。

4.5 慈善公益策划

不管投资的形式如何,其目的只有一个,那就是获得超额收益,改善个人或者家庭的生活质量,或者积累财富。在大力加强投资的同时,也不能忘记乐善好施,帮助那些陷于经济困难的人们,即做慈善。同样是处理个人或者家庭的财产,慈善、公益体现更高层面的道德水准,受到社会各界的支持,并获得社会美誉。一些投入资金开展公益活动的企业,在社会美誉度上升的同时,其主营业务也常常会更加顺利。

4.5.1 慈善公益事业的发展

慈善是出于对人类的热爱,为了增进人类的福利所做的努力。真正意义的慈善行为,应是一种不附加要求的施舍。对于做慈善的人,施舍本身就是一种快乐、一种满足。而慈善所帮助的对象不应仅仅是没有钱,也可以是其他方面。而公益是个人或组织自愿通过做好事、行善举而提供给社会公众的公共产品。在这里,做好事、行善举是对个人或组织行为的价值判断;行动的结果是向非特定的社会成员提供公益产品。

早在古希腊、罗马时代起,就已经有了社会救助的传统。早期的美国,慈善的传统随移民带到美洲。美国的慈善事业于独立战争后空前兴盛,如组织美国反奴协会,提供纽约劳工受教育的机会,创立儿童救助协会,成立全美收容所、医院、文化组织等。二战后,美国的个人捐赠免税被写入法律,富豪们纷纷热心于慈善事业。如洛克菲勒家族四代连续捐款超10亿美元;比尔·盖茨为慈善事业已投入260亿美元,占全部财产的54%。他也早早立下遗嘱,死后99%的财富捐献给慈善事业。

中国的慈善事业同样有着悠久的传统。汉唐寺院济贫、赈灾、医疗、戒残杀的长盛不衰;宋代养老扶幼事业勃兴;元代医疗救助兴起;明清民间慈善群体在中国慈善史上更是首屈一指。改革开放以来,一批批社会贤达、名流、企业家等为贫困大中小学生,艾滋病及白内障患者等,默默进行慈善救助。统计表明,至少一半的富豪要求对其捐款事实及数额"保密"。

现在,越来越多的金融机构和个人加入慈善理财队伍。2008 年,我国西南地区的汶川县发生重大地震灾害,在抗震救灾过程中,金融机构推出各式各样的慈善概念理财产品和理财服务。中国建设银行推出首款慈善理财产品,将部分投资收益作为捐赠资金,在产品投资起始日,以爱心投资者的个人名义,全部捐赠给中国红十字基金会,用于四川抗震救灾。随后,招商银行也发售了一款"金葵花安心回报爱心号之抗震救灾特别理财计划"。另外,光大银行推出了"母亲水窖"公益理财项目。投资者在获取该产品理财收益的同时,还参与慈善捐赠,用于支持"大地之爱·母亲水窖"公益项目建设。

2008 年,招商银行壹基金信用卡正式面市,不仅推出采用"爱心额度"为信用卡核发及升等标准的慈善认同卡,而且将慈善行为融入人们的日常消费中。比如,持卡人承诺每月捐赠 1 元、11 元、111 元不等的爱心款,一些按资产审核无法得到金卡的人,通过细水长流的累积,一段时间后可以自动升级金卡,直至钻石卡。

从国家层面,我国专门制定相关法律,规范相关行为,对于公益事业的发展予以鼓励。1999 年 6 月 28 日,我国制定并颁布了《公益事业捐赠法》,其中第八条明确规定"国家鼓励公益事业的发展,对公益性社会团体和公益性非营利的事业单位给予扶持和优待。国家鼓励自然人、法人或者其他组织对公益事业进行捐赠。对公益事业捐赠有突出贡献的自然人、法人或者其他组织,由人民政府或者有关部门予以表彰。对捐赠人进行公开表彰,应当事先征求捐赠人的意见。"慈善理财与投资理财最大的差异在于,投资理财永远没有满足的时候,每次投资亏损都会带来一种挫折感。而慈善是一种大爱,在"给予"的同时,内心会获得更多的快乐和满足。

4.5.2　捐赠

谈起慈善义举,首推捐赠。所谓捐赠,就是指没有索求对价的情况下,把有价值的东西给予别人的行为。道德、法律等各个层面都积极鼓励捐赠,捐赠财物的人或者企业不仅受到社会各界的敬重,而且一些国家还给予税收减免的好处。

1. 捐赠现金资产

捐赠资产,是指自然人、法人或其他组织自愿无偿向各级行政事业单位捐赠(调配)现金资产。在各类捐赠资产中,现金资产是最容易被接受的。向接受捐赠者提供现金,便于其安排、使用。接受现金的慈善机构最多,政府设立的慈善机构、民间发起的慈善机构都接受现金捐赠,例如国家、各地方的红十字会都开通银行账户,接受现金捐赠。而且捐赠渠道畅通,不少银行都提供免费的资金转账服务。例如,上海红十字会的捐赠方式包括上门捐款、邮局汇款、银行转账、短信捐款等。捐款金额可大可小,捐款频率可以是一次性的,也可以每月捐款。

2. 捐赠财物用品

慈善捐赠还包括各类财物,甚至包括大型机械设备、车辆、仪器,以及按规定应纳入企业单位固定资产管理办法中的各种资产。企业对外捐赠资产是比较常见的捐赠形式,但现在个人捐赠也越来越多了。

慈善捐赠中值得一提的是向贫困地区中小学捐赠图书,可用这些图书帮助其建立阅览室项目、图书角项目等。

4.5.3 公益活动

公益是指有关社会公众的福祉和利益。"公益"为后起词,五四运动后方才出现,其意是"公共利益","公益"是它的缩写。公益活动的内容包括社区服务、环境保护、知识传播、公共福利、帮助他人、社会援助、社会治安、紧急援助、青年服务、慈善、社团活动、专业服务、文化艺术活动、国际合作,等等。目前,社会组织特别是一些经济效益比较好的企业,常常通过公益活动扩大影响,提高美誉度。例如,服装公司为体育代表赞助服装,饮料厂为体育代表团赞助比赛期间的饮料,社会组织及个人赞助教育事业。公益活动涉及的资金较大,个人常常难以承担。但是,这并不说明公益与我们个人无关。公益活动主要包括以下几种类型。

1. 赞助体育活动

体育活动拥有广泛的观众,往往也是新闻媒体报道的对象,对公众的吸引力比较大。因此,赞助体育活动,往往是企业开展公益活动的重要选择。常见的有赞助某一项体育运动、赞助某一次体育比赛和赞助体育设施的购置等多种方式。

2. 赞助文化活动

文化生活是社会生活的重要内容之一。向文化生活的各种活动提供赞助,不仅可以促进文化事业的发展,丰富公众的生活内容,而且可以培养与公众的良好感情,大大提高企业的知名度。这类赞助方式有:(1)对文化活动的赞助,如对大型联欢晚会、文艺演出、电视节目的制作和电影的拍摄等提供赞助。(2)对文化事业的赞助,如对科学与艺术研究、图书的出版和文化艺术团体等提供赞助。

3. 赞助教育事业

对普通家庭而言,教育是树人的头等大事。对国家而言,教育是立国之本,发展教育事业是国家的基本战略。企业赞助教育事业,不仅有利于教育事业的发展,而且有利于融洽企业与教育单位的关系,有利于促进组织的人才招聘与培训工作,有利于树立企业关心社会教育的良好形象。常见的赞助方式有:赞助学校的基本建设,如图书馆、实验楼等的建设,或者为贫困地区建校办学、修缮校舍或场地;赞助学校专项经费,如成立专项科研基金和设立奖学金等；赞助教学用品，如设备、器材和图书资料等。

4.赞助学术理论研究活动

各种学术理论研究活动，有的是直接服务于整个社会的，有的是某些社会生产技术的发展战略研究；组织可以自己设立机构，也可以长期支持某些学术研究机构的研究活动。企业赞助学术理论研究活动，既可以利用学术理论研究活动在公众中的影响，提高企业自身的知名度，又有利于得到专家的咨询和建议，从而改进企业的工作。

5.赞助社会福利和慈善事业

赞助社会福利和慈善事业，是指企业通过出资参加社区市政建设，为各种需要社会照顾的人提供物质帮助和开展义务服务活动等。对社会承担义务和责任，既有利于企业搞好与社区、政府和公众的关系，又有利于扩大企业的影响。常见的赞助社会福利和慈善事业形式有赞助养老院、福利院、康复中心、公园、少年宫，在一些地区或单位遭受灾难时提供资助，出资修建社区马路、天桥以及赞助残疾人事业等。此外，还可以赞助设立专项奖励基金。

本章小结

1.投资是指为未来货币收入而奉献当前的货币，包括实物投资和证券投资。投资风险，是指未来投资收益的不确定性，包括系统风险和非系统风险。投资收益，就是投资者在一定的会计期间通过投资所取得的回报，包括经常收益和资本利得。投资者的风险偏好是不同的。

2.投资有不同分类，包括狭义投资和广义投资、直接投资和间接投资、实际投资和金融投资，以及国内投资和国外投资等。

3.在个人理财业务中，投资策划涉及的投资工具包括证券、外汇和金融衍生产品。其中，证券包括股票（A 股、B 股）、债券（国债、企业债券、可转换债券）和证券投资基金等。外汇包括美元、欧元、日元、英镑、港币、澳大利亚元、加拿大元、新加坡元以及瑞士法郎等。外汇交易的方式包括外汇现货交易、外汇现钞交易和合约现货外汇交易。金融衍生产品包括远期、期货、期权和互换等四类。在国内，正在进行交易的金融衍生产品，主要是权证、股指期货等。

4.证券投资策划的程序，包括确定投资目标、认清自己的风险偏好和风险承受能力、根据自己的目标确定投资计划、投资计划的实施、最后评估和调整投资计划。

5.证券投资的操作程序包括开户、开设资金账户、证券买卖等几个步骤。

6. 慈善公益是个人理财的重要内涵。慈善活动,尤其是捐赠适合个人所为;公益活动则更多由企事业单位承担。

思考与练习

1. 什么是投资?

2. 试比较系统性风险和非系统性风险的异同点。

3. 试比较投资收益中的经常性收益和资本利得的异同点。

4. 试分析个人理财业务中,如何处理实际投资和金融投资的关系。

5. 试比较国债和企业债券的异同点。

6. 试比较交易所交易基金和上市开放式基金的异同点。

7. 试比较外汇交易中的现钞、现货和外汇保证金交易的异同点。

8. 在进行股票权证交易的过程中,应该如何防范风险?

9. 简述证券投资的策划程序。

10. 简述证券投资的操作程序。

11. 简述证券投资的原则。

12. 简述如何进行证券投资的决策及证券投资的方法。

第5章
居住策划

本章学习要点

1. 掌握房地产投资的基本知识；
2. 了解房地产价格构成及影响因素；
3. 掌握房地产估价的基本方法；
4. 学习如何制定一个合理的居住规划；
5. 掌握居住规划的财务分析方法；
6. 掌握购房和租房的相关知识。

基本概念：房地产；房地产投资；房地产估价；购房；租房

房地产投资策划既是满足我们的居住需要，同时也是理财、投资的重要内容。孟子《梁惠王章句上》说"居者有其屋，病者有其医……"，居住是人们安居乐业的基本需求。众所周知，"北漂"就是指年轻人闯荡北京，希望在首都建立自己的事业。在北京找到一份工作相对容易，但是要能够置业安家，就非常不易。不管在中国的哪个城市，置业安家都是一个普通家庭的最大支出；也是一个家庭生活、工作和发展的基础。所以购房、或者租房，是我们许多人考虑的热点问题。从现状来看，房地产价格的不断上涨，使其成为投资理财、保值增值的良好资产；房地产投资，也是我们满足了居住需求以后，仍然需要考虑的重要问题。

5.1 房地产投资基础

5.1.1 房地产的基本概念

房地产是指土地、建筑物以及固着在土地或建筑物上的不可分离的部分和附带的各种权益。房地产与个人的其他资产相比有其自身的特性。这些特性包括区位的固定性、形态的异质性、使用的耐久性、供给的有限性、产权的可分割性和价值的保值增值性等。在不同的社会形态中,房地产始终是人类赖以生存和生活的基本条件,是一切经济活动的载体和基础。在实际经济生活中,房产和地产有着不可分割的联系,尽管其权属关系可以不一致,但作为其实物形态的反映,房屋和土地是紧紧地结合在一起的,因此,人们习惯上将房产和地产合称为房地产。

5.1.2 房地产的形态

从构成要素来看,房地产包括土地和建筑物两大部分。但是这并不意味着只有土地与建筑物在空间上成为统一一体时才是房地产。单纯的土地或单纯的建筑物均属于房地产,都是房地产的一种存在形态。总的来说,房地产存在如下三种形态。

1. 土地

土地是指地球表层的陆地部分及其以上、以下一定幅度空间范围内的全部环境要素。土地是人类社会生产生活活动作用于空间的某些结果所组成的自然—经济综合体,是人类社会赖以存在的物质条件,是一切生产和生活的源泉。

土地包含地球特定地域表面及其以上和以下的大气、土壤与基础地质、水文与植物,还包含这一地域范围内过去和现在人类活动的种种结果,以及人类目前和未来利用土地所施加的重要影响。它在现实中最简单的情形是一块无建筑物的空地,这块空地既可以是没有任何投入的土地,也可以是经过了人们的一定投入,如进行了土地平整、铺设了地下管线或修筑了道路的土地;除无建筑的空地外,土地另一种常见的情形是其上已有部分建筑物或构筑物。

2. 建筑物

建筑物一般是指直接供人们在其内部进行生产、生活或其他活动的场所,是经人工建造,由建筑材料、购配件与房屋设备(如给排水、房暖、煤气、消防、通讯等)组成的整体物,如住宅、商场、工业厂房以及其他各类用房等。因此,建筑物一般是指人们进行生产、生活或其他活动的房屋或场所,如工业建筑、农业建筑、民用建筑、商业建筑和园林建筑等。在现实生活中,建筑物虽然都必须建造在土地上,在实物形态上与土地连为一体,但同时建筑也有很大的独立性,在许多情况下可以将其单独作为一种资产看待。

不仅如此,从更高的境界来讲,建筑艺术是体现在建筑物上的特殊艺术,是实用性和艺术性的结合。在实用性方面,建筑物受材料、技术和功能的制约,在艺术性方面,它又体现出时代、民族和设计师个人的风格特点。有人说:建筑是凝固的音乐;也有人说:建筑是一首哲理诗,这都说明了建筑的艺术性。建筑业是国民经济的主要产业之一。

值得注意的是,"建筑物"和"构筑物"有所不同,尽管有时也混指。同样是固定人造物,建筑物一词侧重于其具备的审美形象或者包含了可使用的空间,即强调其相对直接地被人观赏或进入活动;构筑物则偏指其他为了满足某种使用需求、相对间接地为人服务的固定人造物,比如拦水的"堤坝"。

5.1.3 房地产的特性

1. 房地产区位的固定性

房地产资产最重要的一个特征是位置的固定性和不可移动性。由于土地具有不可移动性,所有的房产,不论其外形如何、性能怎样、用途是什么,都只能固定在一定的地方,无法随便移动其位置。房地产的固定性可以从三个方面来理解,即自然地理位置的固定性、交通位置和社会经济位置的相对固定性。由于房地产位置的固定性,使得房地产的开发、经营等一系列经济活动都必须就地进行,从而使房地产具有区域性的特点。房地产不能脱离周围的环境而单独存在,其价值不仅受地区经济的影响,还受到其周围环境功能的影响。

房地产的这种位置上的不可移动性,使房地产的使用受到地理位置的制约和影响。对于股票、债券、黄金、古玩以及其他有形或无形的财产来说,如果持有人所在地没有交易市场,他可以很容易地将其拿到有此类交易市场的其他地方去进行交易,即使这个市场是在纽约、伦敦或者东京。所谓"房地产的价值就在于其位置",就是强调了位置对房地产投资的重要性。

房地产资产的不可移动性,决定了房地产的交易只能通过法定契约的方式对产权进行交易。同时,要求房地产所处的区位必须对开发商、投资者、置业人或者承租人具有吸引力,能使开发商通过开发投资,让投资者和置业人获得适当的开发利润或合理而稳定的经常性收益,使承租人能够得到舒适的环境与方便通达的条件。这种不可移动性同时还决定了房地产交易以产权为交易标的,因此,对房地产产权关系的界定以及相应法律的制定,是房地产交易的重要保障。

2. 房地产形态的异质性

市场上不可能有两宗完全相同的房地产,房地产市场上的产品不可能做到标准化。土地由于受区位和周围环境的影响不可能完全相同;每一幢房屋会因其用途、结构、材料、装饰、朝向、规模、高度等的不同而产生相异之处。即使是采用同样的设计、结构、材料、高度、设备等,也会因建造的时间、施工技术和房屋周围气候条件的不同而相去甚远。同时,在经济上也不可能出现大量供应同一房地产的情况,每一单位面积的房地产的价格都可以是不一样的,这就是房地产的异质性。

正是由于房地产的异质性,产生了房地产投资的级差效益性,即地域的不同决定了房地产的价格的不同。例如,处于一个城市市区的房地产,其价格就远远高于郊区的房地产。即使在市区,房产价格也会因离市中心的远近、人口的密集程度、文化教育的发展程度等不同而有差异,黄金地段的房地产价格必然昂贵。

3. 房地产使用的耐久性

一般来说,房地产的地产部分其利用价值是恒久的,作为有形资产和合法权益的载体的土地成分是不可毁灭的。土地可能被开采、腐蚀、淹没或者荒废,但是在地球表面上指定的位置是永远存在的。同时,土地在正常情形下是不会损坏的,它具有永恒的使用价值。土地上的建筑物一经建成,只要不是天灾人祸或人为的损坏,其使用期限一般都可达数十年甚至上百年。因此,房地产具有比一般的商品更长久的使用期限。房地产的这一特点决定了在房地产商品的流通中,不仅可以转移产权,而且也可以在不改变产权关系的前提下,只转移一定年限的使用权。由于房地产被看作是耐久的、长期的商品,房地产业也比较容易获得长期性的融资。

相对于其他商品而言,地上的建筑物及其构筑物都具有很好的耐久性,故房地产的寿命较长。房地产同时具有经济寿命和自然寿命。经济寿命是指在正常市场和运营状态下,房地产产生的收益大于其运营成本,即净收益大于零的持续时间;自然寿命是指房地产从地上建筑物建成投入使用开始,直至建筑物由于主要结构构件和设备的自然老化或损坏,不能继续保证安全使用的持续时间。自然寿命一般要比经济寿命长得多。

从理论上来说,当房地产的维护费用上升到一定程度而没有租客问津时,应尽可能让其空置在那里。然而实际情况是,如果房地产的维护状况良好,其较长的自然寿命可以令投资者从一宗置业投资中获取成倍的经济寿命,因为如果对建筑物进行一些更新改造、改变建筑物的使用性质或改变物业所面对的租客类型,投资者就可以比重新购置另外一宗房地产少很多的投资,继续获取可观的收益。

应该指出的是,税法中规定的有关固定资产投资回收或折旧年限,往往是根据国家的税收政策来确定的,并不一定与房地产的经济寿命或自然寿命相同。

4. 房地产供给的有限性

土地自然供给的绝对有限性决定了房地产供给的有限性。虽然人类可以不断地改变和提高土地利用的技术,如移山填海、提高容积率、利用地下空间等方法来改变土地用途和利用强度,但这并不能有效地增加土地面积总量。因此,任何地区的土地供给都不可能超过其拥有的地域面积。房地产还受到土地利用规划和城市规划的制约。一定时间内可用于开发建设的土地总是有限的,必须在保证人口、资源、环境协调发展的前提下开发、利用土地,必须在保证农业发展即保证吃饭的前提下搞开发建设。由于房屋必须建造在土地之上,因此建在有限土地面积之上的房屋必然也是有限的,附着于土地的房屋等建筑物也不能无限地发展和扩张。同时房屋的建造还受到建筑密度、建筑容积率等指标的限制,因此楼房不可能无限制地向空中或地下延伸。这样整个房地产的供给就具有了有限性。

5. 房地产产权的可分割性

这是指开发商整体批租,获得土地使用权以后,通过开发房地产,并且按照房地产的单元出售房地产时候所体现的特性。所有权是法定权力的结合体,它包括占有权、使用权、受益权和处置权。在必要及法律许可的情况下,所有权中的这些权利可以分别出售或转让给不同的生产者和消费者。例如,当国家将土地使用权以一定的方式赋予土地使用者时,其法律意义不仅仅是土地所有权和使用权的分离,而且是将土地使用权的一部分有条件地转让了。根据《中华人民共和国城镇土地使用权出让和转让条例》的有关规定,土地使用者合法得到的土地使用权可以依法出售、交换、赠与、出租和抵押。

6. 房地产的保值增值性

房地产的保值性是指投入到房地产领域的资金的增值速度,能抵消货币的贬值速度,或者说将资金投入到某宗房地产一段时间后所收回的资金,可保证完全能够买到当初的投资额可以购买到的同等的商品和服务。房地产商品在国家政治、经济形势稳定的情况下,其价格呈不断上升趋势,房地产的这种性质主要是由于城市土地的性质决定的。土地的有限件、不可再生性使城市土地一直处于稀缺状态。而且,随着收入增加、居住水平提高,居民对房屋需求的质量和数量都是增加的。外部经济、生态环境改善,社区公用设施齐备,对建筑物本身的投资改造、更新、装修也使房地产产品的结构呈上升趋势。随着社会的发展、人口的不断增长,经济的发展对土地需求的日益扩大,建筑成本的提高,房地产价格总的趋势是不断上涨,从而使房地产有着保值和增值功能。

5.1.4 房地产的分类

这里,将主要针对各种房屋,依照不同的标准进行分类。虽然我国的房地产市场形成时间不长,不同时期的购房者的需求却不尽相同,因此,房地产类型也多种多样。

1. 按房地产用途划分的类型

(1)居住房地产包括普通住宅、高档公寓、别墅、经济适用房、廉租屋等。其中普通住宅,是为普通居民提供的,符合国家住宅标准的住宅。普通住宅符合国家一定时期的社会经济发展水平,符合国家人口、资金和土地资源等基本国情。它代表一个国家或地区城市居民实际达到或能够达到一定经济条件下的居住水平。我国城市中量大面广的是普通住宅,此类住宅采用地方或国产建筑材料,进行一般水平的装饰装修,选用国产中档厨卫洁具和设备。现阶段国家对普通住宅往往既制定下限标准,也制定上限标准,以利于宏观调控。普通住宅的工程造价和房屋售价均较适中。

高级住宅,它是为满足市场中高收入阶层的特殊需求而建造的高标准豪华型住宅,包括高级公寓、花园住宅和别墅等。这类住宅的户型和功能空间多样化,单套建筑面积较大;装修、设施和设备高档,较多地采用进口和出口高级装饰材料和洁具设备,户外环境要求高;物业管理的服务标准高,管理系统完善,往往采取封闭式安全保卫措施和高质量的物业管理。高级住宅税费比例高、金额大,其工程造价和市场售价均较高。

此外,经济适用住房是指已经列入国家计划,由城市政府组织房地产开发企业或者集资建房单位建造,以微利价向城镇中低收入家庭出售的住房。它是具有社会保障性质的商品住宅,具有经济性和适用性的特点。经济性是指住宅价格相对于市场价格而言,是适中的、能够适应中低收入家庭的承受能力。适用性是指在住房设计、单套面积设定及其建筑标准上强调住房的实用效果。经济适用住房的价格按建设成本确定。建设成本包括征地拆迁费、勘察设计及前期工程费、建安费、小区内基础设施配套建设费、贷款利息、税金、1%—3%的管理费。经济适用房以微利价出售,只售不租,其成本价由7项因素(征地拆迁费、勘察设计费、配套费、建安费、管理费、贷款利息、5%以内的利润)构成。出售经济适用房实行政府指导价,其售价由市、县人民政府根据以上几项因素综合确定,而且定期公布,不得擅自提价销售。

廉租房是指政府以租金补贴或实物配租的方式,向符合城镇居民最低生活保障标准且住房困难的家庭提供社会保障性质的住房。廉租房的分配形式以租金补贴为主,实物配租和租金减免为辅。我国的廉租房只租不售,出租给城镇居民中最低收入者。以廉租房政策推广较好的上海为例,2003年4月,廉租住房的认定标准由人均居住面积5平方米以下提高到人均6平方米以下。2003年12月,认定标准再一次上调到7平方米以下,同时把人均居住面积低于7平方米、人均月收入低于570元的老劳模和重点优抚对象也纳入了廉租住房的解决范围。随着廉租房建设规模的不断扩大,其分配环节的公平、公正性也日益凸显。2009年上海将在全市全面建立"收入核对系统",并成立专职的评估机构,通过核对、甄别申请人的收入情况,提高廉租房分配的"精确性"。上海还进一步放宽了廉租房的准入线,对人均月收入在800元以下、人均居住面积在7平方米以下的,将做到"应保尽保"。申请家庭不得拥有机动车辆、出租房屋和9万元以上的资产。当今世界,住房难题几乎困扰着所有国家的平民百姓。即使在发达国家,"居者有其房"也不是所有人单靠自己的力量就可以实现的。但在这些国家,政府对这个重要的民生环节,已经总结出了丰富的经验。中国建设部也采取措施,积极推进在全国建立"廉租房"制度。

(2)商业房地产包括商店(商场、购物中心、商铺和大型超市等)、旅馆、写字楼、餐馆和游艺场馆(音乐城、歌舞厅、高尔夫球场等)。商业类房地产具有以下几个方面的特点:

第一,收益多样性。商业类房地产的收益方式是多种多样的。有的是业主自己经营,有的是出租给他人经营,有的是以联营形式经营。

第二,经营多样性。在同一宗商业类房地产中,往往会有不同的经营内容,如商品零售、餐饮、娱乐等。不同的经营内容(或者说不同的用途)一般会有不同的收益率,如果用收益法估价,则应对各部分采用不同的还原利率或称资本化率。

第三,转租经营性。商业类房地产的业主常常将其房地产出租给别人经营,有的承租人从业主手上整体承租后,又分割转租给第三者。

第四,装修复杂性。商业类房地产通常会有非常高档的装修,而且形式各异,要准确估算其价值必须单独计算。此外,商业用房装修折旧快,在有些地方买下或承租别人经营的商业用房后,一定要重新装修,因此在估价时应充分注意。

(3) 工业仓储房地产,如工厂厂房、各类仓库等;主要包括厂房及工厂区内的其他房地产、仓库及其他仓储用房地产。

(4) 特殊用途房地产主要是指用于除上述居住、商业、工业目的以外的其他目的的房地产,如学校、医院、体育、科研机构、车站、机场、码头等物业。还包括政府机关办公楼、学校、加油站、停车场、宗教房地产等。

2. 按开发程度划分的类型

(1) 生地。生地主要是指可能为房地产开发与经营活动所利用,但尚未开发的农地。这样的农地也只有经过法定程序后才能作为城市土地进行开发,在此以前其是不具有城市基础设施的土地。因此,生地可以说是等待加工的房地产原料,还不是具备建筑条件的地块;但生地本身也可作为土地市场的交易对象,进入流通领域。

(2) 毛地。在城市旧区范围内,房屋未拆除、被拆迁人尚未获得拆迁安置补偿、不具备基本建设条件的土地。"毛地出让"的实质是将依法应由政府负责的拆迁工作推给了开发商。因为"毛地出让"是将土地出让金和拆迁补偿费捆在一起,其结果是开发商为了获得更多的收益,常常通过压低拆迁补偿,补偿不公甚至野蛮拆迁,侵害广大被拆迁户的利益。

(3) 熟地。熟地是经过"三通一平"(通电、通路、通水、土地平整)、"五通一平"(通电、通路、通水、通讯、排污、土地平整)或者"七通一平"(通电、通路、通水、通讯、排水、排污、有线电视、土地平整)后的土地。简而言之,熟地是建筑平地或已经拆迁完毕,具有完善的城市基础设施的土地,即建筑地块产品。房地产开发、兴建工厂、住宅小区、文化体育场馆、工业园区、科技园区、经济开发区、商业街区以及涉外宾馆饭店、写字楼、构筑物等公共建筑与民用建筑工程,投资方首先要委托做好落实工程场地即红线内的"三通一平"。这也是招标工程必须具备的重要条件。

(4) 在建工程,是指地上建筑物尚未全部建成交付使用条件的房地产。

(5) 现房,是指地上建筑物已建成,可直接使用的房地产。

3. 按建筑高度和层数划分

根据建筑高度和层次,可以分为低层、多层、小高层、高层和超高层。低层的住宅一般为1—3层,如平房和别墅;多层的住宅一般在4—6层,这种房屋的特点是得房率较高;小高层的住宅一般为7—12层,配有电梯,建筑质量比多层住宅相对好一点;高层住宅在10以上,至24层之间;超高层为24层以上的住宅。高层和超高层住宅通常都配有电梯。

目前,我国实行房地合一的房地产管理制度,房屋的用途是由土地的规划用途决定的。房、地用途必须一致。如果改变房屋原始设计用途,也就同时改变了土地用途,需经政府城市规划管理部门批准,然后到房地产管理部门办理变更登记手续。一般来说,住宅变为办公、商业用房、宾馆等经营性房屋的,需补缴土地使用权出让金或补缴土地使用费。

5.1.5　房地产投资的风险

房地产投资就是将资金投入到房地产综合开发、经营、管理和服务等房地产业的基本经济活动中,以期将来获得不确定的收益或者损失。具体地说,房地产投资(从个人理财的角度)面临的风险主要有以下几种:

(1) 购买力风险。由于房地产建设周期较长,占用资金又较多,因此,投资房地产还需要承担经济周期性变动所带来的购买力下降的风险。当整个社会经济出现繁荣景象时,需求的增长将促进房地产保值并有一定幅度的增值。这时,业主可能会因为房地产价格上升而获得账面盈利,相反买房者可能因为房地产价格的上升而导致花同样的资金,只能买到比原来小的、质量低的房地产。当整个社会经济出现萧条或通货膨胀时,通常房地产本身也不会因此而大幅度贬值,投资于房地产的资金还仍然能够起到保值的作用。但由于社会整体受到通货膨胀的冲击和影响,同样数量的货币能够购买的商品数量,可能已经远不如通货膨胀之前,无形之中,使得人们的购买力水平明显下降,这一下降就会直接影响到买房者对房地产的有效需求。这样,虽然房地产本身能保值,由于人们已经降低了对它的有效需求,也会导致房地产投资者因闲置和无人问津等因素而遭受一定的损失。

(2) 流动性和变现性风险。房地产是一种比较特殊的商品,它不能移动和运输,属于不动产。因此,投资于房地产项目中的资金流动性差,变现性也较差,不像其他商品那样,可以轻松脱手,容易收回资金。具体表现为:首先,由于房地产是固定在土地上的,其交易的完成只能是所有权或是使用权的转移,而其实体是不能移动的。其次,由于房地产单个产品的价值量大、占用资金多,买卖双方在交易的时候,都格外谨慎,这就决定了房地产交易的完成需要一个相当长的过程。最后,相对于股票和债券,房地产价格具有较大的粘性,波动缓慢。当价格出现上涨时候,常常会影响买入方的买入决策;反之亦然。这些都影响了房地产的流动性和变现性。如果业主因急需现金而急于出售房地产,那么就会因此失去议价的机会而导致损失。同样,买房者如果急需住房,希望短时间买入物业,那么也会影响其议价能力,导致损失。通常,有2—3个月时间用于买卖房地产相对合适。

(3) 利率风险,是指利率的变化给房地产投资者带来损失的可能性。利率的变化对房地产投资者主要有两方面的影响:一是对房地产市场价格的影响。当中央银行采取加息的货币政策的时候,对房地产市场就是一个实质的利空,房地产市场价格将会因此下降。二是对房地产债务资金成本的影响。如果贷款利率上升,会直接增加买房者的还贷压力,加重其债务负担。

(4)交易风险。我国的房地产市场还存在缺陷,信息不对称,许多房地产的交易和定价存在暗箱操作的现象,这种交易行为往往忽视它们涉及的法律条文、城市规划、税费等规定。由于投资者对交易过程中的诸多细节了解不详尽,有可能造成不必要的损失。如投资者购置一套住宅,由于在房屋的上、下水管道和结构上存在问题,不管是自用还是出租,都会使投资者承受一定的风险,甚至遭到巨大的损失。另外,房地产商品不同于一般的商品,即使是外形、尺寸、年代、风格、建筑标准或其他方面都相同的建筑,只要建设位置不同,其价值就将有很大差异,这种特征也是一个投资者需要注意的不确定因素,所以投资者在投资房地产时,一定要注意不同位置上同一类房屋价格的差距,以免遭受损失。

(5)自然风险,是指由于人们对自然力失去控制或自然本身发生异常变化,如地震、火灾、滑坡等,给投资者带来损失的可能性。这些灾害因素往往又被称为不可抗拒的因素,其一旦发生,就必然会对房地产业造成巨大破坏,从而给投资者带来很大的损失。2008 年 5 月,汶川大地震导致大量房屋坍塌,造成人员和财产损失。虽然对于某一个地区而言,自然灾害发生的概率是比较低的,但是这样的灾难对人类社会(包括房地产)的破坏是非常严重的。

(6)政治和环境风险,是指由于本国、或者世界的政治、经济因素的变动,而引起的房地产市场预期发生变化,进而影响到房地产市场的需求及价格,而造成的风险。例如,美国的次贷危机,引致我国房地产市场价格出现大幅度下跌,一些房地产商的经营出现困难。这些又影响到客户对房地产市场的预期,持币观望。相反,当美国以及世界经济企稳以后,客户对房地产市场的预期发生变化,买房意愿增强,房地产市场的价格又快速上升。

5.2 房地产价格的构成及影响因素

房地产价格是指建筑物连同其占用土地的价格,即房地产价格:土地价格＋建筑物价格,是房地产经济运行和资源配置最重要的调节机制。

5.2.1 房地产价格的构成

从理论上说,房地产价格,是房屋建筑物价格和土地自然资源价格,以及在土地中投入劳动,各种税费等的统一,具体包括:

1. 房地产价格构成的基本要素

(1)土地价格或使用费,是土地权利和预期收益的购买价格,即地租的资本化。我国的地价是以土地使用权出让、转让为前提,一次性支付的多年地租的现值总和,是土地所有权在经济上的实现形式。具体计算分如下几种情况:

如果是征用农村土地,房地产开发商的征地费包括土地补偿费、地上物补偿费(如青苗补偿费、畜牧生产补偿费、树木补偿费、农用基础设施补偿费、房屋补偿费等)、安置补助费(如劳动力安置费、超转人员安置费)、新菜地开发建设基金、耕地占用费、征地管理费等。

如果在城市中取得土地,房地产开发商需要考虑房屋搬迁补偿安置费,包括被拆除房屋及其附属物的补偿费、购建安置用房的费用、被拆迁人搬家补助费、提前搬家奖励费、被拆迁单位在停产停业期间的损失补助费、拆迁管理费和拆迁服务费等。

如果是通过政府有偿出让而取得土地,主要支付土地使用权出让金。

如果是通过房地产市场有偿转让而取得土地,支付地价款。

土地价格在房地产中占很大的比重,主要取决于土地的地理位置、用途、使用时间、建筑容积率、建筑安装造价等因素。一般而言,地价在房产价格中所占的比重随着地价的上涨和房屋的陈旧而相应地提高,随着容积率和建筑安装造价的增加而下降。

(2)前期工程费用,包括房屋开发过程中发生的规划、设计、可行性研究以及水文地质勘察、测绘、场地平整等各项前期工程支出,能分清成本核算对象的,应直接记入有关房屋开发成本核算对象的"前期工程费"成本项目,并记入"开发成本——房屋开发成本"账户的借方和"银行存款"等账户的贷方。

(3)基础设施建设费用,包括房屋开发过程中发生的供水、供电、供气、排污、排洪、通讯、绿化、环卫设施以及道路等基础设施支出,一般应直接或分配记入有关房屋开发成本核算对象的"基础设施费"成本项目,并记入"开发成本——房屋开发成本"账户的借方和"银行存款"等账户的贷方。

(4)建筑安装工程费用,包括建造房产及附属工程所发生的建筑费、设备购置费和安装工程费。房屋建筑成本主要包括土地开发费、勘察设计费、动迁用房建筑安装工程费、房屋建筑安装工程费等。其中土地开发费主要包括临时房屋搭建费,自行过渡补贴费,临时接水、电、煤气和平整土地费等。

(5)公共配套设施建设费用,包括自行车车库等,是建造小区内的非营业性的公共配套设施的费用。

(6)管理费用以上述(1)至(5)项之和为基数,按一定比率估算和提取。

(7)销售费用,是指在销售环节当中发生的广告宣传费、中介代理费等。

(8)利息,是指房地产开发商为建造房产,向银行借贷资金的利息。在开发一个楼盘的时候,房地产商通常没有足够的资金承担全部的建设费用,而是要向商业银行借入贷款资金。利息根据当地商业银行提供的本地区房产建设占用贷款的平均周期、平均比例、平均利润率和开发项目等具体情况而定。

（9）税费，包括营业税、城市维护建设税、教育费附加、地方交易费附加、土地增值税等税金；以及城建配套费、教育附加费、报建费、招标费、质检费、人防建设费、白蚁防治费、墙改费、消防配套费、城市规划综合费、垃圾清运费、劳动保护费、噪音、防雷费等费用。

（10）利润，是房地产开发商应获得的合理的利润，一般以上述（1）至（5）项之笔为基数，按一定的比率估算。房地产开发企业作为一个相对独立的利益主体，其开发经营目标也和其他利益主体一样，即追求利润最大化，因此，利润也就成了房地产价格不可或缺的一部分。

2. 房地产价格构成的其他要素

房地产价格的构成除了上述主要内容之外，还有其他一些次要内容。如房屋装修标准的高低、质量的好坏、房屋设备质量的好坏、房屋附属设施的完备程度等，这些因素在一定程度上也构成了房地产的价格。

（1）房屋装修费。随着新建房中装修房的普及，装修费用也开始进入房地产价格中。不仅如此，人们对房屋装修标准也日益提高，使得房地产开发商不断提高装修房的装修标准，进而抬高了房地产价格。

（2）建筑区位、楼层和朝向差价。区位差价是指同一地区的同类房地产，由于所处区位或者地段不同而引起的价格差异。例如，在同一小区中，靠近马路与在小区中心位置的楼盘就会出现价差；面对小区花园，视野开阔的景观房与其他区位的楼盘，就会存在不小的价差。楼层差价是指因高层或多层房屋的间距、总层数、提升工具、光照时间等具体情况的差异而引起的价格差异。多层住宅，通常在 3、4、5 层比较好；高层公寓住宅，通常楼层越高，视野越开阔，价格就会越贵。朝向差价是根据当地的气候、主风向、光照以及当地人们的生活习惯等确定的。

3. 房屋的折旧和完好程度

房屋的折旧主要是指因时间的因素所造成的房屋价值的降低。房屋的完好程度主要是指在具体的使用过程中，由于使用、装修等造成的不同程度的损坏。在具体的操作中，可以根据房屋的自然损耗、房屋维修和保养情况来确定房屋完损的等级。

5.2.2　房地产价格的影响因素

1. 政治因素

政治因素，主要是指影响房地产价格的法律制度、法规、政府政策等方面的因素，包括土地制度、住房制度、城市规划、税收政策与市政管理等方面。土地制度明确了土地的使用权、所有权和交易转让期限等方面的内容，对房地产的价格将产生直接的影响。保障性住房是指政府为中低收入住房困难家庭所提供的限定标准、价格或租金的住房，由廉租住房、经济适用住房和政策性租赁住房构成。我国政府在推动保障性住房的建设过程的同时,又对房地产的价格起到了调节的作用。城市规划中对于有关地块用途、容积率、覆盖率等指标的规定,对房地产价格也有很大的影响。另外,税收政策直接影响了房地产开发、购置和投资的成本,从而会对房地产的供给和需求价格产生双向的影响。

2. 社会因素

社会因素,主要包括该楼盘所在区域的社会治安状况、文化水平、风俗、宗教信仰等多个方面。如果该区域有良好的社会治安状况,犯罪率低,人们遵纪守法,那么购房者会有一种安全感。在每个城市的不同的区域居住着不同的居民。例如,每个大城市都有不少的大学。在大学的周边,常常有附中、附小,还有规模不小的大学教职员工居住的社区。在计划经济年代,大学的教职员工的住房,都是分配的。现在,这种分配住房的制度已经没有了。然而这些社区的居民,其文明程度相对较高。靠近学校的楼盘,现在已经被称为"学区房"而受到购房者的青睐。尤其是靠近名小学、名中学的"学区房",购房者更是趋之若鹜,希望通过购房获得入学机会。而在一些少数民族聚居的城市,风俗、宗教信仰会与其他城市有所差异。

3. 经济因素

影响房地产价格的经济因素,主要有经济增长情况、房地产供求状况、物价水平、居民收入、利率水平以及城市建设等。首先,经济增长情况间接影响房地产价格。当经济景气的时候,通常居民收入增加比较快,购房意愿相对强烈,房地产价格可能会上升;经济萧条的时候,情况则相反。其次,房地产的供求状况也会对房地产价格构成影响。房地产供大于求,则房地产价格下降;房地产供应小于需求时,则房地产价格上升。利率水平也是影响房地产价格的重要的经济因素。利率,是资金的使用成本。利率的上升不仅增加购房贷款的成本,增加购房者的还贷压力,而且还会影响人们对利率走势的判断。毕竟,购房者还贷时间常常要延续多年时间,而且按揭贷款的利率是浮动的。为此,房地产的开发商、或者二手房的业主常常会因此作出一些价格上的让步,以促成交易。此时,房地产价格可能下降。最后,城市建设步伐加快,市政设施的配套程度和管理水平的提高,将提升房地产的环境因素,并进而影响到房地产的价格。尤其是城市轨道交通建设,常常可以改变沿线房地产的环境水平,极大改善居民出行的方便程度,进而使得相关楼盘价格上升。

4. 自然因素

自然因素主要是指房地产离商业中心的距离、自然风景的好坏、气候条件和环境质量等因素。房地产的自然因素,将直接影响房地产所有者或使用者的经济效益、社会效益和生活的满意程度。尤其是房地产的地段的好与差,决定了该楼盘价格的高低。地段是决定物业能否保值、升值的关键因素之一。一般而言,居住用房地产的价格通常与周围环境、交通状况及距市中心的远近程度有密切的关系。商用房地产的区位优劣则主要看其繁华程度及临街状况。房地产中的地段并不是一个简单的空间位置概念,它不单单指房地产的自然地理位置,更多的是指房地产的经济地理位置、环境地理位置和文化地理位置,或者说是这些因素的综合。

5. 其他因素

除了前述的几种影响因素外,房地产的价格还受住房质量、房型设计、开发商实力、物业管理状况等因素的影响。

5.3　房地产估价

房地产估价,是指专业房地产估价人员,根据特定的估价目的,遵循公认的估价原则,按照严谨的估价程序,运用科学的估价方法,在对影响估价对象价值的因素进行综合分析的基础上,对估价对象在估价时点的价值进行估算和判定的活动。

5.3.1　市场比较法

市场比较法,是指与估价时点近期有过交易的类似房地产进行比较,对这些类似房地产的已知价格作适当的修正,以此价格估算对象的客观合理价格或价值的方法。这里所述的类似房地产,又称比较案例,是指在用途所处地区等方面与被估房地产相同或相似的房地产,类似房地产在市场比较法中通常被称为交易实例房地产。因此,市场比较法适用于可比案例较多的情况,且要求房地产市场比较发达、比较案例与待估房地产多有替代性。市场比较法是房地产估价最重要、最常用的方法之一,也是一种技术成熟、最贴切实际的估价方法。

1. 选用市场比较法的前提条件

(1) 需要一个活跃的房地产市场。房地产交易越频繁的房地产市场上,与估价对象相类似房地产的价格越容易获得。

(2) 参照物及估价对象可比较的指标、技术参数等是可以搜集到的。运用市场比较法估算估价对象的价格或价值,重要的是能够找到与估价对象相同或相似的参照物。与估价对象完全相同的参照物是不可能找到的,这就要求对类似房地产参照物进行适当的修正,作为所购房地产的参照对象。经过修正的参照对象是否适当,是决定市场比较法的运用是否能够获得相对可信的结论的关键。

2. 市场比较法的具体步骤

(1) 搜集大量的房地产市场交易案例资料,这是运用市场比较法评估房地产价格的前提和基础。如果资料缺失,则难以保证评估结果的客观性,甚至无法采用比较法进行估价。因此,在搜集案例时要做到:搜集的交易案例资料内容应该全面,不能缺项漏项;交易案例资料的搜集要注意平时的积累;要注意案例资料搜集的多种途径。

(2)选择最符合条件的交易实例作为比较实例。案例的选取的标准有:比较案例与待估房地产要具有相同的用途;比较案例房地产的价格类型与待估房地产的估价目的要相同;交易案例应该是正常的交易,或者是可以修正为正常交易的案例;比较案例与待估房地产的建筑结构要相同;比较案例房地产的交易日期与待估房地产的估价时点要尽量接近;比较案例与待估房地产所处区位要比较接近;比较案例应不少于三宗,一般以3—5宗为宜,等等。

(3)比较项目修正,包括交易情况修正。交易情况修正是指剔除交易过程中因一些特殊因素如时间因素造成的房地产价格偏差。由于比较案例的交易时间不可能与待估房地产的估价时点完全一致,因此,在二者之间会有一定的时差,时间差异修正就是要排除这种时差,以使比较案例与待估房地产在交易时间上没有差异。

(4)区位因素修正,是指剔除比较案例与待估房地产在所处位置,以及商业繁华程度、交通条件、基础设施等方面的差异。区域因素修正的方法包括直接比较法和间接比较法两种。直接比较法是指以委估房地产的状况为基准,将比较实例的区域因素逐项与基准作比较并打分,以此求得因素修正比率;间接比较法是指以一个设想的标准房地产的状况为基准,可比实例和委估房地产都逐项与这个基准作比较,然后依据对比分值求得因素修正比率。

(5)微观因素修正。微观因素修正是指排除房地产本身使用功能、质量等方面的差异。这方面的因素主要有:建筑面积、位置、形状、邻街状况、容积率、土地使用权年限、建筑质量、楼层、楼高、朝向、室内平面布局、装修标准、附属设施等。

(6)计算待估房地产价格。通过上述各种因素的修正,可以得到各个比较案例的修正价格,在对这些比较案例进行一定的数学处理后便可以得到待估房地产的最终价格。确定待估房地产的最终价格可以用算术平均法、加权平均法或去中位数等方法。

现实中,房地产价格通常不会进行如此仔细的计算和评估。尤其是二手房磋商和交易的时候,通常围绕一个整数价格进行议价、谈判。

5.3.2 成本逼近法

成本逼近法是以取得和开发土地所耗费的各项费用之和为主要依据,再加上一定的利润、利息、应缴纳的税金和土地所有权收益来确定土地价格的估价方法。成本逼近法的基本思路是把对土地的所有投资,包括土地取得费用和基础设施开发费用两大部分作为"基本成本",运用等量资金应获取等量收益的投资原理,加上"基本成本"之 投资所应产生的相应利润和利息,组成土地价格的基础部分,并同时根据国家对土地的所有权在经济上得到实现的需要,加上土地所有权应得的收益,从而求得土地价格。

在使用成本逼近法前,首先要判断待估土地是否适用于成本逼近法。如果适用,即可考虑对下面一些因素进行评估,包括取得土地的费用;土地开发的费用;各项税费、利息和利润。这些因素构成土地成本价。如果考虑土地增值因素,还应该加上一个增量。

成本逼近法一般适用于新开发土地的价格评估,特别适用于土地市场狭小,土地成交实例不多,无法利用市场比较法进行估价时采用。有的房地产比较特殊,无法在市场上找到可以比较的房地产可比实例,如学校、公园、教堂、政府机关大楼等公共建筑。这些房地产,既无收益又很少有交易。这时就可以采用成本逼近法估价。成本逼近法的局限性,主要在于成本数据的可获得性和折旧估算的准确计量。此外,对于设计、式样以及施工人员素质等因素造成的房地产质量上的差异性也很难用成本估价法准确地进行评估。

5.3.3　收益法

收益法,也称收益资本化法、收益还原法,是房地产评估中常用的方法之一。收益法是预测估价对象的未来正常收益,选择适当的报酬率或资本化率、收益乘数,将其折现到估价时点后累加,以求取待估房地产在一定时点、一定产权状态下的价格的一种估价方法。收益法的本质是以房地产的预期收益能力为依据,估计房地产当前的价格。

实践中,绝大多数房地产都是可以产生收益的,可用收益法来估价。尤其是那些主要用来投资,以获得持续性经济收益的房地产,如公寓住宅、商业房地产(商店、办公楼、宾馆等),以及企业用房地产(仓库、厂房)等,其收益一般可以用货币来度量。因此,收益法主要用于上述收益性房地产的价格评估。值得注意的是,资本化率反映了房地产投资的风险程度、投资者预期的投资回报率水平以及投资的机会成本。资本化率的数值的确定因投资者需求、市场回报率水平和风险状况的不同而不同,在实际工作中需要考虑多种因素的影响。

并不是所有房地产所产生的收益都可以用货币来度量,例如学校、教堂、政府机关大楼等,就很难用收益法精确估价。收益法也只能衡量房地产的货币收益,而房地产有些效用则无法或很难用货币来度量,如住房给所有者所带来的安全感、满足感等。

然而,确定房地产的收益及资本化率受诸多因素的影响,不仅宏观经济、政治、政策等因素的变化会影响收益法的计算结果,个体的判断差异、金融工具的回报率水平、市场供求状况的变化也会对该方法的运用产生影响。此外,收益法无法准确评估非收益性房地产的价值,以及房地产的非货币性收益。

5.4　居住规划

5.4.1　居住规划流程

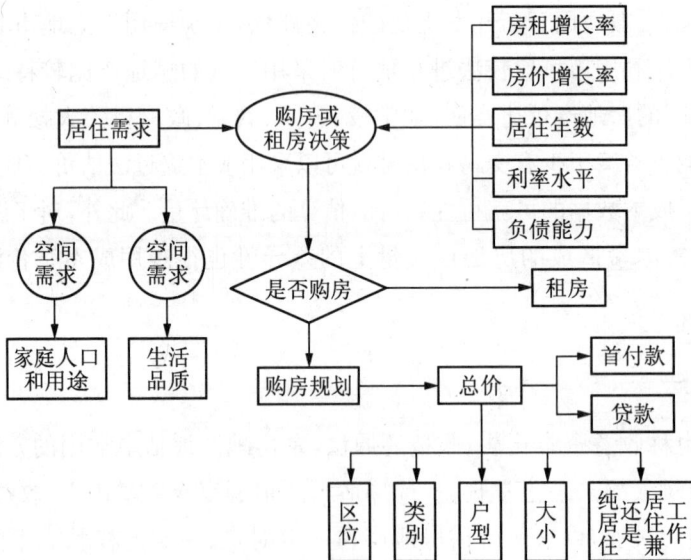

图 5.1　购房规划流程

1. 明确居住需求

居住规划的第一步,就是要明确自己或者家庭的居住需求,包括两个方面:空间需求,就是个人或者家庭需要多大的住房,是两居室,还是三居室;是公寓,还是别墅。空间需要需要考虑家庭的人口多少。除了居住需求以外,是否还有其他的需求? 也就是考虑是纯居住,还是居住兼工作? 除了一般的居住以外,是否还有办公读书、娱乐休闲、文体活动等方面的需要?

居住需求还包括对居住环境的需求,包括社会文化环境、生活、交通、小区管理、以及住房的周边环境等。社会文化环境,包括居住区域的剧院、学校、书店等方面;生活包括日常生活所需的超市、卖场、医院等方面。多数人在购房时会考虑房产与本人及配偶工作单位之间的交通状况,包括公共交通体系、路况和路程长短。购房是长期行为,购楼前对交通状况的考虑要预留充分余地,包括自己和配偶工作变动、城市基础设施的改善等等。在郊区购房时还要注意楼盘与城市之间的交通情况,例如居住点到轨交站点的交通是否方便等。

2. 购房和租房决策

在明确了自身的居住需求以后,下面考虑如何满足这些需求。购房、还是租房? 在

作出这样的决策以前,需要主要考虑如下几个方面的因素:

(1) 是否有足够的资金买房;

(2) 在该城市是长期居住,还是临时性居住;

(3) 现在买房,时机是否合适(主要是指房价是否太高,还是比较合适的),还是等待一个合适的时机买房;

(4) 房价的增长率、房租的增长率;

(5) 国内利率的走势,是上行、还是下降;

(6) 自身的负债能力。

3. 购房规划或租房

如果确定是购房来满足自身的居住需求的话,就需要考虑购房规划问题。一般而言,购房规划需要 3 个月到半年时间。如果选择租房来满足自身居住需求的话,则无须太多的规划程序。

5.4.2　居住规划的财务分析

购房不是满足居住需求的唯一方式,租房同样可以满足人们的居住需求。购房与租房提供的居住效用没有特别大的区别,而且,租房与购房何者划算,牵涉到拥有自己房屋的心理效用与对未来房价的预期。有人认为拥有自己的房屋才算是真的安定下来,并且购买的房屋是自己的财产,可期待房地产增值,所以购房比租房划算。但是,对不同的人、不同的时期、不同的房子,购房并不总是比租房划算的。

根据房地产估价原理,购房与租房的选择可用年成本法与现值法来作判断。

1. 年成本法

如果自住,购房者的使用成本是首付款与房屋贷款利息,而租房者的使用成本是房租。例如:王先生看上海一套 90 平方米的某房产,房子可租可售。若租房,房租每月2 800 元、押金 2 个月;若买房,总价 135 万元,可获得 95 万元,利率 6% 的房屋贷款,首期40 万元。李先生租房与购房的成本分析如下(假设押金与首期机会成本以一年期存款利率 3% 计算):

租房成本:$2\,800 \times 12 + 2\,800 \times 2 \times 3\% = 33\,768$ 元

购房成本:$400\,000 \times 3\% + 950\,000 \times 6\% = 12\,000 + 57\,000 = 69\,000$ 元。

从上述分析可知,租房年成本 33 768 元比购房年成本 69 000 元低,每月少支付35 232 元。不过,还要考虑以下因素:

(1) 房租是否会每年调整,如果房租每年上调,而且上调幅度比较大,租房就会面临诸多不确定因素。

(2) 房屋贷款与房租所得税扣除额。购房还要考虑税收方面的问题,考虑了契税和土地增值税后,才能对购房与租房做出比较分析。

(3) 房价上涨潜力。如果房价未来看涨，那么即使目前算起来购房年成本比较高，未来出售房屋的资本利得也足以弥补居住期间的成本差异。从上海的房地产市场来看，其在最近的 5 年中，价格的上涨幅度是比较大的。虽然美国金融危机爆发，使得本市房地产市场价格受到冲击，然而，2009 年上半年，房地产市场出现"小阳春"，价格迅速回升，至 2009 年 7 月，房地产价格已经回到历史高位，并开创历史新高。作为一种资产，房地产价格会随着通货膨胀而不断上升。

(4) 利率的高低。利率是影响购房成本的一项重要因素，利率愈低购房的年成本愈低，购房会相对划算。然而，购房贷款常常是中长期贷款，少则 5 年以上，多则 10 年以上。在如此长的时间段，很难保证利率没有波动。如果购房期间正处于低利率阶段，那么还款期间遇到加息周期是完全可能的。

从年成本法角度分析到底是租房还是购房，需要考虑租金、房价、税赋以及利率走势等方面的因素，然后才能做出比较合理的分析。

2. 净现值法

净现值法是指考虑在一个固定的居住期间内，将租房以及购房的现金流量还原至现值，然后比较两者现值的方法。

同样以王先生的例子来说明，如果已经确定要在该处居住 5 年以上，房租每年调高400 元，以存款利率 3％为折现率，在贷款利率 6％情况下，20 年房屋贷款每年本利平均摊还额＝贷款额 80 万元÷年金现值系数（$n＝20, r＝6％$）＝950 000 元÷11.47＝82 824.76 元（相当于每月还款 6 902.06 元）。

按照净现值法分析如下：

$$年金现值系数 = \frac{1-(1+i)^{-n}}{i}$$

其中，i 为利率，n 为年数。

(1) 租房净现金流量现值

租房净现金流量现值＝5 年后取回的押金的现值－押金－每年的净现金流量现值

$$＝5\ 600÷1.03^5－5\ 600－33\ 600÷1.03－33\ 600÷1.03^2－$$
$$33\ 600÷1.03^3－33\ 600÷1.03^4－33\ 600÷1.03^5$$
$$＝4\ 830.917\ 9－5\ 600－32\ 621.359－31\ 671.223－30\ 749.52－$$
$$29\ 853.398－28\ 985.507$$
$$＝－154\ 650.1\ 元$$

其中，只有押金是 5 年后可收回的现金，其他部分都是属于现金支出，因此，净流出现金约为－154 650.1 元。

（2）购房净现金流量现值

购房净现金流量现值＝5 年后售房净所得÷1.03^5－950 000－82 824.76÷1.03－

$\qquad$ 82 824.76÷1.03^2－82 824.76÷1.03^3－82 824.76÷1.03^4－

$\qquad$ 82 824.76÷1.03^5

$\qquad$ ＝5 年后售房净所得÷1.03^5－950 000－80 412.388 － 78 070.28

$\qquad$ －75 798.261－ 73 589.303 － 71 449.931 元

$\qquad$ ＝5 年后售房净所得÷1.03^5－1 329 320.163

（3）当租房和购房的现金流量相等的时候

5 年后售房净所得÷1.03^5－1 329 320.163＝－154 650.1 元

5 年后售房净所得÷1.03^5＝1 174 670.063 元

5 年后售房净所得＝1 361 677.53 元

五年后售房房价只要在 1 361 677.53 元以上，购房就比租房划算。此时的购房或租房决策，主要依当事者对五年后房价涨幅的主观看法而定。

净现值法考虑居住年数，值得参考的其他标准是，如果不打算在同一个城市居住 3 年以上，最好还是以租代购。因为三年内房租再怎么调仍会低于房屋贷款利息的负担。如果购房者装修后又只住 3 年，折旧成本太高。此外，如果每次没住多久就要换房的话，房屋的交易成本，如中介费用、契税、土地增值税合计起来也是房价的 3% 以上，再加上自己的房子会比租用的房子更舍得投资装修，除非房价在三年内大幅上涨，否则计入中介及装修等费用后的净现值流出，应该都会比租房高。一般的原则是，在一个地方住得愈久，用净现值法计算的购房比租房划算的机会愈大。

5.4.3　购房步骤

着手购房，将经历如下几个步骤：

1. 买房的知识准备

多数购房者，平生是第一次买房。而房地产市场是一个非充分竞争的市场，买卖双方信息都存在不对称的现象。购房者需要通过增加房地产方面的知识，主动缩小与房产中介之间在业务知识方面的差距，减少盲目购买或者上当购买的机会。尤其是购买二手房的时候，需要注意楼盘的房龄、房屋的完好程度、以及原来业主出售住房的原因等方面的情况。此外，还需要了解购房过程中涉及的房贷、税收、费用等方面的相关知识。

2. 搜集、分析房地产信息

通过房地产中介、报纸广告、房地产网站，搜集房地产信息；对于那些比较中意的房地产，可以通过看房，进一步了解相关信息。这些信息包括楼盘、房源、房价、以及供求情况，房价是否存在议价空间等等。当购房者去拜访房地产中介的时候，通过与中介营销工作人员的交流,房地产中介会推荐购房者需要的房地产,这是其他渠道所无法比拟的。然而,出于自身利益的考虑,房地产中介常常会采用各种方法,影响购房者尽快作出购房决策,这会影响购房者的判断。通过房地产网站搜集信息,可以在短时间内获得大量信息。然而,这些信息可能鱼龙混杂,泥沙俱下,难辨真伪。当你在网上看到一条非常中意的房地产信息,与提供信息的中介联系时,常常会被告知"该房已经售出"。

每套住房都是不同的,不管是多层住宅、电梯房,还是别墅。所以,在搜集到一些房地产信息以后,需要认真分析、比较。可以采用上述的市场比较法、成本逼近法或者收益法等方法进行估价。在购买二手房的时候,还要注意房龄、房子的装修和保养情况,甚至要结合是否带租约、带家具和家电等因素,作出综合考虑。如果带租约,对于有房地产投资意向的购房者将是非常有利的。

3. 购房

通过前期一系列的准备工作,购房者确定了购房的具体对象,开始与开发商(买新房)、或者业主(买二手房)进行谈判磋商。这种商务磋商,对于多数没有相关交易经历的购房者而言,是一个非常艰难、充满风险的过程,变化也是比较大的,没有统一的程式,只能相机抉择。可以考虑如下几个方面:

选择自己的房屋,要从小区的整体规划入手,对整个项目有个通盘考虑。一般来讲,能占据最多小区绿化的楼盘位置最好,因为绿化不仅是赏心悦目的景观,它对隔离噪音、粉尘,制造良好的小气候,比如湿度、温度等十分有效。

在购房过程中,要更多征求家人的意见,不要因售房工作人员的营销手段,而迷失了方向。开发商在楼盘的销售上有一整套的销售技巧,其中包括:优惠、折扣、营造一种抢购态势等。怎样逃脱销售技巧的"欺骗",以最低价格取得自己选中的房屋就需要特别的谈判技巧。

4. 签单与过户

在预售登记、合同签署阶段,需要征询律师的建议,因为房产纠纷的产生多半是由于合同出现了问题。近年来,一些地方政府管理部门出台许多政策,改善房地产交易环境,规范交易行为,保护购房者的利益。例如,强制实行规范合同文本,强调开发商的责任,加强对开发商的监管等。

交易与过户中的契约有预售契约和买卖契约两种,预售契约用于期房的销售;买卖契约则用于现房交易。立契过户是发展商和购房者进行交易、更换房屋产权不可缺少的重要环节。立契过户应该是买房人亲自办理的,如果不能亲自办理而需他人代办的,买房人一定要办理完整的代理委托的相关手续。对此,购房者必须清楚,代理委托之后,其交易的结果将由被委托人全部承担,所以要格外慎重,最好是亲自前往办理相关手续。

5. 验收与入住

在取得新房钥匙以后,要经过验收才能入住。验收的时候,需要注意验收房屋的标准,还需要清楚不合格的房屋是否有权向开发商拒收,这个阶段需要在专家的指导下进行。在办理入住之前,购楼者还需要交清合同款,办理结算;发展商要统一审核付款情况,每期付款的底单复印件都须立档保存,在最后入住时以供审核。购房人持合同就可以到物业管理公司拿钥匙,拿钥匙时,要求签订物业管理公约。

装修在购房之中是个可有可无的过程,因为有相当购房者购买的是毛坯房,自己再找装修公司进行装修,此时发生的纠纷和业务已和购房没有关系。购买基本装修房屋的购楼者需要在验收房屋的装修时倍加小心。

5.4.4　租房

从货币角度衡量,解决居住问题,有时候租房比购房更加划算。然而,租房无法获得房地产增值带来的收益,又可能面临因为业主毁约而不断搬家的窘境,有一种漂泊、不稳定的感觉。如果能够购入"自己"的房子,那么就会有一种归属感,感觉到在一个城市得以稳定下来。当然,租房也有不少优点:一个事业尚未定型的年轻人,可能会面临多次择业的机会,探索自己未来的发展方向。如果是租房,那么就可能在新的公司附近选择新的居住地点,而不必顾忌因交通不便而放弃一份好的工资。租房完全可以按照工作地点而不断变换居住地点。而且,现在很多租房都带有家具,非常方便。此外,一些经济上收入比较低、生活比较困难的人,也无法承担购房所需要的巨额支出。为此,政府将通过各种保障性的措施,为这些群体的人提供租房便利,解决他们的居住困难。

1. 租房的类型

(1) 政策性租赁房,是指通过政府或政府委托的机构,按照市场出租价格向中低收入的住房困难家庭提供可租赁的住房。同时,政府对承租家庭按月支付相应标准的租房补贴。政策性租赁房的目的是解决家庭收入高于享受廉租房标准而又无力购买经济适用房的低收入家庭的住房困难。

(2) 廉租房,是政府以租金补贴或实物配租的方式,向符合城镇居民最低收入且住房困难的家庭提供的社会保障性质的住房。廉租房的分配形式以租金补贴为主,实物配租和租金减免为辅。我国的廉租房只租不售,出租给城镇居民中最低收入者。

(3) 两限两竞房,即"限套型、限房价、竞地价、竞房价"。为降低房价,解决本地居民自住需求,按照国务院有关文件要求,政府实施土地供应时在限套型、限房价的基础上,采取竞地价、竞房价的办法,以公开招标的方式确定开发建设行为。

(4) 居民住房的出租,是目前房屋租赁市场中数量最多的部分。一些居民,将自己的自住性或者投资性住房出租给他人使用。

2. 房屋租赁流程

(1) 房屋租赁首先需要根据自身的经济条件、家庭人口、工作地点、居住的特殊需要(例如,是否需要有书房、起居室等)等因素,来考虑租赁那种住房,多层普通住宅、电梯房、别墅等。

（2）寻找房源信息，通过房屋中介、网络等途径，查询租赁房屋的房源信息。

（3）联系房东和看房，通过房屋中介，联系房东，实地看房。看房过程中，需要注意一些细节，尤其是要注意提供房客使用的器具是否完好等等。可以多看几处，选择一处租金便宜，各方面条件较好的房屋。

（4）签订合同。租赁房屋，最好办理正规的合同。在此以前，查看房东的身份证，必要的时候，还可以到派出所查验身份证的真伪；查看房东的产权证明(可向当地产交易所进行确认)、房主身份证(可向公安局确认身份证)及两证的统一(即产权证的产权人与身份证相同)，并索取复印件做为合同附件。

5.5　婚姻的居住策划

婚姻，是以男女双方的感情为基础的结合，以共同生活为目的。显然，婚姻与居住策划存在密切的关系。当单身男女相处到了谈婚论嫁的阶段，如何进行居住策划就成为重要问题。相反，婚姻中的男女因各种原因，最后选择分手的时候，不动产的处理将会成为问题的焦点。

5.5.1　概述

结婚了，是买房，还是租房？当事的年轻男女双方的想法会有差异。从减轻经济压力角度考虑选择租房更适宜，等以后具备一定经济能力再考虑买房。而且，年轻人的工作、事业尚未稳定，过早固定居住的区域，不利于以后重新选择理想的工作、更换工作的地点。如果一方在结婚时想拥有一个属于自己的家，则需要购置婚房。有时，一方家长会在婚房上提出一些要求。在孩子成家立业时，作为父母不会随随便便同意租房。这就需要男女双方真诚相待、友好协商，在租房和购房之间作出权衡。

不同时代，对婚姻居住的期待是不同的。在我国经济发展水平相对较低的年代，能够有一个婚房就已经满足，即便是单位宿舍"筒子楼"，也没有怨言。时代在进步，中国经济发展到今天，如周围同事、朋友和同学都有自己婚房，此时如果当事一方不经协商就提到租房结婚，可能让另一方难以接受。

不管发展到哪个时代，婚姻都是以感情为基础的结合。如果男女双方情投意合，更少考虑物质，愿意共同开创美好未来，无疑这样的婚姻将会更稳固，也更加浪漫。

5.5.2　婚前购房

从法律层面上，婚姻是男女双方共同生活的开始，需要解决居住问题。婚前购房通常包括如下模式：

1. 男方全款买房

即婚前男方全款买房。一般情况下，产权在男方或者男方家长的名下。在结婚时，男方是否愿意将部分产权赠与女方（在产证上加上女方的名字），是一个值得考虑的问题。如果男女双方对婚姻有信心，是否将部分房产赠与女方，女方都会乐意。另一方面，既然男女双方有深厚的感情基础，男方应该毫无保留地与女方分享房产。显然，男方全款买房后，是否变更房产的产权，是一个需要婚前男女双方共同、小心处理的第一个大问题。

2. 男方家长支付购房首付款

即婚前由男方家长为子女婚房支付首付款。婚后，男女双方共同为婚房还贷。有些家庭，父母也会从资金方面一直支持子女还贷。在这种情况下，婚房属于夫妇共同财产，女方在产权证上加名字也理所应当。但是，在婚房的产权方面所享有的份额会有所不同。

按照中国人的传统文化，男方承担婚姻的主要经济义务，男方家庭为购买婚房支付首付款符合一般的价值观。婚后，男女双方共同还贷，也展现男女双方为未来的生活、前景，共同奋斗的美好愿望。

3. 男女双方共同买房

结婚时由男女双方共同买房，这是最高境界，是纯真感情的写照。从产权来说，也就无需讨论，属于夫妇双方共同财产。至于产权的比例，离婚时候让律师判定。

结婚是以男女双方感情为基础的。婚后的生活也以双方的感情来维系。如果男女过分强调物质，在购房出资、还贷比例方面争执，在房产权益大小方面纠结，常常为感情破裂埋下隐患。为了物质导致婚姻破裂，是得不偿失的。

5.5.3 房产分割

如果房产是夫妻共同财产，则在某种情况下会发生房产分割的情况。夫妻共有财产一般应当均等分割，必要时亦可不均等，有争议的，由人民法院依法判决。

1. 房产分割的种类

（1）婚内财产分割情况下的房产分割。婚内共同财产分割，是指在不解除婚姻关系的前提下对夫妻共同财产进行分割的一项制度。旨在绕过婚姻关系问题直接解决双方之财产纠纷，以保护在夫妻关系中处于弱势一方对夫妻共同财产的合法权益。为此所签订的协议，就是婚内财产分割协议。婚内共同财产分割制度适用的情形：①一方有隐藏、转移、变卖、毁损、挥霍夫妻共同财产或者伪造夫妻共同债务等严重损害夫妻共同财产利益行为的；②一方负有法定扶养义务的人患重大疾病需要医治，另一方不同意支付相关医疗费用的。

（2）离婚财产分割情况下的房产分割。当夫妇感情破裂，只能选择分手的情况下，将会进行财产分割。一般家庭，房产分割常常成为婚姻财产分割的主要对象。离婚财产分割，即夫妻共同财产的分割，是指离婚时依法将夫妻共同财产划分为各自的个人财产。现行《婚姻法》第17条到第19条明确了夫妻共同财产是在夫妻关系存续期间取得的财产，以列举式和概括式的方式规定了夫妻共同财产的内容，该法也规定了夫妻共同财产的分割有协议分割和判决分割两种做法。离婚时，双方有合法婚姻财产约定的，依约定进行分割。

2. 房产分割的路径

（1）离婚析产的房产分割。析产又称财产分析，是指财产共有人通过协议的方式，根据一定的标准，将共同财产予以分割，而分属各共有人所有。析产一般发生在大家庭分家或者夫妻离婚时对财产的处理中。公民死亡后，共同生活人或者财产共有与继承人就财产如何处理，根据最高人民法院的有关解释，一般是先析产后继承。

（2）离婚诉讼的房产分割。男女一方要求离婚的，可由有关部门进行调解或直接向人民法院提出离婚诉讼。离婚的当事人一方不按照离婚协议履行应尽义务的，另一方可以向人民法院提起民事诉讼，即为离婚诉讼。夫妻一方坚持不离或虽同意离婚，但对子女抚养或财产分割达不成协议的，只有通过法院诉讼离婚。在离婚诉讼的情况下，将会在法院的主持下进行房产分割。

3. 房产分割的方法

目前，通行的做法有下面三种，人民法院也准许：

（1）双方均主张房屋所有权并且同意竞价取得的，采用竞价方式；

（2）一方主张房屋所有权的，由评估机构按市场价格对房屋作出评估，取得房屋所有权的一方应当给予另一方补偿；

（3）双方均不主张房屋所有权的，根据当事人的申请拍卖房屋，就所得价款进行分割。司法实践的通常做法是：共有房屋能实际分割使用的，可以分割使用。对不能分割使用的，可以作价分给一方，另一方取得补偿。在确定房屋分给哪方时，应考虑双方住房情况，照顾抚养子女的一方。在双方条件等同的情况下，应照顾女方。

本章小结

1. 房地产是指土地、建筑物以及固着在土地或建筑物上的不可分离的部分和附带的各种权益。房地产特性包括区位的固定性、形态的异质性、使用的耐久性、供给的有限性、产权的可分割性和价值的保值增值性等。

2. 房地产有不同分类。按房地产用途不同,可划分为居住房地产和商业房地产;按开发程度,可分为生地、毛地、熟地、在建工程和现房;按建筑高度和层数划分,可以分为低层、多层、小高层、高层和超高层。

3. 房地产投资的风险,包括购买力风险、流动性和变现性风险、利率风险、交易风险、自然风险以及政治和环境风险等。

4. 房地产价格构成的基本要素包括土地价格或使用费、前期工程费用、基础设施建设费用、建筑安装工程费用、公共配套设施建设费用、管理费用、销售费用、利息、税费、利润等。此外,还包括房屋装修费、建筑区位、楼层和朝向差价,如果是二手房,还要考虑房屋的折旧和完好程度等。影响房地产价格的因素包括政治、社会、经济、自然因素等。

5. 房地产估价,包括以下三种方法:市场比较法,也就是与估价时点较近的、有过交易的类似房地产进行比较来估算或者修正房地产价格的方法;成本逼近法,是以取得和开发土地所耗费的各项费用之和为主要依据,再加上一定的利润、利息、应缴纳的税金和土地所有权收益来确定土地价格的估价方法;收益法,是预测估价对象的未来正常收益,选择适当的报酬率或资本化率、收益乘数将其折现到估价时点后累加,以求取待估房地产在一定时点、一定产权状态下的价格的一种估价方法。

6. 居住规划首先进行如下操作流程,包括明确居住需求、购房还是租房决策、购房规划等。然后,要对居住规划进行财务分析,其方法主要包括年成本法和净现值法。然后,开始买房。对于买房者来说,要先学习买房知识,然后搜集、分析房地产信息,之后进入购房阶段,在谈妥了各项购房条件以后就签单与过户,验收与入住。对于租房者而言,首先要考虑租房的类型,确定自己租房的需求,进而寻找房源,联系房东看房,签约入住。

思考与练习

1. 什么是房地产?

2. 简述房地产形态。

3. 简述房地产的特性。

4. 试析比较经适房和廉租房的差异。

5. 简述商业房地产的特点。

6. 试比较生地、毛地和熟地的差异。

7. 简述房地产投资的风险,并分析哪些风险是无法回避的,哪些风险是可以回避和管理的。

8. 简述房地产价格构成的基本要素。

9. 试分析房地产价格的影响因素。其中,哪些因素比较稳定,哪些因素变化比较大。

10. 试比较房地产估价中市场比较法、成本逼近法、收益法的优缺点。

11. 简述居住规划的流程。

12. 试分析如何进行租房还是购房的决策。

13. 在进行购房过程中,试分析如何防范各种风险。

14. 在进行租房过程中,试分析如何防范各种房型。

15. 试分析居住规划在个人理财业务中的地位和作用。

第6章
教育理财与职业发展策划

本章学习要点

1. 掌握教育投资策划的概念;

2. 理解教育投资策划的内涵;

3. 掌握教育投资策划的特点;

4. 掌握教育投资策划的基本原则;

5. 掌握教育经费筹措的基本步骤和内容;

6. 了解教育投资策划工具的种类和特点;

7. 了解职业发展与教育间的联系。

基本概念:教育;教育策划;职业兴趣

　　伟大教育家孔子说过,不学诗,无以言;不学礼,无以立。也就是说,不学《诗经》,在社会交往中就不会说话;不学礼,在社会上做人做事,就不能立足。这里讲的是教育的重要性。随着我国经济发展水平的提高,广大人民群众在教育上的投入不断增加,尤其是对子女教育的费用大幅度上升。其中,义务教育费用上涨较小,而非义务教育的费用上涨较快。据河南平顶山市的统计①,2008 年平顶山市城镇居民人均教育支出 495.87 元,比上年增长 8.38%,涨幅不高。之所以涨幅不高,主要是教育制度改革进一步推行,教育收费标准进一步得到规范。这种情况,在全国其他省市也非常相似。与义务教育不同的是,在我国,非义务教育如学杂费、托幼费、成人教育费、家教费,以及其他教育费用却成倍增长。

　　教育投资策划,既包括子女教育的财务安排,也包括为了提高自身在职场的竞争力

---

① 　河南统计网:《2008 年平顶山居民教育费用支出高速增长》,2009 年 2 月 19 日发布。

继续深造的各项费用(包括考证费用、研究生教育费用或其他"充电"的费用)。尤其是热门的考证学习和考试费用,专业研究生学习费用都是非常高昂的。各项教育费用的快速上升,一方面是因为城乡居民对教育投资日益重视,另一方面是因为持续的通货膨胀。面对如此巨大的费用支出,从个人理财的角度出发,如何作出合理的财务安排是非常重要的。

6.1　教育投资策划概述

　　所谓教育投资策划,是依照教育发展规律,遵循投资管理的相关原理和原则,对教育资源和机遇进行最佳整合,最大程度提升受教育者的潜质和能力,使投资收益最大化的行为。早在 20 世纪 60 年代,就有经济学家把家庭对子女的培养看做是一种经济行为,即在子女成长初期,家长将财富用在其成长培育上,使其能够获得良好的教育。这样当子女成年以后,可以获得的收益远大于当年家长投入的财富。事实上,一般情况下,受过良好教育的年轻人在开始职业生涯的时候,无论其在收入或是地位上,往往都高于那些没有受过良好教育的同龄人,从这个角度看,教育投资是个人财务策划中最富有回报价值的一种。其中,教育成本指培养每名学生所支付的全部费用,即各级各类学校的在校学生,在学习期间所消耗的直接和间接活劳动和物化劳动的总和。

　　教育投入和收入存在一定的关系[1],曾经有一篇调查报告,分别调查了超市、跨国公司和五星级酒店。在超市的调查中发现,超市员工多数是高中毕业或职业高中毕业生,只有个别是大专和本科毕业生,因此工资比较低,在 1 000—1 500 元左右;管理人员的月收入大概在 2 000 元以上,但没有超过 3 000 元的人员。跨国公司的情况与超市不同,在对 PHILIPS 珠海分公司的调查中发现,员工学历最低为大专,每月收入从 1 000 元到 9 000 元不等。其技术要求较高的一些职位,月收入较大专学历者有了大幅度提高。其中助理工程师的月薪为 5 000 元左右,而工程师的工资则在 8 000 元左右。在五星级酒店的调查中发现:酒店下层的服务人员中大多数是高中毕业,也有一定数量的大专毕业者,月薪都在 2 000 元以下。酒店的管理人员和行政人员,工资收入在 2 000 元到 6 000元不等。其中大多数人是大专院校或本科毕业,少数人读过研究生。这部分员工中,旅游专业或酒店管理专业毕业人员比例较高,其中少数员工是在国外专修旅游专业后回国的人员。酒店中,大厨的收入相对较高,属于高技能的人才。这类员工学位不高,但是职业方面的训练费用投入较大。因此,通常而言,如果在教育上投入较大,在工作中获得的收入就会较高。而在高收入人群中,有些职位虽然没有高学历,但是也需要投入比较大

---

　　[1]　陈俊成等:《学历与收入的比例关系》(课题研究报告),《网络科技时代》,2005 年 8 月 17 日。

的资金。

　　教育投资策划可以包括家庭男女主人的个人教育投资策划和子女教育投资策划两种。个人教育投资是指对家庭男女主人自身的教育投资,其目的是为了提升职业竞争力;子女教育投资是指客户为子女将来的教育费用进行策划和投资,对客户子女的教育投资又可以分为基础教育投资、专业技能教育投资和大学教育投资。

6.1.1　教育投资策划的内涵

　　教育投资策划,要综合考虑教育种类、教育经费来源以及教育成本等方面的因素。

　　1. 教育的种类

　　所谓教育,就是培养新生一代准备从事社会生活的整个过程,也是人类社会生产经验得以继承发扬的关键环节,主要指学校对适龄儿童、少年、青年进行培养的过程。广义上讲,凡是增进人们的知识和技能、影响人们的思想品德的活动,都是教育。狭义的教育,主要指学校教育,其涵义是教育者根据一定社会(或阶级)的要求,有目的、有计划、有组织地对受教育者的身心施加影响,把他们培养成为一定社会(或阶级)所需要的人的活动。教育的类型有:学历教育和非学历教育;及义务教育和非义务教育等。

　　(1) 学历教育与非学历教育。学历是指人们在教育机构中接受科学、文化知识训练的学习经历。学历教育,是指由国家教育部门承认的教育实施主体根据国家有关规定发放学历文凭的教育。在我国,学历分为小学 6 年;初中 3 年;高中 3 年,职高,中专等 4年;大专(大学专科)3 年;大本(大学本科)4 年,医学院等少数专业的大学本科 5 年;硕士(硕士研究生)2—3 年;博士(博士研究生)3 年以上。在我国与之相对的学历证书有:小学毕业证书、中学毕业证书、高中毕业证书、中等专业学校毕业证书、大专毕业证书、本科毕业证书、硕士研究生毕业证书、博士研究生毕业证书等等。随着我国教育的发展,小学、中学毕业证书已经只有"纪念意义",高中至本科学历证则相对重要,本科毕业证书即本科学历证书在实用程度上还高于"学士学位证"。但是硕士、博士的毕业证书则不如硕士学位证书和博士学位证书重要。教育系列的成人继续教育学历有四种主要形式,分别是成人高等教育、高等教育自学考试、电大现代远程开放教育和网络大学。四种教育形式各有特点,在录取、课程设置、毕业年限、收费标准、学位授予、上课方式等各方面区别较大;除成人高等教育以外,报考其他三种不需参加全国统一入学考试。

　　非学历教育,是指用国民教育相同水平的教材进行的非文凭基础教育,主要进行职业资格证书教育和继续教育,例如驾校、厨师培训班、会计上岗证书、证券从业人员培训等,颁发的证书包括资格证书、单科合格证书、进修证明书等。

　　(2) 义务教育和非义务教育。义务教育亦称基础教育,指小学至初中阶段。我国于1986 年 4 月颁布了《中华人民共和国义务教育法》。这是我国首次把免费的义务教育用法律的形式固定下来,标志着我国基础教育发展到一个新阶段。虽只有 18 条,但"国家实行九年制义务教育"从此成为法定义务。最新的《中华人民共和国义务教育法》已由中华人民共和国第十届全国人民代表大会常务委员会第二十二次会议于 2006 年 6 月 29 日修订通过,自 2006 年 9 月 1 日起施行。经过两年的过渡,中国已于 2008 年秋季在全国范围内实施名副其实的义务教育。义务教育是根据法律规定,适龄儿童和青少年都必须接受,国家、社会、家庭都必须予以保证的国民教育。我国义务教育法规定的义务教育年限为九年,这一规定符合我国的国情,是适当的。目前,我国的义务教育学制的实际情况主要有"六三制"(即小学六年制,中学三年制)、"五四制"(即小学五年制、中学四年制)和"九年一贯制"三种学制。其中还有少数地区实行八年制的义务的教育,即小学五年制,中学三年制,但这些地区目前也正在抓紧实现由八年制向九年制的过渡。从我国学制状况来看,九年制或八年制的义务的教育包括了初等义务教育和初级中等义务教育两个阶段。适龄儿童、少年按规定在义务的教育学校完成了九年或八年的义务教育学习,即可达到初中毕业的文化程度。

强制性、免费性和普及性,是我国义务教育的三个基本性质。①强制性又叫义务性。是指让适龄儿童、少年接受义务教育是学校、家长和社会的义务。谁违反这个义务,谁就要受到法律的规范。家长不送学生上学,家长要承担责任;学校不接受适龄儿童、少年上学,学校要承担责任;学校不提供相应的条件,也要受到法律的规范。如修订的义务教育法第七条规定,义务教育实行国务院领导,省、自治区、直辖市人民政府统筹规划实施,县级人民政府管理的体制。②免费性。所谓免费性,就是明确规定"不收学费、杂费"。公益性和免费性是联系在一起的。然而,要免除义务教育阶段的杂费,涉及很大的财政问题。如修订的义务教育第二条规定,国家实行九年义务教育制度。义务教育是国家统一实施的所有适龄儿童、少年必须接受的教育,是国家必须予以保障的公益性事业。实施义务教育,不收学费、杂费。由此可见,国家建立义务教育经费保障机制,是为了保证义务教育制度的实施。③普及性即统一性,是贯穿始终的一个理念。在新的《中华人民共和国义务教育法》中,自始至终强调在全国范围内实行统一的义务教育,这个统一包括要制定统一的义务教育阶段的教科书设置标准、教学标准、经费标准、建设标准、学生公用经费标准等等。这些与统一相关的内容以不同的形式反映到法律的修改中来。如修订的义务教育第四条规定,凡具有中华人民共和国国籍的适龄儿童、少年,不分性别、民族、种族、家庭财产状况、宗教信仰等,依法享有平等接受义务教育的权利,并履行接受义务教育的义务。

非义务教育包括高中、中高等及职业培训等,其教育程度相对义务教育较高。受教育者的不同层次代表投资的不同额度,受过教育的人会成为该社会一名更富有生产力的成员。从这个意义上说,教育不仅是一种消费方式而且还是一种投资方式。

(3) 终身教育。终身教育是指人的一生中所受的各种教育的总和。它包括教育体系的各个阶段和各种方式的教育,既包括正规的从幼儿教育到小学、初中、高中、大学的学校教育,也包括成人、老年人在内的各个阶段的正规和非正规的教育;既包括学校教育、也包括社会教育、家庭教育以及自我教育。它是一个人从小到大、从年轻到老年阶段的连续的教育。终身教育是以人为本的教育,它不把教育的社会功利性作为最终教育目标。

"终身教育"这一术语在 1965 年,由联合国教科文组织成人教育局局长,法国的保罗·朗格朗(Parl Lengrand)正式提出。自其提出以来,短短数年,已经在世界各国广泛传播,40 多年来关于终身教育概念的讨论可谓众说纷纭,甚至迄今为止也没有统一的权威性定论。这一事实不仅从某一侧面反映出了这一崭新的教育理念在全世界所受到的关注和重视的程度,同时也证实了该理念在形成科学的概念方面所必需的全面解释与严密论证,还存在理论和实践上的差距。

国际发展委员会的报告《学会生存》中对终身教育作了如下定义:"终身教育这个概念包括教育的一切方面,包括其中的每一件事情,整体大于部分的总和,世界上没有一个非终身而非割裂开来的永恒的教育部分。换而言之,终身教育并不是一个教育体系,而是建立一个体系的全面的组织所根据的原则,这个原则又是贯穿在这个体系的每个部分的发展过程之中。"对于终身教育比较普遍的看法是:"人们在一生中所受到的各种培养的总和",它指开始于人的生命之初,终止于人的生命之末,包括人发展的各个阶段及各个方面的教育活动。它既包括纵向的一个人从婴儿到老年期各个不同发展阶段所受到的各级各类教育,也包括横向的走学校、家庭、社会各个不同领域受到的教育,其最终目的在于"维持和改善个人社会生活的质量"。

终身教育的概念也在不断发展。国际 21 世纪教育委员会在其向联合国教科文组织提交的《教育——财富蕴藏其中》的报告中,对终身教育这个概念的内涵作了进一步的揭示:终身教育固然要重视使人适应工作和职业需要的作用,然而,这决不意味着人就是经济发展的工具。除了人的工作和职业需要之外,终身教育还应该重视铸造人格、发展个性,使个人潜在的才干和能力得到充分的发展。

过去的教育,把一个人的人生分为两个阶段——第一阶段用于受教育,第二阶段用于劳动,这是毫无科学根据的。当今是一个知识爆炸的时代。教育应是人的一生中连续的过程,应能随时在每个人需要时,以最好的方式提供必要的知识和技能。正是由于这种思想的影响,在世界范围内,为保证教育的连续性而进行的继续教育;为提高职工文化素质、技能而进行的岗位培训以及面向变化和变革的生活而进行的非传统教育、成人教育、老年教育等都得到了前所未有的发展。此外,终身教育在学习内容、学习工具和技术上有了比较快的发展。终身教育表现在学习的主动性、多样性上,而且要求教育过程趋向于以自我学习为中心。它要求一切阶段的教育都要造就具有接受继续教育的能力和动力的人,使人在一生中能不断获得新的知识与技能,最终目的是能跟上时代发展的步伐。

2. 教育经费的来源

教育经费是以货币的形式支付的教育费用,是办学必不可少的财力条件。包括国家各级政府财政预算中实际用于教育事业的资金,各种社会力量、学生家庭及个人直接用于教育的费用等。在我国,教育经费主要是指国家用于发展各级教育事业的费用。在不同国家,教育经费的来源也不尽相同,一般有税收、学费、捐赠、经营收入、借贷款项、教育公债等,而且以前三项为主。目前,我国教育经费的主要来源就是通常所说的财、税、费、产、社、基,以及其他融资手段等。显然,如果教育经费来源较为丰富,那么学费将会较低,奖学金也会较多。

(1) 国家财政拨款,即财政预算内的教育经费,指中央、地方各级财政或上级主管部门在本年度内安排,并划拨到教育部门和其他部门主办的各级各类学校、教育事业单位,列入国家预算支出科目的经费。这是筹措教育经费的主要渠道。根据《教育法》第58条之规定,"国家财政教育经费支出占国民生产总值的比例应当随着国民经济的发展和财政收入的增长逐步提高。具体比例和实施步骤由国务院规定。全国各级财政支出总额中教育经费所占比例应当随着国民经济的发展而提高"。省级以下各级财政中教育经费所占比例,由省、自治区、直辖市人民政府决定,乡镇财政收入主要用于发展教育事业。

(2) 教育专税的形式有两种,一种是开征专门的教育税,如法国向从事工商业或工艺活动的企业、协会等收取学徒税,用以发展职业技术教育;另一种是划定税种及其比例用于教育事业,如我国民国时期曾制定《地方教育经费保障办法》,规定由省市政府从新增地方捐税中提取一定比例用作教育经费。在教育专税中,通常以第二种形式更为普遍。目前我国的教育专税,是指带有教育税性质的城乡教育费附加。教育费附加是为了改善基础教育的教学设施、补贴农村民办教师工资和补充学校公用经费而由税务机关在城乡普遍征收的专项费用,主要用于普及义务教育。《教育法》第57条第1款、第2款规定:"税务机关依法足额征收教育费附加,由教育行政部门统筹管理,主要用于实施义务教育。""省、自治区、直辖市人民政府根据国务院的有关规定,可以决定开征用于教育的地方附加费,专款专用。"教育费附加分为城市教育费附加和农村教育费附加。农村教育费附加是从1984年国务院发布《关于筹措农村办学经费的通知》开始征收的。开征的对象,除缴纳"三税"的乡镇企业按国务院规定的附加率随同"三税"缴纳外,主要是向农民征收,包括在农民缴纳的乡统筹费中。从2000年起,全国部分地方试行税费改革,之后,将取消农村教育费附加及教育集资。这种改革,使农村义务教育由农民来办改为由政府来办,经费来源主要靠县级财政和上级政府的转移支付。税费改革减轻了农民的负担,同时对农村教育经费筹措渠道也提出了新的问题。

城市教育费附加,是根据1986年国务院《征收教育费附加的暂行规定》开始征收的。当时的征收范围是"凡缴纳产品税、增值税、营业税的单位和个人,除按照《国务院关于筹措农村办学经费的通知》(国发[1984]174号文)的规定,缴纳农村教育费附加的单位外,都应当依照本规定缴纳教育费附加"。1994 年,根据《国务院关于〈中国教育改革和发展纲要〉的实施意见》,城乡教育费附加按增值税、营业税、消费税的 3% 征收。教育费附加由税务机关负责征收,除铁道系统、中国人民银行总行、各专业银行总行、保险公司的教育费附加随同营业税上缴中央外,其余单位和个人的教育费附加均就地上缴地方。国家要求税务机关严格按照国务院规定的教育费附加率征足、征齐,并应交由教育行政部门对所征教育费附加进行统筹安排、管理和使用。

(3) 学杂费的收取。学杂费是学生在校学习期间应缴纳的费用。我国义务教育阶段收取杂费,非义务教育阶段收取学费。学杂费要按照国家有关部门规定的标准向受教育者收取。目前,我国高等学校正在实行学费制度改革,它扩大了教育经费的来源,并激励着大学生更好地完成学业。同时,国家也采取了相应的措施,帮助贫困学生解决学费缴纳问题。

(4) 校办产业与社会服务收入。开展勤工俭学、组织社会服务、兴办校办产业是多渠道筹措教育经费的重要途径之一。同时,各级学校根据实际情况开展勤工俭学和社会服务,兴办校办产业,对于促进教育与生产劳动相结合,对学生进行思想品德教育,培养劳动观念和习惯,提高劳动能力都具有积极作用。《教育法》第 58 条规定:"国家采取优惠措施,鼓励和扶持学校在不影响正常教育教学的前提下开展勤工俭学和社会服务,兴办校办产业。"为保证学校开展勤工俭学和社会服务,兴办校办产业应有专人负责,纳入课程计划,不影响学校正常的教育教学工作,不违反学生参加生产劳动的有关规定。国家对学校开展勤工俭学、社会服务、兴办校办产业采取优惠措施,鼓励和支持其发展。国家制定的减免税、信贷优惠措施以及其他政策优惠措施,对这一活动的开展起到了重要的推动和保证作用。

(5) 社会力量集资与捐资。捐资助学即境内企事业单位、社会团体和其他社会组织、公民个人,以及境外民间组织和个人,向教育机构捐资兴建校舍,购置仪器、设备、图书资料,设立教育基金会、奖学金及其他以促进教育事业发展为目的的捐赠。捐资者比集资者的助学活动具有更大的自觉性和主动性,受到国家鼓励。集资办学也是筹措义务教育经费的渠道之一,特别是农村教育集资对于解决义务教育校舍不足和危房改造起了重要作用,促进了农村义务教育的实施。因此《教育法》第 59 条规定,"经县级人民政府批准,乡、民族乡、镇的人民政府根据自愿、量力的原则,可在本行政区域内集资办学,用于实施义务教育学校的危房改造和修缮、新建校舍,不得挪作他用"。

(6) 教育专项基金。这一基金是专门用于某项教育事业或活动的专用财政经费。根据当今我国财政体制和教育管理体制,各省、自治区、直辖市的教育经费由各省级政府负责安排解决,国务院则采取设立专项资金的办法对地方的教育发展予以扶持。目前,我国最大的两项教育专项资金是"211 工程"和"贫困地区义务教育工程"。"211 工程"旨在面向 21 世纪,集中力量,重点建设好一百所左右的大学和一批重点学科。它由教育部、国家计委和财政部共同负责,中央已拨专项资金28.8亿元,加上各方面配套资金预计总投入可达百亿元。"贫困地区义务教育工程"是国家为促进贫困地区义务教育发展,推动贫困地区的"两基"工程而采取的一项重大措施。它是我国有史以来中央专项资金投入最多、规模最大的一项全国性教育工程,各级政府投入资金累计超过百亿元。

(7) 金融、信贷手段融资。《教育法》第62条规定:"国家鼓励运用金融、信贷手段,支持教育事业的发展。"金融即货币资金的融通,信贷即银行存款、贷款等信用活动。利用金融、信贷手段融资,是指主要通过银行的各种业务活动来实现的与货币流通和银行信用有关的筹措教育经费的方法。根据《教育法》的规定,一是有关部门可以设立教育金融机构,如教育银行、教育投资公司、教育信用社等,开展以教育筹措积累资金为目的的存取、信贷、投资等多种金融业务,其所得利润除用于自身发展之外,应当用于教育事业。在我国现阶段,运用金融、信贷手段,融通教育资金,促进教育发展的手段主要有开办教育储蓄和信贷业务,建立贷学金制度,发行教育证券等。通过对融资的规范管理,也可以促进教育的发展。二是可以设立教育基金会等公益性机构。教育基金会可以通过接受社会对教育的捐款等形式为教育集资,用其扶持教育专项事业、开展教育资助和奖励等,发展教育事业。三是可以设立贷学金制度。贷学金制度是使符合规定条件的公民不因家庭经济困难而失去学习机会的保障制度。金融机构按照国家的优惠政策,向家庭经济困难的学生提供优惠贷款,帮助其解决就学费用,待其就业后按规定偿还,既可以缓解教育开支,又可以使贫困学生就学的基本费用得到保障,从而保证公民的受教育权。

3. 教育成本

教育成本,包括教育的直接成本和间接成本。教育的直接成本包括学生及其家庭为教育所支付的一切明显的金钱支出,即应有的书籍费、学费、往返学校的交通费和额外的吃、穿、住等费用,这些成本大体上同实际金钱支出相一致,因此是容易计算的。

教育的间接成本,就是不能直接用货币计量的间接成本,主要是指选择上学,就要放弃就业机会,也就是放弃了就业后可能得到的收入;所以,学生求学期间就存在一个间接成本,叫机会成本,其数额等于学生放弃的收入。

6.1.2　教育投资策划的特点

个人和家庭能获得教育投资的经济效益和非经济效益。根据人力资本理论,在充满竞争的劳动力市场上,受过良好教育的人,通常具有比较强的竞争力,能力强,也就容易得到就业机会,谋得较好的工作,获得较高的预期收入。没有受过教育或只受过很少教育、劳动能力差的劳动者就难以得到就业机会,即使能够谋到工作,也难以获得较高的收入。个人受教育程度的高低,同预期就业机会和预期收入是成正比的。在市场经济中,由于多受教育能获得较高预期收入,因而越是享受较高教育的个人或家庭,越要根据所受教育的多少缴纳一部分或大部分学费,以补偿社会为他们所支付的费用。当然,少数没有受过良好教育的人士,在市场上打拼,有获得成功的机会。但相比受过良好教育的人士,其成功概率会低一些。

除了经济效益,个人和家庭还可以从教育中获取预期的非经济效益。例如,这些人士具有比较好的个人修养,知识比较丰富。受教育程度较高的人更容易寻找到生活的乐趣,更注重生活质量;有利于形成优良的"书香门第"的传统,即世代传递效应,使下一代受教育程度也得到提高。此外,这些人士还能够获得更多的选择机会,包括进一步获得接受更高教育的机会,以及完成学业后选择职业的机会。可见,个人或家庭不仅是教育投资的直接受益者,而且还是最大的受益者,它必须为接受教育做出必要的投入。值得注意的是,教育策划还有许多其他理财业务所没有的特点。

1. 子女教育的时间安排没有弹性

按照《中华人民共和国义务教育法》第 5 条规定,凡年满 6 周岁的儿童,不分性别、民族、种族,应当入学接受规定年限的义务教育。条件不具备的地区,可以推迟到 7 周岁入学。个人、或者家庭,只有履行国家规定的法律义务,没有权利违反这一法律。在接受了 9 年义务制教育以后,接着就是高中、大学等阶段的学习。多数家庭都必须按照这个节奏来安排子女的教育,不可能因为家庭资金安排上有困难,将子女教育延后安排,这是不现实的。

2. 子女教育的费用弹性不大

子女教育策划,最起码要接受公立学校的教育。从这个意义来说,多数家庭都无法自己调整相关的学费、杂费。这些费用,都是政府统一规定的。除非少数家庭因为经济困难,有条件申请减免学费、杂费。从这个意义上来说,教育费用弹性不大。目前,我国各大城市都有不同体制的教育机构,不同经济收入的家庭,可以选择私立、民办学校教育,公立学校教育,以及出国留学等教育方式,这些教育的费用差距甚大,当从这个意义上探讨子女教育费用时,其弹性就会比较大。

3. 子女的资质无法事先预测

子女的教育,贯穿于整个幼年至青年。从孩子呱呱坠地、牙牙学语、蹒跚学步,到一步步走向人生。然而,孩子的资质,其未来的发展潜力,都是无法事先预知的。例如,每年全国各地有数量众多的儿童参加钢琴考级,在上海每年有超过 2 万人参加考级,至 2007 年已经有 25 万人次报考,十级证书的获得者也只有近 5 000 人[①]。显然,每个参加考级的家庭,都有让子女成为钢琴家的梦想。然而,大多数家庭的孩子最终没有考过十级,即便考过十级,最终成为钢琴家的也是凤毛麟角。这些家庭的父母之所以考虑给孩子学琴,次优目标是让孩子的身心更加愉悦地成长,未来能有一门乐器拿来弹奏,既能作为孩子闲暇时的伙伴,也能缓解压力。从孩子学琴一例中看到,每个家庭对自己子女怀

---

① 颖颖、陶怡婷:《钢琴考级入学加分政策取消后　考级人数不减反增》,《新闻晨报》,2007 年 8 月 11 日。

有比较高的期望值，在给孩子的教育设立最佳目标的同时，也应该考虑一个次优目标。那些十级没有考过的家庭，从提高孩子的修养、让孩子掌握一门乐器的角度来讲，无疑是成功的。可能现在这个琴童没有成为音乐家，未来也可能成为一个出色的政治家、或者金融家。

4. 子女教育费用支出持续的时间长、金额大

如果从怀孕开始进行胎教算起，到子女大学毕业，教育时间可能长达 25 年以上。不算对子女的抚养，仅仅考虑教育费用支出，按照每年平均 1 万元来算，就是总额 25 万元的支出。至于有些家庭考虑给孩子学习各种技能、兴趣方面的知识，那么其费用将会大幅度上升，总额完全可能超过 50 万元。

6.1.3 职业发展与教育

不管是子女的教育，还是家庭男女主人自身的教育，都以一个主要问题为中心：职业发展。在人才竞争的时代，教育是职业生涯策划的重要工具，也是实现职业发展目标的重要途径。没有梦想对于每个人来说是非常可怕的一件事情，整天浑浑噩噩、到处碰壁，因此通过职业规划，可安排好接受各类教育，进而实现自己的职业梦想。现代社会飞速发展，竞争不断加剧，由此需要对自己的人生进行一个长期的规划，其中包括如何进行知识积累，提高自己的竞争能力。首先，教育是实现职业生涯规划的重要途径，不接受必要的教育，就无法获得专业技能，难以胜任时代的重任。其次，教育可以为职业生涯规划提供更多选择。通过接受各类及各层次的教育，提升了自身的能力和学识，开阔了眼界，对职业的发展也就有更多的设想和追求。在策划过程中，需要将"收益/风险"做到最佳，这才是教育理财所关注的问题。

1. 与个人需求相适应的教育培养

（1）与职业兴趣相适应的教育培养。

职业兴趣是一个人对待工作的态度，对工作的适应能力，表现为有从事相关工作的愿望和兴趣。拥有职业兴趣将增加个人的工作满意度、职业稳定性和职业成就感。按照霍兰德的分类方法，可将职业兴趣分为六种类型：常规型、艺术型、实践型、研究型、社会型、管理型。个人教育或子女教育需要与职业兴趣类型相适应。

（2）与职业能力水平相适应的教育培养。

一些大学生刚刚入职时，处于职业的较低层级。通过提升学历或者参加专业技能证书考试，使自己的专业能力得到提升，以符合中高级职位的要求。

（3）与职业价值观相适应的教育培养。

职业价值观是指人生目标和人生态度在职业选择方面的具体表现，也就是一个人对职业的认识和态度以及他对职业目标的追求和向往。理想、信念、世界观对于职业的影响，集中体现在职业价值观上。

2. 教育投入的风险与收益的权衡

教育理财,主要关注教育投入的风险与收益如何达到最优。为了职业发展而投入教育(包括投入时间、资金),同样存在投资风险。例如,在某机构工作的年轻员工(本科学历)目前工作岗位很不错,但遇到升职的瓶颈。为了提高职场竞争力,需要提升学历。对这位员工而言,将会遇到如下问题:

(1) 到底是辞职考研,还是攻读在职学位的研究生呢? 对此,多数人赞同攻读在职学位,保住目前的岗位。但在不影响工作的前提下,考研复习的效率会下降。如果已经成家,考上研究生以后,将对其家庭生活带来不小的影响。如果报考全职研究生,就得辞去当前的工作。在研究生学习结束,顺利拿到学位以后,是否还能找到更好的工作呢,也存在变数。

(2) 在职研究生的学费问题。如果决定报考在职研究生,例如 MBA,学费的平均水平就已经很高。不同高校的 MBA 学费相差悬殊。如果报考名校的 MBA,动辄几十万人民币学费支出,那么毕业以后能否带来相应的回报,也存在较大的变数。

(3) 考研究生过程中的不确定性。考试存在较大的不确定性。在确定考什么类型的研究生、报考什么高校的研究生以后,能否考上呢? 是一次考上,还是多次才考上,涉及所投入的机会成本。如果一位考生经过多年努力最后没有考上心仪的高校,或者考上研究生最终没有毕业,那么前面投入的时间、金钱,都成为沉没成本了。

(4) 教育回报问题。毕业后,人们将会关注研究生教育所带来的回报。类似于MBA 的教学通常给予学生两方面的回报:其一,拓展职业所需要的人脉。其二,提升职场竞争力。如果这两方面的回报不明显,则教育理财的最终目标没有实现。

个人需求与社会环境发展相结合,是个人职业发展的主要方法。通过教育策划,可使得个人需求与环境发展结合得更好。

6.2　教育投资策划的方法

6.2.1　确立子女培养目标

目前,我们一些家长期望自己的孩子未来拥有什么学历?《中国妇女报》于 2008 年10 月刊登了一篇调查报告:湖北省实验小学所做的一项针对该校全体家长的问卷调查显示,硕士学历成为家长对孩子的基本期望[①]。问卷调查的第 3 题是"你期望孩子拥有怎样的学历?"在大专、本科和本科以上三个选项里,该校存档的问卷全部选择了"本科以上"。该校德育主任徐仲书介绍,这项调查是上学期对全校 2 600 余名学生的家长进行

---

① 彭欣:《硕士学历成为小学家长培养子女目标》,《中国妇女报》,2008 年 10 月 6 日。

的,"99％的家长持这样观点。"选择"本科"的家长极少,选择"大专"的家长根本没有。与对孩子学历的高期望相对应,问卷中家长对孩子的学习也很重视。问卷第7题,面对"学习"、"品德"、"修养"、"其他"四项,半数以上的家长认为"学习"最重要,约有80％的家长坦言会给孩子布置额外的学习任务。"本科生都难找工作,不读研以后怎么办?"一位姓曹的五年级学生家长说,现在社会竞争激烈,用人单位的要求越来越高,他只能从小对孩子"高标准、严要求"。徐仲书认为,家长的心情可以理解,但小学就对孩子制定高学历的要求,不仅限制了孩子的发展方向,还会给孩子极大的压力,影响学习兴趣。

教育投资策划是一件长期而且很复杂的事情,小学阶段还难以把握孩子的发展潜力,很难就此决定孩子未来发展的方向,孩子的教育最好还是因势利导。不管孩子未来学习什么专业、学历能达到多高,财务上的相应准备永远都是必要的。尤其是那些家长希望自己的孩子能够上比较好的学校,业余时间还能够学习一技之长,那么就需要考虑相关的费用。(见图 6.1)。

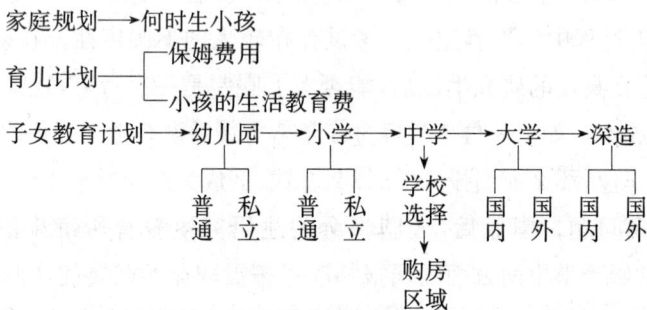

图 6.1 教育策划流程

6.2.2 教育投资策划的原则

1. 在教育目标的选择方面给予较大空间

在子女早期教育,兴趣爱好、性格以及能力特长等方面尚未定型,家庭在安排子女教育的时候,可以给子女比较宽松的选择余地,不是刻意去塑造子女的兴趣爱好。当子女的爱好出现某种趋向的时候,家庭可以多引导、培养这种兴趣爱好的发展。

在子女完成中学阶段教育,即将接受高等教育的时候,也可以让孩子有一定的选择余地:国内就学,或者到发达国家留学。尤其是与职业相关的教育,例如 MBA,不一定急于安排,可以让子女工作 1—2 年以后,明确了自己的发展方向,再做出选择。

2. 在教育经费的筹措上留有充分余地

在教育经费的筹措方面,家庭应该留有充分余地。避免因为经费的原因,使得原来确定的教育目标中途放弃。同时,这也是为了给予子女在教育目标选择方面较大的空间。例如,早期教育中,如果发现子女具有很高的音乐天赋,那么就可以加大在音乐教育方面的投入。要知道,音乐教育是需要耗费大量的人力、物力。再如,接受高等教育阶段,发现子女具有良好的语言天赋,对外语学习很有兴趣。如果是这样的话,将孩子送往国外学习外语是最好选择。而这些选择,都需要足够的资金。

3. 合理利用教育的各种投融资渠道

不同的子女需要不同的教育和培养,不同的教育,其费用却是大相径庭的。如果仅仅是接受国内公立学校的教育,其费用的筹措对多数家庭都是不困难的。如果子女需要一些特殊的教育,例如学习艺术、特殊技能,或者国外留学等,那么一些中等收入水平的家庭就需要事先谋划,早做准备。教育经费筹措的渠道众多,包括奖助学金、国家和商业银行的教育贷款、家庭储蓄、教育保险等。

6.2.3　教育经费筹措的步骤和内容

子女教育伴随其整个成长过程。家庭在子女教育方面,需要投入的资金大、持续时间长。为此,要预先进行谋划。

1. 为子女选择何种教育

教育投资策划,源于子女的教育规划。子女教育的类型、层次等,决定了教育所需要支付的费用大小。子女教育可以分为 3 个阶段:出生后到小学阶段、中学阶段、大学以及研究生等阶段。按照我国的法律,小学、初中阶段实行 9 年制义务教育。子女如果接受9 年制义务教育,那么相关的教育费用是非常低廉的。如果追求高质量教育,甚至希望获得贵族化的教育,那么就需要为此支付昂贵的费用。高中阶段教育,是子女能否考上名牌高校的关键环节。许多家长都是不惜投入资金,支持子女能够上好的高中。如果孩子考不上名牌高中,那么就上转制的高中或者民办高中。我国的高等院校的录取制度公正、透明,使得一些优秀的青年能够进入这些高校进行深造。如果无法考上名牌高校,有些家长选择资助子女出国就读大学。大学毕业以后,如果选择考研,那么到底选择国内高校、还是选择国外高校深造,又是一项重要的选择。现在,有些家长资助子女从高中阶段出国就学,甚至小学阶段就支持子女出国。出国留学出现低龄化趋势,教育费用也不断上升。当然,大学、研究生阶段出国留学的情况还是比较多。

欧美、日本、澳大利亚等国家,以及我国香港经济发展水平比较高,教育机构拥有大量优质资源。因此,这些国家或者地区的教育质量比较高。一些高收入人群的家长,希望送自己的子女接受良好的教育是无可厚非的。一些收入水平并不高的家庭,也希望送自己的子女到国外留学。然而,这些打算需要比较大的资金的支持。因此,子女教育规划,就是家庭教育的理财规划。

2. 教育费用估算

选择好子女的教育种类后,接下来应该估算教育费用,并且对这些估算费用的增长情况作一个判断。教育费用,受到通货膨胀率、学校名气大小以及报考学生多少等方面的影响,会不同程度地上升。例如,国内 MBA 学费,是研究生学费中比较高、而且上涨速度比较快的一种。同时,名校的 MBA 学费上涨更快。如果有相关方面的打算,就需要充分考虑到相关信息。应以教育规划为依据,估算相应的教育费用。在出生后到小学阶段,通常在国内接受教育。接受幼教(或者早期教育)期间,如果安排子女上较好的私立幼儿园每月支付费用就将达到几千元,甚至上万元。同时,如果需要聘请家教培养子女的业余爱好,课外辅导的费用也将快速上升,例如,钢琴课费用通常在 70—100 元/小时。对小学的学费而言,私立和公立差距很大。公立学校,由于是义务制教育,费用由政府规定,相对较低。如表 6.1 所示。

表 6.1   无锡市滨湖区公办小学收费标准公示(2009 年春季)   单位:元/生·学期

收费项目		收费标准	收费依据	备　　注
作业本费		20 元(含讲义费 8 元)	锡价费[2007]206 号 锡教规[2007]147 号	学期末按实结算,多退少不补
代办服务性收费	社会实践活动费	100 元	锡滨价[2005]6 号 锡价费[2005]35 号 锡教计[2005]33 号 苏价费(2008)288 号	指门票、交通费、住宿费,学期末按实结算,多退少不补
	代办校服费	夏装 85.5 元/2 套		一年级 2 套、四年级 2 套(物价部门备案价格)
	困难班费(延迟班)	50 元		遵循自愿原则(按物价部门核定价格收取)
说　　明			1. 家庭特别困难的学生,可凭相关证明向学校提出减免申请; 2. 如另有服务性收费项目,需经物价局备案后方可收取,以告家长书为准,由家长自愿选择。	

资料来源:无锡市滨湖区教育局网站。

与公立小学相对应的是,私立小学的费用相对昂贵。以一线城市上海为例,其每学期基本费用为 6 000 元,加上学费,餐费杂费,差不多 10 000 元/学期,20 000 元/年。而且,要进入那些名牌的私立小学,还需要参加入学考试,经过激烈竞争才能获得入学资格。

初中教育还是属于义务制教育阶段,公立学校收费相对低廉,民办初中的收费相对较高。但如果在公立学校学习期间还要报读 1—2 个兴趣班(或者特色班),或者聘请校外辅导老师等,费用也不会在私立小学费用之下。

高中阶段的学习,可能选择出国就读、或者在国内就读。如果选择高中期间出国留学,美国的费用大致为 20—30 万人民币/年,包括学费和生活费。在上海,公立的重点高中最好,但是要上重点高中需要很高的考分。如果考不上公立重点高中学校,可以选择民办高中。在民办高中可以接受优秀老师的教育和辅导,但费用较高。

大学本科阶段教育,学生可以选择出国留学或者在国内就读。国内大学的学费,美术、音乐、戏剧等特殊专业的学费比较高,一般的文科、理工科的学费相对较低;国内大学与国外院校合作的专业,其学费相对较高。选择出国留学深造,大学本科阶段很难获得国外奖学金,在美国就读,学费和生活费合计至少为 20—30 万人民币/年。在国外完成本科阶段教育后,选择上硕士研究生、甚至硕博连读,视专业不同,可能获得不同额度的奖学金。对于一般家庭,可以选择在国内完成本科、硕士研究生的教育,然后去国外攻读博士学位。然而,要在发达国家,包括美国、日本、英国等国相对较好的高校获得博士学位是相当困难的。对此,必须要有充分的思想准备。

对于多数在企业工作的本科毕业生而言,攻读博士学位并非最佳选择。他们可以选择攻读 MBA 或者专业硕士学位,来提高自己的学历层次,为未来的职位升迁做好准备。

此外,非学历教育也应该成为教育的重要选项之一,尤其是与工作关系密切的资格证书。例如,在会计事务所工作的需要注册会计师证书,在证券公司工作的需要证券从业人员资格证书,在房地产行业的需要房地产经纪人资格证书,从事英语翻译工作的需要中级或者高级口译证书,在银行从事个人理财业务的需要金融理财师(AFP)证书,或者国际金融理财师(CFP)证书。这些五花八门的证书,是某个行业从业的基本资格,有些高级证书甚至比正规的硕士、博士的学位更加稀缺,更有价值。例如,金融行业的 CFA 是"特许金融分析师"(Chartered Financial Analyst)的简称,它是证券投资与管理界的一种职业资格称号,由美国"特许金融分析师学院"(ICFA)发起成立。CFA 考试共有三级,三级考试通过,持有该证书的人士,凤毛麟角,在我国市场上非常稀缺。这些资格证书考试,如果由国内机构培训、主考,那么费用就相对较低;如果由国外机构培训、主考,那么教材费用、培训费用以及考试费用就相当昂贵。

在教育经费策划中,客户需要向客户经理咨询这些费用的总额,并且请客户经理针对通货膨胀率,预测目标学校在未来几年后学费、生活费等涉及教育的各项费用的上涨趋势。这些预测工作,将会成为未来教育投资的重要依据。

毫无疑问,对通胀率的预测不可能十分精确,但从财务策划的合理性角度出发,对大学费用增长率的预测却是越准确越好。当客户经理无法确定未来教育的支出的具体数据的时候,可以采用保守的估计值,以避免出现无法支付子女教育费用的情况。如果子女上大学后,家长发现教育投资策划筹集的资金大于实际需要支付的金额,则可以将多余的部分用做其他计划。

3. 教育费用的筹措和投资安排

在对这些费用的支出作出估算以后,就需要考虑如何筹措这些费用。如果是一个高收入家庭,或者是一个富裕家庭,那么教育费用的支出是无需事先通过投资、或者储蓄来筹措的。如果是一个中等收入的家庭,或者收入比较高、但支出项目多的家庭,就需要通过投资或者储蓄等方式进行筹措。在知悉了子女各阶段教育费用的大致数量,以及这些费用因通货膨胀率因素而出现上涨的情况以后,就可以对家庭的教育费用投资作出安排。教育费用的投资安排需要考虑如下几方面的情况:

(1) 家庭当前和未来的财务状况。通常,我们可以将家庭财务状况划分为三类:高收入家庭、中等收入家庭,以及低收入家庭。其中,高收入家庭拥有大额的储蓄、金融资产和房地产,生活稳定,经济基础雄厚。同时,每月都有大额现金收入,投资理财观念较强,而且也有相应的理财计划和安排。

中等收入水平的家庭拥有一定数量的银行储蓄、金融资产和房地产等各项资产,生活稳定,经济基础较好,能够承担国内各种教育费用支出。低收入家庭的银行储蓄、金融资产和房地产都维持在低水平上,生活稳定,经济条件不宽裕。这类家庭能够承担国内公费教育的各项支出,难以承担国内私立学校、国内中外合资项目以及国外教育的费用。

除上述当前收入状况外,还要考虑家庭收入未来的变化。例如,某些目前处于中低收入水平的家庭,其未来的收入可能会有提升的空间。另外,还要考虑高、中、低收入家庭未来的各种支出,例如购房、购车,家庭男女主人自己的教育、进修等支出项目,对于这些家庭的财务状况的影响。

(2) 教育费用的筹措通常有 5 种途径:教育资助、奖学金、银行贷款、勤工俭学,以及教育投资规划。其中,教育资助是教育费用的重要来源。当有些家庭的子女考上大学,却无力承担大学费用的时候,可以获得政府的教育资助。教育资助,包括国家和地方政府等层面的资助。然而,这些资助通常有严格的资格限制,申请者必须充分了解相关的信息,包括资助条件、资助种类、资助期限等。由于政府的财政拨款有限,即使符合条件的申请者,也未必能够获得资助。

奖学金也是教育费用的重要来源。奖学金,包括国家、地方政府的奖学金,学校提供的奖学金等。奖学金,通常给予那些特别优秀的学生,或者人数较少、国家急需的专业学生。此外,我国政府还会出于国际关系的需要、资助友好国家的青年来中国留学等。国家励志奖学金是为了激励普通本科高校、高等职业学校和高等专科学校的家庭经济困难学生勤奋学习、努力进取,在德、智、体、美等方面全面发展,由中央和地方政府共同出资设立的,奖励资助品学兼优的家庭经济困难学生的奖学金。为资助世界各国学生、学者到中国高等学校进行学习和研究,增进中国人民与世界各国人民的相互理解和友谊,发展中国与世界各国在教育、科技、文化、经贸等领域的交流与合作,中国政府设立了中国政府奖学金。教育部负责根据中国政府与外国政府或国际组织达成的协议或计划对外提供中国政府奖学金,并委托国家留学基金管理委员会(Chinese Scholarships Council, CSC)具体负责享受中国政府奖学金来华留学的外国学生(以下简称奖学金生)的招生及日常事务的管理工作。

贷款,是低收入家庭或者子女能够获得的一种资金来源。教育贷款又叫助学贷款,主要解决学生求学过程中的各种费用支出。助学贷款分为国家助学贷款和商业助学贷款。国家助学贷款是政策性的贷款,由国家财政补贴一半利息,主要面向家庭经济困难的大专院校在册学生。国家助学贷款的贷款条件为:具有完全民事行为能力(未成年人须由其法定监护人出具书面同意书);具有有效居留身份证件;符合贷款人要求的学习与品行标准,无不良信用行为;所在学校与银行签有银校合作协议;有介绍人推荐,且有一名见证人对其身份提供书面证明。国家助学贷款的贷款期限最长为 8 年;贷款额度原则上不超过学生在校就读期间所需学杂费和生活费用的总和,最高限额为 10 万元人民币;贷款利率按中国人民银行规定的同档次贷款利率执行,国家补贴 50% 利息;贷款分按年、按月两种方式发放。学费贷款按年发放,生活费按月发放。商业助学贷款由商业银行提供,根据用途可分为学生学杂费贷款、教育储备金贷款、进修贷款和出国留学贷款。各家商业银行在商业助学贷款的条款上可能有所差别,但基本内容相同。年满 18 周岁的受教育者可以本人申请贷款,也可以由其直系亲属、监护人、配偶等代受教育人申请贷款;未年满 18 周岁的受教育者及所有出国留学贷款则必须由受教育者直系亲属、监护人等代理申请贷款。商业助学贷款的贷款条件为:具有完全民事行为能力的自然人;有当地常住户口或有效居留身份,有固定和详细的住址;有正当职业和稳定可靠的收入来源,信用良好,具备按期偿还贷款本息的能力;有就读学校的《录取通知书》或《接收函》;有就读学校开出的学习期内所需学杂费的证明材料;提供贷款人认可的资产抵、质押或具有代偿能力并承担连带责任的第三方保证人;借款人已拥有受教育人所需的一定比例的费用。商业助学贷款的贷款期限一般为 3 至 6 年,最长不超过 10 年(含 10 年);贷款额度原则上不得超过学杂费总额的 80%,最高不超过 10 万元;贷款利率按中国人民银行规定的同档次贷款利率执行;贷款分按年、按月两种方式发放。学费贷款按年发放,生活费按月发放。

　　勤工俭学,一般是经济贫困的大学生用以维持生活、就学的手段,他们利用业余时间做工赚取报酬。当然也有人并不是为了报酬,而是想多积累一些社会实践经验。调查发现,当今大学生参加勤工俭学的目的,有些学生是为了钱,但为钱的动机却不一,或为减轻家庭负担,或想过得潇洒一点,或为弥补自己的"财政赤字"。有些学生是为了培养能力,认识社会,增加自己的人生阅历,锻炼自己的意志,体验自立,而"钱"是次要的。学生一般认为,参加勤工俭学不论是有意识的还是无意识的,都能得到能力的锻炼,但对于具体能够锻炼哪些能力则认识不一。

　　最后,就是教育投资规划。包括对投资工具、投资期限、投资市场等做出规划。从上述分析可以看到,高收入家庭无需单独考虑教育投资项目的安排。对于中低收入水平家庭而言,如果仅仅考虑在国内接受公立教育,那么也是可以应付的。如果考虑在国内接受私立学校的教育,或者到发达国家接受教育,那么就需要考虑专项的教育投资策划,以此来筹措教育经费。

6.3 教育投资策划工具

6.3.1 传统教育投资策划工具

传统教育投资策划工具主要包括银行的储蓄存款、购买固定收益的债券和购买人寿保险等。这些投资工具的优点是风险相对较低,收益比较稳定。

1. 银行的储蓄存款

家庭可以安排收入中的一部分资金,用于银行的储蓄存款,等到子女上大学时,就能有一笔资金用于教育费用的支付。其中,教育储蓄特别重要。与其他储蓄产品相比,教育储蓄的利率相对优惠,而且教育储蓄免征利息所得税。不仅如此,参加教育储蓄的学生,将来上大学可以优先办理助学贷款。

2. 定息债券

债券的票面利息率是固定的,直至期满为止。2009 年 9 月汇丰银行(中国)有限公司在香港发行的人民币定息债券[①]。该定息债券的期限为 2 年,票面年息率为 2.6%,每 6 个月派息一次,债券发行所得将主要用于拓展汇丰中国的自身业务。定息债券收益稳定,是教育投资策划中常用的债券品种。家庭可以定期购买一定数额的定息债券,在需要资金的时候,卖出债券,流动性好。

3. 人寿保险

人寿保险是以人的生命为保险标的,以生、死为保险事故的一种人身保险。其中,有一种教育保险,可以为家庭提供帮助。教育保险因具有储蓄、保障、分红和投资等多项功能而受到越来越多家长的欢迎。该险种计划性强,有一种强制储蓄的作用。投保人如在保险期间发生重大意外,可以免交以后各期保费,被投保人到期仍可得到保险公司足额的保险利益。例如,太平洋人寿保险公司推出的"状元红两全保险",其特点是:保险资金专款专用,教育金集中领取;不但具有分红性质,同时也兼备保障功能。家长每年只需缴纳 3 705 元保费,即每天为孩子准备约 10 元,届时即可为孩子储备一笔专项教育资金。当孩子在 18—21 周岁时,可分别按保额的 30% 领取大学教育金,在 25 周岁时,可按保额的 50% 领取子女创业金。

6.3.2 其他教育投资策划工具

其他教育投资策划工具主要有政府债券、股票、公司债券和证券投资基金等。这些投资工具的价格具有比较大的波动性,受到利率、汇率等宏观经济变量的影响,是投资者

---

① 《汇丰中国在港发行人民币定息债券获超额四倍认购》,中国新闻网,2009 年 9 月 7 日。

常用的投资工具之一。

1. 政府债券

政府债券的发行主体是政府。它是指政府财政部门或其他代理机构为筹集资金,以政府名义发行的债券,主要包括国库券和公债两大类。一般国库券由财政部发行,用以弥补财政收支不平衡;公债是指为筹集建设资金而发行的一种债券。有时也将两者统称为公债。中央政府发行的称中央政府债券(国家公债),地方政府发行的称地方政府债券(地方公债)。

2. 股票

股票持有者凭股票从股份公司取得的收入称为股息。股息的派发取决于公司的股息政策,如果公司不派发股息,股东就没有获得股息的权利。优先股股东可以获得固定金额的股息,而普通股股东的股息是与公司的利润相关的。普通股股东股息的派发在优先股股东之后,必须所有的优先股股东满额获得他们曾被承诺的股息之后,普通股股东才有权力派发股息。股票只是对一个股份公司拥有的实际资本的所有权证书,是参与公司决策和索取股息的凭证,不是实际资本,而只是间接地反映了实际资本运动的状况,从而表现为一种虚拟资本。

除政府债券和股票外,资本市场的投资工具还包括公司债券、各种证券投资基金等等。这些投资工具具有较高的投资风险,同时收益也较高。因此,在教育投资策划中,可将其作为投资的选项,但是也要控制好风险。

3. 短期教育策划工具

如果该家庭的教育投资策划进行得比较晚,而其在短期内就需要一笔资金来支付子女的教育费用,个人理财规划师就应该建议客户考虑通过贷款来实现目标了。采用从银行借入商业贷款,如果贷款金额比较大,还款时间比较长,那么就会影响到家庭男女主人的养老计划。一般情况下,可以首先考虑让子女就读学费较低的学校。其次,可以将债务归在子女的名下,自身作为债务的担保人或第三方,只有当子女的财务状况显示其无法偿还债务时,客户才需要为其承担此义务。

近年来,境外高校,尤其是我国香港、澳门的高校纷纷采取措施,在内地招收优秀大学生。2006年高考招生中,成都市文科第一名代媛媛已被香港中文大学以50万港元全额奖学金"预订";四川省理科冠军周小天也接到了香港两所高校的邀请函,承诺给予全额奖学金;等等。2006年,香港8大高校,即香港大学、香港中文大学、香港科技大学、香港浸会大学、香港城市大学、香港岭南大学、香港理工大学和香港教育学院,在内地扩大招生名额。北京、上海、广州、成都等地的应届毕业生,除了继续争取进入清华大学、北京大学、复旦大学、交通大学等内地名校外,有些学生也开始将视角转向了香港和澳门的学校。因此,在考虑学校的时候,如果子女成绩出众,竞争力强,可以选择那些能够提供高额奖学金的学校。当然,这种方法对多数学生并不适用。

本章小结

1. 教育投资策划,是依照教育发展规律,遵循投资管理的相关原理和原则,对教育资源和机遇进行最佳整合,创造性地设计教育事业的发展和使投资收益最大化的行为,包括家庭男女主人以及子女的教育投资策划两种。

2. 教育投资策划,需要综合考虑各种因素,首先要考虑教育的种类,是学历教育还是非学历教育;义务教育还是非义务教育等。其次要考虑教育经费的来源,包括国家财政拨款,教育专税,学杂费的收取,校办产业与社会服务收入,社会力量集资与捐资,建立教育专项基金,金融、信贷手段融资等方面。最后要考虑直接的和间接的教育成本。

3. 教育投资策划的特点包括:子女教育的时间安排没有弹性;子女教育的费用弹性不大;子女的资质无法事先预测;子女教育费用支出持续的时间长、金额大等。

4. 教育投资一方面应该与个人兴趣相适应,包括职业兴趣、职业能力和职业价值观,另一方面,应该与社会环境相适应。

5. 教育投资策划,首先要确立子女培养目标;其次要明确教育投资策划所要遵循的原则,这些原则包括在教育目标的选择方面给予较大空间,对教育经费的筹措留有充分余地,合理利用各种教育的投融资渠道等。

6. 教育经费筹措可以按照如下步骤进行:首先考虑子女教育的种类,然后进行教育费用估算和筹措,最后做出投资规划。

7. 教育投资策划工具有两类,传统教育投资策划工具和其他教育投资策划工具。前者包括银行的储蓄存款、定息债券、人寿保险;后者包括政府债券、股票、短期教育策划工具等。

思考与练习

1. 什么是教育?

2. 什么是教育投资策划?

3. 教育投资策划在个人理财业务中的地位如何?

4. 试比较学历教育与非学历教育的差异性。

5. 试比较义务教育和非义务教育的差异性。

6. 请分析终身教育对于我们职业生涯、整个生命历程的意义。

7. 试分析我国教育经费的几种来源,及其需要改进的方面。

8. 试估算小学、中学(包括初中、高中)以及大学的费用。

9. 教育投资策划有哪些特点?

10. 按霍兰德的分类方法,职业兴趣有哪些类型?

11. 按人们的理想、信念和世界观分类,职业有哪些类型?

12. 如何安排教育投资,以便实现较好的职业发展?

13. 如何确立子女培养的目标?

14. 试比较各个层次的私立学校和普通公办学校的差异性。

15. 试分析何时送子女海外就学比较合适,是高中、大学,还是研究生阶段?

16. 试比较各种教育费用筹措途径的优劣及差异性。

17. 教育投资策划工具中,你将选择哪几种工具,为什么?

18. 如果你已经开始职业生涯,是否考虑自己的教育策划,为什么?

第7章

风险管理与保险策划

本章学习要点

1. 掌握保险策划的概念；

2. 理解保险与风险管理的原理；

3. 理解保险的基本原则；

4. 了解人身保险保费的构成以及计算保费的基础；

5. 了解保险产品的分类，以及各种人身保险、财产保险的差异；

6. 掌握保险策划的基本原则；

7. 掌握保险策划的主要步骤。

基本概念：风险；保险；保险利益原则；最大诚信原则；近因原则；损失补偿原则；人身险；
　　　　财产险；保险策划

　　人们在日常生活中，每天都在发生着大大小小的威胁人类生存的事件，小至我们日常生活中的琐碎事情，大到一些骇人听闻的灾难性事件。

　　● 1912 年 4 月 15 日凌晨，在世界航海史上曾经被骄傲地称为"永不沉没的巨轮"的泰坦尼克号，载着 2 207 名旅客和船员进行处女航，同一座漂浮的冰山发生了仅仅为 10 秒钟的碰撞，造成了 1 513 名旅客遇难的悲剧。

　　● 1986 年 4 月 26 日当地时间 1 点 24 分，位于乌克兰的切尔诺贝利核能发电厂发生严重泄漏及爆炸事故。事故导致 31 人当场死亡，上万人由于放射性物质远期影响而致命或罹患重病，至今仍有被放射线影响而出生的畸形胎儿。这是有史以来最严重的核事故。俄罗斯、白俄罗斯及乌克兰等为此投入巨额经费与众多人力，致力于灾难的善后以及居民健康保健工作。因事故而直接或间接死亡的人数难以估算，且事故后的长期影响到目前为止仍是未知数。

● 9.11 恐怖袭击事件于美国东部时间 9 月 11 日上午(北京时间 9 月 11 日晚上)发生在美国本土,恐怖组织劫持多架民航飞机冲撞纽约曼哈顿的摩天高楼以及华盛顿五角大楼,进行了自杀式恐怖袭击。包括美国纽约地标性建筑世界贸易中心双塔在内的 6 座建筑被完全摧毁,其他 23 座高层建筑遭到破坏,美国国防部总部所在地五角大楼也遭到袭击。9.11 事件在经济上产生了重大及实时的负面影响。大量设在世界贸易中心的大型投资公司丧失了大量财产、员工与数据。全球许多股票市场受到影响,伦敦证券交易所不得不进行疏散,纽约证券交易所直到 9.11 事件后的第一个星期一才重新开市。道琼斯工业平均指数开盘第一天下跌 14.26%。其中跌幅最严重的要数旅游、保险与航空股。美国的汽油价格也大幅度下跌。当时美国经济增速已经放缓,9.11 事件则加深了全球经济的萧条。

● 2004 年年底,发生在印度洋的海啸,吞噬了 22.5 万人的生命,2004 年全球因自然灾害丧生的人数达到 25 万人,是 2003 年的 3 倍多。这场突如其来的灾难给印度尼西亚、斯里兰卡、泰国、印度、马尔代夫等国造成了巨大的人员伤亡和财产损失,这可能是世界近 200 多年来死伤最惨重的海啸灾难。

● 2009 年 10 月 25 日,中新网 10 月 26 日电,综合媒体报道,伊拉克首都巴格达 25 日发生的两起自杀式汽车炸弹爆炸事件,已经造成至少 147 人丧生,721 人受伤,是该国两年多以来最严重的袭击事件。爆炸针对巴格达省政府大楼和伊司法部大楼,现场距离设于曼苏尔酒店内的中国驻伊大使馆及新华社仅 50 米,由于爆炸威力强大,使馆门窗几乎全部被毁,天花板脱落,两名酒店中国厨师受伤,使馆和新华社无人伤亡。

大量的自然灾害、人为破坏等事件,影响了我们的正常生活;为此,我们需要通过保险来应对。

7.1　风险管理

人的一生,存在诸多不确定性,有许多风险。购买保险是一种防范风险的手段,有些保险品种还具有投资的功能,所以购买保险是一种最安全可靠的投资手段,是一种理想的理财方式。同时保险也是一种合理避税的有效途径。

7.1.1　风险概述

保险是以契约形式确立双方经济关系,以缴纳保险费建立起来的保险基金,对保险合同规定范围内的灾害事故所造成的损失,进行经济补偿或给付的一种经济形式。保险源于风险的存在。虽然每个人都希望自己和他的亲人能够幸福美满,身体健康。但是,生、老、病、死,却是每个人都无法避免的,更何况还有各种意外事件发生。一旦这些事情中的一件事情发生,不仅会使这个家庭遭受精神上的打击,而且还会在经济上遭受损失,甚至会使整个家庭的生活陷入困境之中。谋求将这些损失减至最低的方式,是保险萌芽的基本原因。保险是最古老的风险管理方法之一。

1. 风险的含义

在人类生产和生活中,无论个人、家庭,还是经济单位,都可能遭受自然的,或者人为的灾害或意外事故而蒙受损失。风险,就是某一特定危险情况发生的可能性和后果的组合。从整个时间和空间角度来看,灾害和意外事故的发生存在一定的统计规律,灾害和意外事故造成损失是必然的;而灾害和事故发生的具体时间、地点、损失程度等方面,却是无法预先确定,又是偶然的。这种必然性与偶然性的对立与统一正是风险概念的基础。

2. 风险的组成要素

风险的组成要素包括风险因素、风险事故和损失。

(1) 风险因素,是指能增加或产生损失频率和损失程度的条件,它是风险事故发生的潜在原因,是造成损失的内在或间接原因。构成风险因素的条件越多,发生损失的可能性就越大,损失就会越严重。根据性质不同,风险因素可分为物质风险因素、道德风险因素和心理风险因素。具体而言,物质风险因素,是指有形的,并能直接影响事物物理功能的因素,即某一标的本身所具有的足以引起或增加损失机会和损失程度的客观原因和条件,如财产所在的地域、建筑结构和用途等。一般而言,南方地域要比北方地域发生洪灾的可能性大;木质结构的房屋要比水泥结构的房屋发生火灾的可能性大;机动车从事营运的要比非营运的发生交通事故的可能性大。道德风险因素,是与人的品德教育有关的无形因素,是指人们以不诚实、不良企图或欺诈行为故意促使风险事故发生,或扩大已发生的风险事故,以致引起社会财富损毁和人身伤亡的原因或条件,例如欺诈、纵火等。心理风险因素,是与人的心理状态有关的无形因素,即由于人们行为上的粗心大意和漠不关心、侥幸或存在依赖保险的心理,以致增加风险事故发生的频率和损失程度的因素。例如,企业或个人投保财产保险后放松对财产的保护措施,投保人身保险后忽视自己的身体健康等。

(2) 风险事故又称风险事件,是指风险可能成为现实,以致造成人身伤亡或财产损害的偶发事件。只有通过风险事故的发生,才能导致损失。风险事故意味着风险的可能性转化为现实性,即风险的发生。例如,火灾、地震、洪水、龙卷风、雷电、爆炸、盗窃、抢劫、疾病、死亡等等都是风险事故。

对于某一事件,在一定条件下,可能是造成损失的直接原因,则它成为风险事故;而在其他条件下,可能是造成损失的间接原因,则它便成为风险因素。如下冰雹使得路滑而发生车祸,造成人员伤亡,这时冰雹是风险因素,车祸是风险事故;若冰雹直接击伤行人,则它是风险事故。

（3）损失,有狭义和广义之分。狭义的损失是指非故意的、非预期的、非计划的经济价值的减少。风险管理中所讲的就是狭义的损失。广义的损失不但包括物质上的损失,而且包括精神上的耗损,例如,折旧、报废、记忆力减退、时间的耗费等属于广义的损失,但不能成为风险管理中所涉及的损失,因为它们是必然发生的或是计划安排的。

风险是风险因素、风险事故和损失三者构成的统一体。当风险因素增加时,风险事故也可能增加。而风险事故增加,通常会导致损失的增加。

3. 风险的分类

（1）纯粹风险和投机风险。纯粹风险是指只会产生损失而不会产生收益的风险,其所导致的结果有两种,没有损失;或者造成损失。例如水灾、火灾、车祸、疾病、意外事故等。与纯粹风险相对应的是投机风险。投机风险是指既可能产生收益也可能造成损失的风险。这类风险的结果有三种可能:没有损失,有损失,盈利。比如股票投资,投资者购买某种股票后,可能会由于股票价格上升而获得收益,也可能由于股票价格下降而蒙受损失,但股票的价格到底是上升还是下降,幅度有多大,这些都是不确定的,因而这类风险就属于投机风险。

有时同一对象,可能既面临纯粹风险又面临投机风险。如一个企业,既面临火灾、水灾等纯粹风险,又面临技术风险、经营风险等投机风险。尽管如此,区别纯粹风险和投机风险仍非常重要,纯粹风险的后果会有损失,对人类是不利的;相反投机风险则不同,出于其具有盈利的可能性,有些人会自愿地去冒险。在一般情况下,只有纯粹风险才是可以投保的,投机风险不能投保。

（2）可保风险与不可保风险。可保风险是保险人可以接受承保的风险。尽管保险是人们处理风险的一种方式,它能为人们在遭受损失时提供经济补偿,但并不代表所有破坏物质财富或威胁人身安全的风险,保险人都承保。可保风险仅限于纯粹风险。

4. 可保风险的条件

并非所有的纯粹风险都是可保风险,纯粹风险成为可保风险必须满足如下四个条件。

（1）损失程度较高。潜在损失不大的风险事件一旦发生,其后果完全在人们的承受限度以内,因此,这类风险根本无需采用“保险”这种方式。例如人们在日常生活中丢失了或者意外损失了一些本身价值很低的小物品,即使这样也不会给人们带来过大的经济困难和不便。但对于那些潜在损失程度很高的风险事件,如火灾、盗窃等,一旦发生,就会给人们造成极大的经济困难。对此类风险事件,保险便成为一种有效的风险管理手段。

（2）损失发生的概率较小。可保风险还要求损失发生的概率较小。这是因为,损失发生概率很大意味着纯保费相应很高,加上附加保费,总保费与潜在损失将相差无几。如某地区自行车失窃率很高,有40%的新车会被偷,即每辆新车有40%的被盗概率,若附加营业费率为10％,则意味着总保费将达到新车重置价格的一半。显然,这样高的保费使投保人无法承受,而保险也失去了转移风险的意义。

（3）损失具有确定的概率分布。损失具有确定的概率分布是进行保费计算的重要前提。计算保费时,保险公司将对客观存在的损失分布作出正确的判断。保险公司在经营中采用的风险事故发生率只是真实概率的一个近似估计,是靠经验数据统计、计算得出的。因此,正确选取经验数据对于保险公司确定保费至关重要。有些统计概率,如人口死亡率,交通事故发生率等,具有一定的"时效性",类似这种经验数据,保险公司必须谨慎作出相应的调整。

（4）存在大量具有同质风险的保险标的。保险的职能在于转移风险、分摊损失,提供经济补偿。所以,任何一种保险险种,必然要求存在大量保险标的。这样,一方面可积累足够的保险基金,使受险单位能获得十足的保障;另一方面根据"大数法则",可使风险发生次数及损失值,落在预期值上下的一个合理范围内。也就是说,大量的同质保险标的会保证风险发生次数及损失值以较高的概率集中在一个较小的波动幅度内。显然,距预测值的偏差越小,就越有利于保险公司的稳定经营。这里所指的"大量"并无绝对的数值规定,它随险种的不同而不同。一般的法则是:损失概率分布的方差越大,就要求有越多的保险标的。保险公司为了保证自身经营的安全性,还常采用再保险方式,将保险公司的风险进一步分散。这样,集中起来的巨额风险在全国甚至国际范围内得以分散,被保险公司受到的保障度和安全性都会得到提高。

（5）损失的发生必须是意外的。损失的发生必须是意外的和非故意的。所谓"意外",是指风险的发生超出了投保人的控制范围,且与投保人的任何行为无因果关系。如果由于投保人的故意行为而造成的损失也能获得赔偿,将会引起道德风险,违背了保险的初衷,而且也是无法维持的。此外,要求损失发生具有偶然性也是"大数法则"得以应用的前提。

7.1.2 风险管理与保险

个人理财所面临的风险,主要涉及个人、或家庭。在人生的不同阶段,或者身处不同地区,面临的风险也完全不同。例如,与年轻人不同,老年人更多地面临罹患疾病的风险;与住在其他地区的居民不同,居住在地震带居民更多地面临遭受地震的风险;购房者如果债务负担过重,还贷时间拉得很长,将可能面临因失业、利率上升或者其他各种原因而无力还贷的风险。

这里所说的风险管理,就是通过对个人理财中可能面临的风险进行量度、评估,最后提出应变策略。理想的风险管理,是一连串排好优先次序的过程,使其中的可以引致最大损失及最可能发生的事情优先处理,而相对风险较低的事情则押后处理。但现实情况里,这样的优化过程往往很难决定,因为风险和发生的可能性通常并不一致,所以要权衡两者的比重，以便做出最合适的决定将是非常困难的。风险管理的总原则是：以最小的成本获得最大的保障。对纯粹风险的处理方法包括风险控制、风险回避、风险分散、风险保留、风险转移等。风险管理，处理有效资源运用的难题，牵涉到机会成本。理想的风险管理，希望能够花最少的资源去尽可能化解最大的危机。在降低风险的收益与成本之间进行权衡并决定采取何种措施的过程，包括风险控制方法和金融型管理方法。其中，保险是金融型风险管理的主要方法之一，也是防范狭义风险的最古老的风险管理方法之一。

保险源于风险的存在。虽然每个人都希望自己和他的亲人能够幸福美满、身体健康，但是，生老病死却是每个人都无法避免的，更何况还有各种意外事件发生。一旦这些事情中的一件事情发生，不仅会使这个家庭遭受精神上的打击，而且还会在经济上遭受损失，甚至会使整个家庭的生活陷入困境。如何将这些损失减至最低，这就是保险萌芽的基本原因。

1. 保险

根据《中华人民共和国保险法》第 2 条规定：保险是指投保人根据合同约定，向保险人支付保险费，保险人对于合同约定的可能发生的事故所造成的财产损失承担赔偿保险金责任，或者当被保险人死亡、伤残、疾病或达到合同约定的年龄、期限时承担给付保险金责任的商业保险行为。

2. 保险功能

保险具有经济补偿、资金融通和社会管理功能，这三大功能是一个有机联系的整体。经济补偿功能是最基本的功能，也是保险区别于其他行业的最鲜明的特征。资金融通功能是在经济补偿功能的基础上发展起来的，社会管理功能是保险业发展到一定程度并深入社会生活诸多层面之后产生的一项重要功能，它只有在经济补偿功能和资金融通功能实现以后才能发挥作用。

（1）经济补偿功能，是保险的立业之基，最能体现保险业的特色和核心竞争力。这项功能首先体现为财产保险的补偿。保险是在特定灾害事故发生时，在保险的有效期、保险合同约定的责任范围以及保险金额内，按其实际损失金额给予补偿。通过这种形式，使得已经存在的社会财富因灾害事故所致的实际损失在价值上得到补偿，在使用价值上得以恢复，从而使社会再生产过程得以连续进行。这种补偿既包括对被保险人因自然灾害或意外事故造成的经济损失的补偿，也包括对被保险人依法应对第三者承担的经济赔偿责任的经济补偿，还包括对商业信用中违约行为造成的经济损失的补偿。其次，经济补偿功能体现为人身保险的给付。人身保险的保险数额是由投保人根据被保险人对人身保险的需要程度和投保人的缴费能力，在法律允许的情况下，与被保险人双方协商后确定的。

（2）资金融通的功能，是指将形成的保险资金中的闲置的部分重新投入到社会再生产过程中。保险人为了使保险经营稳定,必须保证保险资金的增值与保值,这就要求保险人对保险资金进行运用。保险资金的运用不仅有其必要性,而且也是可能的。一方面,由于保险保费收入与赔付支出之间存在时间差;另一方面,保险事故的发生不都是同时的,保险人收取的保险费不可能一次全部赔付出去,也就是说保险人收取的保险费与赔付支出之间存在数量差。这些都为保险资金的融通提供了可能。保险资金融通要坚持合法性、流动性、安全性、效益性的原则。

(3) 社会管理的功能,是指对整个社会及其各个环节进行调节和控制的过程。目的在于正常发挥各系统、各部门、各环节的功能,从而实现社会关系的和谐、整个社会的良性运行和有效管理。保险作为社会保障体系的有效组成部分,在完善社会保障体系方面发挥着重要作用。一方面,保险通过为没有参与社会保险的人群提供保险保障,扩大社会保障的覆盖面;另一方面,保险通过灵活多样的产品,为社会提供多层次的保障服务。保险公司具有风险管理的专业知识、大量的风险损失资料,为社会风险管理提供了有力的数据支持。同时,保险公司大力宣传培养投保人的风险防范意识;帮助投保人识别和控制风险,指导其加强风险管理;进行安全检查,督促投保人及时采取措施消除隐患;提取防灾资金,资助防灾设施的添置和灾害防治的研究。通过保险应对灾害损失,不仅可以根据保险合同约定对损失进行合理补充,而且可以提高事故处理效率,减少当事人可能出现的事故纠纷。保险介入灾害处理的全过程,参与到社会关系的管理中,改变了社会主体的行为模式,为维护良好的社会关系创造了有利条件。保险以最大诚信原则为其经营的基本原则之一,而保险产品实质上是一种以信用为基础的承诺,对保险双方当事人而言,信用至关重要。保险合同履行的过程实际上就为社会信用体系的建立和管理提供了大量重要的信息来源,实现了社会信息资源的共享。

7.1.3 保险原则

保险原则(Principles of Insurance)的主要内容:保险利益原则、最大诚信原则、近因原则、损失补偿原则和由损失补偿原则派生出来的原则。

1. 保险利益原则

保险利益原则是保险行业中的一个基本原则,又称"可保利益原则"或"可保权益原则"。所谓保险利益是指投保人或被保险人对其所保标的具有法律所承认的权益或利害关系。即在保险事故发生时,可能遭受的损失或失去的利益。通常投保人会因为保险标的的损害或者丧失而遭受经济上的损失,因为保险标的的保全而获得收益。只有当保险利益是法律上认可的、经济上确定的而不是预期的利益时,保险利益才能成立。一般来说,财产保险的保险利益在保险事故发生时存在,这时才能补偿损失;人身保险的保险利益必须在订立保险合同时存在,用来防止道德风险。《中华人民共和国保险法》第 12 条规定:"保险利益是指投保人对保险标的具有法律上承认的利益。"

2. 最大诚信原则

最大诚信的含义是指保险合同当事人真诚地向对方充分而准确地告知有关保险的所有重要事实,不允许存在任何虚伪、欺瞒、隐瞒行为。在订立保险合同及合同有效期内,应依法向对方提供足以影响对方做出订约与履约决定的全部实质性重要事实,同时绝对信守合同订立的约定与承诺。否则,受到损害的一方,按民事立法规定可以此为由宣布合同无效,或解除合同,或不履行合同约定的义务或责任,甚至对因此受到的损害要求对方予以赔偿。而且不仅在保险合同订立时要遵守此项原则,在整个合同有效期内和履行合同过程中也都要求当事人具有"最大诚信"。最大诚信原则对保险合同的双方都提出了相应的要求,包括告知义务:保险人应该对保险合同的内容即术语、目的进行明确说明;投保人应该对保险标的的状况如实告知。保证义务,投保人或者被保险人对于作为或不作为、某种状态存在或不存在的担保。在保险合同上明确规定的保证包括盗窃险中保证安装防盗门、人身保险中驾驶车辆必须持有效的驾驶证等;不需明确的保证称为默示保证,如海上保险中,投保人默示保证适航能力、不改变航道、航行的合法性等。由于保证条款对被保险人限制十分严格,所以各国法律都限制保险人使用默示保证,只有一些约定俗成的事项成为默示保证。

在最大诚信原则中,还有弃权和禁止反言原则。弃权是当事人放弃在合同中的某种权利。例如投保人明确告知保险人保险标的的危险程度足以影响承保,保险人却保持沉默并收取了保险费,这时构成保险人放弃了拒保权。再如保险事故发生,受益人在合同规定的期限不索赔,构成受益人放弃主张保险金的权利。禁止反言指既然已经放弃某种权利,就不得再主张该权利。比如上面第一个例子,保险人不能在承保后,再向投保人主张拒保的权利。

最大诚信原则保证保险合同当事双方能够诚实守信,对自己的义务善意履行。

3. 近因原则

《保险法》上的近因原则的含义为"保险人对于承保范围的保险事故作为直接的、最接近的原因所引起的损失,承担保险责任,而对于承保范围以外的原因造成的损失,不负赔偿责任。"近因原则是指判断风险事故与保险标的的损失之间的关系,从而确定保险补偿或给付责任的基本原则。按照该原则,承担保险责任并不取决于时间上的接近,而是取决于导致保险损失的保险事故是否在承保范围内。如果存在多个原因导致保险损失,近因是保险标的损害发生的最直接、最有效、起决定作用的原因,而并不是指最近的原因。如果近因属于被保风险,则保险人应赔偿,如果近因属于除外责任或者未保风险,则保险人不负责赔偿。

由于导致保险损失的原因可能会有多个,因此,近因原则作为认定保险事故与保险损失之间是否存在因果关系的重要原则,对认定保险人是否应承担保险责任具有十分重要的意义。

我国《保险法》、《海商法》只是在相关条文中体现了近因原则的精神,并无明文规定。我国司法实务界注意到这一问题,在最高人民法院《关于审理保险纠纷案件若干问题的解释(征求意见稿)》第19条中规定:"(近因)人民法院对保险人提出的其赔偿责任限于以承保风险为近因造成损失的主张应当支持。"

4. 损失补偿原则

损失补偿原则,是保险人必须在保险事故发生导致保险标的遭受损失时,根据保险责任的范围对受益人进行补偿。被保险人从保险人所得到的赔偿,应正好填补被保险人因保险事故所造成的保险金额范围内的损失。通过补偿,使被保险人的保险标的在经济上恢复到受损前的状态,受益人不能因保险金的给付获得额外利益。补偿原则的实现方式通常有现金赔付、修理、更换和重置。一般来说,财产保险遵循该原则,但是由于人的生命和身体价值难以估计,所以人身保险并不适用该原则。

保险人在运用补偿原则时,经济补偿应以实际损失为限,以保险金额为限,以保险利益为限。此外,补偿原则还有分摊原则、代位求偿原则、委付原则等派生原则。在重复保险的条件下,为了避免被保险人因保险事故获得超额赔偿,因此采用顺序、限责和分摊等原则。

由损失补偿原则派生出代位求偿原则和重复保险分摊原则。(1)保险代位求偿原则是从补偿原则中派生出来的,只适用于财产保险。在财产保险中,保险事故的发生如由第三者造成并负有赔偿责任,则被保险人既可以根据法律的有关规定向第三者要求赔偿损失,也可以根据保险合同要求保险人支付赔款。如果被保险人首先要求保险人给予赔偿,则保险人在支付赔款以后,有权在保险赔偿的范围内向第三者追偿,而被保险人应把向第三者要求赔偿的权利转让给保险人,并协助其向第三者要求赔偿。反之,如果被保险人首先向第三者请求赔偿并获得损失赔偿,被保险人就不能再向保险人索赔。(2)重复保险分摊原则也是由补偿原则派生出来的,它不适用于人身保险,而与财产保险业务中发生的重复保险密切相关。重复保险是指投保人对同一标的、同一保险利益、同一保险事故分别向两个以上保险人订立合同的保险。重复投保原则上是不允许的,但在事实上是存在的。其原因通常是由于投保人或者被保险人的疏忽,或者源于投保人求得心理上更大安全感的欲望。重复保险的投保人应当将重复保险的有关情况通知各保险人。重复保险分摊原则是指投保人向多个保险人重复保险时,投保人的索赔只能在保险人之间分摊,赔偿金额不得超过损失金额。在重复保险的情况下,当发生保险事故时,对于保险标的所受损失,由各保险人分摊。如果保险金额总和超过保险价值,各保险人承担的赔偿金额总和不得超过保险价值。这是补偿原则在重复保险中的运用,以防止被保险人因重复保险而获得额外利益。

7.1.4　人身保险保费的计算

保险金额是被保险人对保险标的的实际投保金额,是保险人承担保险责任的标准和计收保险费的基础。不同的险种,保险费的计算也是完全不同的。人身保险保费,也就是人身保险的价格,计算是比较复杂的。人身保险价格的确定,通常基于统计资料,依据大数法则,推算将来可能的各项成本,如被保险人群死亡率或生存率,保险资金运用的回报率及附加费用等。这些工作均涉及一些数理、精算方面的知识,比较专业,一般由公司的精算人员完成,因而必须严格监管。《保险法》第 106 条规定,保险公司拟订的保险费率必须报保险监管机关备案,其目的在于限制保险公司利用其专业优势,制定不合理的保险费,保护消费者的利益。

1. 保费结构

保费结构包括纯保费和附加保费。其中,纯保费是用来支付客户各种理赔金、生存金或是满期金等项目的,所以可再分成生存保险金(支付满期保险的财源)及死亡保险金(支付死亡保险的财源);附加保费主要用于各项管理费用,佣金(个人业务)或手续费(团体业务)支出,其中包括应付精算统计及计算等方面偏差的安全费和预定利润。在均衡保费制下,保险前期均衡保费大于自然保费(根据被保险人当年死亡率计算的、恰好满足当年保险金给付和经营费用需要的保费),因而当年均衡纯保费大于当年保险金给付。用于当年保险金给付的那部分纯保费称为危险保费,超过危险保费的那部分纯保费称为储蓄保费。储蓄保费复利累积起来成为寿险责任准备金、弥补保险后期均衡纯保费低于保险金给付的不足。

2. 保费计算基础

保费的计算,通常要考虑年龄、性别、险种等各种因素。

(1) 年龄因素。年纪愈大,保费会愈贵。同样是男性,30 岁和 60 岁购买健康险所需支付的保费显然不同。大部分的寿险保费都是以被保险人的年龄为保费计算基础的,但是"意外险"却是以被保险人的"职业类别"为保费计算基础。因为在同一个工作环境下,任何年龄层的人发生意外的几率是相等的,因此工作危险性越低的人,所缴的保费也就越低,反之,所缴的保费也就越高。

(2) 性别。女性寿命比男性长,因此,女性保费通常会比同年龄的男性便宜。

(3) 保险种类。保险种类也是影响保费的重要因素之一,购买同保额的纯保障险及生死合险,价格就可能相差好几倍。

(4) 预定死亡率或发生率。预定死亡率指的是"经验生命表"中所载各年龄的经验死亡率,称为预定死亡率。各家保险公司都会根据此表去计算自己的费率。发生率通常是指根据条款所定的保障的发生率,例如某一或某些疾病的罹患率等。

(5) 预定投资报酬率。预定投资报酬率是指保险费缴给保险公司,扣除各种准备金、营业费用及再保险的费用后,剩下的可供保险公司运用的部分。保险公司将此笔资金进行股票、基金或债券投资等,据此制定出一个获利率,称为预定投资报酬率。

(6) 准备金。准备金是保险公司依保险法及财政部规定,为清偿未来各种保险金给付责任的准备金额,及应付保户未来理赔、解约的现金准备。

(7) 预定附加费用。是指公司的行政费用、制作保单的成本、员工薪水、各项服务、奖金等等。

7.2 保险产品

为了满足客户需求,保险公司按照风险的性质、保险实施方式、保障范围、给付形式、业务承保方式等不同标准,设计出了不同的保险产品。

7.2.1 人身保险

人身保险是以人的寿命和身体为保险标的的保险。人身保险的投保人按照保单约定向保险人缴纳保险费,当被保险人在合同期限内发生死亡、伤残、疾病等保险事故或达到人身保险合同约定的年龄、期限时,由保险人依照合同约定承担给付保险金的责任。人身保险分为人寿保险、健康保险和人身意外伤害保险。

1. 人身保险的特点

(1) 人身保险是定额给付性质的保险合同。大多数财产保险是补偿性合同,当财产遭受损失时,保险人按其实际损失进行补偿。大多数人身保险不是补偿性合同,而是定额给付性质的合同,只能按事先约定金额给付保险金。健康保险中有一部分是补偿性制,如医疗保险。在财产保险方面,大多数财产可参考其当时市价或重置价、折旧来确定保险金额,而在人身保险方面,生命价值就难有客观标准。保险公司在审核人身保险的保险金额时,大致上是根据投保人自报的金额,并参照投保人的经济情况、工作地位、生活标准、缴付保险费的能力和需要等因素来加以确定。

(2) 人身保险是长期保险合同。也有个别人身保险险种期限较短,有几天,甚至几分钟的,如旅客意外伤害保险和高空滑车保险。投保人身保险的人不愿将保险期限定得过短的原因是,人们对人身保险保障的需求具有长期性;不仅如此,人身保险所需要的保险金额较高,一般要在长期内以分期缴付保险费方式才能取得。

(3) 储蓄性保险。人身保险不仅能提供经济保障,而且大多数人身保险还兼有储蓄性质。作为长期的人身保险,其纯保险费中大部分用来提存准备金,这种准备金是保险人的负债,可用于投资取得利息收入,以其用于将来的保险金给付。正因为大多数人身保险含有储蓄性质,所以投保人或被保险人享有保单质押贷款、退保和选择保险金给付方式等权利。财产保险的被保险人没有这些权利。

(4) 不存在超额投保、重复保险和代位求偿权问题。由于人身保险的保险利益难以用货币衡量,所以人身保险一般不存在超额投保和重复保险问题。但保险公司可以根据被保险人的需要和收入水平加以控制，使保险金额不至于高得过分。同样，代位求偿权原则也不适用于人身保险。如果被保险人的伤害是由第三者造成的、被保险人或其受益人既能从保险公司取得保险金，又能向肇事方提出损害照偿要求，保险公司不能行使代位求偿权。

2. 人身保险的种类

按保险责任的分类，人身保险基本可分为人寿保险、意外伤害保险和疾病（健康）保险。

（1）人寿保险，是人身保险中最基本的险种，是以被保险人在一定期间内以死亡或生存为给付条件的保险。人寿保险通常以被保险人在保险期间内生存或身故为给付保险金的条件。有的人寿保险产品还包括保险合同约定的全残责任。人寿保险按照保险责任分为三种：定期寿险、终身寿险、两全保险。

① 定期寿险，指按照保险合同约定，以死亡为给付保险金条件，且保险期间为固定年限的人寿保险。定期寿险提供一个固定期间的保障，如 10 年、20 年或到被保险人达到某个年龄为止。在保险期间内，如果被保险人不幸身故，保险公司给付保险金；保险期间结束时，如果被保险人仍然生存，保险公司不给付保险金，也不退还保险费，保险合同终止。由于定期寿险只提供固定期限的保障，消费者在保险期满后再购买定期寿险可能会因年龄、健康状况等情况的变化而面临保险公司拒保或提高费率等问题。

定期寿险适合的群体：一般来说，定期寿险费率比其他寿险产品低，可以用较少的钱获得较高的身故保障；定期寿险的保险期间可灵活选择，能够满足消费者特定时期的保障需求。定期寿险比较适合收支节余不多，但要承担较重家庭责任的消费者，例如事业处于起步阶段、刚刚建立家庭的年轻人，若不幸身故，其家庭可能会失去主要的经济来源，身故保险金可以用于分担家庭生活开支、赡养父母、抚养子女或偿还贷款等。

② 终身寿险，指按照保险合同约定，以死亡为给付保险金条件，且保险期间为终身的人寿保险。终身寿险能够为被保险人提供终身的保险保障。投保后，不论被保险人在什么时间身故，保险公司都要按照合同约定给付保险金。

适合的人群：由于保险期间较长，终身寿险带有一定的储蓄功能，具有一定的现金价值。在其他条件相同的情况下，终身寿险费率比定期寿险高，但保险期间更长。其适合经济状况较好的家庭作为理财工具长期规划家庭财务；也适合高端人士用于投资理财、保全财富、规划遗产税和赠与税等。

③ 两全保险，指按照保险合同约定，在保险期间内以死亡或生存为给付保险金条件的人寿保险。两全保险同时具有保障和储蓄功能。在其他条件相同的情况下，两全保险储蓄功能比终身寿险更为突出。由于两全保险同时包含身故给付和生存给付，在其他条件相同的情况下，两全保险费率相对定期寿险和终身寿险都要高。适合的人群：两全险一般都有较好的理财功能，更适合用作家庭理财规划。该险种的身故保障功能与定期寿

险、终身寿险类似,生存保险金可以用于教育金、婚嫁金、养老储备等。

(2)健康保险,是保险公司对被保险人因健康原因导致的医疗费用以及收入损失给付保险金的保险,健康保险分为疾病保险、医疗保险、失能收入损失保险和护理保险等。健康保险是以被保险人疾病、分娩而致死、致残为给付条件的保险。

① 疾病保险(特指重大疾病),是指以保险合同约定的疾病的发生为给付保险金条件的保险。重大疾病保险是目前市场上最常见的疾病保险。重大疾病保险是当被保险人在保险期间内发生保险合同约定的疾病、达到约定的疾病状态或实施了约定的手术时给付保险金的健康保险产品。重大疾病保险的根本目的是为病情严重、花费巨大的疾病治疗提供经济支持。疾病保险的保险金给付与具体医疗费用支出没有直接关系。

② 医疗保险,是指以发生保险合同约定的医疗行为为给付条件的保险。也就是说被保险人在接受治疗而发生费用时,由保险公司按照合同约定的比例和限额进行补偿。医疗保险又分为费用补偿医疗保险和定额给付医疗保险两种类型。

住院费用补偿医疗保险,又称住院医疗费用保险,是指保险公司根据被保险人实际发生的合理的住院医疗费用,按照保险合同约定的比例和标准,在其实际支出的范围内向被保险人支付保险金的医疗保险。住院费用补偿医疗保险的给付金额以该保险的保险金额为限,且不得超过被保险人实际支出的医疗费用总额。

门急诊医疗保险,是指以被保险人在医院门急诊发生的医疗费用支出为给付条件的保险。由于门急诊发生的费用较小,发生频率比较高,一般此类产品仅以团体作为销售对象。国内暂时没有对个人提供此类产品。

定额给付型医疗保险,也称补贴性医疗保险。这种医疗保险和被保险人实际发生的医疗费用无关。一旦发生保险合同约定的保险事故(手术、住院医疗等),保险公司则按照保险合同约定的补贴标准,按次、按日或者按项目向被保险人支付保险金。

意外医疗费用保险,是指对因意外伤害导致的医疗费用支出进行补偿的医疗保险。该保险一般都以附加险的形式存在。

③ 失能收入损失保险,又称作失能保险,是指以因保险合同约定的疾病或者意外伤害导致工作能力丧失为给付保险金条件,为被保险人在一定时期内收入减少或者收入中断提供保障的保险。

④ 护理保险,是指以因保险合同约定的日常生活能力障碍引发护理需要为给付保险金条件,为被保险人的护理支出提供保障的保险。

(3)意外伤害保险,伤害保险是以被保险人遭受意外伤害并致残、致死为给付条件的保险。一般来说,意外伤害是指遭受外来的、突发的、非本意的、非疾病的使身体受到伤害的客观事件。意外伤害保险是指在约定的保险期间内,因发生意外伤害而导致被保险人身故或残疾,保险公司给付约定保险金的保险。意外伤害保险的保险期间多为一年期或一年期以下,相对于其他人身保险产品而言,意外伤害保险一般费率比较低,保障金额比较高,购买手续简便。意外伤害保险按保险风险分类可分为普通意外伤害保险和特定意外伤害保险两种。

① 普通意外伤害保险,所承保的危险是指在保险期间内发生的各种意外伤害(不可保险意外伤害除外,特约保意外伤害时有无特别约定)。最常见的有综合意外伤害保险,学生学平险。

② 特定意外伤害保险,是指特定的时间、特定的地点或者特定的原因发生的意外为保险风险的人身意外伤害保险。比如建筑工地发生的意外伤害保险和公共交通工具意外伤害保险等。

7.2.2　财产保险

财产保险,是指投保人根据合同约定,向保险人交付保险费,保险人按保险合同的约定,对所承保的财产及其有关利益因自然灾害或意外事故造成的损失承担赔偿责任的保险。财产保险,包括财产保险、农业保险、责任保险、保证保险、信用保险等以财产或利益为保险标的的各种保险。它是以有形或无形财产及其相关利益为保险标的的一类补偿性保险。

1. 财产保险的特点

(1) 财产保险中保险标的的价值可以以货币确定。无论财产保险的保险标的是物、还是责任,或是期待利益,都可以表现为一定的物质财产。它们的损失,总是表现为保险利益所有者的价值损失,且这种损失数额可以用货币单位衡量。因此,在投保时,根据《保险法》第 39 条规定,"保险标的的保险价值,可以由投保人和保险人约定并在合同中载明,也可以按照保险事故发生时保险标的的实际价值确定。"财产保险中的货物运输保险和特殊商品保险均采用定值保险,其他则采用不定值保险。但须注意,投保时应足额投保,否则不管是超额投保还是不足额投保,都不能得到充分保障。因为《保险法》的规定是,"保险金额不得超过保险价值,超过保险价值的,超过部分无效。""保险金额低于保险价值的,除合同另有约定外,保险人按照保险金额与保险价值的比例承担赔偿责任。"

(2) 财产保险运用"补偿原则"及派生的"分摊原则"和"代位原则"。如前所述,财产保险以损害补偿为基础。财产保险就是通过特殊的经济补偿方法,修补物质的损失部分,使物质恢复到原有水平。因此,财产保险合同又叫"补偿性合同"。基于这一原则,财产保险的被保险人不能因保险而获得额外利益,除不得超额投保外,还不得投保保险金额总和超过保险价值的重复保险,《保险法》第 40 条规定,"重复保险的保险金额总和超过保险价值的,各保险人的赔偿金额的总和不得超过保险价值。除合同另有约定外,各保险人按照其保险金额与保险金额总和的比例承担赔偿责任。"如果因第三者对保险标的的损害而造成保险事故的,被保险人享有向其追偿的权利,若保险人已赔付保险金,被保险人应将其追偿权利转由保险人代位行使,不得因此获得双重赔偿。《保险法》第 44

条、第 45 条都是对代位原则的具体规定。因此,投保人在投保时不应重复投保,索赔时若已领取保险金则应将向第三者责任方追偿的权利转给保险人,并协助保险人行使代位求偿权。

(3) 财产保险中保险合同的变更、解除有特殊要求和限制。如保险合同的主体变更,除货物运输保险合同和另有约定的合同不需保险人同意或批注外,其余变更事项均须保险人审批。投保人虽可以解除保险合同,但货物运输保险合同和运输工具航程保险合同的保险责任开始后,任何一方当事人均不可解除合同,当保险合同的内容(危险程度增加除外)发生变化,如保险标的的危险明显减少或保险标的的保险价值明显减少时,投保人可以要求保险人降低保险费,并按日退还相应的保险费。保险责任开始前,投保人要求解除合同的,应当向保险人支付保险费,保险人应当退还保险费;保险责任开始后,投保人要求解除合同的,保险人可以收取自保险责任开始之日起至合同解除之日止期间的保险费,剩余部分退还投保人。以上特殊规定均可查阅《保险法》第 33 条、第 34 条、第 37 条和第 38 条。

(4) 财产保险的投保人负有相应的特殊义务。财产保险的投保人除与人身保险的投保人同样负有如实告知、交纳保险费、出险通知等义务外,还负有投保后的防灾防损义务、危险程度增加通知义务、出险后施救义务,向第三者责任方的协助追偿义务等。这些法定义务均可查阅《保险法》第 35 条、第 36 条、第 41 条、第 47 条。

(5) 财产保险的赔偿处理方式有其特殊性。保险标的发生部分损失的,根据《保险法》第 42 条规定,在保险人赔偿后 30 天内,投保人可以终止合同,保险人一般也可终止合同,但应当提前 15 天通知投保人,并将保险标的未受损失部分的保险费,扣除自保险责任开始之日起至终止合同之日止期间的应收部分后,退还投保人。保险标的发生全部损失的,根据《保险法》第 43 条规定,保险人已支付了全部保险金额,并且保险金额相等于保险价值的,受损保险标的的全部权利归保险人;保险金额低于保险价值的,保险人按照保险金额与保险价值的比例取得受损保险标的的部分权利。

(6) 财产保险的索赔期限与人寿保险不同。《保险法》第 26 条规定,人寿保险以外的其他保险(财产保险及短期人身险)的被保险人或受益人,对保险人请求赔偿或者给付保险金的权利,自其知道保险事故发生之日起两年不行使而消灭。

2. 财产保险的种类

在财产保险中,可保财产包括物质形态和非物质形态的财产及其有关利益。以物质形态的财产及其相关利益作为保险标的的,通常称为财产损失保险。例如,飞机、卫星、电厂、大型工程、汽车、船舶、厂房、设备以及家庭财产保险等。以非物质形态的财产及其相关利益作为保险标的的,通常是指各种责任保险、信用保险等。如公众责任、产品责任、雇主责任、职业责任、出口信用保险、投资风险保险等。但是,并非所有的财产及其相关利益都可以作为财产保险的保险标的。只有根据法律规定,符合财产保险合同要求的财产及其相关利益，才能成为财产保险的保险标的。

（1）家庭财产保险，是以城乡居民室内的有形财产为保险标的的保险。家庭财产保险为居民或家庭遭受的财产损失提供及时的经济补偿，有利于安定居民生活，保障社会稳定。我国目前开办的家庭财产保险主要有普通家庭财产险和家庭财产两全险。根据保险责任的不同，普通家庭财产险又分为灾害损失险和盗窃险两种。

① 灾害损失险的保险标的包括被保险人的自有财产、由被保险人代管的财产或被保险人与他人共有的财产。通常包括：日用品、床上用品；家具、用具、室内装修物；家用电器，文化、娱乐用品；农村家庭的农具、工具、已收获入库的农副产品等。有些家庭财产的实际价值很难确定，如金银、珠宝、玉器、首饰、古玩、古书、字画等，这些财产必须由专业鉴定人员进行价值鉴定，经投保人与保险人特别约定后，才作为保险标的。

保险人通常对以下家庭财产不予承保：损失发生后无法确定具体价值的财产，如货币、票证、有价证券、邮票、文件、账册、图表、技术资料等；日常生活所需的日用消费品，如食品、粮食、烟酒、药品、化妆品等；法律规定不容许个人收藏、保管或拥有的财产，如枪支、弹药、爆炸物品、毒品等；处于危险状态下的财产；保险人从风险管理的需要出发，声明不予承保的财产。家庭财产灾害损失险规定的保险责任包括：火灾、爆炸、雷击、冰雹、洪水、海啸、地震、泥石流、暴风雨、空中运行物体坠落等一系列自然灾害和意外事故。对于被保险人为预防灾害事故而事先支出的预防费用，保险人原则上不予赔偿；但对于在灾害事故发生后，为防止灾害损失扩大，积极抢救、施救、保护保险标的而支出的费用，保险人将按约定负责提供补偿。

保险人对于家庭财产保险单项下所承保的财产由于下列原因造成的损失不承担赔偿责任：战争、军事行动或暴力行为；核了辐射和污染；电机、电器、电器设备因使用过度、超电压、碰线、弧花、漏电、自身发热等原因造成的本身损毁；被保险人及其家庭成员、服务人员、寄居人员的故意行为，或勾结纵容他人盗窃或被外来人员顺手偷摸，或窗外钩物所致的损失等；其他不属于家庭财产保险单列明的保险责任内的损失和费用。家庭财产保险的保险金额由投保人依据投保财产的实际价值自行估计。若估价过低，会使保障不足；若估价过高，一方面，保费将随之增加，另一方面，实际灾害发生时，保险人将根据补偿原则，以投保财产的实际价值作为赔偿上限，因而被保险人也不可能靠此获利。投保人明智的做法是，对投保财产作出客观合理的估价，使保险金额尽可能接近所投保财产的实际价值。普通家庭财产险的保险期限为 1 年，即从保单签发日零时算起，到保险期满日 24 时为止。

② 盗窃险的保险责任指在正常安全状态下，留有明显现场痕迹的盗窃行为，致使保险财产产生损失。除自行车、助动车以外，盗窃险规定的保险标的的范围与家庭财产、灾害损失险完全一样。对于由被保险人及其家庭成员、家庭服务人员、寄居人员的盗窃或纵容行为造成的损失以及如房门未锁、门窗未关等非正常安全状态下的失窃损失，保险

人均不承担赔偿责任。盗窃险保险金额的确定以及保险期限的规定,均与灾害损失险相同。

③ 家庭财产两全险是一种具有经济补偿和到期还本性质的险种。它与普通家庭财产保险不同之处仅在于保险金额的确定方式上。家庭财产两全险采用按份数确定保险金额的方式:城镇居民每份1 000元,农村居民每份2 000元,至少投保1份,具体份数多少根据投保财产的实际价值而定。投保人根据保险金额一次性交纳保险储金,保险人将保险储金的利息作为保费。保险期满后,无论保险期内是否发生赔付,保险人都将如数退还全部保险储金。

(2) 责任保险,是指以被保险人的发生事故损害赔偿作为保险标的的保险,即替被保险人承担对第三者的损害赔偿责任。责任保险一般是以各种附加险的形式与其他保险产品共同出售的,但是也存在着一些可以单独办理的责任保险。责任保险的主要类别有:公众责任保险、第三者责任险、产品责任保险、雇主责任保险、职业责任保险等险种。

第三者责任险(简称三责险)是指被保险人或其允许的驾驶人员在使用保险车辆过程中发生意外事故,致使第三者遭受人身伤亡或财产直接损毁,依法应当由被保险人承担的经济责任,保险公司负责赔偿。同时,若经保险公司书面同意,被保险人因此发生仲裁或诉讼费用的,保险公司在责任限额以外赔偿,但最高不超过责任限额的30%。以往绝大多数的地方政府将第三者责任险列为强制保险险种,不买这个保险,机动车便上不了牌也不能年检。在机动车交通强制保险(简称交强险)出台后,第三者责任险已成为非强制性的保险。因为交强险在对第三者的财产损失和医疗费用部分赔偿较低,可考虑购买第三者责任险作为交强险的补充。第三者责任险,每次事故的最高赔偿限额是保险人计算保险费的依据,同时也是保险人承担第三者责任险每次事故赔偿金额的最高限额。

7.2.3　保险的其他分类

1. 原保险和再保险

(1) 原保险,是保险人与投保人之间直接签订保险合同而建立保险关系的一种保险。在原保险关系中,保险需求者将其风险转嫁给保险人,当保险标的遭受保险责任范围内的损失时,保险人直接对被保险人承担赔偿责任。原保险合同,是指保险人向投保人收取保费,对约定的可能发生的事故因其发生所造成的财产损失承担赔偿保险金责任,或者当被保险人死亡、伤残、疾病或者达到约定的年龄、期限时承担给付保险金责任的保险合同。

(2) 再保险,就是在保险人与保险人之间签订保险合同,将自己已经承保的风险,转移给另一个或几个保险人,以降低自己所面临的风险的保险行为。再保险是以原保险为基础,以原保险人所承担的风险责任为保险标的的补偿性保险。无论原保险是给付性还是补偿性,再保险人对原保险人的赔付都只具有补偿性。再保险人与原保险合同中的投保人无任何直接法律关系。原保客户无权直接向再保险人提出索赔要求,再保险人也无权向原保户提出保费要求。另外,原保险人不得以再保险人未支付赔偿为理由,拖延或拒付对原保户的赔款;再保险人也不能以原保险人未履行义务为由而拒绝承担赔偿责任。

再保险是原保险人系统性分摊风险的一种安排。被保险人和原保险人都将因此在财务上变得更加安全。利用再保险分摊风险的典型例子,就是承保卫星发射保险。该风险不能满足可保风险所要求的一般条件。保险人接受特约承保后,将面临极大的风险,一旦卫星发射失败,资本较小的公司极可能因此而破产。最明智的做法是将该风险的一部分转移给其他保险人,由几个保险人共同承担。

2. 商业保险与社会保险

(1)商业保险,是指通过订立保险合同运营,以盈利为目的的保险形式,由专门的保险公司经营的保险业务,其特征是:①商业保险的经营主体是商业保险公司;②商业保险所反映的保险关系是通过保险合同体现的;③商业保险的对象可以是人和物(包括有形的和无形的),具体标的有人的生命和身体、财产以及与财产有关的利益、责任、信用等;④商业保险的经营要以盈利为目的,而且要获取最大限度的利润,以保障被保险人享受最大程度的经济保障。

(2)社会保险,是指在既定的社会政策的指导下,由国家通过立法手段对公民强制征收保险费,形成保险基金,用以对其中因年老、疾病、生育、伤残、死亡和失业而导致丧失劳动能力或失去工作机会的成员,提供基本生活保障的一种社会保障制度。它是一种再分配制度,它的目标是保证物质及劳动力的再生产和社会的稳定。社会保险的特征是:①社会保险是国家社会保障制度的一种,目的是为人民提供基本的生活保障,以国家财政支持为后盾;②社会保险具有强制性,凡是符合法定条件的公民或劳动者,其缴纳保险费用,接受保障,都是由国家立法直接规定的;③社会保险的保障范围一般由国家事先规定,风险保障范围比较窄,保障的水平也比较低。这是由它的社会保障性质所决定的,社会保险是国家强制实行的社会保障制度,被保险人有永久获得保障的权利。政府对保险财务负最后的责任,发生亏损由国家财政拨款弥补;④社会保险以劳动者及其供养的直系亲属为对象,在劳动者丧失劳动能力后给予物质帮助;⑤社会保险强调劳动者必须履行为社会贡献劳动的义务,并由此获得社会保险待遇的权利,实现权利义务基本对等;⑥社会保险是以保障劳动者的基本生活需要为标准;社会保险看重保障;社会保障属于劳动立法范畴;⑦社会保险由中央或地方政府集中领导,专业机构组织管理,属于行政领导体制。

社会保险的财务制度,有三种类型:随收即付制、完全积累制、部分积累制。

① 随收即付制。随收即付制度是指当期所收保险费用于当期的给付,使保险财务收支保持大体平衡的一种财务制度。养老保险采用这一制度有利有弊。随收即付制度

最大的优点是费率计算简单,同时因为没有巨额基金,不会有保值增值的压力,不会受到货币贬值的不利影响。但这一制度的缺点也是明显的。必须经常重估财务结构,调整费率,而由于人口结构趋于老化、福利水平的刚性等原因,费率一般是日益提高的。同时,从分配关系看,在退休金保险方面,随收即付制度实质上是代际间的再分配关系,日益上升的费率,会加深代际矛盾,造成政治问题。

② 完全积累制。这种制度是在对影响费率的相关因素进行长期测算后,确定一个可以保证在相当长的时期内收支平衡的平均费率,并将所收保险费(税)全部形成社会保险基金的一种财务制度。企业年金制度中及社会保险制度框架下的养老保险个人账户计划下较多采用这种财务制度。这一制度最明显的长处是由于有基金的积累,在人口老龄化的情况下能保持保险费率的相对稳定。但这一优点是以基金收益率高于工资增长率为前提的。这一制度的缺陷也是明显的,一是在制度运行初始就要求较高的费率;二是基金受通货膨胀的压力较大,如果基金运用得当,不但社会保险制度能从中受益,而且整个经济将由于基金的有效配置而受益,反之,如果基金不能保值增值,这一制度比随收即付制度的成本更高。

③ 部分积累制。这种制度是随收即付制度和完全积累制度的混合物。在初始时,它的费率高于随收即付制度而又低于完全积累制度,在准备金方面,它会多于随收即付制度而低于完全积累制度。这一制度是要在迎接人口老龄化和初始的高保费制度中寻找一条中间道路。通常的做法是将原来随收即付制度所交保费中的一小部分用于积累个人账户制度,或在原来制度之上提高费率,并将增量部分全部用于积累个人账户制度。这一制度也同样面临基金的管理和保值增值问题。中国 1997 年建立了社会养老保险制度就采用了这种混合财务制度,称为社会统筹与个人账户制度相结合的社会养老保险制度。

3. 中国主要的社会保险

(1) 养老保险制度,是国家根据人民的体质和劳动力资源情况,规定一个年龄界限,当劳动者达到这个年龄界限时作为年老丧失劳动能力,解除劳动义务,由国家和社会提供物质帮助,保障其晚年基本生活的一种社会保障制度。养老保险制度改革后,我国养老保险体系分为三个层次:一是基本养老保险,它是按国家统一政策规定强制实施的、为保障广大离退休人员基本生活需要的一种养老保险制度;二是企业补充养老保险,它是企业根据自身经济实力,在国家规定的实施政策和实施条件下为本企业职工建立的一种辅助性养老保险,由国家宏观指导,企业内部决策执行;三是个人储蓄性养老保险,它是由职工个人自愿参加、自愿选择经办机构的补充保险形式。后两个层次中,企业和个人既可以将养老保险费按规定存入社会保险机构设立的养老保险基金账户,也可以选择在商业保险公司投保。

我国的基本养老保险制度就是通常所说的社会统筹与个人账户相结合。该制度在养老保险基金的筹集上采用国家、企业和个人共同负担的形式,社会统筹部分由国家和企业共同筹集,个人账户部分则由企业和个人按一定比例共同缴纳。基本养老保险由国家强制实施,其目的是保障离退休人员的基本生活需要。基本养老保险金的给付由基础养老金和个人账户养老金组成,给付条件是个人缴费年限累计满15年。

(2)社会医疗保险,是国家和社会根据一定的法律法规,为向保障范围内的劳动者提供患病时基本医疗需求保障而建立的社会保险制度。我国的社会医疗保险由基本医疗保险和大额医疗救助、企业补充医疗保险和个人补充医疗保险三个层次构成。社会医疗保险指劳动者患病时,社会保险机构对其所需要的医疗费用给予适当补贴或报销,使劳动者恢复健康和劳动能力,尽快投入社会再生产过程。社会医疗保险属于社会保险的重要组成部分,一般由政府承办,政府会借助经济手段、行政手段、法律手段强制实行以及进行组织管理。

(3)失业保险,是指国家通过立法强制实行的,由社会集中建立基金,对因失业而暂时中断生活来源的劳动者提供物质帮助的制度。它是社会保障体系的重要组成部分,是社会保险的主要项目之一。社会保障体系包括社会保险、社会救济、社会福利、社会优抚安置和国有企业下岗职工基本生活保障和再就业等方面,其中社会保险包括养老保险、医疗保险、失业保险、工伤保险和生育保险五个项目。

失业保险具有如下几个主要特点:一是普遍性。它主要是为了保障有工资收入的劳动者失业后的基本生活而建立的,其覆盖范围包括劳动力队伍中的大部分成员。因此,在确定适用范围时,参保单位应不分部门和行业,不分所有制性质,其职工应不分用工形式,不分家居城镇、农村;解除或终止劳动关系后,只要本人符合条件,都有享受失业保险待遇的权利。分析我国失业保险适用范围的变化情况,呈逐步扩大的趋势,从国有企业的四种人到国有企业的七类九种人和企业化管理的事业单位职工,再到《失业保险条例》规定的城镇所有企业事业单位及其职工,充分体现了普遍性原则。二是强制性。它是通过国家制定法律、法规来强制实施的。按照规定,在失业保险制度覆盖范围内的单位及其职工必须参加失业保险并履行缴费义务。根据有关规定,不履行缴费义务的单位和个人都应当承担相应的法律责任。三是互济性。失业保险基金主要来源于社会筹集,由单位、个人和国家三方共同负担,缴费比例、缴费方式相对稳定,筹集的失业保险费,不分来源渠道,不分缴费单位的性质,全部并入失业保险基金,在统筹地区内统一调度使用以发挥互济功能。

失业保险基金的来源包括:城镇企业事业单位按照本单位工资总额的2%缴纳的保险费和职工按照本人工资的1%缴纳的失业保险费,失业保险基金的利息,财政补贴,依法纳入失业保险基金的其他资金。

失业保险待遇由失业保险金、医疗补助金、丧葬补助金和抚恤金、职业培训和职业介绍补贴等构成。失业保险待遇中最主要的是失业保险金,失业人员只有在领取失业保金期间才能享受到其他各项待遇。失业保险待遇中,医疗补助金是失业人员患病就医时在失业保险经办机构领取的补助,标准是由各省、自治区、直辖市人民政府确定的,一般包括每月随失业保险金一同发放的门诊费和按规定比例报销的医疗费两部分;失业人员在领取失业保险金期间死亡的,其家属可以领取一次性丧葬补助金和抚恤金,标准参照当地在职职工的规定;职业培训和职业介绍补贴是为了鼓励和帮助失业人员尽快实现再就业而从失业保险基金中支付的费用,一般说来职业介绍的补贴支付给职业介绍机构,由他们为失业人员免费介绍职业,而职业培训的补贴的支付办法则不同,有些是直接发给失业人员、有些则是失业人员培训后报销,还有的是对培训失业人员的培训机构进行补贴。

失业人员失业前所在单位和本人按照规定累计缴费时间满 1 年不足 5 年的,领取失业保险金的期限最长为 12 个月;累计缴费时间满 5 年不足 10 年的,领取失业保险金的期限最长为 18 个月;累计缴费时间 10 年以上的,领取失业保险金的期限最长为 24 个月。重新就业后,再次失业的,缴费时间重新计算,领取失业保险金的期限可以与前次失业应领取而尚未领取的失业保险金的期限合并计算,但是最长不得超过 24 个月。

7.3 保险策划的方法

7.3.1 保险策划的原则

个人参加保险的目的就是为了个人和家庭生活的安全、稳定。制定保险策划应考虑以下几方面的原则:

1. 量入为出原则

保险是一种契约行为,属于经济活动范畴。投保人购买保险,当然能够防范各种风险,但这是以支付一定的费用为代价的,即以保险费来获得保险保障。投保的险种越多,保险金额越高,保险期限越长,保障范围越大;由此需支付的保险费也就越多。投保时,客户要根据自己的经济实力量力而行。例如,20 岁左右的年轻人,就不宜购买大额的保险。因为处于这个年龄段的人,刚开始职业生涯,收入不稳定,一旦经济收入状况出现波动,就很难继续缴纳高额的保险费,到时如果退保就会造成损失,不退保又实在难以维持,处于两难境地。作为一个理智的投资者,应该根据自身的年龄、职业和收入等实际情况,力所能及,适当购买人身保险。这样既能在经济上有能力长时期承担相应费用,又能得到应有的保障。

2. 确定保险需要原则

购买适合自己或家人的人身保险,投保人有三个因素要考虑:(1)适应性。自己或家人买人身保险要根据需要保障的范围来考虑。例如,没有医疗保障的从业人员,买一份

"重大疾病保险",那么因重大疾病住院而使用的费用就由保险公司赔付,适应性就很明确。(2)经济支付能力。买寿险是一种长期性的投资,每年需要缴存一定的保费,每年的保费开支,取决于购买者自身的经济收入状况,一般是取家庭年储蓄或结余的 10%—20%较为合适。(3)选择性。个人或家人都不可能投保保险公司开办的所有险种,只能根据家庭的经济能力和适应性选择一些险种。在有限的经济能力下,为成人投保比为年幼的子女投保更实际,特别是家庭的"经济支柱"(例如男女主人),由于是家庭的主要经济收入来源,一旦身体或者生命遭遇风险,对家庭的稳定生活产生很大影响。当然在有支付能力的前提下,家中每人各取所需而投保就更完美了。

3. 重视高额损失的原则

从现实来看,损失的严重性是衡量风险程度非常重要的一个指标。一般来讲,较小的损失可以不必要保险,而严重程度的损失是适合于保险的。例如,人到中年,如果遇到大病将会给家庭带来严重的财务危机;处于地壳活跃地带的居民,其住房面临严重的风险;跑长途的司机,其出交通事故的概率相对就高,等等。这些风险,人们除了购买保险来对付它,没有别的更好的办法。对于高额损失就需要投保高保险金额,而高保险金额可以使投保人得到最充分的保障。当然,其保险费自然会较高,但可以用提高免赔额的办法,降低保险费率,从而抵消高保额所高出的保费。在购买保险前,作为投保人应该充分考虑所面临的损失程度有多大;程度越大,就越应当购买这种保险。

4. 利用免赔额的原则

如果消费者可以承担小额损失,那么就不必为这些比较小的风险而购买保险,可以通过自留风险来解决。如果风险比较大,由此造成的的损失是自己所不能承担的时候,可以将自己能够承受的部分损失以免赔的方式进行自留。免赔要求被保险人在保险人做出赔偿之前承担部分损失,其目的在于降低保险人的成本,从而使得低保费成为可能。对被保险人来说,由自己来承担一些小额的、经常性的损失而不购买保险是更经济的,自留能力越强,免赔额就可以越高,因为买保险的主要目的是为了预防那些重大的、自己无法承受的损失。免赔额过低,固然可以使各种小的损失都能够得到赔偿,但在遇到重大损失时,却会得不到足够的赔偿,这是得不偿失的。

5. 合理搭配险种的原则

投保人身保险可以利用不同的险种形成保险组合,如购买一个至两个主险附加意外伤害、重大疾病保险,使人得到全面保障。但是在全面考虑所有需要投保的项目时,还需要进行综合安排,应避免重复投保,提高投保资金的效率。例如如果您的工作需要经常外出旅行,那么就应该买一项专门的人身意外伤害保险,而不要每次都购买乘客人身意外保险,这样一来可以节省保费,二来在任何其他时候和其他情况下所出现的人身意外伤害,也会得到赔偿。这就是说,如果您准备购买多项保险,那么您应当尽量以综合的方式投保。因为它可以避免各个单独保单之间可能出现的重复,从而节省保费,得到较大的费率优惠。

7.3.2 保险策划的主要步骤

1. 理清保险需求和购买顺序,并做整体规划

购买中长期人身保险之前,个人或者家庭首先要考虑一些因素,如现在个人和家庭的经济收入和未来的收入预计、其他储蓄及财产、现有福利或保单。其次,对个人或家庭的日常开销、债务负担及赡养或抚养负担等,作出估算;拟定投保预算,确定投保大致目的,即投保是为了获取哪些保障,是健康医疗、教育储蓄、还是分红养老、或是财产传承等;如何选择被保险人、先投资哪一块后投资哪一块也要尽量做到心中有数。家庭投保方案必须结合上面提到的因素整体考虑和规划,分出轻重缓急。第三,确定保险标的。保险标的是指作为保险对象的财产及其相关利益,或者人的寿命和身体。投保人可以以其本人、与本人有密切关系的人、他们所拥有的财产以及他们可能依法承担的民事责任作为保险标的。一般说来,各国保险法都规定,只有保险标的有可保利益才能为其投保,否则,这种投保行为就是无效的。

2. 选择保险产品

保险公司向客户提供的保险产品,主要包括人身保险、财产保险和责任保险等险种。然而,同一个保险标的,会面临多种风险。所以,在确定保险需求和保险标的之后,就应该选择准备投保的具体险种。例如,一个经常出差的营销人员,所面临的意外伤害风险比较大;一个人到中年的人,面临疾病的风险相对比较大,等等。所以,投保人可以相应地选择意外伤害保险、健康保险等险种。在确定购买保险产品时,还应该注意合理搭配险种。投保人身保险可以在保险项目上进行组合,如购买一个至两个主险附加意外伤害、重大疾病保险,从而得到全面保障。但是在全面考虑所有需要投保的项目时,还需要进行综合安排,应避免重复投保,使用于投保的资金得到最有效的运用。

3. 确定保险金额

在选定保险产品以后,就需要考虑保险金额的确定。保险金额,是指一个保险合同项下保险公司承担赔偿或给付保险金责任的最高限额,即投保人对保险标的的实际投保金额;同时又是保险公司收取保险费的计算基础。财产保险合同中,对保险价值的估价和确定直接影响保险金额的大小。保险价值等于保险金额是足额保险;保险金额低于保险价值是不足额保险,保险标的发生部分损失时,除合同另有约定外,保险公司按保险金额与保险价值的比例赔偿;保险金额超过保险价值是超额保险,超过保险价值的保险金额无效,恶意超额保险是欺诈行为,可能使保险合同无效。在人身保险合同中,人身的价值无法衡量,保险金额是人身保险合同双方约定的,由保险人承担的最高给付的限额或实际给付的金额。

4. 明确保险期限

在确定保险金额后,就需要确定保险期限,因为这涉及投保人的预期缴纳保险费的多少与频率,所以与个人未来的预期收入联系尤为紧密。保险期限,也称保险期间。根据保险合同,保险公司在约定的时间内对约定的保险事故负保险责任,这一约定时间就成为保险期限。财产保险期限通常为 1 年,期满可以续订;人身保险期限分为短期、专期、终身无定期等。保险期限以日历年月日计算,其开始时间与合同成立时间相同,但经当事人的特别约定也可以在合同成立之前开始,称为追溯保险,或在合同成立之后开始,即附期限、附条件的保险。保险期限通常以约定起保日的零时开始,到约定期满日的 24 时为止。保险期限也可以按事项的始末存续期间计算,如运输险按航程计算,建筑安装工程险从工程施工之日始至预约验收之日止。

5. 选择认可的保险公司和可信的保险代理人

对于投保人来说,选择认可的保险公司和可信赖的代理人都非常重要。选择保险公司时,要了解该保险公司的财务实力、服务网点、服务质量等。保险代理人要专业而且诚实,专业主要体现在运用他们对保险的认识和理解,帮助客户做保障需求分析,替客户规划出可以承担的、而且合适的保险品种和保额。"专业"并非一定是从业时间多久,或者职位多高。显然,如果保险代理人不够诚信,很难相信他们会用心替客户寻找最合适的方案。也很难想象投保人会跟一个不可信的代理人签署投保单。

6. 投保人与代理人就保障需求做详细交流

拟定保险方案,了解相关险种的条款和保险责任,对方案的性价比进行比较权衡,直至最后确定保险方案,然后签署投保单。客户与代理人签署的投保单,只是一种投保申请,不算是投保的最后落实和确认。签单时,客户应提供相关人员的身份证明(投保人、被保险人、被指定的收益人、未成年人的监护人等)及扣款账号资料。需声明投保人和被保险人的职业、收入状况以及被保险人的健康状况。必要时,还得接受体检和财务调查。整个过程中,双方都有如实告知义务。同时,投保客户也要仔细检查保险代理人的资质、相关证件,甚至通过保险公司了解有关保险代理人的情况。投保之前最好把有关保障权益搞清楚、弄明白。未必一定要等到犹豫期或犹豫期过后才想起买得不合适。如果可能你也很有必要记下你的投保单号,后面或许用得上。记住,在如实告知方面别存侥幸心理。

7. 获得保险合同和签收保单回执

签完投保单后,代理人将投保单递交到保险公司,并由保险公司核保。核保有两种结果:一种是不能承保,即不被接受投保申请。除了投保单及相关资料填写错误或不规范外,主要是不符合保险公司承保条件。另外就是核保通过,被接受申请,保险公司会从客户提供的账户扣取首期保费(也包括预先收款的),保险单一般是从保险公司同意承保并收到首期保费的次日零时生效。保险代理人提交投保单并获得保险公司批准后,投保人将获得保险合同和保险单(即保单)。保险公司提供给投保人一套完整的保险合同,里面有保险公司签发的保险单、险种条款、权益说明、各种批注、投保单复印件等。

拿到保单,即保险合同书后,有10天的冷静犹豫期,其间可以改变主意退保。如果改变主意,保险公司将退还已付的保费,只扣除10元手续费用。特别提醒的是10天犹豫期是从由保险代理人处收到保单并签发回执的时间开始计算的,而不是保险公司决定承保开始的。收到保险合同和保单后,要查看发票和合同条款,尤其保险责任和责任免除。看看跟之前看到的是否一致,跟代理人描述的是否一致。仔细核对投保单复印件和保单的内容,主要是投保人、被保人的名字,身份证号码、健康告知栏等。以上提到的这几项对于保险合同来讲是很关键的。如果此时对代理人还不放心,不妨按合同上的服务电话联系该公司客服,告知合同号以确认真伪。

8. 定期评估并调整保障计划

人身保险规划是一个动态的过程,不会因为一次购买而结束,要定期评估保险计划。不要把保单束之高阁,长期不理。其实这点很重要,每个人的财务收支、财产结构、身体状况、家庭责任、家庭结构以及外部经济环境等因素都在不断变化,都会影响保险需求和既有保障的效率,这就要求适时做出保障方案调整。该减的减,该增的增,这样做也是个人或家庭理财的需要。尤其是要保持保险合同的安全性、有效性、合理性。有时候,一些客户的保险合同都找不到了,给办理保险金的给付、理赔带来很多麻烦。随着时间的变化,家庭的人员、保险需求都将发生变化,原来的保险方案,如果不调整就有可能造成浪费,也有可能导致保障不足等现象。

本章小结

1. 保险是指投保人根据合同约定,向保险人支付保险费,保险人对于合同约定的可能发生的事故因其发生所造成的财产损失承担赔偿保险金责任,或者当被保险人死亡、伤残、疾病或者达到合同约定的年龄、期限时承担给付保险金责任的商业保险行为。

2. 风险,则是某一特定危险情况发生的可能性和后果的组合,包括风险因素、风险事故和损失。按风险的性质分类,风险可分为纯粹风险和投机风险;可保风险与不可保风险。

3. 风险管理是指如何在一个肯定有风险的环境里把风险减至最低的管理过程,其中包括风险识别、风险估测、风险评价、风险控制等环节。其中,保险是财务型风险管理的主要方法之一。保险具有经济补偿、资金融通和社会管理功能等三大功能,这三大功能是一个有机联系的整体。

4. 保险的原则包括保险利益原则、最大诚信原则、近因原则、损失补偿原则和由损失补偿原则派生出来的保险代位求偿原则、重复保险分摊原则。

5. 人身保险保费包括纯保费和附加保费,保费计算的基础,需要考虑客户的年龄、性别、险种、预定死亡率、预定投资报酬率、准备金以及预定附加费用等各种因素。

6. 保险产品有人身保险,包括人寿保险、意外伤害保险和疾病(健康)保险;财产保险,包括家庭财产保险、责任保险等;以及社会保险等。

7. 保险策划,必须坚持量入为出、确定保险需要、重视高额损失、利用免赔额以及合理搭配险种等原则。保险策划的主要步骤包括:首先,理清保险需求和购买顺序,并做整体规划;然后,选择保险产品、保险金额、保险期限,选择认可的保险公司和可信的保险代理人,投保人与代理人就保障需求做详细交流,获得保险合同和签收保单回执;最后,定期评估并调整保障计划。

思考与练习

1. 什么是保险?

2. 什么是风险?

3. 试分析风险因素、风险事故以及损失之间的关系。

4. 试比较纯粹风险与投机风险的差异。

5. 简述可保风险的基本条件。

6. 简述保险的功能有哪些,其中哪项功能是最基本的功能。

7. 保险有哪些基本原则? 其中哪项原则是人身保险不适用的原则?

8. 人身保险保费的结构是怎样的?

9. 人身保险保费的计算需要考虑哪些因素?

10. 简述人身保险的特点。

11. 试比较不同的人寿保险的差异性。

12. 简述财产保险的特点。

13. 试比较不同家庭财产保险的差异性。

14. 试比较商业保险和社会保险的差异性。

15. 简述保险策划的基本原则。

16. 简述保险策划的主要步骤。

第8章

税收筹划

本章学习要点

1. 掌握个人税务筹划的概念、特点、内容和风险；

2. 了解税收概念；

3. 初步了解所得税的基本框架；

4. 初步了解个人所得税的分类和应纳税额；

5. 掌握个人税务筹划的流程；

6. 掌握个人税务筹划的基本方法；

7. 掌握个人税务筹划的基本策略。

基本概念：个人税务筹划；个人税收制度；个人所得税；免税；减税

随着我国经济的快速发展，个人收入水平不断提高，收入来源和形式也日趋多样化。除了工资薪金收入以外，一些人还利用自己的业务水平和各种技能，在业余时间获取合法的劳务报酬。取得收入的同时，依法纳税，是每个公民应尽的义务。

然而，我们还是可以在合法的前提下，合理安排我们收入取得的时间、金额，降低税赋的负担。例如，在我国税法中，许多税种都是以每月为征税时间。如果在某个月集中取得收入，税就要多缴。如果能够将一笔收入分散在几个月领取，就可以降低计税依据，税率、应纳税额也会降低。这些业务就属于税务筹划，是个人理财中非常重要的一项业务。

8.1 个人税务筹划概述

8.1.1 税务筹划的概念

税务筹划,是指在税法规定的范围内,通过对经营、投资、理财等活动的事先筹划和安排,尽可能地获得"节税"的税收利益。它是税务代理机构可从事的、不具有鉴证性质的业务之一。

税务筹划的研究和实践在西方国家起步较早。1935 年英国上议院议员汤姆林对税务筹划提出:"任何一个人都有权安排自己的事业,依据法律可以这样做。为了保证这些安排中能谋到利益……不能强迫他多缴税。"他提出的"税务筹划"的概念得到了法律界的认同,英国、澳大利亚、美国在以后的税收判例中经常援引这一原则精神。近 30 年来,税务筹划在许多国家都得以发展,日益成为纳税人理财或经营管理决策中必不可少的一个重要部分。许多企业、公司都聘请专门的税务筹划人才或委托中介机构为其经济活动出谋策划。在我国,税务筹划自 20 世纪 90 年代初引入以后,其功能和作用不断被人们所认识、接受和重视,已经成为有关中介机构一项特别有前景的业务。

税务筹划的概念,说明了这种行为的前提条件是必须符合国家法律及税收法规。税务筹划的方向,应当符合税收政策法规的导向;税务筹划的行为,只有在投资理财活动之前才是有效的;税收筹划的目标是使纳税人的税收利益最大化。所谓"税收利益最大化",不仅包括税负最轻,还包括税后利润最大化、个人资产价值最大化等内涵。

8.1.2 税务筹划的特点

税务筹划的根本目的是减轻税负以实现个人税后收益的最大化,但与减轻税负的其他形式如逃税、欠税及避税比较,税务筹划至少应具有以下特点:

1. 合法性

税法是处理征纳关系的共同准绳,作为纳税义务人的个人要依法缴税。税务筹划是在完全符合税法、不违反税法的前提下进行的,是在纳税义务没有确定、存在多种纳税方法可供选择时,个人作出缴纳低税负的决策。依法行政的税务机关对此不应反对。这一特点使税务筹划与偷税具有本质的不同。

2. 超前性(预期性)

税务筹划一般都是在应税行为发生之前进行谋划、设计、安排的,它可以在事先测算个人税务筹划的效果,因而具有一定的超前性。在经济活动中,纳税义务通常具有滞后性。个人取得各项收入以后,才会发生纳税义务,才可能缴纳个人所得税;企业交易行为发生后,才会发生纳税义务,才可能缴纳有关流转税;收益实现或分配后,才缴纳所得税;

财产取得或应税行为发生之后,才可能缴纳财产、行为税。这在客观上提供了在纳税前预先作出筹划的可能性。此外,个人的劳务、经营、投资和融资等经济活动是多方向的,税法规定也是有针对性的。纳税人和纳税对象的性质不同,税收待遇也往往不同,这为纳税人选择较低税负提供了机会。税务筹划不是在纳税义务发生之后想办法减轻税负,而是在应税行为发生之前通过纳税人充分了解现行税法知识和财务知识,结合个人的经济活动进行有计划的规划、设计、安排来寻求未来税负相对最轻,经营效益相对最好的决策方案的行为,是一种合理合法的预先筹划,具有超前性特点。如果这些经济活动已经发生,应纳税率、税款就已经确定,再去"谋求"少缴税款,也就不属于税务筹划行为,而是税务违法行为。

3. 专业性

税务筹划作为一种综合的经济管理活动,所采用的方法是多种多样的。从环节上看,包括预测、决策、规划等方法;从学科上看,包括统计学、运筹学以及会计学等学科的方法。更重要的是,税务筹划需要对我国相关财税法律、法规具有比较深入的理解和研究。因此,税务筹划是一项专业性很强的业务活动。作为个人理财业务中的一种,税务筹划需要丰富的专业知识,需要有个人理财师来谋划。如果某些个人还掌管自己的公司企业,那么这样的税务筹划就需要专门的税务代理、咨询及筹划业务方面的中介机构来完成了。

4. 目的性

纳税人对有关行为的税务筹划是围绕某一特定目的进行的。个人进行税务筹划的目标不会是单一的目标,而可能是一组目标:直接减轻税收负担是纳税筹划产生的最初原因,是税务筹划最本质、最核心的目标;此外,还包括有:延缓纳税、无偿使用财政资金以获取资金时间价值;保证纳税申报正确、缴税及时足额,不出现任何关于税收方面的处罚,以避免不必要的经济、名誉损失,实现涉税零风险;确保自身利益不受无理、非法侵犯以维护主体合法权益;根据主体的实际情况,运用成本收益分析法确定筹划的净收益,保证个人获得最佳经济效益。

5. 筹划过程的多维性

首先,从时间上看,税务筹划贯穿于个人经济活动的全过程,任何一个可能产生税金的环节,均应进行税务筹划。其次,从空间上看,税务筹划活动不仅限于个人的本职工作,还涉及个人从事业余工作的收入。如果个人还从事经营活动,那么则需要从企业经营的角度,寻求节税的途径。

8.1.3 税务筹划的内容

1. 避税筹划

避税筹划是指纳税人利用税法允许的办法,作适当的财务安排或税收策划,在不违反税法规定的前提下,达到减轻或解除税负目的的一种事前谋划行为。合理避税并不是逃税漏税,它是一种正常、合法的活动,国家只能采取反避税措施加以控制(即不断地完善税法,填补空白,堵塞漏洞)。

2. 节税筹划

节税是指纳税人在不违背税法立法精神的前提下,当存在着多种纳税方案的选择时,纳税人通过充分利用税法中固有的起征点、减免税等一系列优惠政策,通过对筹资、投资和经营等活动的巧妙安排,以税收负担最低的方式来处理财务、经营、交易事项。节税是在合法的条件下进行的,是在对政府制定的税法进行比较分析后进行的最优化选择。纳税人通过节税最大限度地利用税法中固有的优惠政策来享受其利益,其结果正是税法中优惠政策的立法意图,因此,节税本身正是优惠政策借以实现宏观调控目的的载体。节税需要纳税人充分了解现行税法知识和财务知识,结合个人的贷款、投资或其他经营活动,进行合理合法的策划。没有策划就没有节税。由于各国税法的不同,会计制度的差异,世界各国的节税行为也各有不同。一般来说,一国税收政策在地区之间、行业之间的差别越大,可供纳税人选择的余地也就越大,节税形式也就更加多样。

3. 转嫁筹划

转嫁筹划,是指纳税人为了达到减轻税负的目的,通过价格调整将税负转嫁给他人承担的经济行为。具体而言,转嫁是纳税人通过提高商品销售价格或压低商品供应价格等方法,将税负转移给他人。最终承担税负的人即转移过程的最后环节称为负税人,税负最终落在负税人身上的过程称为税负归宿,因此税负转嫁与税负归宿是一个问题的两种说法。而且,在税负转嫁条件下,纳税人和真正的负税人是可以分离的,纳税人只是在法律意义上的纳税主体,负税人才是经济意义上真正的承担主体。因此,在个人理财业务中,多数客户不是企业的经营者,也无法进行相关的业务操作。

4. 涉税零风险

涉税零风险是指纳税人账目清楚,纳税申报正确,税款缴纳及时、足额,不会出现任何关于税收方面的处罚,即在税收方面没有任何风险,或风险极小可以忽略不计的一种状态。这种状态的实现,虽然不能使纳税人直接获取税收上的好处,但却能间接地获取一定的经济利益,而且这种状态的实现,更有利于企业的长远发展与规模扩大。

8.1.4　个人税务筹划的风险

个人税务筹划的目的在于节约税收成本,进行个人税务筹划要遵循一些基本的原则,以求取最大税后效益,同时尽可能降低涉税风险。虽然,个人税务筹划可尽可能提高客户的税后收益,但也面临着各种不确定因素。因此,不管是个人理财规划师、会计师还是客户本人,在进行个人税务筹划时,都必须警惕这些风险,避免对双方的利益造成损害。

1. 违反反避税条款的风险

在理论上，税收违法与犯罪和合法的个人税务筹划之间存在明显的区别。个人税务筹划是完全合法的行为，但这并不代表个人税务筹划就不需要考虑反避税条款。反避税是对避税行为的一种管理活动。其主要内容从广义上包括财务管理、纳税检查、审计以及发票管理；从狭义上理解就是通过加强税收调查，堵塞税法漏洞。一般来说，各国政府为了规范税收的征缴，防止纳税人利用税法的漏洞逃避纳税义务，都制定了相应的反避税条款，凡是违反反避税条款的行为都要受到法律的制裁。市场经济越发达，法律体系越完备，对避税的打击力度越大。美国是世界上反避税打击力度最大的国家。美国规定，企业避税(所得税)净额达500万美元以上的，除如数追缴外，还将处以20%—40%的罚款；对来自避税港的企业，采用不同于其他地区企业的税收条款等。不仅如此，在11万联邦税务人员中，数百人专门从事反避税工作。同时，美国还拥有一支精干的税务警察队伍，把避税当成偷税一样严厉打击。对于避税中最常用的转让定价，美国总结出三类调整转让定价的方法：比较价格法，即从审查具体交易项目的价格入手，把不合理的价格调整到合理的市场正常价格，从而调整应税所得；比较利润法，即从利润比较入手，从而推断转让价格是否合理，把不正常的应税所得调整到正常的应税所得上；预约定价制法，即纳税人事先将其和境外关联企业之间的内部交易与财务往来所涉及的转让定价方法向税务机关申报，经税务机关审定认可后，作为计征所得税的会计依据，并免除事后对内部定价调整的一项制度。个人理财规划师或会计师在为客户制定税务筹划方案时，应当充分考虑反避税条款，避免所提出的税务筹划建议违反反避税条款，从而损害个人理财规划师或会计师自己以及客户的利益。

2. 法律、法规变动风险

个人税务筹划受法律、法规的影响是多方面的。由于税收法律的不明晰性，各级税务机关在执法时未按相关法律或法定程序受理税收筹划事项也会导致风险。首先，我国尚未制定统一的税收基本法，现有的税收法律、法规层次较多，部门规章和地方性法规众多，所以个人及其企业可能要应对这样一些复杂的局面。而且因税收法律法规庞杂，税务筹划人员在筹划时可能对税法精神认识不足，引致税收法律选择风险。其次，税务机关拥有税法的具体执行权和解释权，而且在具体执法过程中还有一定的自由裁量权，所以筹划人员所面临税务机关税收执法不规范，甚至受违法行为侵害的风险很大，例如税务机关可能将合法的税收筹划认定为非法避税或逃税甚至偷税等。最后，法律、法规的不确定性，也是造成这种风险的重要原因。在市场经济比较成熟的发达国家，一般法律、法规的变动较少。在我国，由于其整个经济体系尚不成熟，社会、政治、经济状况变动比较频繁，因而法律、法规的变动风险较大。因此，筹划者必须时时关注有关税收政策的出台和变化，从宏观上把握政策的利用时机。比如，国家出台的某一项税收优惠政策，是针对某一个时期而制定的，也可能就限定在三五年时间内，过期即作废。在这种情况下，个人理财规划师应当将所有可能潜在的法律、法规变动风险向客户做充分的揭示,以便帮助客户及时把握机会,果断地付诸行动。这样,才有可能筹划成功。

3. 经济风险

个人税务筹划是与经济状况紧密相关的,宏观或微观的经济波动都有可能会对客户的税负产生一定的影响。政府课税(尤其是所得税)体现政府对个人和企业既得利益的分享,但政府并未承诺承担相应的经济风险。经济风险通常是由国家的整体经济状况决定的,是个人理财规划师个人无法改变的。因此,个人理财规划师在进行个人税务筹划时,应当对未来的经济风险有清晰的认识,并且将这些因素考虑在内。

个人税务筹划一般与税法的立法意识并不完全一致。个人税务筹划,是利用税法的不足进行反制约、反控制的行为,但并不影响或削弱税法的法律地位。因此,个人税务筹划实质上就是纳税人在履行应尽法律义务的前提下,运用税法赋予的权利保护既得利益的手段。个人税务筹划是以履行法律规定的义务为前提的,而不是对法定义务的抵制和对抗。

个人税务筹划是纳税人应该享有的权利,即纳税人有权依据法律"非不允许"进行选择和决策。国家针对个人税务筹划活动暴露出的税法的不完备、不合理,采取修正、调整举措,也是国家拥有的基本权力,这正是国家对付避税的唯一正确的办法。

纳税人享有依法降低自己税负的权利,没有超过法定标准多纳税的义务。对此,在一些英美法系国家的著名的判例和判决中,早就做出了比较明确的回答。例如,美国著名的汉德法官曾指出:"人们通过安排自己的活动来达到降低税负的目的,是无可厚非的。无论他是富翁还是穷人,都可以这样做,并且这完全是正当的。任何人都无须超出法律的规定来承担税负。税收不是靠自愿捐献,而是靠强制课征,不能以道德的名义来要求税收。"

8.2 个人税收制度

个人所得税是调整征税机关与自然人(居民、非居民人)之间在个人所得税的征纳与管理过程中所发生的社会关系的法律规范的总称。个人所得税法,就是有关个人的所得税的法律规定。

8.2.1 税收概述

税收是国家为实现其职能,凭借政治权力,按照法律规定,通过税收工具参与国民收入和社会产品的分配和再分配,取得财政收入的一种形式。取得财政收入的手段多种多样,如税收、发行货币、发行国债、收费、罚没等等,而税收则是大部分国家取得其财政收入的主要来源。税收具有无偿性、强制性和固定性的形式特征。税收三性是一个完整的统一体,它们相辅相成、缺一不可。

1. 税收种类

一般而言,税收可以按课税对象,分为流通税、所得和收益税、财产税、行为税、资源税等;按税收的管理和支配权限,可以分为中央税、地方税、中央地方共享税,按收入的形态,可以分为货币税、实物税;按征税的计算标准,可以分为从价税、从量税;按使用的税率制度,可以分为比例税、累进税、定额税。西方国家还按税负的转嫁和归宿,把税收分为直接税和间接税。

2. 税制模式

一国税制模式一般可以分为单一税制和复合税制。单一税制,即一个国家的税收制度由一个税类或少数几个税种构成,如单一的消费税等。单一税制缺乏弹性,难以充分发挥筹集财政收入和调节经济的功能。在历史上,从来没有哪个国家真正实行过单一税制。复合税制,即一个国家的税收制度由多种税类的多个税种组成,通过多税种的互相配合和相辅相成组成一个完整的税收体系。复合税制往往以一个或某两个税种作为筹集财政收入和调节经济活动的主导(即主体税种),在不影响其他税种的作用效果的前提下,优先发挥主体税种的作用。复合税制具有灵活,弹性大的优点。

而主体税种,是指在一个国家的税收制度中居于主导地位,起主导作用的税种,应具备的条件包括:在全部税收收入中占有较大比重;在体现国家政策和履行税收职能方面起主要作用;税法和征税方法的变化会对整个财政经济和税收制度产生较大的影响。

3. 税收的效应

税收效应是指政府课税所引起的各种经济反应。政府课税除可满足财政所需外,还能对经济施加某种影响。但其影响的程度和效果如何,不一定会完全符合政府的最初意愿:纳税人对政府课税所作出的反应可能和政府的意愿保持一致,但更多的情况可能是与政府的意愿背道而驰。比如课税太重或课税方式的不健全,都可能使纳税人不敢去尽心尽力地运用他们的生产能力。又如政府课征某一种税,是想促使社会资源配置优化,但执行的结果可能是使社会资源配置更加不合理。凡此种种,都可归于税收的效应。在实践中,税收效应通常呈现两面性,具体反映在税收的正效应与负效应;收入效应与替代效应;中性效应与非中性效应;以及激励效应与阻碍效应等。

8.2.2 所得税的基本框架

所得税,1799 年创始于英国。由于这种税以所得的多少为负担能力的标准,比较符合公平、普遍的原则,并具有经济调节功能,所以被大多数西方经济学家视为良税,得以在世界各国迅速推广。进入 19 世纪以后,大多数资本主义国家相继开征了所得税,并逐渐成为大多数发达国家的主体税种(主要是个人所得税与企业所得税)。

所得税的特点主要是:(1)通常以纯所得为征税对象,税基广泛,税率累进的税制特征,加上对各种宽免(宽指税基宽容,免指税基范围的免除)与扣除项目的设置,可以有效地促进横向公平与纵向公平;(2)通过对所得课税,实现经济的有效性及提高资源配置效率。所得效率包括经济效率与行政效率。经济效率是指所得税是否能最有效地配置经济资源,给社会带来的负担最小或利益最大。行政效率是指税收的征纳成本是否减到最低程度,给国家带来的实际收入最大,给纳税人带来的额外负担最小。(3)纳税人和实际负担人通常是一致的,因而可以直接调节纳税人的收入。特别是在采用累进税率的情况下,所得税在调节个人收入差距方面具有较明显的作用。对企业征收所得税,还可以发挥贯彻国家特定政策,调节经济的杠杆作用;(4)应纳税税额的计算涉及纳税人的成本、费用的各个方面,有利于加强税务监督,促使纳税人建立、健全财务会计制度和改善经营管理。

在新中国成立以后的很长一段时间里,所得税收入在我国税收收入中的比重很小,所得税的作用微乎其微。这种状况直到改革开放,特别是 20 世纪 80 年代中期国有企业开始实行"利改税"和工商税制改革以后才得以改变。我国现行税制中的所得税包括企业所得税、外商投资企业和外国企业所得税、个人所得税等 3 个税种。

1. 税收管辖权

所得税的征税范围的确定,涉及税收管辖权的问题。税收管辖权是指主权国家根据其法律所拥有和行使的征税权力,是国际法公认的国家基本权利。除维也纳外交关系公约 (1961)和《维也纳领事关系公约》(1963)对外国使、领馆官员的税收管辖权规定有限制的条款以外,主权国家有权按照各自政治、经济和社会制度,选择最适合本国权益的原则,确定和行使其税收管辖权,规定纳税人、课税对象及应征税额,外国无权干涉。国际公认的确立和行使税收管辖权的基本原则有两个:(1)属人原则,亦称属人主义。即按纳税人(包括自然人和法人)的国籍、登记注册所在地或者住所、居所和管理机构所在地为标准,确定其税收管辖权,凡属该国的公民和居民(包括自然人和法人),都受该国税收管辖权管辖,对该国负有无限纳税义务。(2)属地原则,亦称属地主义。即按照一国的领土疆域范围为标准,确定其税收管辖权。该国领土疆域内的一切人(包括自然人和法人),无论是本国人还是外国人,都受该国税收管辖权管辖,对该国负有有限纳税义务。

2. 纳税义务人

个人所得税的纳税义务人,包括中国公民、在中国有所得的外籍人员(包括无国籍人员,下同)和香港、澳门、台湾同胞。上述纳税义务人依据住所和居住时间两个标准,区分为居民纳税人和非居民纳税人,分别承担不同的纳税义务。

(1)居民纳税义务人,根据《中华人民共和国个人所得税法》(以下简称《个人所得税法》)规定,居民纳税义务人是指在中国境内有住所,或者无住所而在中国境内居住满 1 年的个人。

判定居民身份有两个并列标准:住所标准和居住时间标准。住所标准是指因户籍、家庭、经济利益关系,而在中国境内习惯性居住的个人。居住时间标准,是指个人在一国境内实际居住的日数。在实际生活中,有时个人在一国境内并无住所,又没有经济性居住地,但是却在该国内停留的时间较长,从该国取得了收入,此时也应对其行使税收管辖权,甚至视为该国的居民征税。在以上两个标准中,个人只要符合或达到其中一个标准,就可以被认定为居民纳税人。

居民纳税人负有无限纳税义务,其所取得的应纳税所得,无论是来源于中国境内还是中国境外,都要在中国缴纳个人所得税。为了便于人员的国际交流,本着从宽、从简的原则,对于在中国境内无住所,但居住满 1 年而未超过 5 年的个人,其来源于中国境内的所得应全部依法缴纳个人所得税。而对于其来源于中国境外的各种所得,经主管税务机关批准,可以只就由中国境内公司、企业以及其他经济组织或个人支付的部分缴纳个人所得税。如果上述个人在居住期间临时离境,在临时离境工作期间的工资、薪金所得,仅就由中国境内企业或个人雇主支付的部分纳税。对于居住超过 5 年的个人,从第 6 年起,开始就来源于中国境内、境外的全部所得缴纳个人所得税。

(2) 非居民纳税义务人,是指不符合居民纳税义务人判定标准(条件)的纳税义务人。《个人所得税法》规定,非居民纳税义务人是"在中国境内无住所又不居住,或无住所且居住不满一年的个人"。也就是说,非居民纳税义务人,是指习惯性居住地不在中国境内,而且不在中国居住,或者在一个纳税年度内,在中国境内居住不满 1 年的个人。

非居民纳税义务人承担有限纳税义务,即仅就其来源于中国境内的所得,向中国政府缴纳个人所得税。

3. 所得税的税基

所得税的税基,是计算交纳税额的依据或标准,即计税依据或计税标准,包括确认应税收入和规定所得宽免范围和费用扣除项目。

居民纳税人和非居民纳税人对中国政府承担着不同的纳税义务。其中,居民纳税人应就其来源于中国境内、境外的所得缴纳个人所得税;而非居民纳税人仅就来源于中国境内的所得缴纳个人所得税。

对于在中国境内任职、受雇而取得的工资、薪金所得;在中国境内从事生产、经营活动而取得的生产经营所得;因任职、受雇、履约等而在中国境内提供各种劳务取得的劳务报酬所得;将财产出租给承租人在中国境内使用而取得的所得;转让中国境内的建筑物、土地使用权等财产,以及在中国境内转让其他财产取得的所得;提供专利权、非专利技术、商标权、著作权,以及其他特许权在中国境内使用的所得;因持有中国的各种债券、股票、股权而从中国境内的公司、企业或者其他经济组织及个人取得的利息、股息、红利所得等项目,不论支付地点是否在中国境内,均为来源于中国境内的所得。

4. 所得税的税率

所得税的税率,是税额与课税对象之间的数量关系或比例关系,是税收固定性特征的重要体现。在计税依据已经确定的前提下,国家征税的数量和纳税人的负担水平就取决于税率,国家一定时期的税收政策也体现在税率方面。税率一般分为:定额税率、比例税率、累进税率。

(1) 定额税率是指按照课征对象的一定数量,直接规定一个固定的税额,而不采用百分比的形式。

(2) 比例税率是指从价计税时按照计税依据计算应纳税额的法定比例,通常采用固定的百分比的形式。

(3) 累进税率是指征收比例随着计税依据数额增加而逐级提高的税率。即根据计税依据的数额或者相对比例设置若干级距,分别适用由低到高的不同税率。其主要特点是,税收负担随着计税依据数额的增加而递增,能够较好地体现纳税人的税负水平与负税能力相适应的原则,可以更有效地调节纳税人的收入、财产等,正确处理税收负担公平问题,多在所得、财产课税中应用。

累进税率主要有全额累进税率、超额累进税率两种形式。全额累进税率是指按照计税依据的全部数额累进征税的累进税率,即随着征税对象数额的增加,税率逐步提高,全部税基适用最高一级的税率;而超额累进税率则是把征税对象按数额大小划分成不同等级,对每个等级由低到高分别规定税率,各等级分别计算税额,相加即为应征税额。

税率是税法的核心要素,是计算应纳税额的尺度,体现税收负担的深度,是税制建设的中心环节。在课税对象和税基既定的条件下,税率的高低直接关系到国家财政收入和纳税人的负担;关系到国家、集体、个人三者的经济利益。税率的高低和税率形式的运用,是国家经济政策和税收政策的体现,是发挥税收经济杠杆作用的关键。

8.2.3 个人所得税的征税范围

个人所得税的征税范围包括境内所得和境外所得,有以下 11 项内容:

1. 工资、薪金所得

工资、薪金所得,是指个人因任职或受雇而取得的工资、薪金、奖金、年终加薪、劳动分红、津贴、补贴以及与任职或受雇有关的其他所得。这就是说,个人取得的所得,只要是与任职、受雇有关,不管其单位的资金开支渠道是现金、实物;还是有价证券都是工资、薪金所得项目的课税对象。根据中国目前个人收入的构成情况,规定对于一些不属于工资、薪金性质的补贴、津贴或者不属于纳税人本人工资、薪金所得项目的收入,不予征税。这些项目包括:独生子女补贴、托儿补助费、差旅费津贴、误餐补助等。

2. 个体工商户的生产、经营所得

个体工商户的生产、经营所得实际上可以分为两类:一类是纯生产、经营所得,它是指个人直接从事工商业生产、经营活动而取得的生产性、经营性所得以及有关的其他所得。另一类是独立劳动所得。所谓独立劳动,是指个人所从事的是由自己自由提供的、不受他人指定、安排和具体管理的劳动。例如,私人诊所的医生、私人会计事务所的会计师,以及独立从事教学、文艺等活动的个人均为独立劳动者,他们的收入具有不确定性。个体工商户的生产、经营所得包括四个方面:

(1) 经工商行政管理部门批准开业并领取营业执照的城乡个体工商户,从事工业、手工业、建筑业、交通运输业、商业、饮食业、服务业、修理业及其他行业的生产、经营所得。

(2) 个人经政府有关部门批准,取得营业执照,从事办学、医疗、咨询以及其他有偿服务活动取得的所得。

(3) 其他个人从事个体工商也生产、经营取得的所得,即个人临时从事生产、经营活动取得的所得。

(4) 上述个体工商户和个人去的生产、经营有关的各项应税所得。

3. 对企事业单位的承包经营、承租经营所得

对企事业单位的承包经营、承租经营所得,是指个人承包经营、承租经营以及转包、转租取得的所得,包括个人按月或者按次取得的工资、薪金性质的所得。个人对企事业单位的承包、承租经营形式较多,分配方式也不尽相同。大体上可以分为两类:

(1) 个人对企事业单位承包、承租经营后,工商登记改变为个体工商户的;

(2) 个人对企事业单位承包、承租经营后,工商登记仍为企业的,不论其分配方式如何,均应先按照企业所得税的有关规定缴纳企业所得税。

4. 劳务报酬所得

劳务报酬所得,是指个人从事设计、装潢、安装、制图、化验、测试、医疗、法律、会计、咨询、讲学、新闻、广播、翻译、审稿、书画、雕刻、影视、录音、录像、演出、表演、广告、展览、技术服务、介绍服务、经济服务、代办服务以及其他劳务取得的所得。

个人担任董事职务所取得的董事费收入,属于劳务报酬性质,按劳务报酬所得项目征税。

5. 稿酬所得

稿酬所得,是指个人因其作品以图书、报纸形式出版、发表而取得的所得。这里所说的"作品",包括中外文字、图片、乐谱等能以图书、报刊方式出版、发表的作品;"个人作品",包括本人的著作、翻译的作品等。个人取得遗作稿酬,应按稿酬所得项目计税。

6. 特许权使用费所得

特许权使用费所得,是指个人提供专利权、著作权、商标权、非专利技术以及其他特许权的使用权取得的所得。提供著作权的使用权取得的所得,不包括稿酬所得。作者将自己文字作品手稿原件或复印件公开拍卖(竞价)取得的所得,应按特许权使用费所得项目计税。这类收入不同于一般所得,所以单独列为一类征税项目。对特许权使用费所得的征税办法,各国不尽一致。如有的国家对转让专利权所得征收资本所得税,而中国是将提供和转让合在一起,一并列入个人所得税的征税范围。

个人取得特许权的经济赔偿收入,应按"特许权使用费所得"项目征收个人所得税,税款由支付赔款的单位或个人代扣代缴。

从 2002 年 5 月 1 日起,编剧从电视剧的制作单位取得的剧本使用费,不再区分剧本的使用方是否为其任职单位,统一按特许权使用费所得项目计征个人所得税。

7. 利息、股息、红利所得

利息、股息、红利所得,是指个人拥有债权、股权而取得的利息、股息、红利所得。利息是指个人的存款利息、货款利息和购买各种债券的利息。股息,也称股利,是指股票持有人根据股份制公司章程规定,凭股票定期从股份公司取得的投资利益。红利,也称公司(企业)分红,是指股份公司或企业根据应分配的利润按股份分配超过股息部分的利润。股份制企业以股票形式向股东个人支付股息、红利即派发红股,应以派发的股票面额为收入额计税。

8. 财产租赁所得

财产租赁所得,是指个人出租建筑物、土地使用权、机器设备车船以及其他财产取得的所得,财产包括动产和不动产。

9. 财产转让所得

财产转让所得,是指个人转让有价股权、建筑物、土地使用权、机器设备、车船以及其他自有财产给他人或单位而取得的所得,包括转让不动产和动产而取得的所得。对个人股票买卖取得的所得暂不征税。

10. 偶然所得

偶然所得,是指个人取得的所得是非经常性的,属于各种机遇性所得,包括得奖、中奖、中彩以及其他偶然性质的所得(含奖金、实物和有价证券)。个人购买社会福利有奖募捐奖券、中国体育彩票,一次中奖收入不超过 10 000 元的,免征个人所得税;超过 10 000 元的,应以全额按偶然所得项目计税。

11. 其他所得

除上述 10 项应税项目以外,其他所得应确定征税的,由国务院财政部门确定。国务院财政部门,是指财政部和国家税务总局。

个人取得的所得,如果难以界定是哪一项应税所得项目,由主管税务机关审查确定。

8.2.4 个人所得税应纳税额的计算

1. 工资、薪金应税所得应纳税额的计算

自 2011 年 9 月 1 日起[①],纳税人实际取得工资、薪金所得,应适用新税法规定的费用扣除标准每月 3 500 元。工资薪金以每月收入额减除费用 3 500 元后的余额为应纳税所

---

① 《国务院关于修改〈中华人民共和国个人所得税法实施条例〉的决定》,中华人民共和国国务院令第 600 号。

得额。外籍人员和在境外工作的中国公民在2 000元扣除额的基础上,再附加2 800元的费用扣除额。如表8.1所示。

$$应纳税额=应纳税所得额×适用税率-速算扣除数$$

$$应纳税所得额=每月收入额-3 500 元$$

实行年薪制的企业经营者的计算方法为:

$$年应纳所得税额=[(全年工资薪金收入÷12-费用扣除标准)$$

$$×税率-速算扣除数]×12$$

表8.1　个人所得税税率表(工资、薪金所得适用)

级　数	含　税　级　距	税率(%)	速算扣除数
1	不超过1 500元的	3	0
2	超过1 500元至4 500元的部分	10	105
3	超过4 500元至9 000元的部分	20	555
4	超过9 000元至35 000元的部分	25	1 005
5	超过35 000元至55 000元的部分	30	2 755
6	超过55 000元至80 000元的部分	35	5 505
7	超过80 000元的部分	45	13 505

2. 个体工商户生产、经营所得应纳税额的计算

个体工商户的生产、经营所得是每一纳税年度的收入总额,减除成本、费用以及损失后的余额。个体工商户的生产、经营所得的筹划方法主要包括合理摊销费用,以使成本费用的抵税效应得到最大程度的发挥。个人独资企业和合伙企业的生产经营所得都适用于五级超额累进税率,税率为5%—35%(如表8.2所示),其计算公式为:

$$应纳税额=应纳税所得额×适用税率-速算扣除数$$

$$应纳税所得额=全年收入总额-(成本+费用+损失+准予扣除的税金)$$

从上述计算公式可以看到,个体工商户生产、经营应税所得额的计算中,如何确定成本、费用以及损失,存在许多值得推敲的地方。如果个体工商户,例如个人独资企业和合伙企业,有下列情形之一的,主管税务机关应采取核定征收个人所得税的方法:企业依照国家有关规定应当设置但未设置账簿的;企业虽设置账簿,但账目混乱或者成本资料、收入凭证、费用凭证残缺不全,难以查账的;纳税人发生纳税义务,未按照规定的期限办理纳税申报,经税务机关责令限期申报,逾期仍不申报的。核定征收方式,包括定额征收、核定应税所得率征收以及其他合理的征收方式,是非常重要的,如表8.2所示。

表 8.2 个体工商户的生产、经营所得税率表企事业单位的承包经营、承租经营所得适用

级数	含 税 级 距	不 含 税 级 距	税率(%)	速算扣除数
1	不超过 5 000 元的	不超过 4 750 元的	5	0
2	超过 5 000 元至 10 000 元的部分	超过 4 750 元至 9 250 元的部分	10	250
3	超过 10 000 元至 30 000 元的部分	超过 9 250 元至 25 250 元的部分	20	1 250
4	超过 30 000 元至 50 000 元的部分	超过 25 250 元至 39 250 元的部分	30	4 250
5	超过 50 000 元的部分	超过 39 250 元的部分	35	6 750

3. 对企事业单位的承包经营、承租经营所得应纳税额的计算

对企事业单位的承包经营、承租经营所得按年计算。其计算公式为：

$$应纳税额＝应纳税所得额×适用税率－速算扣除数$$
$$应纳税所得额＝个人承包、承租经营收入总额－每月 2 000 元$$

4. 劳务报酬所得

(1) 每次收入不足 4 000 元的：

$$应纳税额＝应纳税所得额×适用税率＝(每次收入额－800)×20％$$

(2) 每次收入在 4 000 元以上的：

$$应纳税额＝应纳税所得额×适用税率＝每次收入额×(1－20％)×20％$$

(3) 每次收入额的应纳税所得额超过 20 000 元的：

$$应纳税额＝应纳税所得额×适用税率－速算扣除数$$
$$＝每次收入额×(1－20％)×适用税率－速算扣除数$$

表 8.3 劳务报酬所得适用

级 数	每次应纳税所得额	税率(%)	速算扣除数
1	不超过 20 000 元的部分	20	0
2	超过 20 000 至 50 000 元的部分	30	2 000
3	超过 50 000 元的部分	40	7 000

[**例 8.1**] 歌星刘某一次取得表演收入 40 000 元，扣除 20％的费用后，应纳税所得额为 32 000 元。请计算其应纳个人所得税税额。

$$应纳税额＝每次收入额×(1－20％)×适用税率－速算扣除数$$
$$＝40 000×(1－20％)×30％－2 000＝7 600(元)$$

对劳务报酬所得一次收入畸高(应纳税所得额超过 20 000 元)的，要实行加成征收办法，具体为：一次取得劳务报酬收入，减除费用后的余额(即应纳税所得额)超过 2 万元至 5

万元的部分,按照税法规定计算的应纳税额,加征五成;超过 5 万元的部分,加征十成。

[**例 8.2**] 王某一次取得劳务报酬收入 5 万元,需扣除 20% 的费用。计算其应缴纳的个人所得税。

50 000 × (1 − 20%) = 40 000(元)

应缴纳的个人所得税 = 40 000 × 30%(30% 的税率为 20 000 对应的 20% 的税率加征五成为 30%) − 2 000 = 10 000(元)

5. 稿酬所得应纳税额的计算

(1) 应纳税所得额。稿酬所得以个人每次取得的收入,定额或定率减除规定费用后的余额为应纳税所得额,每次收入不超过 4 000 元,定额减除费用 800 元;每次收入在 4 000 元以上的,定率减除 20% 的费用。适用 20% 的比例税率,并按规定对应纳税额减征 30%,故其实际税率为 14%,计算公式为:

① 每次收入不超过 4 000 元的:应纳税额 =(每次收入额 − 800)× 20% × (1 − 30%)

② 每次收入在 4 000 元以上的:应纳税额 = 每次收入额 × (1 − 20%)× 20% × (1 − 30%)

(2) 按如下规定确定:

① 个人每次以图书、报刊方式出版,发表同一作品(文字作品、书画作品、摄影作品以及其他作品),不论出版单位是预付还是分笔支付稿酬,或者加印该作品后再付稿酬,均应合并其稿酬所得按一次计征个人所得税。在两处或两处以上出版,发表或再版(改版)同一作品而取得稿酬所得,则可分别各处取得的所得或再版(改版)所得按分次(两处或两处以上)所得计征个人所得税。

② 个人的同一作品在报刊上连载,应合并其因连载而取得的所有稿酬所得为一次,按税法规定计征个人所得税。在其连载之后又出书取得稿酬所得,或先出书后连载取得稿酬所得,应视同再版稿酬分次计征个人所得税。

③ 作者去世后,对取得其遗作稿酬的个人,按稿酬所得征收个人所得税。

[**例 8.3**] 某人因一篇小说出版,获稿费 20 000 元,后又取得加印又得稿费 10 000 元。

第一次缴纳个人所得税:20 000 × (1 − 20%) × 20% × (1 − 30%) = 2 240(元)

第二次缴纳个人所得税:(20 000 + 10 000) × (1 − 20%) × 20% × (1 − 30%) − 2 240 = 1 120(元)

即:"加印"为一次所得,"改版"为多次所得。

6. 特许权使用费所得应纳税额的计算

特许权使用费所得,是指个人提供专利权、商标权、著作权、非专利技术以及其他特许权的使用权取得的所得。即提供著作权的使用权取得的所得,不包括稿酬所得。

(1) 费用减除标准:

① 每次收入不足 4 000 元的:

应纳税额 = 应纳税所得额 × 适用税率 =(每次收入额 − 800)× 20%

② 每次收入在 4 000 元以上的：

应纳税额＝应纳税所得额×适用税率＝每次收入额×(1－20％)×20％

对于个人从事技术转让中所支付的中介费，若能提供有效合法凭证，允许从其所得中扣除。

(2) 特许权使用费所得适用 20％的比例税率，其应纳税额的计算公式为：

应纳税额＝应纳税所得额×适用税率

[例 8.4] 王某于 2006 年 9 月出让其一项专利权，取得收入 50 000 元，则：

应纳税所得额＝50 000×(1－20％)＝40 000(元)

应纳税额＝40 000×20％＝8 000(元)

7. 财产租赁所得应纳税额的计算

(1) 个人出租财产取得的财产租赁收入，在计算缴纳个人所得税时，应依次扣除以下费用：

① 财产租赁过程中缴纳的税费；

② 由纳税人负担的该出租财产实际开支的修缮费用(最高以 800 元为限/月)；

③ 税法规定的费用扣除标准。

(2) 应纳税所得额的计算公式为：

① 每次(月)收入不超过 4 000 元的：

应纳税所得额＝每次(月)收入额－准予扣除项目－修缮费用－800 元

② 每次(月)收入超过 4 000 元的：

应纳税所得额＝[每次(月)收入额－准予扣除项目－修缮费用]×(1－20％)

其中，财产租赁所得，以一个月内取得的收入为一次。

8. 财产转让所得应纳税额的计算

财产转让所得应纳税额的计算是指个人转让有价证券、股权、建筑物、土地使用权、机器设备、车船以及其他财产取得的所得。财产转让所得按次计算。其计算公式为：

应纳税额＝应纳税所得额×适用税率 20％

应纳税所得额＝财产转让的每次收入总额－财产原值－合理费用

9. 利息、股息、红利所得应纳税额的计算

利息、股息、红利所得按次计算。其计算公式为：

应纳税额＝应纳税所得额×适用税率 20％

应纳税所得额＝利息、股息、红利的每次收入总额

10. 偶然所得和其他所得应纳税额的计算

偶然所得和其他所得按次计算。其计算公式为：

$$应纳税额＝应纳税所得额×适用税率20\%$$

$$应纳税所得额＝每次收入总额$$

8.3 个人税务筹划流程

个人税务筹划的基本流程，可以分为收集信息、确定工作步骤和签订委托书、税务筹划方案设计，以及税务策划方案的执行和控制等步骤。收集信息是税务筹划的起点，在此基础上通过客户的税务目标分析，确定税务筹划的方向和范围，然后根据情况设计多种方案并进行比较，从中筛选出最佳的方案。在税务筹划方案的执行过程中，还要根据实际情况的变化进行调整。税务筹划，更多依靠注册税务师。

8.3.1 收集信息

1. 收集环境信息

个人或家庭是在一定的环境中生存和发展的，外界条件制约着个人的经济活动，也影响着活动的效果。税务筹划前，首先必须掌握个人生活、工作的环境信息。尤其是，针对那些从事个体工商户生产、经营，或者从事对企事业单位的承包经营、承租经营的个人或者家庭，收集环境信息尤为重要。这些信息主要包括：

(1) 税收法规。这是处理国家与纳税人税收分配关系的主要法律规范，包括所有调整税收关系的法律、法规、规章和规范性文件。税务筹划，是以这些法律法规为前提的，不能违反税务法规，税务筹划人要认真掌握和研究税收法规，找到其中可供税务筹划利用之处。税收法规常会随着经济情况的变动或为配合政策的需要而修正，修正次数较其他法律要频繁得多。因此，个人进行税务筹划时，对于税法修正的内容或趋势，必须加以密切注意并适时对筹划方案作出调整，以使自己的行为符合法律规范。

(2) 其他政策法规。税务筹划的内容涉及个人或者家庭参与的一些经济活动，要做到有效运用税务筹划策略，不仅要了解熟悉税法，还要熟悉会计法、劳动法、劳动合同法、著作权法、公司法、经济合同法、证券法等有关法律规定，才能分辨什么行为违法，什么行为不违法，在总体上确保自己税务筹划行为的不违法性。全面了解各项法律规定，尤其是熟悉并研究各种法律制度，可以为税务筹划活动构造一个安全的环境。

(3) 主管税务机关的观点。在理论上，税务筹划与偷税虽然有不同的含义，能够进行区别；但是在实践中，要分辨某一行为究竟是属于税务筹划行为，还是偷税行为却比较困难，一般要通过税务机关的认定和判断，而认定和判断又随主观和客观条件的不同而有不同的结果。因此,任何纳税义务人在运用税务筹划时,除必须深入研究税法及相关法律规定外,还必须进一步了解税务部门从另一角度认识的可能性,在反复研讨的基础上做出筹划。否则,一旦税务筹划被视为偷税,就会得不偿失。

2. 个人和家庭的信息

(1) 个人和家庭成员的出生年月。有些国家,某些节税方法只适用于一定年龄以上的个人,或一定年龄以下的个人。我国现行法律中,还没有因纳税人年龄不同,而适用不同的纳税方法的情况。但年龄作为个人和家庭成员基本情况,仍然属于个人纳税策划业务中需要了解的基本信息。对于年老、或者年轻的个人,税务筹划安排仍然可能会存在差异。

(2) 婚姻状况。在其他国家,纳税人的婚姻状况会影响某些税种、纳税人类别和扣除。而我国个人所得税只针对个人,而不考虑家庭的收入状况。然而,作为个人理财业务中的一项业务,个人税务筹划完全可能作为整个理财策划中的一部分。因此,了解相关信息仍然是必要的。

(3) 财务情况。个人税务筹划,包括多达 11 项内容,其中也包括财产租赁、财产转让等项目。只有在全面和详细地了解纳税人财务情况,以及其是否存在承包、经营等经济活动后,才能构思针对纳税人的税务筹划安排。纳税人的财务情况,包括纳税人的收入情况、支出情况及财产情况,财产包括纳税人的动产和不动产,以及是否是个体工商业者等。应比较个人收入所得税的 11 个项目,详细了解相关情况。

(4) 投资意向。理财客户寻求税务策划的目的,是希望在投资中有效地节税。因而,了解个人的投资意向就显得特别重要。理财客户个人的投资意向,包括个人的投资方向和投资额。客户个人的投资方向和投资额的大小,与税务筹划的投资方向、投资形式、投资优惠筹划、适用税率设计、风险分析等,都直接相关。

(5) 风险偏好。税务筹划,存在一定风险(如本章第一节中的个人税务筹划风险)。在进行税务筹划的时候,应该尽量避免违反税收方面的法律法规,和国家的税务机关进行沟通了解。否则,因违反税收方面的法律法规而受到处罚,那么这样的税务筹划就得不偿失了。不仅如此,税收法律法规的频繁变动,导致税务筹划失效的情况也并不鲜见。因此,在为客户提供税务筹划的时候,必须充分了解客户个人的风险偏好,提供客户希望的税务筹划安排。

(6) 纳税历史情况。个人理财业务中的税务筹划,是指目前为客户个人或者家庭未来的涉税行为提供事先的设计、安排。即使这样,了解客户个人纳税的历史,往往会对目前的税务筹划具有相当的帮助。这些历史情况包括以前所纳税的税种、纳税金额以及减免税的情况。

8.3.2 确定工作步骤和签订委托书

1. 税务筹划师的工作步骤

税务筹划工作通常包括:客户提出要求、注册税务师与客户磋商谈判、对客户的情况进行初步调查、提出建议书、签订合同、开始工作、中期报告和最终报告等几个步骤。然而,由于各类纳税人的行业、业务和委托进行纳税筹划的内容不同,因此注册税务师进行纳税筹划的程序并不完全一样,而是各有特色的。

2. 签订委托书

注册税务师与客户洽谈,正式受理其的委托,着手进行税收筹划工作,一般应该签订书面的委托合同,明确双方的权利和义务,一般包括以下内容:合同双方的信息;客户对承担税务筹划工作的税务师,是否具备这项任务的技术水平和经验的,确能恰当地完成该项目所规定的筹划任务的认可;税务筹划事项;酬金及计算方法;税务筹划成果的形式与归属。

此外,书面的委托合同还应该包括保护委托人权益的规定:事先规定各个阶段工作的进程和完成日期;为了保证业务质量,纳税筹划受托人除书面征得委托人同意外,不得将承担的业务全部或部分转包给他人等等。

除以上方面外,委托合同还应包括保护纳税筹划人权益的规定:对超出合同规定范围的业务,要求额外支付报酬;如要承担原订合同以外的业务时,税务师事务所可以向委托人提出更改合同条件的要求等等。

8.3.3　税务筹划方案设计

1. 分析税务筹划对象

一般而言,税务筹划,是理财业务的重要环节,需要从理财的总体目标上考虑这个问题。在筹划税收方案时,不能一味地考虑税收成本的降低,而忽略了该筹划方案的实施引发的其他费用的增加,或者个人收入的减少,必须综合考虑采取该税务筹划方案所要付出的实际成本、机会成本,以及能给理财客户自身带来的收益。只有当新发生的费用或损失小于取得的利益时,税务筹划方案才是合理的。理财客户对税务筹划的共同要求都是尽可能多地节减税额,获得税收利益,增加财务收益。然而,不同纳税人的具体目标可能有所不同。

(1) 明确是增加短期、还是长期收益。

在税收筹划中,理财客户对由此带来的财务利益的要求大致有三种:(1)要求最大程度地降低每年税收成本,扩大纳税人每年的可支配的税后收益;(2)策划最佳纳税方案,以便纳税人在若干年后,达到所有者权益的最大增值;(3)既要求增加短期税后利润,也要求长期资本增值。这种策划要求,可能需要平衡短期和长期收益,找到长短期综合筹划的最佳点。

(2) 投资要求。

如果理财客户有投资意向,但投资目标、投资方案尚未明确,税务筹划师可以事先参与理财客户的投资方案的制定,将税务筹划纳入投资方案制定的全过程,例如投资地点选定、投资项目构思、投资期限确定等,将税务筹划的因素考虑在内。也就是说,客户在考虑投资方案的时候,税务筹划是其方案的重要方面,而不仅仅是投资的成本与收益的平衡。这样,在投资方案实施的时候,就不会因为税务方面的失策,影响其投资业绩。有时,理财客户已经有了一些投资意向,这时税务筹划人就必须了解该客户的具体要求,根据纳税人的要求来进行税务筹划,提出建议。

为理财客户设计纳税方案,是税务策划业务中最关键的步骤。因为税务筹划是一个长期的、战略性的安排。如果在方案设计的时候,对相关税收法规理解不深,对未来的投资、收入等安排考虑不周,将带来非常严重的后果。在进行方案设计前,首先需要对有关纳税方案的一些问题进行调查和研究

2. 税务筹划方案构思

(1) 分析理财客户的业务背景。只有对税务筹划的理财客户的业务背景进行了解、分析,才可能构思纳税方案,这是具体进行税务筹划的第一步。这些分析,包括理财客户所处的行业,所从事的业务范围,以及法律规定应该缴纳的税种,是否享受税收优惠待遇等。在调查分析了这些情况以后,才能考虑该客户的纳税方案。

(2) 分析相关的税收法律法规。在分析理财客户的业务背景的基础上,对与该客户有关的税收法律、法规以及政策进行分析,避免陷入法律纠纷。在具体问题把握不准的情况下,可以就疑难问题咨询税务机关的意见。相对于其他类型的法律法规,税收法律法规变化相对频繁。因此,进行税务筹划的时候,还需要进行适当的预测。应对短时期内,税收法规、政策是否会出现变化,以及如何变化作出预测。

(3) 应纳税额的计算。在此基础上,税务筹划师构思几套纳税方案。然后,分别对不同的纳税方案,计算出相应的应纳税额,分析、测算每一备选方案。所有备选方案的比较都要在成本最低化和效益(利润)最大化的分析框架里进行,并以此标准确立能够产生最大税后净回报的方案。

3. 选定纳税筹划方案

税务筹划师通过计算应纳税额,根据税后净回报,并且考虑纳税人未来工作、业务变化的情况下,选定纳税筹划方案。值得注意的是,最佳方案是在特定环境下选择的,这些环境能保持多长时间的稳定期,事先也应有所考虑,尤其是进行国际税务筹划时,更应考虑这个问题。在选定方案的时候,还要充分考虑降低,或者避免税收风险等因素。最后,将选定的方案向客户提出,由客户最后确认。如果客户觉得满意,税务筹划方案便可以付诸实施;如果不满意,就需要进行修改,直至满意为止。

8.3.4　税务策划方案的执行和控制

税务筹划方案付诸实施后,要随时注意税务筹划方案的具体运行状况,验证实施结果是否与当初的测算、估算相符,若有偏离之处,应及时调整,再运用信息反馈制度,为今后的税务筹划提供参考依据。

在执行过程中,要注意收集、分析反馈信息,并对后续的税务筹划方案作出必要的调整。反馈渠道是注册税务师与客户之间保持沟通,比如半年或一年聚在一起沟通一下情况。如果客户因为纳税与征收机关发生法律纠纷,纳税策划人按法律规定或业务委托应及时介入,帮助客户渡过纠纷过程。

8.4　个人税务策划的基本方法

个人税务筹划的基本方法有许多种,主要包括:免税、减税、利用税率差异的方法、利用税额抵扣的方法、利用抵免的方法、利用延期纳税的方法和利用税收优惠政策等等。在具体操作中,这些方法并非一成不变,而是可以相互转化的。

8.4.1　免税

免税,是税务机关按照税法规定免除全部应纳税款,是对某些纳税人或征税对象给予鼓励、扶持或照顾的特殊规定,是世界各国及各个税种普遍采用的一种税收优惠方式。它是国家对特定地区、行业、企业、项目或情况给予纳税人完全免征税收优惠或奖励的一种措施。从政府角度来讲,免税是把税收的严肃性和必要的灵活性有机结合起来制定的措施。作为纳税人,可充分利用免税政策,降低自身的税收负担。免税一般可以分为法定免税、特定免税和临时免税三种。

1. 法定免税

法定免税是指在税法中列举的免税条款。在这三类免税中,法定免税是主要方式,其他两种免税是辅助方式,是对法定免税的补充。世界各国一般都对特定免税和临时免税有极严格的控制,尽量避免这类条款产生的随意性和不公正性。由于我国正处于转型时期,所以税法中存在大量的特定免税条款和临时免税条款。这类免税一般由有税收立法权的决策机关规定,并列入相应税种的税收法律、税收条例和实施细则之中。这类免税条款,免税期限一般较长或无期限,免税内容具有较强的稳定性,一旦列入税法,没有特殊情况,一般不会修改或取消。

法定免税,主要是从国家(或地区)国民经济宏观发展及产业规划的大局出发,对一些需要鼓励发展的项目或关系社会稳定的行业领域,所给予的税收扶持或照顾,具有长期的适用性和较强的政策性。如:按照中国增值税暂行条例第16条的规定,对农业生产单位和个人销售自产初级农产品免征增值税;按照营业税暂行条例第6条的规定对托儿所、幼儿园、养老院、残疾人福利机构提供的育养服务免征营业税。法定免税实质上相当于财政补贴,一般有两类免税:一类是照顾性免税,另一类是奖励性免税。照顾性免税的取得需要满足比较严格的条件,所以纳税筹划不能利用这项条款达到节税的目的。通常,要获得国家奖励性质免税的条件相对容易。在运用免税的过程中,应注意在合理合法的情况下,尽量使免税期延长。免税期越长,节减的税就越多。同时,还要尽量争取更多的免税项目。

2. 特定免税

这种类型的免税,是根据一定时期内国家的政治、经济情况,以及贯彻某些税收政策的需要,对国内某地区、或者某行业的个别、特殊的情况专案规定的免税条款。特定免税,一般是在税法中不能或不宜——列举而采用的政策措施,或者是在经济情况发生变化后作出的免税补充条款。这类免税,一般由税收立法机构授权,由国家或地区行政机构及国家主管税务的部门,在规定的权限范围内作出决定。其免税范围较小,免税期限较短,免税对象具体明确,多数是针对具体的个别纳税人或某些特定的征税对象及具体的经营业务。特点免税规定,具有灵活性、不确定性和较强的限制性。获得特定免税,一般都需要纳税人首先提出申请,提供符合免税条件的有关证明文件和相关资料,经当地主管税务机关审核或逐级上报最高主管税务机关审核批准,才能享受免税的优惠。

3. 临时免税

这类免税,是对个别纳税人因遭受特殊困难而无力履行纳税义务,或因特殊原因要求减除纳税义务的,对其应履行的纳税义务给予豁免的特殊规定。临时免税,一般在税收法律、法规中均只作出原则规定,并不限于哪类行业或者项目。它通常是定期的或一次性的免税,具有不确定性和不可预见性。因此,这类免税与特定免税一样,需要由纳税人自己提出申请,税务机关在规定的权限内审核批准后,才能享受免税的照顾。例如:企业所得税暂行条例规定,企业遇有风、火、水、震等严重自然灾害,纳税确有困难的,经主管税务机关批准,可免征所得税 1 年。2008 年 10 月,上海市公布了《关于促进本市房地产市场健康发展的若干意见》,并列出了 14 条意见和优惠政策。其中包括免税政策,对个人销售或购买住房暂免征收印花税;对个人销售住房暂免征收土地增值税。2008 年 9 月 19 日,经国务院批准,财政部、国家税务总局调整证券(股票)交易印花税征收方式,对出让方按 0.1% 的税率单边征收证券(股票)交易印花税,对受让方不再征税。

8.4.2 减税

减税,或者称为税收减征,是按照税收法律、法规减除纳税人一部分应纳税款,是对某些纳税人、征税对象进行扶持、鼓励或照顾,以减轻税收负担的一种特殊规定。税收减征,分统一规定减征和临时申请批准减征两种。其中统一规定减征,在税收基本法规中列举,或者由国务院、财政部或国家税务局作出统一规定。临时申请批准减征,则是由纳税人提出申请,然后由主管税务机关按照税收管理体制规定,报经有权批准减免的部门批准后执行。税收减征的具体方法有 4 种。

1. 税额比例减征法

该减税法,就是按照税收法律、法规的规定,计算出应纳税额减征的一定比例,以减少纳税人应纳税额的一种方法。例如：个人所得税法第 3 条规定,稿酬所得按应纳税额减征 30％的个人所得税。税额比例减征法的计算公式为:

$$减征税额 = 应纳税额 \times 减征比例$$

2. 税率比例减征法

该减税法,就是按照税法规定的法定税率或法定税额标准减征一定比例,计算出减征税额的一种方法。例如:按照财税字[2000]26 号文件规定,从 2000 年 1 月 1 日起,对生产销售达到低污染排放极限的小轿车、越野车和小客车,按法定税率减征 30％的消费税。按照（86）财税字第 82 号文件规定,对冶金独立矿山铁矿石减按规定税额标准的40％征收资源税。税率比例减征法的计算公式为:

$$减征税额 = 法定税率 \times 减征比例 \times 计税依据$$

3. 降低税率法

该减税法,就是采用降低法定税率或税额标准的方法来减少纳税人的应纳税额。例如:2008 年 10 月,上海市公布了《关于促进本市房地产市场健康发展的若干意见》,并列出了 14 条意见和优惠政策。其中就有减税政策,对个人首次购买 90 平方米及以下普通住房的,契税税率暂统一下调到 1％,首次购房证明由市房地产交易中心出具。降低税率法的计算公式为:

$$减征税额 = (法定税率 - 降低后的税率) \times 计税依据$$

4. 优惠税率法

该减税法,就是在税法规定某一税种的基本税率的基础上,对某些纳税人或征税对象再规定一个或若干个低于基本税率的税率,以此来减轻纳税人税收负担的一种减税方法。例如:企业所得税的基本税率为 33％,但对微利企业规定了两档优惠税率,按照（94）财税字第 9 号文件规定,对年应纳税所得额在 3 万元及以下的企业,按 18％的税率征税;对年应纳税所得额在 3 万元以上、10 万元以下的企业,按 27％的税率征税。

减税,属于减轻纳税人负担的措施。国家作此规定,是为了给予某些纳税人以鼓励和支持,其意义主要是:(1)为了体现国家的产业政策。如新中国成立初期颁布的《工商业税暂行条例》规定对有利于国计民生的行业,分别减征 10％—40％的所得税。(2)为了吸引外国企业来华投资。如原《中外合资经营企业所得税法》规定新办的中外合资经营企业,合营期在 10 年以上的,从开始获利年度起,在第 1—2 年免征所得税后,在第 3—5年减半征收所得税。(3)鼓励企业出口创汇。如现行税制规定外商投资的产品出口企业,凡当年出口产品的产值达到全部产品产值的 70％以上的,可以按照现行税率减半缴纳企业所得税（不低于 10％）。(4)为了照顾纳税人由于外部条件变化等客观原因造成的实际困难。

在运用减税时,应该在合理合法的情况下,尽量使减税期最长化,减税时间越长,节减的税收越多;而且应尽可能多地利用减税项目,提高节税效益。

8.4.3　其他税务策划的方法

1. 利用税率差异的方法

在税收筹划过程中,在其他条件相同或相近的情况下,一般就低不就高,利用税率差异,在合情合理的情况下达到节约税款的目的。在开放的经济条件下,一个企业完全可以根据国家有关的法律和政策决定自己企业的组织形式、投资规模和投资方向,利用税率差异,少缴纳税款。例如:有 A、B、C 三个国家的所得税税率分别是 33%,45%,40%,有一投资公司 M,在其他条件基本一致的情况下,肯定会选择税率较低的 A 国进行投资,这样可以降低税负,达到节约税款的目的。

税率差异的运用,应注意尽可能地寻找税率最低的地区、产业,降低纳税负担。税率差异一般具有时间性和稳定性两个特征,并非一成不变。随着时间的推移和税法制度的改变,它会发生变化,如政策的变化和享受优惠政策时间的到期,都会使税率发生变化。作为纳税人来说,要注意这种变化。

2. 利用税额抵扣的方法

该方法是指纳税人按照税法规定,在计算缴纳税款时对于以前环节缴纳的税款准予扣除的一种税收优惠。由于税额抵扣是对已缴纳税款的全部或部分抵扣,是一种特殊的免税、减税,因而又称之为税额减免。税额扣除与税项扣除不同,前者从应纳税款中扣除一定数额的税款,后者是从应纳税收入中扣除一定金额。因此,在数额相同的情况下,税额抵扣要比税项扣除少缴纳一定数额的税款。

税额抵扣广泛应用于各个税种。通过税额抵扣的规定,避免重复征税,鼓励专业化生产已成为世界各国的普遍做法。由于增值税只对增值额征税这一基本原理,决定了税额抵扣在增值税中的经常、普遍的采用,构成了增值税制度的重要组成部分。例如:中国增值税条例第 8 条规定,纳税人从销售方取得的增值税专用发票上注明的增值税额和从海关取得的完税凭证上注明的增值税税款,其进项税额准予从销项税额中抵扣。中国增值税还对一些特殊货物和产品采取了鼓励和照顾的税额扣除规定。例如:按照财税字[1998]114 号文件规定,对一般纳税人外购货物和销售货物所支付的运输费用,可按运费金额 7% 的扣除率计算准予抵扣的进项税额等等。

除此之外,世界各国还普遍对流转税、所得税、财产税等税种采用税额扣除的办法。例如:美国联邦遗产税规定,纳税人在缴纳联邦遗产税前,准予扣除向州政府缴纳的一定限额的死亡税款和由别的死亡之人转移过来的某些资产已缴纳的联邦遗产税税款。中国现行税制对消费、资源税、农业特产税、所得税等税种也采用了税额扣除的规定。例如:按照国税发[1995]94 号文件规定,以委托加工收回已税汽车轮胎、已税摩托车连续生产的汽车轮胎和摩托车,准予从应纳税额中扣除原料已纳消费税税款。国税发[1994]15 号文件规定,纳税人以外购的液体盐加工固体盐,其加工固体盐所耗用的液体盐的已纳税款准予从应纳资源税税额中扣除。(94)财农字第 7 号文件规定,在农业税计税土地上生产农业特产品的,已纳农业税税款准予在计征农业特产税时扣除。企业所得税实施细则第 42 条规定,纳税人从其他企业分回的已缴纳所得税的利润,其缴纳的税额,可以在缴纳所得税中予以抵扣。

从广义扣除看,税额扣除也可以包括纳税人在国外缴纳的准予抵扣的税款,但由于对国外税款的抵扣,在国际税收中已广泛使用"税收抵免"这一专用术语,故税额抵扣实际上是指对国内已纳税款的扣除。

3. 利用抵免的方法

该方法,就是对纳税人来源于国内外的全部所得或财产课征所得税时,允许以其在国外缴纳的所得税或财产税税款抵免应纳税款的一种税收优惠方式,是解决国际间所得或财产重复课税的一种措施。具体办法是,先按纳税来自国内外全部所得或财产计算应纳所得税或财产税税款,然后再扣除其国外缴纳的部分,其余额即为实际应纳所得税或财产税税款。税收抵免是世界各国的一种通行做法,OECD 的《关于对所得和财产避免双重征税的协定范本》和 WTO 都对税收抵免做出了专门规定。税收抵免一般多采取限额抵免办法,即抵免数额不得超过按照居住国税法计算的应纳税额。中国现行税法对所得避免双重征税,按国际惯例做出了相应规定。其主要内容包括:

(1) 纳税人来源于中国境外的所得,已在中国境外缴纳的企业所得税和个人所得税税款,准予其在应纳税额中扣除。但其扣除额不得超过该纳税人境外所得按中国税法规定计算的应纳税额。

(2) 纳税人来源于境外所得在境外实际缴纳的企业所得税、个人所得税税款,低于按中国税法规定计算的扣除限额的,可以从应纳税额中据实扣除;超过扣除限额的,不得在本年度应纳税额中扣除,但可以在以后年度税额扣除的余额中补扣,补扣期限最长不得超过 5 年。

(3) 纳税人境外已缴税款的抵扣,一般采用分国不分项抵扣境外已缴税款的方法。其抵扣额为:境内境外所得按中国税法计算的应纳税额×[来源于某国(地区)的所得÷境内境外所得总额]。对于不能完全提供境外完税凭证的某些内资企业,经国家税务总局批准,也可以采取"定率抵扣"的方法,不区分免税或非免税项目,统一按境外应纳税所得额 16.5% 的比率计算抵扣税额。

4. 利用延期纳税的方法

该方法,就是纳税人应纳税款的部分或全部税款的缴纳期限适当延长的一种特殊规定。这种纳税筹划只是一种相对节省税款,并不是真正意义上的绝对少纳税。延期纳税,利用了税款的时间价值,相当于得到了一笔无息贷款,可以增加纳税人本期的现金流量,有可能给纳税人带来更大的资本增值机会。延期纳税,是政府为了照顾某些纳税人由于缺乏资金或其他特殊原因造成的缴税困难,许多国家都在税法中规定了有关延期缴纳的税收条款。有的是对某个税种规定准予缓税,有的则是对所有税种规定准予缓税。

按照中国税收征管法第 20 条规定,纳税人因有特殊困难,不能按期缴纳税款的,经县以上税务机关批准,可以延期缴纳税款,但最长不得超过 3 个月。经税务机关批准延期缴纳税款的,在批准期限内,不加收滞纳金。

延期纳税的适用范围,按照国税发[1998]98 号文件的通知规定,纳税人遇有下列情形之一导致资金困难的,可以书面形式,向县及县以上税务机关提出申请延期纳税。包括水、火、风、雹、海潮、地震等人力不可抗拒的自然灾害;可供纳税的现金、支票以及其他财产等遭遇偷盗、抢劫等意外事故;国家调整经济政策的直接影响等等。

要获得延期纳税,应由纳税人填写《延期缴纳税款申请审批表》,经基层征收单位审核,报县及县以上税务局局长批准,方可延期缴纳,但最长不得超过 3 个月。申请延期缴纳税款数额较大且申请延期在 2 至 3 个月的,必须报经地市一级税务局局长批准。数额较大的具体标准,暂由各省级国税局、地税局确定。同一纳税人应纳的同一个税种的税款,符合延期缴纳的法定条件的,在一个纳税年度内只能申请延期纳税一次。需要再次延期缴纳的,必须报经省级国税局、地税局局长批准。

5. 利用税收优惠

税收优惠,是指国家在税收方面给予纳税人和征税对象的各种优待的总称,是政府通过税收制度,按照预定目的,减除或减轻纳税义务人税收负担的一种形式。个人所得税筹划可以通过合理设计,享受税收优惠带来的节税好处,主要应争取更多的减免税待遇,充分利用起征点、免征额、递延纳税时间,缩小纳税依据等。

8.5 个人税务筹划策略

8.5.1 纳税人身份的税务筹划

个人所得税的纳税人,根据纳税人的住所和其在中国境内居住的时间不同,可分为居民纳税人和非居民纳税人。居民纳税人承担完全纳税义务,必须就其来源于中国境内、境外的全部所得缴纳个人所得税;而非居民纳税人仅就其来源于中国境内的所得缴纳个人所得税。显然,非居民纳税人的税负较轻。

在实际生活中,自然人的情况比较复杂,情况各异。如何确定其纳税人身份和应当承担的纳税义务,各国税收政策有所不同。根据国际惯例,我国对居民纳税人和非居民纳税人的划分,采用了国际上常用的住所和居住时间双重标准,即习惯性住所标准及一个纳税年度内在中国境内居住满 1 年的时间标准:在居住期间内临时离境的,即在一个纳税年度中一次离境不超过 30 日或者多次离境累计不超过 90 日的,不扣减日数,连续计算。个人只要符合其中任何一个标准,就可被认定为居民纳税人。出于税法对居民纳税人和非居民纳税人的税收政策不同,扣缴义务人可以为纳税人进行税务筹划。对个人身份的筹划,主要是避免成为个人所得税的居民纳税义务人。如果是非居民纳税义务人,按照税法规定,纳税义务人从中国境外取得的所得,准予在计算应纳税额时,扣除已在境外缴纳的个人所得税。但扣除额不得超过该纳税义务人境外所得依我国税法规定计算的应纳个人所得税税额。如果没有境外收入的客户,就无法进行这类税务筹划。

此外,还可以通过企业所得税纳税人与个人所得税纳税人的选择进行税务筹划。作为投资者个人,在进行投资前必然会对不同的投资方式进行比较,以确定最佳投资方式。目前,个人可以选择的投资方式主要有:作为个体工商户,从事生产经营和承包、承租业务;成立个人独资企业;组建合伙企业;设立有限责任制企业(企业所得税纳税义务人)。在对这些投资方式进行比较时,如果其他因素相同,投资者所承担的税收,尤其是所得税将成为决定投资决策的主要因素。在收入相同的情况下,个体工商户、个人独资企业、合伙制企业、有限责任制企业的税负是不一样的,其中以有限责任制企业的税负最重。个人独资企业、合伙制企业、有限责任制企业等几种形式的企业是法人单位,在发票的申购、纳税人的认定等方面占优势,比较容易开展业务,经营的范围也比较广,并且可以享受国家的一些税收优惠政策。

8.5.2　征税范围筹划

个人所得税的征税范围,几乎包括了所有的个人收入项目,包括工资、薪金所得、个体工商户的生产经营所得等等。因此,选择合理的收入支付方式,把部分收入项目转化为其他非征税项目,可以取得减轻税负的税收利益。尤其在工资、薪金所得及个体工商户生产、经营所得税使用超额累进税率的情况下,还能起到降低税率带来的好处。

工资薪金收入可转为福利或企业经营费用。职工从企业获得的工资为名义工资,名义工资越高,职工缴税时适用的税率就越高。职工为了生活和工作需支付各种各样的费用,如通勤费、通讯费、午餐费、医疗费、住房费等。支付工薪的企业为了保证职工的生活水平,往往以现金、实物和有价证券等形式向职工支付各种补贴款。但按照个人所得税法的规定,企业向个人支付的各种补贴款,只有极少数项目不需要纳税,大多数补贴款都应计入工资薪金所得纳税。

个人所得税的节税筹划方法包括以下两种:①支付薪金的企业为职工确定适当的而不是较高的名义工资,然后以各种补贴的方式保证职工的实际工资水平和生活水平,而且不直接将各种补贴款发放给职工,而是由企业支付、职工享受各种福利。②职工个人的部分应税收入可转化为企业的经营费用,且可以在缴纳所得税前扣除,如将发放补贴、津贴的方式改为凭票报销的方式,企业可为职工报销交通费、通讯费和私车公用等方面的费用。

在工资收入福利化方面,应在企业所得税前允许扣除的职工福利费、职工教育经费和工会经费的限额内,最大限度地保障职工的福利。有时,职工享受企业福利的支出也可计入企业的管理费用和销售费用。然后,企业根据职工福利水平的高低适度地确定职工的工资薪金收入水平。提高职工福利水平的措施主要有以下几种。

(1) 企业为职工创造居住条件,企业将租入的房屋转租给职工;

(2) 企业为职工提供交通服务;

(3) 企业为职工提供免费的餐饮服务;

(4) 企业为职工提供工作所需的设备和用品;

(5) 企业为职工提供免费或低收费的医疗服务;

(6) 企业为职工提供培训机会;

(7) 企业为职工创造旅游机会;

(8) 关于工资薪金及职工培训费;防暑降温费单位发放补贴、津贴的规定。

《财政部　国家税务总局关于住房公积金医疗保险金养老保险金征收个人所得税问题的通知》(财税字[1997]144 号)规定,企业以现金形式发给个人的住房补贴、医疗补助费,应全额计入领取人的当期工资、薪金收入征收个人所得税。但对外籍个人以实报实销形式取得的住房补贴,仍按照《财政部、国家税务总局关于个人所得税若干政策问题的通知》([1994]财税字第 020 号)的规定,暂免征收个人所得税。

(9) 单位向个人支付的补贴款免纳个人所得税的项目。

个人所得税法第 4 条规定的免税所得包括:按照国家统一规定发给的补贴、津贴;福利费、抚恤金、救济金;按照国家统一规定发给干部、职工的安家费、退职费、退休工资、离休工资、离休生活补助费。

因为个人工资薪金所得税各档税率由国家法律规定,不能随意更改,故在各档税率不变的条件下,可以通过减少自己的工资薪金收入的方式使得自己使用较低的税率,同时计税的基数也变小了。例如,与工作的单位达成协议,改变自己的工资薪金的支付方法,即由单位提供一些必要的福利,如由工作单位提供住所,所需费用直接在原来的工资薪金中扣除,这样就可以降低税基,这是个人所得税合理避税的有效方法。此外,工作单位可以提供假期旅游津贴、员工福利设施,及免费午餐等等,以抵减自己的工资薪金收入。

例如:某公司财务经理朱先生 2013 年每月工资为 12 000 元,因工作需要,需租住一套住房,每月需要支付房租 4 000 元。假如朱先生自己付房租,每月须缴纳的个人所得税为:[(12 000－3 500)×20%－555]＝1 145 元。

如果公司为朱先生免费提供住房,将其每月工资降为 8 000 元,那么此时朱先生每月须缴纳的个人所得税为[(8 000－3 500)×20%－555]＝525 元。

即经过纳税筹划可以节税 620 元(1 145－525)。

对于纳税人来说,这只是改变了自己收入的形式,自己能够享受到的收入的效用并没有减少,同时由于这种以福利抵减收入的方式相应地减少了其承担的纳税负担。这样一来,纳税人就能享受到比原来更多的收入的效用。

8.5.3 工资薪金与劳务报酬相互转化

劳务报酬所得,是指个人从事设计等劳务(详见本章第 8.2.3 节中个人所得税的分类)取得的所得。劳务报酬所得,属于一次性收入的,以取得该项收入为一次;属于同一项目连续性收入的,以一个月内取得的收入为一次。劳务报酬所得,每次收入不超过 4 000 元的,减除费用 800 元;4 000 元以上的,减除 20% 的费用,其余额为应纳税所得额。

劳务报酬所得适用的是 20%—40% 的 3 级超额累进税率表,工资、薪金所得适用的是 5%—45% 的九级超额累进税率。相同的收入采用不同的劳务报酬或工资、薪金方式计算的应纳税所得会产生很大差异。这就要求纳税人在纳税义务发生前提前筹划,在不违反税法规定的情况下,采用最有利的方式确定税目。通过测算,当收入额小于 19 375 元时,采用工资、薪金所得的形式税负较轻;当收入额大于 19 375 元时,采用劳务报酬所得的形式税负较轻。一般情况下,当收入少时按照工资、薪金所得纳税税负轻,而当收入多时按照劳务报酬所得纳税税负轻。

通常情况下,企业只为与其签订了劳动合同的职工缴纳社会保险费;当然,劳动者也可以作为灵活就业人员自己缴纳社会保险费,当节税额较大时这种转换也是可行的。但是,领取劳务报酬所得要考虑各地代开发票的不同要求。劳务报酬税务筹划策略,还可以考虑分项分次、增加人数、扣除中介费。

8.5.4 降低税基策划

利用降低税基避税的方法,是在工资、薪金收入或劳务报酬获得,在时间分布上不均衡时,才能进行相关的税务筹划。目前,个人所得税采用 7 级超额累进税率。纳税人的应税所得越多,其适用的最高边际税率就越高,从而纳税人收入的平均税率和实际有效税率都可能提高。所以,如果纳税人能够均衡上下波动的收入,使得各个纳税期内的收入尽量均衡,就可以减轻纳税人的纳税负担。

1. 工资、薪金所得

工资、薪金所得的税收策划主要通过降低税基来达到目的。尤其是对于各月不均衡的工资、薪金收入的企业,应采用年薪制。由于我国个人所得税对工资薪金所得采用的是 9 级超额累进税率,随着应纳税所得额的增加,其适用税率也随着攀升。如果某个月份的收入特别多,其相应的个人所得税税收比重就越大。其他月份收入下降,却无法获得节税的效益。一些季节性波动比较大的企业,更加需要关注这个问题。这类企业的业务,淡季、旺季的差异非常明显,若采用月薪制或计件工资制,职工的工资收入将会极不平均,税负将也会很高。《个人所得税法》第 9 条第 2 款规定,特定行业的工资、薪金所得应纳的税款,可以实行按年计算,分月预缴的方式。这些行业包括采掘业、远洋运输业、远洋捕捞业以及财政部确定的其他行业。

例如:某公司职员每月工资 3 500 元,全年奖金 24 000 元,在两种发放情况下比较个人收入所得税的负担:

(1) 假设该公司根据工作业绩实行年度嘉奖的薪酬管理办法。假设该职工当年年度取得奖金 24 000 元,则该职工每月应缴纳的个人所得税为:[(3 500＋24 000÷12)－3 500]×10％ － 105＝95 元。全年支付的个人所得税为:95 × 12 ＝ 1 140 元。

(2) 如果该公司根据工作业绩实行季度嘉奖的薪酬管理办法。假设该职工当年每季度取得奖金 6 000 元,则 3 月、6 月、9 月应缴纳个人所得税[(3 500＋6 000)－3 500]×20％－555＝ 645 元。12 月的个人所得税为:[(3 500＋6 000÷12)－ 3 500]×5％＝25 元。其他月份无需缴纳个人所得税。

那么,该职工全年所需要承担的个人所得税为:645×3＋25＝1 960 元。

筹划分析:如果该公司将年终奖按每月 2 000 元随工资一起发放,或者到年终一次性发放 24 000 元,则职工全年需要缴纳所得税是最低的。

2. 将劳务报酬等收入尽可能转化为多次性收入

根据我国个人所得税的规定,劳务报酬等收入项目应按次计算应纳税额。纳税人取得一次收入,就可以扣除一次费用(股息、红利、利息、偶然所得除外),然后计算出应税所得和应纳税额。在收入额一定的情况下,如果是纳税人多次取得的收入,其可以扣除的费用金额就会加大,适用的税率也会降低,应税所得和应纳税额也会减少。

按照我国个人所得税法规定,劳务报酬所得凡属一次性收入的,以取得该项收入为一次,按次确定应纳税所得额;凡属于同一项目连续性收入的,以一个月内取得的收入为一次,据以确定应纳税所得额;但如果纳税人当月跨县(含县级市、区)提供了劳务,则应分别计算应纳税额。因此,如果一个纳税人要给某企业提供咨询服务,则咨询服务最好是跨月进行。

8.5.5　利用费用扣除标准差异

税法规定,工资薪金所得的费用扣除额为 3 500 元,劳务所得单次收入超过 4 000 元为 20％的费用扣除。在某些情况下将工资薪金所得与劳务报酬所得分开,而在有些情况下将工资薪金所得与劳务报酬合并就会节约纳税,因而对其进行纳税筹划就具有一定的可行性。

例如:李先生 2013 年 12 月从 A 公司取得工资薪金 1 000 元,由于单位工资太低,李先生同月在 B 公司找了一份兼职,取得收入 5 000 元。如果李先生与 B 公司没有固定的雇佣关系,则按照税法规定,工资薪金所得和劳务报酬所得应该分别计算征收个人所得税。从 A 公司取得的工资薪金没有超过扣除限额,不用纳税。从 B 公司取得的劳务报酬应纳税额为:5 000×(1-20%)×20%＝800元。则2月份王先生共应缴纳个人所得税800元。

筹划分析:如果李先生与B公司存在固定的雇佣关系,则两项收入应合并按工资、薪金所得缴纳个人所得税为:(5 000＋1 000－3 500)×15%－125＝250元。

显然,在这种情况下,采用工资、薪金计算应缴个人所得税是明智的,因此,李先生应该在与B公司签订固定的雇佣合同,将此项收入由B公司以工资薪金的方式支付给李先生。

8.5.6　税收优惠的利用

个人所得税的优惠政策,是指我国政府出于各种经济目的,对减轻个人纳税义务人的税赋负担的有关规定。在税务筹划的过程中,可以充分利用国家税收优惠政策,通过免征额、境外已纳税额的扣除规定,合理安排收入项目及收入次数,以实现节约税款的目的。

例如,利用公积金的优惠政策,免交部分个人所得税。根据《财政部、国家税务总局关于住房公积金医疗保险金养老保险金征收个人所得税问题的通知》(财税字[1997]144号)的有关规定:企业和个人按照国家或地方政府规定的比例提取并向指定机构实际缴付的住房公积金、医疗保险金、基本养老保险金,不计入个人当期的工资、薪金收入,免予征收个人所得税。个人领取提存的住房公积金、医疗保险金、基本养老保险金时,免予征收个人所得税。企业可充分利用上述政策,利用当地政府规定的住房公积金最高缴存比例为职工缴纳住房公积金,为职工建立一种长期储备。该部分资金不但避开了个人所得税,同时享受了无利息税的存款利息。利用公积金进行贷款购置房产,还可盘活公积金账户中的资金,享受公积金贷款的优惠利率。

对于个体工商户、个人独资企业、合伙企业及分次取得承包、承租经营所得的纳税人,实行分月(次)预缴,年终汇算清缴制度,因此可通过合理预缴税款,以取得递延纳税的好处。

本章小结

1. 税务筹划,是指在税法规定的范围内,通过对经营、投资、理财等活动的事先筹划和安排,尽可能地获得"节税"的税收利益。税务筹划的特点为合法性、超前性(预期性)、专业性、目的性,以及筹划过程的多维性。税务筹划,包括四大内容:避税筹划、节税筹划、转嫁筹划,以及实现涉税零风险。值得注意的是,税务筹划存在一定风险,有违反反避税条款的风险;法律、法规变动风险;以及经济风险等三大风险。

2. 税收是国家为实现其职能,凭借政治权力,按照法律规定,通过税收工具强制地、无偿地参与国民收入和社会产品的分配和再分配,取得财政收入的一种形式。其中,个人所得税是重要的税种之一,个人所得税是调整征税机关与自然人(居民、非居民人)之间在个人所得税的征纳与管理过程中所发生的社会关系的法律规范的总称。政府课税将引起各种经济反应,即税收的效应,有正、负效应;收入、替代效应;中性、非中性效应;激励、阻碍效应等。

3. 所得税的基本框架,包括税收管辖权、纳税义务人、所得税的税基和税率等。

4. 个人所得税分为11项内容,有工资、薪金所得;个体工商户的生产、经营所得;对企事业单位的承包经营、承租经营所得;劳务报酬所得;稿酬所得;特许权使用费所得;利息、股息、红利所得;财产租赁所得;财产转让所得;偶然所得;其他所得等。由于收入来源不同,因此,个人所得税应纳税额的计算是有所不同的。

5. 个人税务筹划流程,涉及收集信息、确定工作步骤和签订委托书、税务筹划方案设计以及税务策划方案的执行和控制等四个步骤。

6. 个人税务筹划的基本方法有许多种,主要包括:免税、减税、利用税率差异的方法、利用税额抵扣的方法、利用抵免的方法、利用延期纳税的方法和利用税收优惠政策等等。

7. 个人税务筹划策略,有纳税人身份的税务筹划;征税范围筹划;工资薪金与劳务报酬相互转化;降低税基策划;税收优惠的利用等。

思考与练习

1. 什么是税务筹划?

2. 简述税务筹划的特点。

3. 试述税务筹划将涉及哪些方面。

4. 试分析个人税务筹划的风险。

5. 什么是个人所得税?

6. 选择两种税收的效应,结合实际情况进行分析。

7. 简述所得税的主要特点。

8. 试分析所得税的基本框架。

9. 选择个人所得税中的两种,分析其征税范围和应纳税额的计算。

10. 试分析个人税务筹划流程的四个步骤,以及注意的要点。

11. 试比较个人税务策划方法的差异。

12. 试分析各种个人税务筹划策略的差异性。

第9章

退休养老规划

本章学习要点

1. 了解退休养老规划的概念、基本问题和原则；

2. 掌握退休养老生活设计的方法；

3. 掌握退休养老费用估算的方法；

4. 掌握退休养老风险分析的方法；

5. 了解我国养老保险体系的构成，我国基本养老保险制度的内容；

6. 熟悉基本养老保险、农村社会养老保险、企业补充养老保险等退休养老规划的工具；

7. 掌握以房养老的基本模式、风险和防范的措施；

8. 掌握退休养老规划的步骤。

基本概念： 退休养老规划；基本养老保险；农村社会养老保险；企业补充养老保险；以房养老

　　我国正在跑步进入老龄化社会，根据联合国教科文组织制定的标准，当一个国家 60 岁及 60 岁以上的老年人口超过该国家总人口的 10％，或者 65 岁及 65 岁以上的老年人口超过该国家总人口的 7％时，该国就进入"老年型国家"的行列。2000 年中国第五次人口普查结果显示，中国 60 岁以上人群比例已达 11.21％；2001 年，65 岁以上人群比例也将达到 7％。也就是说，在本世纪初中国就已进入老龄化社会。老龄化的速度和程度超乎想象，生育率低、人口结构老化、社保制度滞后已成未来发展的重大隐患。我国人口老龄化形势比较严峻，老年人口规模较大，人口老龄化增速较快，此外还存在着"未富先老"、"空巢老人"等现象。随之而来的是在养老保障、医疗保障、养老服务等方面出现的挑战。因此，从个人的角度出发谋划未来的退休养老安排，无论对于中年人、青年人都是非常必要的。

9.1 退休养老规划概述

人生不同阶段面临不同的理财需求和理财目标,而养老规划是人生理财规划中最重要的一部分。退休后能够过富裕、有尊严的生活,无忧无虑的享受晚年的金色时光,需要未雨绸缪,尽早开始养老规划。

9.1.1 退休养老规划的概念

所谓退休养老规划,就是对你在退休以后将要过怎样的生活作出规划,并且为未来的退休生活所需要的费用,预先作出谋划。

制定退休养老规划是整个理财规划中一个关键性的组成部分,缺少退休养老规划的理财规划程序,人生将面临极大的风险。其他理财计划出现失误,还有机会调整、甚至从头再来。退休养老规划一旦出现问题,将会严重影响晚年的生活。从这个意义上说,几乎没有一个财务目标比获得舒适的退休生活更加重要。

退休养老规划,其实不是退休以后才安排的事情,那时就来不及了。而且,随着人口预期寿命的不断延长、我们对未来生活的要求不断提高,以及长期、持续的通货膨胀等,退休养老规划就需要大量资金的支持。无疑,退休养老规划,将以你的职业生涯作为起点是明智的。对于步入中年的人们来说,退休生活已经越来越近。对于刚开始职业生涯的年轻人来说,虽然离退休养老尚早,但是退休养老的巨大财务压力也已经隐约感受到了。规划退休养老,需要考虑哪些因素呢? 下图 9.1 介绍了退休养老规划的策划要点。

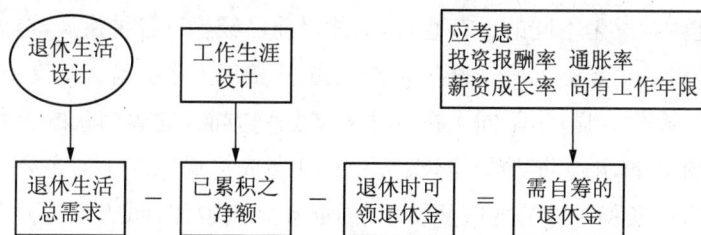

图 9.1　退休养老规划策划要点

1. 退休养老开始的时间

对于大多数人来说,退休的年龄决定了一个人剩余的工作日子,也就是他能继续积累财富的时间。退休越早,累积资产的年限也就越短,而退休后依赖养老金、以及自己投资储蓄资金的时间越长。假设王先生的退休年龄为 60 岁,预期寿命为 85 岁。如果王先生现在已经到了 40 岁,那么他还有 20 年积累财产时间。而这部分财产需要应付退休后

25 年的生活需要。如果王先生提前退休，他的资产积累年限将会缩短，而退休养老的时间将会延长。

对于多数工薪阶层的人士而言，退休时间常常并不是由自己决定，而是由国家的相关政策、市场对各种员工的需求所决定的。有些人会因为某种原因而提前退休。比如，对工作产生了厌恶情绪，工作过于劳累，健康状况不佳，家庭问题或者为了提前享受等。此外，在经济不景气或企业经营不善的条件下，雇主可能出于降低成本的需要而推出提前退休养老规划，鼓励员工提前退休。

男士 60 岁退休，是一个比较合理的估算。至于如何安排退休生活，资产总值的大小是考虑问题的重要因素。对于一个退休人员而言，养老金将是一个主要的收入来源。同时，还需要通过储投、商业保险，以增加退休以后的资金实力。在退休以后，如果除了养老金、商业养老保险的收入以外，每月还需要支出 2 000 元，那么就需要额外积累 50 万元（不考虑退休时候这笔资金的储投回报率）。对于进入中年的人士而言，养老金储投是非常迫切的一个问题，尽早制定一个有针对性的退休计划才是实现退休后无忧生活的关键。

至于城镇居民参加的、作为社会保障计划的养老金，是政府为全民所提供的有限生活保障。这样的养老金计划，有利于低收入人群，对于希望维持退休以后生活品质不变的人士而言，是远远不够的。更何况，国外有些国家曾出现社会保障计划因为各种经济、社会、以及政治原因而发生财务危机，影响退休人员生活的情况。退休养老，意味着人生开始晚年的生活，至少赚钱的能力大幅度下降了。我们不能预期在退休以后还能获得大笔收入。至少，这样的人在社会上属于少数。如果退休者完全依赖社会保障来维持生活，可能会面对很多不稳定因素，所以退休规划的重要性不容忽视。

2. 退休养老规划中的健康和预期寿命因素

一般而言，每个人到了退休年龄，通常身体健康状况下降，医疗保障的需求增加。然而，每个人的健康状况是不同的。有些人，退休以前已经患有各种疾病，退休以后病情或者维持原状，或者病情逐渐加剧。这些人士，在医疗费用上将会有大笔支出。有些人，退休以前身体状况良好。显然，不同人在退休养老规划方面，健康因素的影响程度会存在很大差异。不仅如此，随着年龄的增长，医疗开支会成为退休人士的主要财务负担。而社会医疗保险只能负担一部分的医药费用，因此在制定退休计划时，需要考虑到有足够的资金来支付随着年龄增长而增加的医疗开支。在选择退休以后的居住区域的时候，也需要考虑看病就医问题。如果健康状况良好的退休人士，可以选择一些医疗机构配置一般、生活成本较低的地区居住；而健康状况欠佳的退休人士，则需要考虑在医疗机构配置较齐全，但生活成本可能较高的区域居住。

科技的进步延长了人的寿命，而人们退休年龄却没有明显延迟，因此现代人便有了一个更长的退休生活时期。诚然，延长寿命是个好事，但更长久的退休生活也意味着人们需要在退休之前有更多的储蓄和更好的规划。

3. 退休后的住所

退休以后,是否需要更换居住地?从大的方面看,有些人在年轻时到海外或者到国内的其他城市发展事业,那么退休以后就有一个落叶归根的问题。这些人在退休以后回到自己的家乡生活,安度晚年。但是,多数人一辈子生活在同一个城市,退休的时候通常也不会离开这个城市。对于这样的人而言,是否也有一个重新选择退休地的问题呢?这是需要考虑的一个问题。原因在于,工作的时候,生活节奏比较快,居住地与工作地的交通便捷是非常重要的。然而,退休以后,生活的节奏开始缓慢,也不需要每天上班,此时往往需要一个生活环境好,生活设施齐全,与子女或者亲友较近的住所。由于需求发生了变化,那么选择居住地也就顺理成章了。通常,退休人士不会轻易变动自己的居住地,习惯于在自己的老房子居住。而且,几十年的生活,与小区的邻里关系融洽,还可以晨练和串门聊天等。这些社会关系,不是美丽的风景、清新的空气等能够替代的。

4. 退休以前所积累的经济基础

退休养老规划,虽然不仅仅是资金规划,然而,却是以资金为基础的。如果没有了资金作为基础,那么退休养老规划也就成为镜中月、水中花了。这里的经济基础,包括未来退休养老的储投规划、商业养老保险规划以及预期未来的社会保障养老金收入。不仅如此,还需要考虑家庭成员的经济收入状况,如家庭子女就业出现困难,需要父母的支持;家庭成员中,配偶没有参加工作,未来也就没有社保的养老金收入;有其他亲属(例如兄弟姊妹、叔叔、伯伯等)需要供养,甚至年老的父母、岳父母都还健在,等等。如果存在这样的情况,那么退休养老规划,就需要充分考虑到这些支出所带来的经济负担,不能提出太高的目标。反之,如果家庭各成员都有殷实的经济基础和各种收入、投资、物业等,那么,退休养老的规划就可以按照高品质来规划,满足物质、精神等各种需求。

不仅如此,社会保障与养老金资金紧张,也应该引起我们的注意。尽管新的劳动者队伍为社会保障和养老金计划提供着源源不断的资金,但在某些特殊情况下,社会保障与养老金计划也有可能出现资金紧张。例如,近年来在许多国家开始出现的人口老龄化趋势,也给社会保障和养老金计划带来了沉重的负担。再如,2000 年全球性的股市下跌,造成美国著名的养老金计划"401(k)" 20 多年以来的第一次亏损,资产价值跌去 720 亿美元。

5. 防范各种不确定因素

在人的一生中,需要面对许多不确定的因素,而其中总有一些因素会对退休生活带来影响,例如通货膨胀、市场利率波动、个人和家庭成员的健康状况、医疗保险制度的变化等。制定退休养老规划,便是应对上述不利因素,保障客户退休生活的重要机制。理财规划师和客户应当通过建立具有一定弹性的退休养老规划,应对未来可能出现的不确定因素。制定退休养老规划的目的是,通过对客户个人可用财务资源的正确规划,满足客户在退休阶段的个人财务需要。

一般来说,为了确保退休养老规划方案的成功,个人需要尽早开始考虑制定退休养老规划,并且通过一套科学、系统的程序来保障退休资金的充分积累。制定退休养老规划充分体现了理财规划的基本特性。制定退休养老规划是一个长期的过程,比理财规划中其他组成部分具有更强的前瞻性,且由于退休养老规划方案将给客户的当前和未来生活水平带来极大的影响,因此它更需要富有远见的理财规划师的策划。一旦退休养老规划制定得比较合理并且得到顺利执行,客户便可获得对未来退休生活的保障乃至由此取得优厚的回报。

9.1.2 退休养老规划的基本问题

与其他阶段性的理财需求不同,退休养老是一个长期的需求。每个退休的老人都无法知道,自己未来在财务上的需求将会是多大。随着经济和社会的发展进程不断加快,我们的预期寿命将会不断延长。人口预期寿命的延长,进一步加剧了退休养老的财务压力。因此,退休养老的规划是一个长期过程,越早开始越好。退休养老规划,主要有三个基本问题。

1. 人口的预期寿命

人类的平均寿命与社会制度、社会经济发展状况、社会医疗保健措施及科学技术进展状况等因素有关。专家编制的人口生命表推算[1],1929—1931 年中国乡村人口出生时平均预期寿命为 33.30 岁;1919 年北京第一示范卫生区的男女出生时平均预期寿命分别为 41.18 岁与 36.33 岁;1940—1944 年云南呈贡男女合计出生时平均预期寿命为 40.04 岁(不计霍乱人口)等。解放后,据 1978 年人口普查统计,我国人民的平均寿命,男性为 66.9 岁,女性为 69 岁,比解放前增长近一倍。1980 年,我国多数地区人口平均寿命已超过 70 岁,进入了世界先进水平之列。据上海民政部门统计[2],2009 年上海人口预期寿命已达到 81.28 岁,预计到 2030 年前后,上海 60 岁及以上老年人口将超过 500 万,约占户籍人口的 40%。下表 9.1 列出了自 1953 年来中国年龄结构的演变情况。

表 9.1 自 1953 年来中国年龄结构演变的历史单位:(%)

年　代	0—14 年龄组	15—64 年龄组	65 岁及以上
1953	36.28	59.31	4.41
1964	40.69	55.75	3.56
1982	33.59	61.50	4.91
1990	27.69	66.74	5.57
2000	22.89	70.15	6.96
2005	22.31	70.05	7.64
2010	16.60	74.53	8.87

数据来源:根据历年人口普查和 2005 年人口抽样数据整理而得。

---

[1] 侯杨方:《民国时期中国人口的死亡率》,《中国人口科学》2003 年第 5 期。
[2] 《上海人口预期寿命 81.28 岁》,《新华每日电讯》2009 年 4 月 21 日。

　　显然,随着人口的预期寿命的不断延长,退休养老的财务压力将会大幅度提高。如果退休以后老人的生活、医疗等费用每月需要 700 元,也就是 8 400 元/年。按照老人的预期寿命,退休以后需要 30 年的生活和医疗费用,那么就需要 25.2 万/人。这里,还没有估算大病的医疗费用,而且这里的每月支出还是以较低水平估算的。目前,上海人口为 1 900 万,按照 7% 的老人估算,那么每年的养老费用为 9.31 亿元人民币。实际的数字,远远超过这个估计数据。

　　2. 安排好金色晚年

　　退休养老,是人生最后一站。享受金色晚年,需要足够的财力来保证。媒体曾经报道了浙江杭州的一个退休养老生活中心的情况[①]。该中心推出三种养老模式:居家服务式公寓、护理式托老公寓和适合候鸟型老人居住的度假式酒店。居家服务式公寓全部精装修,由多位生活管家和健康管家为老人提供全天候服务,给老人营造一种"关起门来是温馨小家,走出小家是开心和谐大家庭"的感觉。获得一套中户型公寓的 50 年居住权,需要支付 45 万元到 50 万元。在上海,养老院也是价格不菲,每月的床位费都在 1 000 元/人以上。护理费用另外计算。

　　晚年有大量的空闲时间。可以通过参加各种活动来丰富闲暇的生活。尤其是刚退休的老年人,身体尚好,精力充沛。可以参加跳舞、唱歌,锻炼、健身,或者上老年大学,外出旅游等多种活动。但是,这些都需要相应的费用来支持。

　　3. 退休后,如何维持原来的生活品质

　　退休后,以工资薪金作为主要收入来源的人,马上会感到自己的收入大幅度下降了。然而,退休以后有大量的闲暇时间。如果要安排相应的生活,其应酬费用、服装费和交通费等项目不会减少,而医疗费可能会增多。在收入下降的情况下,又要丰富自己的晚年生活,如何维持原来的生活品质不变,将会遇到很大的挑战。假定包括生活成本、各种社会活动、以及医疗费用等在内,每月的生活成本约为 5 000 元,则每年平均需要 6 万元。当然,如果你想有更多的旅行、满足更多的爱好,这个数字会更多。

　　退休后,如果还有 30 年的退休生活,即 $30 \times 6 = 180$ 万元。 显然,多数人退休收入低于 5 000 元/每月,如果还要考虑通货膨胀的因素,退休以后的资金压力会很大。

9.1.3　退休养老规划的原则

　　在个人理财业务中,退休养老规划开始于职业生涯的中期,见效于金色晚年。因此,退休养老规划需要格外慎重。因为,当你发现退休养老规划出现错误,常常是在临近退休、或者在退休的时候。总结起来,退休规划的主要原则有以下几点:

---

　　①　岳海智:《金色年华退休生活中心打造品质晚年生活》,《都市快报》2009 年 8 月 13 日。

1. 及早规划原则

及早规划原则,就是说退休养老规划启动的时间越早越好。在成家立业以后,开始考虑退休养老规划;或者在 40 岁以后开始考虑退休养老规划,两者相比较,前者运作的空间大,规划成功的概率高。对于大多数人而言,其工作收入成长率会随着工资薪金收入水平的提高而降低,投资理财收入的成长率则不会随着资产水平的提高而降低。退休养老规划准备得早,可以在一个较长的时期内,进行储投和其他方式的资金运作,具有比较高的成功率。而且,养老规划起步早,每期投入的资金也相对少一些。从时间上看,最晚就从 40 岁起,以还有 20 年的工作储蓄来准备 60 岁退休后 20 年的生活。否则,即使你的每月投资已做了最优化,剩下的时间已不能让退休基金累积到足够供你晚年过舒适悠闲的生活。

2. 弹性规划原则

弹性规划原则,就是指退休养老规划要留有充足的余地,不要因为少考虑某一个因素,影响晚年退休生活质量。强调弹性规划原则的原因,是退休养老规划,至少受到两个重要因素的影响:其一,规划的不完善。由于客观因素限制,退休养老规划不可能十全十美,肯定存在不少缺陷。由于退休养老规划至少 10 年以后才会产生影响,故即使这样的规划存在一些问题,也很难在短期内显现出来。其二,未来经济发展变化的不确定性。10 年—20 年以后的经济变化到什么程度,我们很难在当前作出准确的预测。因此,在具体规划退休养老的时候,需要尽可能多地安排储投、保险,以便在退休的时候有更多的收入和一定的抗风险能力。

3. 收益最大化原则

利益最大化原则,是金融投资理论中的重要原则。其含义是,在投资风险保持不变的情况下,投资者总是追求收益最大化;在收益保持不变的情况下,投资者总是追求风险最小化。在进行退休养老规划的时候,就是要把握好这样的原则,提高投资效益。

在具体的投资操作过程中,如果在众多投资品种里面选择一个品种作为投资对象,最好的选择将是收益率最高或风险最小的产品。一般情况下,收益率越高,风险越高。因此投资股票的平均收益率将比货币式基金要高,因此如果你选择了货币式基金作为投资品种,将会以风险最小、稳健投资作为目标。

如果选择多种品种进行投资,那么将可以通过资产组合来分散风险。投资组合,就是由投资者持有的股票、债券、衍生金融产品、保险等构成的理财产品组合。投资组合的目的在于分散风险。

9.2　退休养老规划的财务分析

退休养老,不仅仅是财务问题。还应该涉及社会、道德、法律等各个方面的事宜。从个人理财的角度，我们无法跨越界限，去探讨除财务以外的问题。财务问题是退休养老规划中的基础问题，很多家庭矛盾，甚至法律纠纷也常常是由财务问题所引起的。

9.2.1 退休养老生活设计

退休养老规划的财务分析，是以退休以后的生活要求为基础的。因此，在进行具体的退休养老规划之前，首先需要设计退休生活。这方面，许多已经退休、或者即将退休，甚至一些人到中年的人士都有各种退休生活的设想。

1. 退休养老的大致设想

案例一：追求精神享受和个性的发展。有些老人退休以后，追求精神享受和个性发展。因为，只有到了退休时期，才能不受任何约束，自由自在选择自己喜欢的生活方式，例如有些人喜欢书法，写作，艺术欣赏。每天临摹练习书法，调节气息，既是提高书法技艺的一种途径，又是养生的好方法。喜欢文学的朋友，在平时积累材料的基础上，结合几十年生活阅历，开展一些文学创作，既可以发表也可以自娱自乐。喜欢艺术的朋友，听音乐、观舞蹈、哼戏曲，三五好友聚会，好不快活。还可以旅游观光，饱览名山大川，陶冶心情。

案例二：享受安逸生活，劳逸结合。有些老人退休以后，回归农村，追求安逸闲暇生活，适当劳作。有些朋友，在城市领退休金（劳保退休金），然后选择一处农村生活，因为农村比城市空气好、环境比城市优、粮食蔬菜质量比城市高、生活成本比城市少。而且，可以闲时钓鱼，适当运动、锻炼身体，适当参加体力劳动。另外，走亲访友也是一种乐趣。

2. 退休养老的基本条件

从上面两种类型的人士对未来退休养老的预期，可以看到，虽然不同的人，退休养老规划各种各样，然而都需要一些基本条件来维持这样的生活：

（1）老伴，就是生活在一起、患难与共的老夫妻俩。退休时家庭的完整性对于老年人的晚年生活尤其重要。虽然，这个条件不是个人理财中需要讨论的问题，却关系到一位老人晚年生活的幸福。现实中，那些经济上宽裕，却一人独居的老人，精神上倍感孤独。

（2）老窝，就是有一套属于自己居住的住房。当老人退休以后，首先需要有合适的居住条件。这里的居住条件，可以是原来自己的住房、或者经过改善后的住房，也可以回原籍居住，将自己在城市的房子让给子女居住。不管是在城市居住、农村居住，都不能没有房子。

（3）老底，就是年轻工作时积攒下的一笔养老金，用老年人的行话，是备下的"冷饭团"。开始退休养老生活，应该以一定的物质为保障，因为到了这个阶段，多数人劳动挣钱的能力已经大大下降了。我们不能预期，在退休以后可以开公司，做大生意。在工作阶段没有能力赚大钱，在退休以后更不可能做到这些了。所以，退休的时候，需要同时完成储投、保险等各类运作，为自己的晚年生活积累财富。

3. 退休养老生活的构想

（1）生活方式选择。目前，老人的家庭生活有两种基本选择：其一与子女生活在一起,共同承担生活费用。在日常生活中,相互照顾,共享生活乐趣。这样的生活,家庭气氛很浓。比较符合中国人的传统生活习惯。平时,老人可以帮助照看第三代;子女也可以孝敬老人。其二,单独居住。与子女共同生活,如果是共同居住的话,公婆与媳妇,或者女婿与岳父母之间可能会因为生活习惯不同而产生摩擦。如果与子女分开居住,就不会有这样的矛盾。各自选择适合的生活方式,而且老人年高体弱,也不宜承担太多的家务。这种生活方式,可能会缺少亲情。为此,有人提出"一碗汤"的概念。就是和子女分开居住,但是距离比较近,从老人家里端一碗汤到子女家,这碗汤还是热的。当然,这是一个比喻,形容老人和子女两家分开居住,又比较近。此外,如果是鳏寡老人,那么是否再婚,也是一个重要的问题。

(2) 居住环境选择,即选择退休养老的居住地,国外、当地、还是回到农村。有些老人的子女在海外留学发展,事业有成。这些老人可能选择到国外,与子女一起居住,照看子女的家庭生活,共享天伦之乐。有些老人选择在当地养老,因为在当地几十年的工作,形成了比较广泛的社会联系;在当地退休养老,仍然有老朋友、老同事、老同学的联系和交往;自在日常生活中,对当地的生活、医疗设施都比较熟悉。除以上两种养老方式外,还有一种选择,就是搬离城市、回归自然。如果选择在农村退休养老,该老人在此前应该与农村保持经常的交往,比较熟悉今后要长期生活的农村。如果能够在农村有住处、在城市也有居所,两面住住,那是最好的。

(3) 参与各种活动。退休以后,老人会有大量的闲暇时间。幸福充实的晚年,需要安排一定量的活动。这些活动包括各种社会活动,例如参加各种老年文化社团活动,或者与自己的亲朋好友联络,定期会面等。老年文化社团是老年人以相同或相近的兴趣、爱好、特长、或自身需要为基础,自发形成的一种特殊的老年志愿型群众团体,具有参与广泛、内容丰富、形式多样、机动灵活等特点,对老年人丰富晚年精神生活,培养兴趣爱好及活跃社区文化生活,提高自身素质具有重要的作用。目前,老年文化社团有:老年人体育协会、老年艺术团、体育舞蹈协会、老年武术协会、中老年健身队、离退办合唱团等。

(4) 外出旅游。在工作期间,我们都没有充足的时间外出旅游,常常只会利用工作出差机会顺道浏览一些当地的风景。退休以后,老年人可以很好地安排自己的旅游活动。尤其是利用旅游淡季,既获得旅游的乐趣,又能够极大节省旅游成本。然而,由于老年人的体力精力有限,因此更应当提前做好周密的准备,才能规划一次完美的旅程。老年人安排出游行程时,要特别注意选择适合自己的旅游目的地以及旅游方式,并注意行程安排。目前旅行社一般都会针对老年人推出长者团,每年在重阳节前后会有大量这样的线路推出,这类团队是根据老年人的实际状况度身定做的,适合 50 岁以上的老年人参加,一般行程设计比较轻松,体力消耗不大,有的会配备专业医护人员随行。由于老人的时间比较空闲,因此出游的时间可以有许多选择。一般来说,老人出游会避开旅游旺季和黄金周等高峰期,一来可以避免拥挤产生的危险,二来淡季出游也能节省机票、住宿等开支。老人出游的目的地除了选择他们感兴趣、没去过的新鲜地方外,还要考虑到旅游目的地的气候、地理条件、舒适度等要素,比如城市游比乡村游、山地游的条件更好,会更适合老年人参加,另外,可以结合老年人的年龄和身体状况来选择目的地。最后,行程节奏要较为舒缓。

(5) 进修学习安排。退休养老阶段,是否意味着学习的结束? 其实不然。进入退休养老阶段以后,老人还是要进行适度的学习。原因在于,时代在发展变化,不学习就无法跟上这种变化;学习也有利于保持健康、乐观的心情。然而。老人的学习,与其他人群的学习有很大差异:首先老年人必须把有限的精力、时间集中到一个目标上,优化地选择。要对自己的优势劣势、能力的大小、身体的素质做全面衡量,发挥优势,设计、优化自己的学习目标。其次学习要有兴趣。兴趣是入门的向导,是不可抑制的动力。在老年人的学习中,虽然兴趣非常重要,但是也不能选择与自己的条件相去甚远的内容,否则学习中屡次遭遇挫折,也会失去学习的信心。最后,学习需要有一定条件来保障。学习的保障因素很多,老年学习最重要的保障是健康。身体的健康是学习成功的保障,此外还要有一定的经济条件。

(6) 服务社会,是老年人参与社会活动的重要途径。例如,为社区提供义工服务不仅可以传递爱心,传播文明,而且有助于建立和谐社会。当然,老人在参与这些活动的时候,应该量力而行。

9.2.2　退休养老费用估算

按照上述的构想,需要具体来估算退休养老的费用。

1. 居住的费用

选择在本地居住,不改变原来的居住条件。那么,就不会产生实际的费用支出。如果选择回原籍居住,或到农村居住,就需要进行住房置换,此时就会因为农村住房相对便宜,从中产生收益,补充老人退休养老费用的不足。以上海城市 2009 年房地产价格为例,如果选择一套外环附近的二手住房,均价在 1.3 万元/平方米以上。二居室住房,总价在 100 万以上。如果选择在上海郊区生活,例如金山区亭林镇,最低的二手房 0.4 万元/平方米左右,二居室住房,总价在 30 万元左右。显然,这里就存在很大的置换差价,可以弥补老人养老金的不足。

在选择了居住地之后,每月还需要支付物业管理费用。在上海,物业管理费用很少有低于 1 元/平方米的。因此,这部分支出在 80 元/月以上,每年 960 元以上。

2. 日常生活费用

日常生活费用包括饮食、衣着美容、公共事业费用、医药等项目支出。这些项目的支出视不同老人的不同消费水平而存在很大的差异。

3. 参与各种社会活动的费用

参与各种社会活动的费用,是无法估算的。因为这些活动中,有些活动费用高昂,有些活动无需任何费用。一般情况下,应考虑休闲娱乐、体育健身、社会活动等 3 项支出。

4. 学习和兴趣活动费用

这里指老人参与进修学习、兴趣爱好等活动。

(1) 进修学习,包括上老年大学、或者其他的学习活动;

(2) 兴趣爱好,包括音乐、书法、绘画、写作等等。

5. 旅游费用

旅游活动,可以包括近郊游、国内游、海外游等三类,费用也是天壤之别。用一个中间值估算,每年的旅游费用在 0.3 万元以上。

9.2.3　退休养老的风险分析

退休养老,充满各种风险。同时,退休以后的老人,抵御风险的能力相对下降了。所以,在退休养老规划期间,要充分估计这个阶段的各种风险。

1. 子女失业风险

子女的事业、家庭生活等都将影响到老人的退休养老生活。如果子女事业有成,家庭生活幸福,那么老人的退休养老生活也将是有保障的。反之,老人的退休养老生活将会蒙上一层阴影。现在社会上出现的"啃老族",通常也不是子女自己所愿意的,而是因为工作压力过大,难以适应社会发展对这些年轻人的要求所致。当子女失业,没有了工作和收入来源时,已经退休的老人常常会尽力帮助自己的子女,进而影响自己的退休养老生活。

2. 通货膨胀的风险

目前,通货膨胀会使居民的实际收入水平下降,已是不争的事实。如果政府及时调节老人退休养老金的收入水平,那么老人退休养老的生活水平不至于下降。否则,将难以抵御通货膨胀对老人退休养老金的侵蚀。

3. 健康方面的风险

老人的健康风险,将是无法回避的。尤其是老人罹患重症,使得医疗费用急剧增加,使得家庭难以承受高额的治疗费用,进而背负巨额债务的事例,屡见不鲜。

9.3　退休养老规划的工具

9.3.1　基本养老保险

基本养老或退休保险是社会保险制度的重要内容,也是整个社会保障制度中最基本的内容。所谓养老保险(或基本养老保险制度)是国家和社会根据一定的法律和法规,以解决劳动者在达到国家规定的解除劳动义务的劳动年龄界限,或因年老丧失劳动能力,完全或基本退出社会劳动生涯后，仍有足以满足基本生活需求的稳定可靠的经济来源为目的的社会保险项目。

1. 养老保险的类型

目前，世界其他国家实行养老保险制度有三种类型，包括投保资助型（也叫传统型）养老保险、强制储蓄型养老保险（也称公积金模式）和国家统筹型养老保险。

（1）投保资助型养老保险，又称为雇佣相关性模式（employment-related programs）或自保公助模式，最早为德俾斯麦政府于1889年颁布的养老保险法所创设，后被美国、日本等国家所采纳。该制度实施的前提条件是工业化已取得一定成效，经济有较雄厚的物质基础，强调养老是个人的事，应以自保为主，国家予以补贴。投保资助型养老保险在实行过程中，以国家为主体，通过立法强制实施，强调以雇主和雇员按既定的比例定期缴纳养老保险费，形成社会保险金。个人领取养老金的权利与缴费义务联系在一起，即个人缴费是领取养老金的前提，养老金水平与个人收入挂钩，基本养老金按退休前雇员历年指数化月平均工资和不同档次的替代率来计算，并定期自动调整。当资金收入不够支出时，由国家财政给予补贴。除基本养老金外，国家还通过税收、利息等方面的优惠政策，鼓励企业实行补充养老保险，基本上也实行多层次的养老保险制度。投保资助型养老保险追求的社会目标是通过"人人为大家，大家为人人"的原则，使受保人不致陷入贫困。

（2）国家统筹型养老保险制度，由国家（或国家和雇主）全部负担雇员的养老保险费，雇员个人不缴费，是一种典型的福利型的养老保险制度。该制度的缺点是资金来源渠道单一，政府和雇主负担过重。又分为以下三种形式。

① 福利国家普遍采用的一项制度，又称为福利型养老保险，最早为英国所创设，起源于1945年英国贝弗里奇的"报告"，后为瑞典及北欧一些国家仿效。目前适用该类型的国家还包括瑞典、挪威、澳大利亚、加拿大等。采取此类型制度的国家的前提条件，必须是劳动生产率水平高于国际平均水平，个人国民收入、国民素质和物质生活等方面享有较高的水平，并借助财政、税收、金融等经济杠杆的调节作用，以强大的社会福利刺激需求，推动经济发展。

该制度的特点是实行完全的"现收现付"制度，并按"支付确定"的方式来确定养老金水平。该制度中的养老保险费全部来源于政府税收，基本上由国家和企业负担，个人不缴纳保险费或缴纳低标准的养老保险费。享受养老金的对象不仅仅为劳动者，还包括社会全体成员，强调养老保险待遇的普遍性和人道主义。该制度的优点在于运作简单易行，通过收入再分配的方式，对老年人提供基本生活保障，以抵消市场经济带来的负面影响。但该制度也有明显的缺陷，首先养老金保障水平相对较低，通常只能保障最低生活水平而不是基本生活水平，如澳大利亚的养老金待遇水平，只相当于平均工资的25%。为此，政府还提倡企业实行职业年金制度，以弥补基本养老金的不足。其次，该制度使得政府的负担过重。由于政府财政收入相当大的部分都用于社会保障支出,而且为维持如此庞大的社会保障支出,政府必须采取高税收政策,这样就加重了企业和纳税人的负担。同时,社会成员普遍享受养老保险待遇,缺乏对个人的激励机制,只强调公平而忽视效率。

② 国家统筹型的另一种类型是在苏联创设的,其理论基础为列宁的国家保险理论,后为东欧各国、蒙古、朝鲜以及改革以前的我国所采用。该类型与福利国家的养老保险制度一样,都是由国家来包揽养老保险活动和筹集资金,实行统一的保险待遇水平,劳动者个人无须缴费,退休后可享受退休金。但与前一种制度不同的是,该制度适用的对象并非全体社会成员,而是在职劳动者,养老金也只有一个层次,未建立多层次的养老保险,一般也不定期调整养老金水平。随着苏联和东欧国家的解体以及我国进行经济体制改革,采用这种模式的国家也越来越少。

(3) 强制储蓄型养老保险,又称为"中央公积金制",是东南亚发展中国家为主所实行的一种养老保险制度,首创于 20 世纪 50 年代,目前至少有十多个国家采用这种制度,包括斐济、加纳、印度、印尼、马来西亚、肯尼亚、尼泊尔、尼日利亚、新加坡、斯里兰卡、坦桑尼亚、乌干达、赞比亚等,其中以新加坡成绩最为显著。它的最大特色是不需要国家在财政上拨款,强制雇员和雇主同时投保,充分实现了自我保障的原则。强制储蓄型主要有新加坡模式和智利模式两种。

① 新加坡模式是一种公积金模式,强调自我保障,由劳动者在职期间与其雇主共同缴纳养老保险费,制定个人账户,记载个人缴纳保险费情况。劳动者在退休后完全从个人账户领取养老金,国家除了在银行利息上给予优惠外,财政上不给予拨款;每年调整总保险费率。按规定,新加坡随着企业经营状况的改善和工资的不断提高,除调整总保险费率外,还调整雇主和雇员承担的比例。公积金养老保险制度的功能开始比较单一,随着公积金积累的增多而逐步扩大扩大其功能,包括购房、医疗、子女升学等方面的工作。个人账户的基金在劳动者退休后可以一次性连本带息领取,也可以分期分批领取。国家对个人账户的基金通过中央公积金局统一进行管理和运营投资。

② 智利模式作为另一种强制储蓄类型,基本做法就是由通过个人账户实施的养老金积累制取代现收现付制。该制度也强调自我保障,采取了个人账户的模式,但与新加坡模式不同的是,其由多个竞争性的私营养老基金管理公司来负责个人账户养老金资金的管理并进行市场化的投资运作,利用投资回报收益使养老基金升值。基金管理公司依法向个人账户所有者征收营运基金的管理费用,管理费率放开由公司自定,各基金管理公司之间在服务的价格和质量上开展平等竞争。个人账户所有者可以自由选择基金管理公司,并在其认为需要时将自己的个人账户由一家公司转移到另一家公司。该模式于 20 世纪 80 年代在智利推出后,也被拉美一些国家所效仿。强制储蓄型的养老保险模式最大的特点是强调效率,但忽视公平,难以体现社会保险的保障功能。

2. 我国的基本养老保险制度

（1）基本养老保险制度的覆盖范围为城镇所有企业及其职工、自由职业者及城镇个体工商户。根据我国现行法律法规的规定，国有企业、城镇集体企业、外商投资企业、城镇私营企业和其他城镇企业、实行企业化管理的事业单位等应该缴纳基本养老保险费。国有企业职工、城镇集体企业职工、外商投资企业职工、城镇私营企业和其他城镇企业职工、实行企业化管理的事业单位职工、个体工商户、灵活就业人员也应当参加基本养老保险，缴纳基本养老保险费。

（2）基本养老保险费的筹集，由企业和职工共同负担，企业依法缴纳基本养老保险费，缴费比例一般为企业工资总额的 20％左右。2000 年，国务院发布了《关于完善城镇社会保障体系的试点方案》，其中规定，企业缴费目前高于 20％的地区，可暂维持不变。企业缴纳部分不再划入个人账户，全部纳入社会统筹基金，并以省（自治区、直辖市）为单位进行调剂。《关于完善城镇社会保障体系的试点方案》实施前，职工个人账户规模为本人缴费工资的 11％，其中 8％由个人缴纳，3％由企业缴费划入。实施后，个人账户规模由本人缴费工资的 11％调整为 8％。个人账户储存额的多少，取决于个人缴费额和个人账户基金收益，并由社会保险经办机构定期公布。养老保险社会统筹基金纳入财政专户，实行收支两条线管理，严禁截留、挤占、挪用。职工缴费比例为本人缴费工资的 8％，并全部计入个人账户。

（3）基本养老保险个人账户，规模为 8％。个人账户储存额的多少，取决于个人缴费和个人账户基金收益，并由社会保险经办机构定期公布。个人账户基金只能用于职工养老，不得提前支取。职工跨统筹范围流动时，个人账户随同转移。职工或退休人员死亡，个人账户可以继承。个人账户基金由省级社会保险经办机构统一管理，按国家规定存入银行，全部用于购买国债，收益率高于银行同期存款利率。投资范围限于银行存款、国债、货币基金、国债基金和信用等级在投资级以上的企业债和金融债等。银行存款和国债投资比例不低于 40％，其中银行存款比例不低于 10％；货币市场基金、国债基金投资比例不高于 30％；企业债、金融债投资比例不高于 30％。除国家规定外，单个投资机构管理个人账户基金不超过个人账户基金总额的 20％。

（4）领取基本养老金的条件。职工按月领取基本养老金的条件，一是达到法定退休年龄，并已经办理退休手续；二是所在单位和个人依法参加养老保险并履行了养老保险缴费义务；三是个人缴费年限至少满 15 年。目前我国的企业职工法定退休年龄为，男职工 60 岁，从事管理和科研工作的女职工 55 岁，从事生产和工勤辅助工作的女职工 50 岁。

（5）基本养老保险待遇。基本养老金由基础养老金和个人账户养老金组成。职工达到法定退休年龄，且个人缴费满 15 年的，基础养老金月标准为省（自治区、直辖市）或市（地）上年度职工月工资的 20％，以后缴费每满一年增加一点比例的基础养老金，总体水平控制在 30% 左右;个人缴费不满 15 年的,不发给基础养老金,个人账户全部储存额一次支付给本人。基础养老金由社会统筹基金支付;个人养老金由个人账户基金支付,月发放标准为本人账户储存额除以 120。个人账户基金用完后,由社会统筹基金支付。已经离退休的人员,按国家原来的规定发给养老金。1997 年统一全国企业职工基本养老保险制度前参加工作的人员,其退休后在发给基础养老金和个人账户养老金的基础上,再发给过渡性养老金。

基本养老金领取者死亡后,其遗属按国家有关规定领取丧葬补助金,丧葬补助金由基本养老保险社会统筹基金支付。

基本养老金水平的调整,由劳动保障部和财政部参照城市居民生活费用价格指数和在职职工工资增长情况,提出方案报国务院审定后统一组织实施。

3. 我国基本养老保险的特点

我国养老保险,称为社会统筹与个人账户相结合的基本养老保险制度,是我国首创的一种新型的基本养老保险制度。其主要特点包括:

(1) 基本养老保险制度由国家立法,强制实行,企业单位和个人都必须参加,符合养老条件的人,可向社会保险部门领取养老金;

(2) 基本养老保险制度在基本养老保险基金的筹集上采用传统型的基本养老保险费用的筹集模式,养老保险费用来源,一般由国家、单位和个人三方或单位和个人双方共同负担,并实行社会互济;

(3) 在基本养老金的计发上采用结构式的计发办法,强调个人账户养老金的激励因素和劳动贡献差别。因此,该制度既吸收了传统型的养老保险制度的优点,又借鉴了个人账户模式的长处;既体现了传统意义上的社会保险的社会互济、分散风险、保障性强的特点,又强调了职工的自我保障意识和激励机制。

(4) 养老保险具有社会性,影响很大,享受人多且时间较长,费用支出庞大,因此,必须设置专门机构,实行现代化、专业化、社会化的统一规划和管理。

4. 退休费用社会统筹

职工退休费用社会统筹是职工养老保险制度的一个重要内容,指由社会保险管理机构在一定范围内统一征集、统一管理、统一调剂退休费用的制度。具体办法为:

(1) 改变企业各自负担本企业退休费的办法,改由社会保险机构或税务机关按照一定的计算基数与提取比例向企业和职工统一征收退休费用,形成由社会统一管理的退休基金;

(2) 企业职工的退休费用由社会保险机构直接发放,或委托银行、邮局代发以及委托企业发放,以达到均衡和减轻企业的退休费用负担的目的,为企业的平等竞争创造条件;

(3) 随着社会化程度的提高,退休费用不仅在市、县范围内的企业之间进行调剂,而且在地区之间进行调剂,逐步由市、县统筹过渡到省级统筹。

5. 养老保险缴费数额的计算方法

(1) 企业缴费额＝核定的企业职工工资总额×20％;

(2) 职工个人缴费额＝核定缴费基数×8％(目前为 8％);

(3) 个体劳动者(包括个体工商户和自由职业者)缴费额＝核定缴费基数×18％。

6. 基本养老保险缴费的比例

缴费比例分作以企业参保和以个体劳动者参保两类:

(1) 各类企业按职工缴费工资总额的 20％缴费,职工按个人缴费基数的 7％缴费(2003 年为 7％,两年提高一个百分点,最终到 8％)。职工应缴部分由企业代扣代缴;

(2) 个体劳动者包括个体工商户和自由职业者按缴费基数的 18％缴费,全部由自己负担。

7. 养老保险缴费基数的确定

核定缴费基数以省(自治区、直辖市)公布的上年度职工社会平均工资(简称省社平工资)为基准。

(1) 企业职工凡工资收入低于省社平工资 60％的,按 60％核定缴费基数;高于省社平工资 60％的,按实际工资收入核定缴费基数,但是最高不得高于省社平工资的 300％。

(2) 个体劳动者可以在省社平工资以上至 300％的范围内,自主确定缴费基数。

9.3.2　农村社会养老保险

根据国家"七五"计划关于"抓紧建立农村社会保险制度"的要求,民政部早在 1986 年就开始了农村社会养老保险制度的探索。1991 年,根据国务院指示,农村社会养老保险在山东省烟台市牟平县等地进行试点,并取得成功。1992 年,在总结试点经验的基础上,制订下发了《县级农村社会养老保险基本方案》(民办发[1992]2 号),并在全国有条件的地区逐步推广。

农村社会养老保险是国家保障全体农民老年基本生活的制度,是政府的一项重要社会政策。建立农村社会养老保险制度,要从我国农村的实际出发,以保障老年人基本生活为目的;坚持资金个人交纳为主,集体补助为辅,国家予以政策扶持;坚持自助为主、互济为辅;坚持社会养老保险与家庭养老相结合;坚持农村务农、务工、经商等各类人员社会养老保险制度一体化的方向。由点到面,逐步发展。

1. 保险对象

农村社会养老保险的对象,是非城镇户口、不由国家供应商品粮的农村人口。交纳保险不分性别、年龄为 20 周岁至 60 周岁。领取养老保险金的年龄一般在 60 周岁以后。

2. 保险资金的筹集

资金筹集坚持以个人交纳为主,集体补助为辅,国家给予政策扶持的原则。个人交纳要占一定比例;集体补助主要从乡镇企业利润和集体积累中支付;国家予以政策扶持,主要是通过对乡镇企业支付集体补助予以税前列支体现。

(1) 在以个人交纳为主的基础上,集体可根据其经济状况予以适当补助(含国家让利部分)。具体方法,可由县或乡(镇)、村、企业制定;

(2) 个人的交费和集体的补助(含国家让利),分别记在个人名下;

(3) 同一投保单位,投保对象平等享受集体补助。按计划生育有关政策,在没有实行独生子女补助的地区,独生子女父母参加养老保险,集体补助可高于其他对象。具体办法由地方政府制定;

(4) 乡镇企业职工的个人交费、企业补助分别记在个人名下,建立职工个人账户,企业补助的比例,可同地方或企业根据情况决定。企业对职工及其他人员的集体补助,应予按工资总额的一定比例税前列支。具体办法由地方政府制定。

3. 交费标准、支付及变动

(1) 多档次,月交费标准设 2、4、6、8、10、12、14、16、18、20 元十个档次,供不同的地区以及乡镇、村、企业和投保人选择。各业人员的交费档次可以有所区别。交费标准范围的选择以及按月交费还是按年交费,均由县(市)政府决定;

(2) 养老保险费可以补交和预交。个人补交或预交保险费,集体可视情况决定是否给予补助。补交后,总交费年数不得超过 40 年。预交年数一般不超过 3 年;

(3) 个人或集体根据收入的提高或下降,经社会养老保险管理部门批准,可按规定调整交纳档次;

(4) 当遇到各种自然灾害或其他原因,个人或集体无能力交纳养老保险金时,经社会养老保险管理部门批准,在规定的时间内可暂时停交保费。恢复交费后,对于停交期的保费,有条件也可以自愿补齐。服刑者停交保险费,刑满回原籍者,原保险关系可以恢复,继续投保;

(5) 投保人在交费期间身亡者,个人交纳全部本息,退给其法定继承人或指定受益人;

(6) 领取养老金从 60 周岁以后开始,根据交费的标准、年限,确定支付标准(具体标准,另行下发)。调整交费标准或中断交费者,其领取养老金标准,需待交费终止时,将各档次,各时期积累的保险金额合并,重新计算。投保人领取养老金,保证期为 10 年。领取养老金不足 10 年身亡者,保证期内的养老金余额可以继承。无继承人或指定受益人者,按农村社会养老保险管理机构的有关规定支付丧葬费用。领取养老金超过 10 年的长寿者,支付养老金直至身亡为止。

(7) 投保对象从本县(市)迁往外地,若迁入地已建立农村社会养老保险制度,需将其保险关系(含资金)转入迁入地农村社会养老保险管理机构。若迁入地尚未建立养老保险制度,可将其个人交纳全部本息退发本人。

(8) 投保人招工、提干、考学等农转非，可将保险关系(含资金)转入新的保险轨道，或将个人交纳全部本息退还本人。

9.3.3　企业补充养老保险

企业补充养老保险，居于多层次的养老保险体系中的第二层次。企业补充养老保险是指在国家基本养老保险的基础上，依据国家政策和本企业经济状况建立的、旨在提高职工退休后生活水平、对国家基本养老保险进行重要补充的一种养老保险形式。企业补充养老保险也叫企业年金。企业补充养老保险的资金筹集方式有现收现付制、部分积累制和完全积累制三种。企业补充养老保险费可由企业完全承担，或由企业和员工双方共同承担，承担比例由劳资双方协议确定。

企业补充养老保险由企业根据经济效益状况自主建立。政府支持鼓励企业为职工办理补充保险。补充养老保险的方案由企业根据各自的实际情况自主制定，并经职工代表大会审议通过或与工会组织协商一致后组织实施。实行补充养老保险的企业应为职工建立个人补充养老保险账户。有关补充养老保险，各地情况不同，规定也各异。

1. 实行补充养老保险的范围和对象

(1) 实行补充养老保险的范围为：经本市工商行政管理部门注册登记，具有独立法人资格，经济上独立核算，执行当地的基本养老保险制度并按规定缴纳基本养老保险费的企业。

(2) 补充养老保险的对象为：按基本养老保险制度有关规定实行个人缴纳基本养老保险费的本企业职工。

2. 实行补充养老保险的基本条件

一家企业如果要实行补充养老保险，必须满足如下条件：首先，完成生产、经营任务，经营状况稳定，且有资金来源。其次，管理基础好，民主管理制度健全。最后，按本市规定按时足额缴纳基本养老保险费。

3. 补充养老保险的缴费

(1) 补充养老保险的水平，一般不超过本企业上年职工工资总额的 5%。经济效益好的企业经市社会保险管理局批准，可适当提高缴费比例；

(2) 补充养老保险所需资金，可以由企业和个人共同负担，个人缴费额度一般不超过其补充养老保险账户当年记账额的 50%。

(3) 企业缴纳的补充养老保险费，由企业在节余的应付工资和应付福利费中提取；职工个人缴纳的费用，由企业按月在发工资时代为收缴。

4. 补充养老保险的管理

(1) 企业为职工提供的补充养老保险费用及职工个人缴纳的补充养老保险费用，单位应全额记入职工个人账户，并核发《职工补充养老保险手册》。

（2）当年记入职工个人补充养老保险账户的水平，一般不高于本企业当年补充养老保险平均水平的3倍。对当年被评为劳动模范、先进工作者和对企业有特殊贡献的经营管理人才、专业技术骨干等人员，补充养老保险的水平可适当提高。

（3）企业缴纳的补充养老保险费由市社会保险事业经办机构存入在银行开设的"补充养老保险基金"专户，统一管理，按户建账。补充养老保险的年利率按照基金运营实绩以及企业资金实际到位情况确定，一般不低于同期居民一年期银行定期储蓄存款利率。具体计息办法按照银行相应规定处理。

（4）职工因严重违法、违纪、自动离职等情况，其补充养老保险待遇的处理，由企业补充养老保险方案规定。

5. 补充养老保险的提取

（1）补充养老保险储存额应在职工到达法定退休年龄，经批准退休后方能领取。其支付形式，可由企业根据实际情况按月发给或一次性发给。

（2）未到退休年龄的职工或退休人员死亡后，其个人账户上的补充养老保险费余额，按照《继承法》的规定由其指定的受益人或法定继承人一次性领取。

6. 补充养老保险的转移

实行补充养老保险的企业中职工劳动合同期满后到其他单位就业或经批准调到其他单位工作的，经办机构根据原企业开出的转移证明，可将其补充养老保险个人账户转移到职工新就业单位。原单位和新单位的补充养老保险费用可合并计入个人补充养老保险账户。如调入单位未建立补充养老保险的，其补充养老保险个人账户及储存额可暂由原经办机构代为管理。

7. 补充养老保险的审批程序

实行补充养老保险的单位，经企业主管财税部门核准资金状况后制定补充养老保险方案，经企业所在区（县）社会保险事业管理中心审定、报市社保局、市财政局备案后，由企业组织实施。

8. 补充养老保险的税收规定

按照劳动保障部《企业年金试行办法》（劳动保障部第20号令）的规定，企业和职工个人缴纳的企业年金费用，属于补充养老保险金性质。根据《中华人民共和国个人所得税法实施条例》第25条的规定，企业缴纳的企业年金费用，应在计入职工企业年金个人账户的当月并入职工个人工资薪金收入计征个人所得税；职工个人缴纳的企业年金费用，不得从纳税人的应纳税所得额中扣除。职工退休或出境定居按规定提取年金时，不再计征个人所得税。

9.3.4　商业养老保险

商业养老保险，是商业保险公司经营的养老保险业务。有两种类型：团体养老保险和个人养老保险。其中团体养老保险,是保险公司以专业技能为企业提供员工养老计划,解决企业的养老问题,相当于养老保险体系的第二个层次,是企业补充养老保险的一种普遍做法(如上面所介绍)。个人养老保险,则是针对员工的个人需求而设计,具体那种保险产品由员工根据自己的意愿选择购买。个人商业养老保险,为员工个人提供养老保险保障,相当于养老保险体系的第三个层次。

1. 商业养老保险的作用

(1) 提高了养老规划的保障水平。社会养老保险是社会保障体系的基础,注重保障社会大多数成员的利益,保障水平较低。社会养老保险,主要是满足人们最基本的生活需求,是社会保障体系的第一层次。然而,社会上不同收入水平的人士,对退休养老的需要存在很大差异。一些收入水平较高的人士,可以根据自己的经济情况以及想要的养老保障设计,在社会养老保险(有些企业还有企业年金)的基础上,购买一定数量的商业养老保险,提高自己退休养老的生活水平。

(2) 商业养老保险,常常还兼具储蓄与投资的功能,如:分红功能、最低保障收益、设立投资账户。而且商业养老险在购买的同时,还可附带很多其他功能的附加险,如:医疗、意外、健康等,使消费者可以得到更为全面的保障规划,在满足养老需求的同时,也可以对其他各种风险加以防范。各人可以根据自身的需求,选择养老保险的组合。

(3) 提供了更多种返还计划的选择。商业养老保险,根据各人的资金实力,增加了投保人养老的水平。同时,商业养老保险还可以按照客户的需求,按月领、按年领、还可以一次性领取一大笔资金,如两全保险;有的还可以在按月领取的同时,在到一定年龄时再领取一部分养老金,如年金保险中给付的祝寿金、满期生存金。因此,消费者如果感觉每月或每年领取保险金很麻烦,或希望集中使用资金的话,可以选择一次性返还的商业养老险。

(4) 使理财主体更加多元化。社会养老保险通常为活着的参保人提供保障,当参保人身故后只能领取一笔丧葬费,无法对其家人提供保障。商业养老保险不仅保障活着的参保人,有些险种在参保人身故后,无需缴纳保费,也可使自己的家人和后代受益。

2. 传统的人寿险

人寿保险有许多不同的划分方法。按保险事故划分,人寿保险可分为生存保险、死亡保险和两全保险;按承保方式划分,人寿保险可以分为团体人寿保险和个人人寿保险;按实施方式划分,人寿保险可以分为强制保险和自愿保险;按风险程度划分,人寿保险可以分为标准体保险和次标准体保险;按是否分红划分,人寿保险可以分为分红保险和不分红保险,等等。传统型人寿保险主要有四个基本险种:定期死亡寿险、终身死亡寿险、两全保险和年金保险。

(1) 定期寿险。它提供特定期间的死亡保障,如 1 年、5 年、10 年、20 年,或保障到被保险人的某个年龄为止。当被保险人在特定期间内死亡,由保险人向受益人给付保险金;如特定期间届满,被保险人仍然生存,则保险人不承担保险责任。除长期险种外,定期寿险通常没有现金价值,是一种非储蓄性产品。定期寿险是人寿保险业务中产生最早,也最简单易行的一个险种。它的期限短,保险费低于两全保险与终身寿险,经常成为长期性寿险的替代品。定期寿险是廉价的保险,主要适合于如下两类人购买:一类是那些家庭收入低而急需较高保险金的人;另一类是那些在短期内担任一项危险工作的人士。

(2) 终身寿险。它提供被保险人终身的死亡保障,一般到生命表的终端年龄 100 岁为止。只要保险合同仍旧生效,不论被保险人在 100 岁以前何时死亡,保险人都要向受益人给付保险金。如果该保险人生存到 100 岁,保险人则向其本人给付保险金。投保人投保终身寿险的目的,一般是为了在被保险人死亡后,使家属得到一笔收入。终身寿险的保险费高于定期寿险.而低于两全保险。因此,从保险成本的角度看,终身寿险是最昂贵的定期寿险,同时也是最便宜的两全保险。终身寿险具有现金价值,但就储蓄成分而言,低于两全保险。

(3) 两全保险。两全保险,也称"生死合险"或"储蓄保险",它是生存保险与死亡保险的结合。当被保险人在保险期内死亡或者生存到保险期满时,保险人均给付保险金。由于保险人同时考虑到生存与死亡这两种生命状态,既提供强大的储蓄功能,又能防止储蓄期间的死亡风险。因此,该险种既可以保障被保险人退休后生活的需要,又可以解除由于被保险人死亡而给家庭生活带来的后顾之忧。

两全保险有两项基本用途:一是提供老年退休基金;二是为遗属提供生活与教育费用。由于两全保险的储蓄性强于终身寿险,属于高度储蓄性保险产品,故其还有一些特殊用途,如作为投资工具,作为半强迫性储蓄工具,或作为个人借贷中的债务抵押品。两全保险一般规定一个期间,其表示方法有两种:一种是以特定的年数表示,如 10 年、15 年、20 年的两全保险;另一种是以特定的年龄表示.如 55 岁、60 岁、65 岁的两全保险。保险费通常在整个保险期间按年、半年、季或月缴付,也可以限期缴清。

(4) 年金保险。年金保险是指保险人在约定的期限内或在指定人的生存期内,按照一定的周期给付年金领取者一定数额保险金的保险。这种周期可以是一年、半年、季或月,但以月为主。年金保险是生存保险的一种特殊形态.目的是为了保障年金领取者晚年的经济收入。在年金保险中,保费可以采用一次缴清方式.也可以采取按月或按年的分期缴费方式。

3. 创新的人寿险

与传统型寿险产品相比,创新型寿险产品是保险产品与其他金融产品的结合。这类产品既考虑到投保人和被保险人的方便和利益,同时兼顾保险人自身经营风险的分散。

(1) 变额人寿保险。变额人寿保险,也叫投资联结保险。按美国全国保险监督官协会制定的《变额人寿保险示范法规》的观点,变额人寿保险基本上是一种普通终身寿险,提供可变的死亡和(或)生存保险金给付。而从法律意义上讲,变额寿险既属于保险范畴又属于证券范畴。其特点是,保费是固定的,但死亡或生存给付额却是变动的;保险公司对它实行分账管理,每个投保人的保费,分为两部分(两个账户),一个是保障账户,另一个是投资账户,由该账户的资金所形成的基金专门用来投资,但由于同其他寿险产品所形成的保险基金的投资是分开的,因此叫做"分离账户";保单现金价值随保险公司的投资组合和投资业绩的变动而变动等。

(2) 万能人寿保险,又称为"综合人寿保险",是创新型寿险中的主流产品。它具有的弹性、成本透明与投资特征,满足了顾客的需要,能与银行、投资基金和其他金融机构进行业务竞争。万能人寿保险适合于需要长期保障和相对注重投资安全的人士购买。

(3) 万能变额人寿保险。万能变额人寿保险改变了变额人寿保险缴费固定的特点,死亡给付金额、保费、保险期限在一定的限制条件内都可以变动,产品的灵活性因而大大增加。一些保险公司推出该产品的目的,是为了增强公司经营综合型人寿保险险种的竞争力。该产品可以为被保险人提供终身保障,也可以提供一段时期的保障,通常最短的期间为 10 年,从而能灵活地适应被保险人的需求。被保险人可以在购买保单时选择一个死亡给付金额,并在一定的限度内选择一个他们能接受的保费。保单生效后,死亡给付金额与所缴纳的保费呈同方向变动。根据投保人所缴纳的保费与对保障的需求程度,保单可以在终身寿险和定期寿险之间转化。在一定的期限内,随着保费的增加或减少,保险期限也可以随之延长或缩短。

4. 人寿保险常用条款

(1) 不可抗辩条款,又称不可抗争条款。该条款指人寿保险合同生效满一定时期(一般为两年)之后,就成为无可争议的文件,保险人不能再以投保人在投保时违反最大诚信原则,没有履行告知义务等理由主张保险合同自始无效。在保险合同中列入不可抗争条款,是维护被保险人利益、限制保险人权利的一项措施。

但是《保险法》第 54 条规定:"投保人申报的被保险人年龄不真实,并且其真实年龄不符合合同约定的年龄限制的,保险人可以解除合同,并在扣除手续费后,向投保人退还保险费,但是自合同成立之日起逾 2 年的除外。"可见,我国不可抗辩权适用于被保险人的年龄的误告。

(2) 宽展期限条款,又称"迟交宽限条款"。人身保险合同中一般保险期限都比较长。合同生效后,投保人应按照约定期限缴纳保险费。如未按期缴纳可导致合同效力中止。但是大多数投保人并非故意不缴纳保险费。而是由于疏忽、经济变化、临时性的资金周转不灵或其他客观方面的原因造成的。因此,人身保险合同一般都对投保人规定一个续交保险费的宽限期。在超过约定交费时间的宽限内,投保人即使没有按时交付保险费,合同仍然有效。在这个期限内发生保险事故,保险人仍应履行给付义务。但投保人在宽限期满后,仍然不交付保险费,保险人就有中止合同或减少保险金额的权利。

我国《保险法》第 58 条规定："合同约定分期支付保险费，投保人支付首期保险费后，除合同另有约定外，投保人超过规定的期限 60 日未支付当期保险费的，合同效力中止，或者由保险人按照合同约定的条件减少金额。"即宽展期限为 60 日。

（3）中止、复效条款，又称"两年内复效条款"。保险合同效力的中止，是指已生效的保险合同暂时中止其效力，待符合法定或约定条件时，可以恢复合同效力。根据《保险法》第 58 条的规定，人身保险合同效力中止是宽限期届满时，投保人可能承担的不利后果之一。合同效力的中止，应同时具备以下条件：①投保人在交付首期保费后，未能依合同约定按时交付当期的续期保费，且此种逾期履行行为已持续至约定或法定的宽限期届满后。②人身保险合同未约定其他补救措施，即合同对于投保人逾期未缴保费的，未约定中止合同效力之外的其他解决办法，如解除保险合同、相应减少保险金额、保费自动垫交等措施。

复效条款是指在合同效力中止后两年内，投保人有权申请恢复保险合同的效力，复效是对原保险合同法律效力的恢复，不改变原合同的各项权利和义务。复效时，应补交合同效力中止期间的保险费及利息，但保险人不承担合同效力中止期间发生的保险责任。我国《保险法》第 59 条规定："依照前条规定合同效力中止的，经保险人与投保人协商并达成协议，在投保人补交保险费后，合同效力恢复。但是，自合同效力中止之日起两年内双方未达成协议的，保险人有权解除合同。"

（4）不丧失现金价值条款，人身保险中的终身保险、生死两全保险都带有储蓄性质，投保人缴纳保险费达一定年限以后，保险单便有相当的现金价值。这一现金价值虽然由保险人保管运用，但是所有权都属于投保方。当投保人因为种种原因，不愿意或者不能继续持续交费时，保单此时已经产生的现金价值，不会因此而消失，仍旧属于投保人。投保人要求退保时，保险人应当退还现金价值。在操作中，保险公司都会在保险合同中载明现金价值，一般为了简明易读，都会采用表格形式，并且在相关的条款中明确现金价值的计算方法，以及所采用的利率。

投保人处置失效保单现金价值的方式一般有：（1）自动垫缴。就是说，投保人因故未能在宽限期内按时交费，可利用保单已产生的现金价值来垫缴所欠保费，使保单继续有效。（2）退保。根据投保人申请，按照现金价值退还所得即为退保金。（3）减额交清。将已产生的现金价值转换为一次性趸缴的保费，重新计算出一个新的保额。简单地说，就是不再交费，但是保障相应变低，保险期限与保险责任不发生变化。需要说明的是，即使办理了减额交清，仍旧可以退保，因为保单并不因此而丧失现金价值。因此判断张先生仍旧可以退保，并且不丧失变更前的现金价值。（4）展期保险。即将保单的现金价值作为一次交清的保费，据此数额改变原保单的保险期限，而原保单的保险金额不发生变化。与减额交清相同，办理此手续后，不需要再交纳保费。

（5）受益人条款，在含有死亡责任的人寿保险合同中，受益人是十分重要的关系人，因此,很多国家的人身保险合同中都订有受益人条款。我国《保险法》第 39 条规定:"人身保险的受益人由被保险人或者投保人指定。投保人指定受益人时须经被保险人同意。投保人为与其有劳动关系的劳动者投保人身保险,不得指定被保险人及其近亲属以外的人为受益人。被保险人为无民事行为能力人或者限制民事行为能力人的,可以由其监护人指定受益人。"人身保险中的受益人通常分为指定受益人和未指定受益人两类。指定受益人按其请求权的顺序分为原始受益人和后继受益人。许多国家在受益人条款中规定:"如果受益人在被保险人之前死亡,这个受益人的权利将转回被保险人,被保险人可以另外再指定受益人。"这个再指定受益人就是后继受益人。当保单所有人或被保险人未指定受益人或被保险人没有遗嘱指定受益人时,被保险人的法定继承人就成为受益人,这时保险金变成了被保险人的遗产。

保单所有人或被保险人除了指定受益人外,如经保单列明,则其还拥有变更受益人的权利。变更受益人无须征求受益人的同意,但必须遵循一定的程序,否则变更无效。现在最通常的手续是书面通知保险公司。这种不需要受益人同意就能变更的受益人称为可变更受益人。如果需要受益人同意才能变更的受益人称为不可变更受益人。现在大部分的保单都允许保单所有人或被保险人变更受益人,但也会受到一些条件的限制,如受到夫妻共同财产、财产划分协议或团体保险方面的法律限制。在可变更受益人的情况下,被保险人对保单享有的各种权益(比如,退保、抵押贷款等)无须经受益人同意,被保险人对保单具有一切支配权利,对这些权利受益人无权过问。保单是被保险人健在时可以自己支配的财产,在被保险人死亡之前,受益人只有"期待权"。

(6)保单贷款条款,是人寿保险的常用条款之一。根据不丧失价值条款,保单经过一定时期后,会积存一定的现金价值,且这一现金价值归保单持有人所有。人寿保险合同生效满一定期限(一般是一年或两年)后,保单贷款条款规定,投保人可以以保单作为抵押向保险人申请贷款。由于人寿保险计算保费时已包含预定利率,保单贷款后影响保险人资金运用,难以获得预定收益,所以投保人应支付利息。贷款利率一般参考市场利率而定。投保人应按期归还贷款并支付利息。如果在归还贷款本息之前发生了保险事故或退保,保险人则从保险金或退保金中扣除贷款本息。当贷款本息达到责任准备金或退保金的数额时,保险合同即行终止。保单贷款条款一般属于选择性条款,多见于两全保险合同或终身寿险合同中。

9.4 以房养老模式

以房养老,也可称为反按揭,是城市居民老人将产权属于自己的住房抵押给金融机构,获得融资,在世的时候提前消费、享受房屋的产权价值,在去世以后以住房产权来偿还贷款。这种融资方式,使得借款人终生可以提前支用该房屋的销售款。2013 年国务院印发的《关于加快发展养老服务业的若干意见》明确提出"开展老年人住房反向抵押养老保险试点",引发舆论广泛关注。

9.4.1　住房反向抵押贷款概念

住房反向抵押贷款(reverse mortgage),是指已经拥有住房的城市居民老年人将房屋产权抵押给银行、保险公司等金融机构,相应的金融机构对借款人的年龄、预计寿命、房屋的现值、未来的增值、折损情况及借款人去世时房产的价值进行综合评估后,按其房屋的评估价值减去预期折损和预支利息,并按人的平均寿命计算,将其房屋的价值分摊到预期寿命年限中去,按年或月支付现金给借款人,一直延续到借款人去世。在老人去世后,金融机构收回住房使用权。它使得借款人终生可以提前支用该房屋的销售款。

借款人在获得现金的同时,继续获得房屋的居住权并负责维护。当借款人去世后,相应的金融机构获得房屋的产权,通过出售、出租或者拍卖房屋,用来偿还贷款本息,相应的金融机构同时享有房产的升值部分。即"抵押房产、领取年(月)金"。因其操作过程像是把抵押贷款业务反过来做,如同金融机构用分期付款的方式从借款人手中买房,所以在美国最先被称为"反向抵押贷款"。这种养老方式被视为完善养老保障机制的一项重要补充。

9.4.2　基本类型

在中国,住房反向抵押贷款的操作模式有下面四种。

1. 南京模式

2005 年 4 月,南京汤山留园公寓开展"给我房子,替你养老"的业务。该项业务规定:拥有 60 平方米以上产权房、年满 60 岁以上、无儿无女无亲戚的孤寡老人,可将房产抵押给老年公寓,然后入住老年公寓。老年公寓在老人有生之年将其房屋出租,若房租高于老年公寓收费标准,超出部分由老人自由支配。老人去世后,老年公寓可将老人房屋卖掉,房款归老年公寓所有。

南京模式的实质是一种个人房产抵押贷款,它在南京推行遇冷的主要原因在于限制条件过于苛刻。规定中,要求参与此项业务的城市居民老人必须是"无儿无女无亲戚的孤寡老人",并且"住房面积 60 平方米以上"。其次,汤山留园公寓属于民营机构,资金实力有限,难以满足"以房养老"这种大型业务对资金的要求。而且民营企业的公信力低,不能完全保证该业务的参与者的利益。况且"以房养老"作为新型养老模式,还处于探索阶段,其本身就具有很多不确定因素。因此,老人不敢把房屋产权交由民营机构打理也在情理之中。南京模式的主要亮点是:将房屋抵押给老年公寓后,老人在世期间,老年公寓只能采取出租的方式收取租金,不能出售老人的房屋,只有老人过世之后才能将房屋出售来抵偿债务。这样的做法,充分考虑到老人普遍存在的"有房才有家"的传统观念。在老人在世期间采取房屋出租的方式,避免他们因为房屋出售产生失落感而排斥"以房养老"业务。

2. 上海模式

上海模式就是以房自助养老,是指老年人把自己的房产提前卖给一个公益机构,公益机构一次性地把钱给他,他再从公益机构把房子租回来。即通过"房屋理财"方式获得养老资金。具体而言,2007 年 6 月,上海市公积金管理中心推出"以房自助养老"的创新型模式。该项目规定:65 岁以上的老年人可以将自己的产权房与市公积金管理中心进行房屋买卖交易;交易完成后,老人可以一次性收取房款;该房屋将由公积金管理中心再返租给老人,租期由双方约定,租金与市场价等同;老人可按租期年限,将租金一次性付与公积金管理中心;其他费用均由公积金管理中心交付。

上海模式的核心在于,预先支取、消费出售房屋的房款以提升老人的生活水平,政府将购入的房屋低价出租给老人居住。然而,一些老人对"倒按揭"的养老设想很难接受。因为很多老人不愿老来卖房,双手空空而去,而且害怕造成家庭纠纷。另外,该政策需要对房产进行合理评估,如不能很好协作,可能存在的财产损失让多数老人担心。所以,不久该项目就悄然停止。不可否认的是,上海模式中公积金管理中心将住房返租给老人的方式,充分考虑了老人不愿离开熟悉的生活环境等心理需求。此外,上海市公积金管理中心是直属上海市政府的不以营利为目的的独立的事业单位,该项目由其主导具有较强的公信力。

3. 北京模式

2007 年 10 月,中大恒基房地产经纪有限公司和北京寿山福海国际养老服务中心联合推出"养老房屋银行"业务。该项目规定:60 岁以上老人只要向养老机构提出养老需求,公司将原住房进行出租,老人入住养老服务中心,所有租金用于抵扣老人在养老中心产生的相关费用,房屋产权不变更。

北京模式的实质是委托租赁,它的特点在于"养老房屋银行"是典型的商业运作模式,是以盈利为目的的商业活动。然而,该项目 2 年后也悄然停止,原因在于该项目主要针对在市区有房、子女在国外而无人照顾的老人,针对群体并不广泛,这种家庭基本都有足够的养老金,不需要将房子租出去。同时,老人对这种商业运作模式的信任度较低。但是北京模式也有可取之处。首先,作为商业运作模式,"养老房屋银行"业务的宣传效果非常到位,成功引起市民的广泛关注,为"以房养老"项目推行奠定了基础。其次,北京模式强调房屋产权不变更,这符合我国的传统价值观念,更容易被老人接受,也解决了"以房养老"项目所面临的观念障碍。

4. 杭州模式

杭州模式提供一种菜单式的自选养老模式供老人自行选择(一共包括四种方式):(1)租房增收养老,将独居有房老人安排到敬老院后将其原住房出租;(2)售房预支养老,将独居有房老人安排到敬老院后将其原住房出售;(3)退房补贴养老,将独居有房老人安排到敬老院后将其居住公房退还给房管部门；(4)换房差价养老，将地段好的独居老人的直管公房出租，另选地段略差房租赁给老人居住。

　　杭州模式的特点在于形式多样化。据悉，杭州市湖滨街道已有四位老人成功享受到"以房养老"政策，是试点城市中的成功典范。其成功的原因在于四种方案将房屋产权是否变更、如何变更、签约后老人住在何处等问题交由老人自己决定，保证老人能够根据自身需求和偏好选择适合自己的养老模式。

9.4.3　以房养老模式的风险和防范

　　以房养老既涉及住房问题，又涉及养老问题，这项贷款的设计理念非常巧妙，但是在实际运作中会遇到很多问题，诸如长寿风险、利率风险、房产价值风险、道德风险等。

　　1. 长寿风险

　　所谓长寿风险，是指项目当事人的寿命超过了预期寿命，使得贷出方的金融机构待出资金超过房屋产权价值所带来的风险。长寿风险与贷款人的寿命有关，并由信息不对称导致了逆向选择扩大化。以房养老贷款额的支付是以终生按期支付的，当借款人较为长寿时，其获得的贷款额度就会显著超出所抵押房产的价值，对贷款提供者不利。相反，当借款人较为短寿时，在有生之年获得的贷款额度会低于所抵押房产价值，这对借款人不利。另一方面，借款人往往比贷款提供者更了解自身健康状况。借款人在申请贷款阶段可能会利用这种相对优势来最大化自己的利益。这就形成了逆向选择，即身体健康的准借款人会踊跃申请该贷款。那么存在逆向选择时，贷款提供者就会面临借款人的寿命大于预期寿命，从而导致贷款数额高于房产价值的风险。

　　长寿风险可以通过分散风险的方式有效控制。贷款机构可通过机制设计，使健康状况较差的老年住房拥有者也有动力加入这项贷款计划，从而减少逆向选择的危害。具体操作时，若某一借款人在有生之年领取的贷款额低于其房产价值，可将剩余部分的贷款额发放给其遗产继承人。这样，相关机构就能通过生命表中的生存率来合理确定贷款额度并控制风险。

　　2. 利率风险

　　利率风险与实际利率和预期利率不一致有关。在签订以房养老合约时，借款人获得贷款额的多少与预期利率有极大的相关性。当预期利率的变动和实际利率变动不一致时，贷款提供方要么会面临着贷款额及应计利息高于所抵押房产价值的风险，要么会面临着借款人提前终止合同的风险。前一种状况是由预期利率低于实际利率造成的，而后一种状况是由预期利率高于实际利率造成的。

　　由于利率风险是不可以分散的，对利率风险的防范可通过阶段性的准确预测利率走向并定期调整合同利率将其弱化。另外，可寻找与以房养老期限结构相同或相似的可交易金融衍生产品，来对冲利率的影响。

3. 房产价值波动风险

房产价值波动风险，与实际房产价值和预期房产价值不一致有关。住房产权是以房养老中最重要的抵押品。以房养老中的贷款提供者主要依据对房产价值的估计来确定贷款发放额。若贷款签订时对房产价值的升值预期高于实际房产价值升值率，在贷款提供者对借款人除住房以外的资产无任何追偿权时，贷款提供者就会存在损失。若贷款签订时对房产价值的升值预期低于实际房产价值升值率，借款人要么会提前终止贷款合同，要么会要求分享超额的收益。住房价值波动风险是以房养老各项风险中影响最大的。

由于以房养老的抵押物只是住房产权，对住房价值的准确预测就成为这项贷款的重中之重。住房价值波动风险可通过两种方式来减少：一是通过使用复杂的住房价值预测模型来减少预测房价与实际房价的差别；二是通过以房养老证券化将此风险分散给所有投资者。具体说来，可以将以房养老合同按照不同的等级进行拆分后打包，并由评级机构对以房养老证券进行评级后发放到二级市场上进行买卖。

4. 道德风险

道德风险与住房维护好坏有关。由于以房养老的借款人仍然拥有住房的居住权，借款人在合同签订后的居住期间内对该住房的维护会部分影响住房的价值。若他们在这段居住期间对住房不进行合理的维护，会导致贷款到期时，房产价值低于贷款合同签订时房产的预期价值或者升值率低于一般升值率，直接造成贷款提供方的损失。

道德风险可以通过签订合同时订立相关约束机制加以解决，即在签约时写明住房的维护要求及监督机制。若该住房状态未达到合同中规定的要求，贷款提供人有权降低以房养老贷款额度的发放。通过这种方式可督促借款人妥善维护住房，减少道德风险发生的几率。

9.5　退休养老规划的步骤

退休养老规划，是所有理财规划中时间最长的规划。退休养老规划是为了保证客户将来生活的高品质，这是一个人一生中最重要的财务目标，因此需要从现在开始，积极实施规划。合理而有效的退休养老规划不但可以满足退休后漫长生活的支出需要，保证自己的生活品质，抵御通货膨胀的影响；而且可以显著地提高个人的净财富。为了尽可能使得规划符合客户的要求，在具体进行操作的过程中，应按照一定的程序，避免因各人情况的不同而造成偏差。

9.5.1　确定退休养老的生活目标

退休养老的生活目标，是指人们所追求的退休之后的一种生活状况。正如前面第 9.2.1 节所提到的，个人可以选择追求精神享受和个性发展的退休养老生活，或者安逸闲暇的退休养老生活。作为个人理财业务之一，退休养老生活目标的设立，需要考虑其财务成本。而决定财务成本的因素，主要是由退休养老的时间所决定的。如果人口预期寿命达到 80 岁，按照现在的相关规定，男士 60 岁退休，那么退休养老的时间在 20 年以上。如果以每年的各项支出费用为 5 万元人民币，那么 20 年的生活费用支出在 100 万元人民币以上。

9.5.2　估算退休后的收入

对于多数退休养老的人员来说，收入主要有以下几个方面的来源。

（1）经常收入，包括养老金、企业年金、人寿保险、个人储蓄的利息等方面的收入等。

（2）子女、亲属的赡养费收入。

（3）金融资产投资的收入，包括股票投资收入、房地产出租的收入等。

9.5.3　估算退休养老的支出

退休养老生活的支出，包括居住费用、日常生活费用、参与各种社会活动的费用、学习和兴趣活动费用、旅游费用等。

多年来，我国通货膨胀严重。如果规划退休养老的时间，离实际退休养老达 15 年以上，就应考虑因通货膨胀对实际购买力造成的影响。按照平均每年 3％的通胀率，如果当前退休养老的基本支出费用在 3 万元人民币，那么 15 年以后，将达到 4.67 万元人民币（通货膨胀系数 1.56）。

9.5.4　制定退休养老规划

一个成熟的退休养老规划由三部分组成：首先是社会基本养老保险，大约占养老金总数的 30％左右，其次是企业为员工准备的企业养老年金，比例也为 30％左右，第三是个人为养老准备的资金，包括人寿险、证券投资基金和股票投资收益、银行储蓄、债券、房产投资、收藏品等，大约占到养老金总数的 20％—40％。如图 9.2 所示

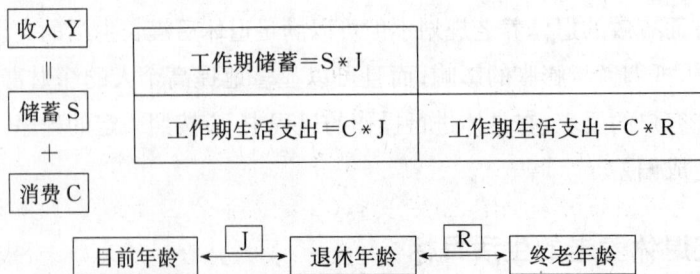

图 9.2　养老金储蓄计划

由于基本社会养老保险和企业养老年金部分,是属于被动的养老规划,当事人无法自主进行调节;因此,制定退休养老规划的重点在第三部分的人寿险、证券投资基金和股票投资等资产的配置和储投上。在退休养老规划中,应首选人寿险,尤其是具有储蓄、投资功能的,又能够附加健康险的人寿险。其次,可以考虑房产投资,其保值和增值功能都比较好。通常,个人理财规划师通过以下途径来实现对退休养老规划的进一步修改:

(1) 提高储蓄的比例;

(2) 延长工作年限并且推迟退休;

(3) 减少退休后的花销;

(4) 进行收益更为稳定且风险较小的投资;

(5) 参加额外的退休金计划。

9.5.5　执行、监督和调整规划

和任何一种理财规划相似,退休养老规划在执行以后,当事人要密切监督、定期评估规划实施的效果。由于金融市场的变化,原先规划的各项假设可能会改变,因而在定期评估规划实施效果的基础上,对规划作出相应的调整是顺理成章的事情。值得注意的是,金融市场的阶段性波动,以及保险、储投,也具有连续性和长期性的特点。所以,在对原来规划作出调整的时候,既不能因金融市场波动而频繁调整保险、储投,增加相应的成本;也不能因为不愿意支付调整成本而失去了调整的最佳时机。这是需要当事人自己把握的。

本章小结

1. 退休养老规划的理财规划,就是对在退休以后将要过怎样的生活作出规划,并且为未来的退休生活所需要的费用,作出预先的谋划。在进行退休养老规划的时候,需要考虑退休养老开始的时间、退休养老规划中的健康和预期寿命的因素、退休后的住所、退休以前所积累的经济基础、防范各种不确定因素等因素。退休养老规划,主要有人口的预期寿命、如何安排晚年生活、如何维持原来的生活品质等 3 个基本问题。因此,退休养老规划需要遵循及早规划原则、弹性规划原则及收益最大化原则。

2. 退休养老规划的财务分析,主要包括,(1)退休养老生活设计,即考虑退休以后是追求精神享受和个性的发展;还是享受安逸生活,劳逸结合。退休养老的基本条件包括"三老",老伴、老窝和老底。同时,还要考虑是与子女共同居住,还是老人单独居住;是选

择国外还是国内,是在当地居住还是回到农村居住;退休以后的业余生活,参与哪些社会、文体活动;是否在每年的合适季节外出旅游;是否参加进修学习、服务社会等活动。(2)退休养老生活费用分析,包括居住费用(如果要换居住地的话)、日常生活费用、参与各种社会活动的费用、学习和兴趣活动费用、旅游费用等费用。(3)退休养老生活风险分析,退休养老过程中可能伴随着各种风险,包括子女失业、通货膨胀、健康等。

3. 退休养老规划的工具,包括基本养老保险、农村社会养老保险、企业补充养老保险、商业养老保险等。

4. 以房养老,又可称为住房反向抵押贷款,包括南京模式、上海模式、北京模式以及杭州模式。在推行以房养老的过程中,应关注长寿风险、利率风险、房产价值波动风险及道德风险。

5. 退休养老规划,应按照一定的程序,避免因各人情况的不同而造成偏差。具体步骤包括确定退休养老的生活目标,(2)估算退休后的收入,(3)估算退休养老的支出,(4)制定退休养老规划及执行、监督和调整规划等五个步骤。

思考与练习

1. 什么是退休养老规划?

2. 试分析退休养老规划的具体要点。

3. 试分析退休养老规划的基本问题。

4. 退休养老规划有哪些原则,如果忽视这些原则,将会给我们带来怎样的影响?

5. 试分析退休养老生活设计在退休养老规划财务分析中的作用。

6. 简述退休养老费用估算包括哪些内容,其中哪些项目的费用最重要。

7. 试分析退休养老具有哪些风险,其中最大的风险是什么?

8. 简述我国基本养老保险制度的基本内容。

9. 试分析退休养老规划工具中,不同退休养老保险的差异性。

10. 简述什么是企业补充养老保险,它与基本养老保险之间的关系如何?

11. 试分析各地"以房养老"模式的利弊。

12. 简述退休养老规划的基本步骤。

第**10**章

遗产策划

本章学习要点

1. 掌握遗产的概念及其法律特征;

2. 了解遗产的主要形式;

3. 了解遗产继承的原则、类型;

4. 了解遗产税制度;

5. 掌握遗产策划的概念以及目标;

6. 掌握遗产策划的主要工具;

7. 掌握管理遗产信托的方法;

8. 掌握遗产策划的程序。

基本概念:遗产;遗产继承;管理遗产信托;遗产策划;遗嘱

遗产策划,并不是个人理财策划的最后一项需求。其实,个人理财还有许多财务需求可以讨论和研究,而且也非常有意义。例如,如何利用有限的财力,做慈善等。

遗产策划,也不是一定要等到晚年才考虑谋划、安排这方面的事宜。有些人人到中年,就开始考虑遗产策划。

遗产策划,是个人理财策划中唯一的在人们生前谋划、安排,在身后实行的业务。对于有一些私人财产的个人而言,通过遗嘱早日对遗产作出安排,是非常明智的做法。有些中国人迷信,认为写遗嘱怕不吉利。实际上,遗嘱不仅可以使遗产按照财产所有人的心愿进行处理身后事,而且还免去了亲人之间为了遗产而纷争的麻烦。

值得注意的是,遗产策划是理财师的业务范围,然而理财师无法为客户完成设立遗嘱的程序。设立遗嘱的程序,需要律师来协助完成。

10.1 遗产和遗产制度

10.1.1 遗产概述

所谓遗产,就是被继承人死亡时遗留的个人所有财产和法律规定可以继承的其他财产权益。包括积极遗产和消极遗产。积极遗产指死者生前个人享有的财物和可以继承的其他合法权益,如债权和著作权中的财产权益等。消极遗产,指死者生前所欠的个人债务。作为一种特殊财产,遗产只存在于由继承程序开始后到遗产处理结束前这段时间之内。自然人生存时拥有的财产不是遗产,只有在他死亡之后,遗留下来的财产才是遗产。遗产处理之后,已经转归继承人所有,也不再具有遗产的性质。

1. 遗产的特征

根据我国《继承法》的有关规定,遗产必须符合三个特征:

(1) 必须是公民死亡时遗留的,在被继承以前的财产。自然人生前所拥有的个人合法财产不是遗产;继承人在分割完遗产之后就使遗产转化为个人合法拥有的财产,也不能称之为遗产。因此在法律上遗产是特指在自然人死亡之时起至遗产分割完毕前这一特定时间段内,自然人生前遗留的财产。而这一时间一般说来存续时间是短暂的。

(2) 必须是公民个人所有的财产和债务。死者生前享有的民事权利包括财产权和人身权两方面,而可以被继承的只能是财产权利,包括财产和债务。各国一般都废除了身份继承,仅实行财产继承,而原属于被继承人的人身权利如姓名权、肖像权不能作为遗产。

(3) 必须是合法财产。自然人死亡时遗留的财产必须是合法财产,才具有遗产的法律地位。如果这些财产是自然人死亡时所遗留的非法所得,就不能作为遗产,继承人也就不得继承。另外法律规定的不得作为遗产进行继承的财产也无遗产的法律地位。例如,中国根据《文物法》规定的珍贵的文物,在一定条件下就不能成为遗产。

2. 遗产的范围

我国的《继承法》第 3 条明确规定,遗产是公民死亡时遗留的个人合法财产,包括以下几项:

(1) 公民的合法收入。如工资、奖金、存款利息、从事合法经营的收入、继承或接受赠予所得的财产;

(2) 公民的房屋、储蓄、生活用品;

(3) 公民的树木、牲畜和家禽。树木,主要指公民在宅基地上自种的树木和自留山上种的树木;

(4) 公民的文物、图书资料。公民的文物一般指公民自己收藏的书画、古玩、艺术品

等。如果上述文物之中有特别珍贵的文物,应按《中华人民共和国文物保护法》的有关规定处理;

(5) 法律允许公民个人所有的生产资料。如农村承包专业户的汽车、拖拉机、加工机具,及城市个体经营者、华侨和港、澳、台同胞在内地投资所拥有的各类生产资料等;

(6) 公民的著作权、专利权中的财产权利,即基于公民的著作被出版而获得的稿费、奖金,或者因发明被利用而取得的专利转让费和专利使用费等;

(7) 公民的其他合法财产,最高人民法院《关于贯彻执行〈中华人民共和国继承法〉若干问题的意见》第 3 条将其界定为:公民可继承的其他合法财产包括有价证券和履行标的为财务的债权等。因此,这里的公民的其他合法财产包括公民的国库券、债券、股票等有价证券。

同时,《继承法》第 4 条还规定:"个人承包所得的个人收益,依照本法规定继承。个人承包,依照法律允许由继承人继续承包的,按承包合同办理。"在司法实践中,遗产范围的决定还涉及一个更为具体的问题,即遗产与共有财产的区分。只有将遗产与共有财产区分开来,才可能准确确定遗产的范围。这种区分有两大类:其一,遗产与家庭共有财产的区分。我国《继承法》第 26 条规定:"遗产在家庭共有财产之中的,遗产分割时,应当先分出他人的财产。"其具体分割办法,应根据婚姻法律规范办理。其二,遗产与其他共有财产的区分。公民之间的财产共有关系,除了上述家庭成员之间的财产共有关系之外,还存在着其他许多公民之间的财产共有关系。如在公民合伙经营等关系中,死亡后,应分割合伙财产,将其应得部分作为遗产,由其继承人继承。

3. 债务

按照我国《继承法》第 33 条规定:"继承遗产应当清偿被继承人依法应当缴纳的税款和债务。"前面所述的遗产范围在民法理论上属"积极遗产"。作为遗产的一个重要组成部分,债务也就是"消极遗产"同样是不可忽略的。因为,在继承法领域,继承遗产必须连同"积极遗产"与"消极遗产"一并继承。

同其他债的产生一样,债务可因合同,侵权行为,不当得利,无因管理等而产生。一般情况下,继承被继承人的积极财产,也应继承其全部债务。但特殊情形下,即债务与特定人身相联系时,则不可发生继承。如:

(1) 出版、演出合同中作者、表演者完成创作和表演的义务,不能作为遗产由继承人继承。因为作者完成作品创作的义务是与作者的人身不可分离的,表演人的艺术表演义务也具有人身性质,不可让与。他们死亡后,创作义务和表演义务自动消灭;

(2) 加工承揽合同中承揽人以自己的工作亲自完成承揽之义务,也不可作为遗产由继承人继承。因为承揽合同主要是定作人基于对承揽人完成特定工作的某种技能的信任而订立的,因而要求承揽人必须以自己的技术、劳动力和设备亲自完成加工、定作或修缮工作。如果承揽人死亡,则其义务自动消灭。定作人无权要求其继承人继续完成所余工作。

10.1.2 遗产的继承

遗产继承,是指死者生前所有的于死亡时遗留的合法财产依法转移给他人所有的制度。其中,被继承人是生前拥有财产因死亡而转移给他人的死者;遗产则是被继承人死亡时遗留的合法财产;而继承人,是依照法律规定或者被继承人的合法遗嘱规定,承接被继承人遗产的人,继承人依照法律的直接规定或者被继承人所立的合法遗嘱享有的继承被继承人遗产的权利就是继承权。

1. 遗产的分配原则

遗产分配是指财产所有人死亡后根据法定继承、遗嘱或其他法律规定对其遗产的分配制度。一般情况下,遗嘱优先于法律规定的原则,法定继承中实行优先顺位继承的原则。同一顺序继承人,原则上采取平均分配的原则。同时,有时候,需要采用照顾分配的原则,鼓励家庭成员及社会成员间的扶助。具体而言,遗产分配的原则包括以下四个方面。

(1) 继承份额均等原则。同一顺序继承人继承遗产的份额,一般应当均等。这里有一个前提,就是同一顺序继承人对被继承人所承担的赡养(或者扶养)义务相当,尽的义务基本相同;

(2) 特殊照顾原则。此原则分为两个层次,一是对继承人而言的。对生活有特殊困难的缺乏劳动能力的继承人,分配遗产时,应当予以照顾。这是法律的强制性规定。生活非常困难,而且缺乏劳动能力的继承人与其他继承人分配的份额一样多,是违反继承法的行为。该继承人可以在知道自己权益被侵害时起两年内提起诉讼,以维护自己的合法权益。在程序上可以申请法律援助,由司法行政机关指派律师免费为其代理诉讼。同时可以向法院申请减免诉讼费。二是对继承人以外的人而言的。对继承人以外的依靠被继承人扶养的缺乏劳动能力又没有生活来源的人可以分给他们适当的遗产。这不是法律的强制性规定,实践操作中较为灵活,可以分也可以不分,可以多分,也可以少分。

(3) 权利与义务一致原则,即多尽义务多继承、少尽义务少继承、不尽义务不继承。此原则也有两个层次,一是在继承人中,对被继承人尽了主要赡养(或者扶养)义务或者与被继承人共同生活的继承人,分配遗产时,可以多分。有扶养能力和条件,不尽扶养义务的继承人,分配遗产时,应当不分或者少分。对被继承人生活提供了主要经济来源,或在劳务等方面给予了主要扶助的,应当认定其尽了主要赡养(或者扶养)义务。有扶养能力和扶养条件的继承人虽然与被继承人共同生活,但对需要扶养的被继承人不尽赡养(或者扶养)义务的,分配遗产时,可以少分或者不分。二是继承人以外的对被继承人扶养较多的人,可以分给他们适当的遗产。如何确定"适当",视具体情况而定,如果尽了主要的扶养义务,其份额可以多于继承人的份额。如果在继承开始时,继承人剥夺了其继承权利,其本人有权以独立的诉讼主体资格向人民法院提起诉讼。此规定在司法实践中具有特殊的意义,为大力提倡尊老爱幼,创建和谐社会提供了法律保障。

(4)协商原则。继承人之间应当本着互谅互让、和睦团结的精神,协商处理继承问题。遗产分割的时间、办法和份额,由继承人协商确定。协商不成的,可以由人民调解委员会调解或者向人民法院提起诉讼。

2. 遗产继承的类型

(1)法定继承,指在被继承人没有对其遗产的处理立有遗嘱的情况下,由法律直接规定继承人的范围、继承顺序、遗产分配的原则的一种继承形式。法定继承是一个强制性规范,除被继承人生前依法以遗嘱的方式改变外,其他任何人均无法改变。根据《继承法》第 27 条以及《最高人民法院关于贯彻执行〈继承法〉若干问题的意见》的有关规定,有下列情形之一的,适用法定继承:被继承人生前未设立遗嘱继承或遗赠,也没有遗赠扶养协议的;全部无效或部分无效遗嘱所涉及的遗产;遗嘱未处分的部分遗产;遗嘱继承人或受遗赠人放弃继承或受遗赠;遗嘱继承人丧失继承权;遗嘱继承人、受遗赠人先于遗嘱人死亡的。

法定继承人的范围,依《继承法》第 10、12 条的规定,有配偶、子女、父母、兄弟姐妹、祖父母、外祖父母,以及对公婆或岳父母尽了主要赡养义务的丧偶儿媳与丧偶女婿。法定继承人的继承顺序有以下两种。第一顺序为配偶、子女、父母。对公婆或岳父母尽了主要赡养义务的丧偶儿媳与丧偶女婿,也作为第一顺序继承人。第二顺序为兄弟姐妹、祖父母、外祖父母。继承开始后,由第一顺序继承人继承,第二顺序继承人不继承。没有第一顺序继承人继承的,由第二顺序继承人继承。从被继承人死亡时开始,其法定继承人的继承权即告成立。隶属于第一顺序的继承人随时可提出继承遗产,亦可在遗产分割前明确表示放弃继承权。未作明示放弃的,则视为默认其继承权。当其他继承人故意拖延,导致继承权无法实现时,主张分割遗产的继承人可向法院提出继承遗产诉讼,其他继承人均为被告。

(2)遗嘱继承,又称指定继承,是法定继承的对称。遗嘱继承,是指按照立遗嘱人生前所留下的符合法律规定的合法遗嘱的内容要求,确定被继承人的继承人及各继承人应继承遗产的份额。我国民法规定,公民有处分自己合法所有的个人财产的权利,被继承人在死亡之前对自己合法所有的个人财产进行处分,在其死后生效,充分体现了我国法律对公民个人财产的保护。但是,这种处分应符合法律的规定,应充分考虑老人、妇女、儿童、胎儿及残疾人和无生活来源人的利益,违反法律规定的遗嘱,是不受法律保护的。

(3)代位继承,是和本位继承相对应的一种继承制度,是法定继承的一种特殊情况。它是指被继承人的子女先于被继承人死亡时,由被继承人子女的晚辈直系血亲代替先死亡的长辈直系血亲继承被继承人遗产的一项法定继承制度,又称间接继承、承租继承。先于被继承人死亡的继承人,称被代位继承人,简称被代位人。代替被代位人继承遗产的人称代位继承人,简称代位人。代位人代替被代位人继承遗产的权利,叫代位继承权。

该制度的设立是基于继承权的行使主体应为实际生存,若继承人先于被继承人死亡,显然无法行使继承权利。为了保障先于被继承人死亡的继承人的晚辈直系血亲的物质及经济利益,因而设立了代位继承制度。《继承法》第 11 条规定,"被继承人的子女先于被继承人死亡的,由被继承人的子女的晚辈直系血亲代位继承。代位继承人一般只能继承他的父亲或者母亲有权继承的遗产。"代位继承权的实现前提是被继承人的子女先于被继承人死亡。需要注意的是,代位继承同样适用于胎儿的保留份,其原理与法定继承中的胎儿保留份是一致的。

(4) 转继承,又称为再继承、连续继承,它是指继承人在继承开始后、遗产分割前死亡,其应继承的遗产转由他的合法继承人来继承的制度。实际接受遗产的已死亡继承人的继承人称为转继承人;已死亡的继承人称为被转继承人。依据最高人民法院《关于贯彻执行〈中华人民共和国继承法〉若干问题的意见》第 52 条"继承开始后,继承人没有表示放弃继承权,并于遗产分割前死亡,其继承遗产的权利转移给他的合法继承人"和第 53 条"继承开始后,受赠人表示接受遗赠,并于遗产分割前死亡的,其接受遗赠的权利移转给他的继承人"的规定,转继承有以下的特征:①只有在被继承人死亡之后,遗产分割之前,继承人也相继死亡时,才发生转继承;②继承人在前述的时间内死亡而未实际取得遗产,而不是放弃继承权;③只能由继承人的法定继承人直接分割被继承人的遗产;④转继承人一般只能继承其被转继承人应得的遗产份额;⑤转继承人可以是被继承人的直系血亲,也可以是被继承人的其他法定继承人。

(5) 遗赠,就是指公民通过设立遗嘱,将其个人所拥有财产的一部分或者全部,待其死亡后无偿赠送给国家、集体组织、社会团体或者法定继承人以外的人的行为。立遗嘱人为遗赠人,接受遗赠的人称遗赠受领人。公民通过遗赠给与受遗赠人的既可以是财产权利,也可以是免除其财产义务。公民订立遗赠时,可以对遗赠附加条件,即要求受遗赠人履行某种义务。但该附加的义务并不是遗赠的对价,也不能超过受遗赠人所得的财产利益。《继承法》第 21 条规定:"遗嘱继承或者遗赠附有义务的,继承人或者受遗赠人应当履行义务。没有正当理由不履行义务的,经有关单位或者个人请求,人民法院可以取消他接受遗产的权利。"遗赠是遗赠人死亡后才生效的单方\无偿的民事法律行为,遗赠的标的仅仅是财产权利,遗嘱人不得把债务转移给受赠人。不仅如此,与遗嘱继承不同,接受遗赠有时间限制。《继承法》第 25 条规定,"受遗赠人应当在知道受遗赠后两个月内,作出接受或者放弃受遗赠的表示。到期没有表示的,视为放弃受遗赠。"此外,遗赠的设立应当对缺乏劳动能力又没有生活来源的继承人保留必要的遗产份额。同时,对出生后将成为法定继承人的胎儿,亦应当保留继承份额。

(6) 遗赠扶养协议,是受扶养人(即遗赠人)与扶养人之间签订的关于扶养人承担受扶养人生养死葬的义务,受扶养人将自己的财产于死后赠与扶养人的协议。遗赠扶养协议是我国《继承法》确立的一项新的法律制度,是我国继承制度的新发展。《继承法》第31 条规定:"公民可以与扶养人签订遗赠扶养协议。按照协议,扶养人承担公民生养死葬的义务,享有受遗赠的权利。"遗赠与遗嘱抚养协议的法律意义完全不同。表现在以下四个方面。首先,遗赠扶养协议是双方当事人相互协议的结果;而遗赠则只需遗赠人单方作出意思表示。其次,遗赠扶养协议在双方签订好遗赠扶养协议时即可发生法律效力;而遗赠则需要待遗赠人去世后才发生法律效力。再次,遗赠扶养协议的双方当事人均负有法律义务,即扶养人有负责受扶养人生养死葬的义务,受扶养人有将自己的财产遗赠给扶养人的义务;而遗赠中,除非设定了受遗赠人的义务,否则受遗赠人不负义务。最后,遗赠扶养协议约定的是一种对价的法律行为,扶养人没有尽到对受扶养人生养死葬的义务,就无法得到受扶养人的财产;而遗赠即便设定了一定的义务,也不是对价义务,并且设定的义务不得超过以后可能获得的财产利益。

10.1.3　遗产税制度

遗产税,是对被继承人死亡时所遗留的财产课征的一种税,因此在英国曾被称为"死亡税",通常包括对被继承人的遗产征收的税收和对继承人继承的遗产征收的税收。遗产税属于财产税制度中的一个有机组成部分,具有财产税的典型特征。遗产税是一个古老的税种。早在古罗马时期就有了遗产税。近代意义上的遗产税已经有 400 多年的历史。目前,几乎所有发达国家和发展中国家都开征了遗产税。据统计,目前世界上已有 100 多个国家和地区开征了遗产税。我国早在北洋政府时期也曾经酝酿开征遗产税。1915 年夏,当时的北京政府曾拟定了《遗产税条例草案》,后因政局不稳、战争频繁而未能实施。我国南京国民党政府曾于 1938 年 10 月正式颁布《遗产税暂行条例》,并于 1940 年 7 月 1 日起正式开征遗产税。新中国成立后,当时的政务院曾于1950 年 1 月颁布《全国税收实施要则》,其中列有遗产税,由于条件不成熟,1950 年 6月政务院决定暂不开征遗产税。1985 年,《关于〈中华人民共和国继承法〉(草案)的说明》也曾提到设立遗产税问题:"现在有些遗产数额较大,而且有增长趋势,征收遗产税的问题需要研究,如果要征收遗产税,可以另行制定有关税法。"在 1993 年 12 月国务院批转国家税务总局《工商税制改革实施方案》中,又提到了"开征遗产税"。1997 年党的十五大报告正式提出"调节过高收入,逐步完善个人所得税制度,调整消费税,开征遗产税等税种",为中国遗产税立法提供了政策依据。随着经济的发展,我国已具备开征遗产税的条件。

1. 遗产税制度分类

由于国情不同,西方各国遗产税的课征制度也不尽相同。依其课征方式,可分为3类:

(1)总遗产税制,是对财产所有人死亡后遗留的财产总额综合进行课征,以遗嘱执行人或遗产管理人为纳税人,采用这种税制的有美国、英国等。该税种一般采用累进税率,不考虑继承人与被继承人的亲疏关系和继承的个人情况。

总遗产税最大的特点是实行"先税后分",表现为先缴完税后再分遗产,税制简单,纳税对象明确,因而征收成本比较低。税制既不考虑继承人与被继承人的亲疏关系,也不考虑继承人的实际情况,因而它具有课税主体单一、税源有保证、税率设置相对简单等优点,而且征收管理也较方便,税收成本低。因此,总遗产税比较简单而易管理,比分遗产税能更好地组织收入;对于没有开征净财富税的国家,一生中至少征收一次的总遗产税或许是一种比较合适的财富课税方式。但是,总遗产税实行"一刀切",不管亲疏关系,也不管税负承受能力,只和遗产总额挂钩,按一个标准缴税,似乎过于简单化。

(2)分遗产税制,又称继承税制,是根据继承人与死者之间关系的亲疏,以及继承财产的多少,进行分别课征的税制。它是对遗产继承人或遗产受赠人分得的那一部分遗产净值进行课征。其特征是在遗产处理程序上表现为"先分后税",即先把遗产分给继承人,然后就各个继承人分得的遗产课税。这种税制考虑继承人与被继承人之间的亲疏关系和继承人的实际负担能力,因而具有公平合理的优点,符合税收公平原则。但分遗产税制因需考虑总体财产的具体分配,征管相对较难,易增加偷逃的可能性,且税收成本较高。从促进社会公平的角度考虑,分遗产税制在减轻财富分配不公方面比总遗产税制有更多的作用,按继承财产规模累进征收的分遗产税,以"财产越分散,缴纳的税额越小"来鼓励财产在个人之间的分散。目前,实行分遗产税制的国家有德国、日本等。

(3)混合遗产税制,即将总遗产税制和分遗产税制结合起来,先按总遗产税制办法征税,然后再根据继承人分得的遗产情况,如果分得的遗产超过一定限额,则按分遗产税制再征一道遗产税,采取混合遗产税制的国家有加拿大、意大利等。该税制在遗产处理程序上是按"先税——后分——再税"的方式进行。这种方式体现税收负担公平原则,但征管手续比分遗产税制更为复杂,不易操作。混合遗产税制与前两者比较而言,其兼容了两者的优点,但征两道税,不仅在税率设计方面比较复杂,而且也有重复征税的嫌疑。

2. 我国的遗产税制度

我国应根据政治、经济、社会发展和税制建设的需要,积极借鉴国外开征遗产税的经验,建立起一套既符合国际惯例、又适合我国国情的遗产税制度。

(1)我国开征遗产税的客观条件。

① 税源方面。近年来,我国国民经济持续增长,个人收入显著增加,个人拥有财产数量也大幅增长。如表 10.1 所示。

表 10.1　人民生活基本情况

指 标 名 称	1990 年	2000 年	2006 年	2007 年	2011 年
城镇居民人均可支配收入(元)	1 510	6 280	11 759	13 786	21 810
农村居民人均纯收入(元)	686	2 253	3 587	4 140	6 977
城镇居民人均消费性支出(元)	1 279	4 998	8 697	9 997	15 161
农村居民人均生活消费支出(元)	585	1 670	2 829	3 224	5 221
人均储蓄存款余额(元)	623	5 076	12 293	13 058	25 832
城市人均住宅建筑面积(平方米)	13.7	20.3	27.1		32.7
农村人均住房面积(平方米)	17.8	24.8	30.7	31.6	36.2
城镇每百户拥有家用汽车(辆)		0.50	4.32	6.06	18.58
农村每百户拥有摩托车(辆)	0.89	21.94	44.59	48.52	60.85
参加基本养老保险人数(万人)	6 166	13 617	18 766	20 137	28 391

数据来源:中国统计年鉴 2008。

　　由表 10.1 可以看出,人民的基本生活情况不断改善。其中,城乡居民人均可支配收入大幅度提高,导致人均储蓄余额连年上升。同时,家庭财产也在相应增加,包括住宅、汽车、摩托车等每百户拥有量都在快速上升。这些现实情况说明我们具备开征遗产税的税源基础。

　　② 社会环境方面。首先,由于我国坚持依法治国方略,法律的宣传、普及使税收法律观念深入人心,税收观念初步确立,形成了良好的税收环境。其次,我们国家税制建设和税收工作在改革中不断加强,税务机关工作程序和行为更加规范,技术手段不断改进,征管水平显著提高。再次,现行法律体系中的《婚姻法》、《继承法》、《民法通则》、《税收征管法》等对有关遗产的确定和遗产税征收提供了法律依据。

　　(2) 我国遗产税制的构想。为了便于征收管理和加强税源控制,考虑到我国家庭财产共性普遍较强的特点,遗产税的税制应当从简,实行总遗产税制较为适宜,并将赠与税与遗产税合为一体,以防止偷漏税和税负失衡。有关纳税义务人,有遗嘱执行人的,以遗嘱执行人为纳税人;无遗嘱执行人的,以继承人、受遗赠人或者受赠人为纳税人;无继承人、受遗赠人或者受赠人的,以依法接收遗产的单位和组织为纳税人;遗产税的纳税人为无民事行为能力人或者限制民事行为能力人的,由其法定代理人履行纳税义务。因此,纳税人主要包括遗嘱执行人、继承人、受遗赠人和遗产管理人。

　　我国遗产税制的征税对象,包括在我国境内有住所的我国公民其亡故后,其在境内外遗留的财产;还包括在我国境内无住所的我国公民和外国人亡故后,其在境内遗留的财产。除以上这些方面外,还应该考虑被继承人的应纳税遗产总额,尽可能包括各项不动产和动产,例如保险赔偿金、保险给付金等。免征额的确定,需要考虑我国的实际情况。与其他国家相似,我国征收遗产税的主要对象是最富有的少数人的巨额遗产,故征税面(即亡故人数中遗产征税的比例)宜窄不宜宽。目前各国遗产税的征税面一般为2％—5％,由于我国中低收入者人数众多且所占比重很大,遗产税征税面可以考虑暂设定在1％—2％,即以拥有500万元以上财产的富人为征税对象。这样也是为了达到既可以重点调节又可以照顾一般公民利益的目的。

遗产税的税率一般采用超额累进税率,即按遗产或继承、受遗赠财产的多少,划分为若干等级,设置由低到高的累进税率。实行总遗产税制的国家和地区只有一种超额累进税率;实行分遗产税制的国家则多按继承人或受遗赠人与被继承人的关系设置几种累进税率。只有新西兰、英国、南非等少数国家的遗产税实行比例税率。在税率上,一般都设置多个级次,如美国现行的遗产税税率多达17个级次,法国、德国有7个级次,日本有6个级次,韩国有5个级次。因此,我国可以选择国际上通行的超额累进税率,参考与我国的经济发展水平相似的国家所采用的税率,逐步推进遗产税制的建设。

10.2 遗产策划的工具

不管是我国还是西方国家,遗产策划都是个人理财业务中非常重要的部分。西方国家,由于建立了严格的遗产管理和税收制度,所以一般民众对遗产策划服务有相当需求。即使在我国,尚未建立完备的遗产管理和税收制度,然而一些名人的遗产纠纷也反映出,一些老人没有对遗产作出合理安排的遗憾。

10.2.1 遗产策划的概念及目标

1. 遗产策划的概念

所谓遗产策划,是指当事人在世时通过选择遗产规划工具和制定遗产传承和处分计划,将拥有或控制的各种资产或负债进行安排,从而保证在自己去世或丧失行为能力时尽可能实现个人为其家庭(也可能是他人)所确定目标的安排。

2. 遗产策划的目标

遗产策划,通常是当事人出于节税的目标、或者其他意愿来进行遗产策划,具体目标有:

(1) 确定遗产所有者的继承人(或者受益人),以及每位受益人获得的遗产份额,这是遗产策划的首要目标。很多遗产继承纠纷,也常常是没有解决这个问题而引发的。

(2) 确定遗产转移的方式。遗产转移可以通过法定继承、遗嘱继承和遗赠以及遗赠扶养协议方式进行。

(3) 在与遗产所有者的其他目标保持一致的情况下,将遗产转移的成本降到最低水平。显然,遗产策划就是提前考虑遗产的转移,通过税收筹划,达到节税的目的。

(4) 为遗产提供足够的流动性资产以偿还其债务。遗产的转移,可能需要分割、清偿债务等,要考虑遗产具有足够的流动性。当然,也不一定刻意追求流动性,导致价值损失。

(5) 保持遗产计划的可变性。遗产策划,是一个过程。由于当事人在世的时候,情况一直在发生变化;因此,在制定遗产计划的时候,需要考虑当事人改变原来的计划的可能性,给计划的变动提供一个足够的空间。

(6) 确定由谁来清算遗产,也就是遗嘱的执行人。当事人离世的时候,希望自己的遗嘱被完整地执行,在遗嘱中规定遗嘱执行人就非常必要了。

(7) 计划慈善赠与,这是遗嘱策划的另外目的。有些老人在离世前,其最大愿望就是为社会作最后一次贡献,遗产策划就必须围绕老人的善举进行。上海老人,共产党员徐素珍在重病期间,立下遗嘱委托党组织将其房屋代为出售,房款用于交最后一次党费。这样的遗产策划,是令人钦佩的。

10.2.2 遗产策划的工具

遗产策划的主要工具包括遗嘱、遗产委任书、管理遗产信托、人寿保险和赠与等五种。

1. 遗嘱

遗嘱是指遗嘱人生前在法律允许的范围内,按照法律规定的方式对其遗产或其他事务所作的个人处分,并于遗嘱人死亡时发生效力的法律行为。根据《继承法》第 17 条的规定,遗嘱分为 5 种形式,包括公证遗嘱、自书遗嘱、代书遗嘱、录音遗嘱和口头遗嘱。由于法律并不限制公民立遗嘱的次数及形式,实质上亦为尊重公民随时改变遗嘱的意愿,因而在现实生活中会存在多份遗嘱并存的情况。对于多份遗嘱的效力认定,根据《最高人民法院关于贯彻执行〈继承法〉若干问题的意见》第 42 条的规定执行:"遗嘱人以不同形式立有数份内容抵触的遗嘱,其中有公证遗嘱的,以最后所立公证遗嘱为准;没有公证遗嘱的,以最后所立的遗嘱为准。"值得注意的是,如果遗嘱中所确定的被继承人先于继承人死亡的,该遗嘱即告失效。在继承人死亡后,遗嘱中所涉及的遗产应按法定继承办理。不管遗嘱以什么形式成立,都应具备下列 5 项内容:遗产的名称和数量;遗嘱人或受遗赠人的称谓;遗产的分配方法和具体份额;明确某项遗产的用途和使用目的;明确遗嘱执行人。同时,上述五种形式的遗嘱中,公证遗嘱的效力最高。立有数份遗嘱,内容相抵触的,以最后时间所立的公证遗嘱为准。一般而言,遗嘱有以下几个特征:

(1) 遗嘱是单方法律行为,即遗嘱是遗嘱人单方面的意思表示,并且对发生预期法律后果的法律行为承担责任。

（2）设立遗嘱的当事人必须具备完全民事行为能力，限制行为能力人和无民事行为能力人不具有遗嘱能力，不能设立遗嘱。因此，对于老人在弥留之际所做的遗嘱常常存在诸多争议，就是这个道理。

（3）遗嘱人对遗嘱所处分的财产，必须是有处分权的。在现实生活中常见到丈夫立遗嘱不经妻子同意便处分了全部夫妻财产，这样的遗嘱是无效的。另外，《最高人民法院关于贯彻执行〈中华人民共和国继承法〉若干问题的意见》第39条规定："遗嘱人生前的行为与遗嘱的意思表示相反而使遗嘱处分的财产在继承开始前灭失、部分灭失或所有权转移、部分转移的遗嘱视为被撤销或部分撤销"。

（4）内容不合法的遗嘱主要有三个情况：其一，遗嘱取消了缺乏劳动能力又没有生活来源的继承人的继承权；其二，遗嘱没有为胎儿保留必要的继承份额；其三，遗嘱内容违反其他法律。

（5）遗嘱是遗嘱人死亡时才发生法律效力的行为。因为遗嘱是遗嘱人生前以遗嘱方式对其死亡后的财产归属问题所作的处分，死亡前还可以加以变更、撤销；所以，遗嘱必须以遗嘱人的死亡为生效的条件。

（6）如果遗嘱人没有事实死亡，而是在具备相关的法律条件下，经有关利害关系人的申请，由人民法院宣告死亡，遗嘱也发生法律效力。这样，利害关系人可以处分遗嘱当事人的财产。如果在短期内遗嘱人重新出现，那相应的财产可以退还遗嘱人；如果时间较长，例如超过两年以上以及财产出现了无法退还的情况，则受益人应当对遗嘱人的基本生活在其受益的范围内提供帮助，但法定义务人不受此限。

虽然遗嘱的设立主要依靠律师来协助当事人完成，个人理财规划师不能直接协助客户设立遗嘱，但他们仍有义务为客户提供有关的信息。比如，需要的文件、在遗嘱订立过程中可能出现的问题等。这需要个人理财规划师对遗嘱术语、影响遗嘱的因素和有关法规有充分的了解。

2. 遗产委任书

遗产委任书是遗产策划的另一种工具，它授权当事人指定的一方在一定条件下代表当事人指定其遗嘱的订立人，或直接对当事人遗产进行分配。客户通过遗产委任书，可以授权他人代表自己安排和分配其财产，从而不必亲自办理有关的遗产手续。被授予权力代表当事人处理其遗产的一方称为代理人。在遗产委任书中，当事人一般要明确代理人的权力范围，后者只能在此范围内行使其权力。

个人理财规划涉及的遗产委任书有两种：普通遗产委任书和永久遗产委任书。如果当事人去世或丧失了行为能力，普通遗产委任书就不再有效。所以必要时，当事人可以拟订永久遗产委任书，以防范突发意外事件对遗产委任书有效性的影响。永久遗产委任书的代理人，在当事人去世或丧失行为能力后，仍有权处理当事人的有关遗产事宜。所以，永久遗产委任书的法律效力要高于普通遗产委任书。在许多国家，对永久遗产委任书的制定有着严格的法律规定。

3. 管理遗产信托

遗产信托是一种法律上的契约,当事人通过它指定自己或他人来管理自己的部分或全部遗产,从而实现各种与遗产策划有关的目标。管理遗产信托可以作为遗嘱的补充来规定遗产的分配方式,或用于回避遗嘱验证程序,或增强遗产计划的可变性,或减少遗产税的支出。采用管理遗产信托来分配的遗产称为遗产信托基金,被指定为受益人管理遗产信托基金的个人或机构称为托管人。

此类信托的形式主要是由于遗产继承问题引起的。管理遗产信托有"继承未定前"和"继承人已定后"两种情况。"继承未定前"的管理遗产信托,是在没有遗嘱、遗产继承存在纠纷或遗嘱中的继承人尚未找到的情况下,遗嘱中指定的受托人在处理分割遗产前暂时代为管理遗产。"继承人已定后"管理遗产信托是指继承人虽然继承了遗产,但因种种原因不能自行有效地保护和经营其财产,以至无法运用这些财产提供自身的生活和教育费用,甚至使财产蒙受损失时,事先由遗嘱人或其亲属或法院指定或选任受托人,在遗产继承后的一定期限内代继承人管理遗产。信托期限视继承人情况而定,对未成年人,至其成年之时为止;对无行为能力的成年人,至其恢复行为能力或死亡为止。

4. 人寿保险

人寿保险是人身保险的一种。和所有保险业务一样,被保险人将风险转嫁给保险人,接受保险人的条款并支付保险费。与其他保险不同的是,人寿保险转嫁的是被保险人的生存或者死亡的风险。人寿保险产品在遗产策划中也起着很大的作用。购买了人寿保险,当被保险人的生命发生了保险事故时,由保险人支付保险金。这样,当事人投保人寿保险就可以为家庭提供一份保障。最初的人寿保险,是为了保障由于不可预测的死亡所可能造成的经济负担。后来,人寿保险中引进了储蓄的成分,所以对在保险期满时仍然生存的人,保险公司也会给付约定的保险金。现在,人寿保险已经成为一种社会保障制度,是以人的生命和身体为保险对象的保险业务。人寿保险作为一种兼有保险、储蓄双重功能的投资手段,也可以为人们解决养老、医疗、意外伤害等各类风险的保障问题,人们可在年轻时为年老做准备,今天为明天做准备,上一代人为下一代人做准备。这样,当发生意外时,家庭可得到生活保障,年老时可得到养老金,有病住院可得到经济保障。由于上述优点,人寿保险在遗产策划中受到个人理财规划师和客户的重视,也就毫不奇怪了。

5. 赠与

赠与是指当事人为了实现某种目标将某项财产作为礼物赠送给受益人,而使该项财产不再出现在遗嘱条款中。客户采取这种方式处理遗产,一般目的是为了减少税收支出,因为在许多国家,对赠与财产的征税要远低于对遗产的征税。但这种方式也有缺点,那就是财产一旦赠与给他人,当事人就失去对该财产的控制,将来也无法将其收回。尤其是当事人还在世,需要得到受益人继续照顾,赠与之后当事人就难以约束受益人行为了。

10.3 管理遗产信托

10.3.1 遗产信托的功能

管理遗产信托,由受托人严格依照遗嘱人的意愿管理、分配遗产,并得为照顾特定人而做财产规划,不但有立遗嘱防止纷争的优点,并因结合了信托的规划方式,而使该遗产及继承人更有保障。因此,该种信托具有以下功能:

(1) 可以很好地解决财产传承。

通过管理遗产信托,可以使财产顺利地传给后代。同时,也可以通过遗嘱执行人的理财能力弥补继承人无力理财的缺陷。

(2) 可以减少因遗产产生的纷争。

因为遗嘱信托具有法律约束力,特别是中立的遗嘱继承人介入,使遗产的清算和分配更公平。例如,一些社会名流拥有巨额财富,但是在其身前不重视遗产规划,万一其突然去世,对其身后遗留巨额财产分配没有做明确交代,以致其去世后容易引发遗产纠纷。

(3) 可以避免巨额遗产税。

遗产税开征后,一旦发生继承,就会产生巨额的遗产税。但是如果设定遗嘱信托,因信托财产的独立性,就可以合法规避该税款。

(4) 可以防止继承人挥霍遗产。

遗产被继承人身前设立遗嘱将自己的财产委托给专业的机构管理,可按照自己的意愿由信托基金向其亲人定期支付生活费,一直持续到受益人去世。

(5) 可以防止遗产被非法侵占。

一般情况下,被继承人常常通过设立信托,将名下资产以信托基金方式运作。一旦被继承人去世,继承人遇到任何资产运用方面的重大事项,都要有信托人负责审批、协助,这样就可以避免涉世未深的继承人被骗。另外,遗产信托还可以指定资金用途的大方向,例如,等到年轻的继承人婚假时可以领走一定比例的资金,或是一笔固定金额。这样就可以避免继承人一下子把遗产花光。而且将钱与不动产信托在受托者名下,动用时必须经过所有监察人同意,这样一来可以避免别有用心人士觊觎继承人继承的庞大财产。

10.3.2 管理方式

管理遗产信托有"继承未定前"和"继承人已定后"两种情况。

1. 继承未定前

继承未定前的管理遗产信托,是在没有遗嘱、遗产继承存在纠纷或遗嘱中的继承人尚未找到的情况下,遗嘱中指定的受托人在处理分割遗产前暂时代为管理遗产。

2. 继承人已定后

继承人已定后管理遗产信托,是指继承人虽然继承了遗产,但因种种原因不能自行有效地保护和经营其财产,以至无法运用这些财产提供自身的生活和教育费用,甚至使财产蒙受损失时,事先由遗嘱人或其亲属或法院指定或选任受托人,在遗产继承后的一定期限内代继承人管理遗产。信托期限视继承人情况而定,对未成年人,至其成年之时为止;对无行为能力的成年人,至其恢复行为能力或死亡为止。

10.3.3 遗产信托的设立、终结

1. 遗产信托设立

遗产信托,除符合信托法的基本要求外,还应当符合继承法的规定。一般情况下,遗产信托应当采取书面形式。遗产信托文件不同于一般的遗嘱。遗产信托文件应包括三个方面的当事人:委托人(被继承人)、受托人(遗嘱执行人)、受益人(继承人)。遗产信托必须指定受托人(遗嘱执行人),遗嘱执行人一般选择具有理财能力律师、会计师、信托投资机构等专业人员或专业机构。遗产信托的受益人可以是法定继承人的一人或者数人。公民可以通过设立遗嘱将遗产受益人指定为法定继承人以外的人。遗产信托在被继承人订立遗嘱后成立,并应于遗嘱人(被继承人)去世后生效。公证的遗嘱在效力上高于其他方式的遗嘱。管理遗产信托关系可因下列情形而成立:

(1) 继承未定前的管理遗产信托的成立,是基于以下方面的原因:①有的遗产没有立遗嘱,无法体现遗嘱人对继承的具体意思表示,虽然根据法律顺序可以析产,但各方意见一直存在分歧,此即继承未定。但遗产不能无人去管,只得委托信托机构办管遗产信托。②有的遗产分割继承有遗嘱可据,但继承人一时找不到,继承不落实。遗产不能无人照管,只得委托信托机构办管遗产信托。③有的遗产既无遗嘱可据,按法定继承,又一时找不到继承人,同样可以委托信托机构,办理管理遗产信托。

(2) 继承已定后管理遗产信托的成立,是基于以下方面的原因:①继承人继承遗产后,不能立时接管分得的财产。如继承人不在本地,长期外出,不能对当地分得的遗产接受下来。又如继承人长期患病,不能接管而自理,只得办理管理遗产信托解决。②继承人继承遗产后,本人事务繁忙或经验不足,未去立时接受遗产,只得委托信托机构代为管理。③ 继承人继承遗产后,因属寡妇孤儿,一时心情抑郁悲痛,不愿立时接受遗产,也可由信托机构办理管理遗产信托。

在上述信托关系成立中,原执行遗嘱信托时的委托人、各种继承人都是委托人,所有

继承人又都是受益人。

2. 管理遗产信托终结

信托机构在"继承未定"前管理遗产时,如继承人得到确认,并把遗产移交给了继承人,此项信托关系即告终止;在"继承已定"后管理遗产时,如继承人已能自己理财,而将遗产移交给了继承人,此时信托关系也同样即告终止。除了上述两种情况外,如信托机构与委托人订的遗嘱契约中,另有对遗产管理特订期限的,如遗嘱人在遗嘱中要求继承确定后,再管理遗产若干年,则达到特定期限时信托才告终止。信托关系亦可由于特殊情况的发生,经法院或经委托人、受益人有关方面提出,各方同意,信托关系也可提前解除而终止。

10.4　遗产策划程序

遗产策划程序,即遗产策划业务流程,包含以下几个方面:计算和评估客户财产价值;确立继承人并安排财务;设立遗嘱;定期检查和修改。

10.4.1　计算和评估客户财产价值

在进行遗产策划的程序中,当事人的财产价值的评估是遗产计划制订和实施的首要环节。需要注意的是,在进行遗产规划的时候,如当事人尚健在,此时当事人的所有财产还不是遗产。按照概念,只有当事人去世,其遗留的合法财产在被继承以前才是遗产。当事人自己、律师或理财师、专门机构必须要在对将来的遗产类型和价值总额进行充分地了解和评估的基础上,制定出符合当事人自身个人特点和需求的遗产计划。

这里说的财产包括:公民的收入;公民的房屋、储蓄和生活用品;公民的林木、牲畜和家禽;公民的文物、图书资料;法律允许公民所有的生产资料;公民的著作权、专利权和商标权中的财产权利;公民的其他合法财产等。

在这个环节,理财规划师需要与客户(或者当事人)之间进行充分、有效的沟通,让客户了解哪些资产属于遗产的范畴、如何对资产进行评估以及遗产管理的主要工具有哪些等方面的内容。在此基础之上,客户可以编制相应的资产负债表,并据此计算出将来的遗产数额和类型。在对遗产进行汇总时应注意以下两个方面:第一,资产价值以其市场价值而不是购买成本进行核算;第二,不要遗漏某些容易被忽略的资产和负债项目,如资产项目中的个人无形资产(专利、著作权等),以及负债项目中的临终医疗费用等;第三,如果开征遗产税,那么在评估遗产的同时,也要考虑遗产税的支出。

表 10.2　个人资产负债表①

资　　产		负　　债	
种类	金额	种类	金额
现金等价物		贷款	
银行存款		消费贷款	
储蓄存款		住房贷款	
银行理财产品		质押贷款	
人寿保单赔偿金额		其他贷款	
其他现金账户			
小记		小记	
投资		费用	
股票		预期收入纳税额支出	
债券		遗产处置费用	
共同基金		临终医疗费用	
合伙人投资收益		葬礼费用	
其他投资收益		其他负债	
小记		小记	
退休基金		其他负债	
		负债总计	
养老金(一次性收入现值)			
配额/遗孤年金收益(现值)			
其他退休基金			
小记			
个人资产			
主要房产			
其他房产			
收藏品			
汽车			
家具			
珠宝和贵重衣物			
其他个人资产		资产总计(＋)	
小记		负债总计(－)	
其他资产			
资产总计		净资产总计	

---

① 陈工孟、郑子云:《个人财务策划》,北京大学出版社,2003 年第 1 版。

　　在进行遗产策划时,个人理财规划师会向客户提出一些要求,如让客户填写有关的个人资料,准备各种相关文件等。这是因为,在客户去世时,如果这些文件齐全,将有利于其亲友办理有关的手续。一些常见的必需文件包括出生证明、结婚证明、姓名改变证明、服役证明、保险单据、保险箱证明和记录、银行存款证明、社会保障证明、有价证券证明、房产证明、汽车发票证明、养老金文件、遗嘱和遗产信托文件。

　　这些文件中,最为复杂的是遗嘱和遗产信托文件。

10.4.2　确立继承人并安排财务

1. 确立遗产继承人

　　继承包括法定继承、遗嘱继承、代位继承、转继承等形式。继承人是指依法继承财产的人,分为法定继承人和遗嘱继承人。前者指依法的当然继承人,后者指被继承人所指定的继承人。各国法律对法定继承人的范围有不同的规定。中国法律规定的继承人为:配偶、子女、父母、兄弟姐妹、祖父母与外祖父母;孙子女与外孙子女;有抚养关系的继父母与继子女;丧偶的儿媳与公婆、女婿与岳父母之间存在着抚养关系的人。胎儿也可充当继承人。法人(包括国家)虽然可以取得遗产,但一般不列为继承人。

2. 财务安排

　　根据客户个人意愿,理财规划师帮助客户确立继承人或受赠人并进行财产分配(如果当事人有大量合法财产的话)。也就是说,需要确定谁或者哪些人为继承人,以及每位继承人应该获得多少遗产。如果有债务尚未偿还,应确定这些债务该如何归还。如果当事人有年幼的孩子、或者年老的父母,那么当事人身后的抚养要求如何满足也应作出安排。此外,如果开征遗产税的话,需要考虑如何将财产有序地、可控制地逐步转移到继承人手中,以达到遗产转移成本最低化的要求。如果当事人计划慈善赠与的话,也需要作出相应的安排。

　　在进行财务安排的时候,确保遗产策划中的现金流动性,也是一个重要的问题。当事人临终前可能会有的大额医疗等各项费用的支出,去世以后的葬礼费用以及与遗嘱执行、遗产评估等有关的费用都需要扣除,如果当事人身后还留下相应的债务,还必须偿还欠债。如果没有足够的现金,那么这些费用的支付将会极大影响当事人临终至去世后一切事项的处理,甚至使得家人陷入债务危机。对于继承人而言,也只有在处理完一系列事项,扣除这些费用之后,剩余部分才能按照遗嘱分配给继承人。保持流动性的现金项目包括:社会保障金;银行存款;人寿保险赔偿金等。

　　为了保证遗产策划中现金的流动性,客户应该尽量减少遗产中的非流动性资产,如房地产、长期债券、珠宝和收藏品等。这些资产不仅无法及时提供所需的现金,还会增加遗产处置的费用。所以客户应该尽量将它们出售或捐赠给他人,从而降低现金支出。

3. 选择遗嘱执行人

要完全满足当事人离世之后的愿望,选择遗嘱执行人是非常重要的。传统的做法,是选择家庭成员中年长或地位较高者作为遗嘱执行人。因为长者在家庭中德高望重,能够服众。然而,请一位老人来担此大任,也有诸多不便。在现代社会,应该聘请律师或公证处做执行人,严格按照法律来执行遗嘱分配。

10.4.3　设立遗嘱

最后,按照法律的规定程序,形成有效的遗嘱。以书面的形式自书、聘请律师见证或公证处公证,将前述内容形成遗嘱。由于我国目前还没有征收遗产税,所以普通人遗产规划的主要形式是设立遗嘱,遗嘱要考虑的主要是遗产的范围与继承人或受赠人的确定。立遗嘱虽然完全是个人的事,看起来也比较简单,但我国《继承法》对遗嘱的内容和形式都有严格的要求。有效的遗嘱必须具备以下五个条件。

1. 遗嘱人必须具备完全民事行为能力

《最高人民法院关于贯彻执行〈中华人民共和国继承法〉若干问题的意见》第 41 条规定:"遗嘱人立遗嘱时必须有行为能力。无民事行为能力的人所立的遗嘱即使其本人后来有了行为能力,仍属无效遗嘱。遗嘱人立遗嘱时有行为能力,后来丧失了行为能力的,不影响遗嘱的效力。"患有聋、哑、盲等生理缺陷而无精神病的成年人,他们有完全行为能力,因此也可以立遗嘱。

2. 所立遗嘱必须是真实意愿表示

遗嘱人所立的遗嘱必须是其真实意愿表示。不真实意愿具体体现在如下几种情况中:

(1) 胁迫遗嘱人所立的遗嘱;

(2) 欺骗遗嘱人所立的遗嘱;

(3) 被非遗嘱人假造的遗嘱;

(4) 被篡改的遗嘱;

(5) 遗嘱人在神志不清的状态下所立的遗嘱。

《中华人民共和国继承法》第 22 条第 2、3、4 款规定:"遗嘱必须表示遗嘱人的真实意思受胁迫、欺骗所立的遗嘱无效。伪造的遗嘱无效。遗嘱被篡改的,篡改的内容无效。"

3. 设立遗嘱须有严格程序

设立遗嘱不能进行代理,遗嘱的内容必须是遗嘱人的真实意思表示,应由遗嘱人本人亲自作出,不能由他人代理。如是代书遗嘱,也必须由本人在遗嘱上签名,并要有两个以上见证人在场见证。遗嘱一般由当事人的律师来办理,要经过起草、签字和见证等若干程序后,由个人签字认可,也可以由夫妇两人共同签署生效。手写遗嘱是指由当事人在没有律师的协助下手写完成,并签上本人姓名和日期的遗嘱。由于此类遗嘱容易被伪造,在相当一部分国家较难得到认可。

4. 慎用口头遗嘱

紧急情况下,才能采用口头形式来立遗嘱,而且要求有两个以上的见证人在场见证。危急情况解除后,遗嘱人能够以书面形式或录音形式立遗嘱的,此前所立的口头遗嘱因此失效。为了确保客户遗嘱的有效性,个人理财规划师应该建议客户采用正式遗嘱的形式,并及早拟订有关的文件。

5. 合法遗嘱的形式要求

合法遗嘱可采用公证、自书、代书、录音、口头等形式,主要包括如下内容:

(1) 本人身份的说明。包括身份证号码、住所、近亲属情况;

(2) 本人委托的遗嘱执行人的说明。包括身份证、授权委托书,住所、指定遗嘱执行人与本人的关系。如果执行人有任何利害关系,应注明不影响其执行人效力;在指定后备执行人时,其确认的签名应包括各种签名字体的示范;

(3) 本人遗嘱法律效力的说明。包括法律依据、身体状况、精神状况、行为能力、遗嘱人的真实意思表示等。遗嘱内容要真实、合法,所处分的财产应为个人所有,应给缺乏劳动能力又没有生活来源的继承人保留必要的份额,应包括遗嘱或者遗嘱草稿的形成时间、地点和过程,是自书还是代书,是否本人的真实意愿,有无修改、补充,对遗产的处分是否附有条件等各项内容,此外,还需注明代书人的情况,以及遗嘱或者遗嘱草稿上的签名、盖章或者手印是否是其本人所为等;

(4) 本人财产的说明。包括基准日、财产项目(房产、存款、股票、汽车、现金、投资、债权等)、相关合同、产权证及凭证,以及以前是否曾以遗嘱或者遗赠扶养协议等方式进行过处分,有无已设立担保、已被查封、扣押等限制所有权的情况等;

(5) 本人保险的说明。包括收益人基本情况、监护人、遗嘱执行人、相关合同单证、理赔方案等内容;

(6) 本人相关事务的执行。包括债权债务、财产分配、个人用品(汽车、电脑、书籍、信函、照片)、给相关人员的信函呈送等项内容;

(7) 以前订立遗嘱的情况,数份内容有抵触的遗嘱,以最后的遗嘱为有效声明;

(8) 签名及日期。

10.4.4 定期检查和修改

遗产策划发生在当事人在世的时候。如果当事人较早开始考虑相关问题,那么随着时间的推移,其财务状况和遗产策划目标的变化是不言而喻的。因此,经过一段时期,当原来的遗产策划已经无法满足其策划目标和财务状况的时候,调整和修改将是顺理成章的事情。

1. 当事人财务状况变化的原因

（1）子女的出生或死亡；

（2）配偶或其他继承者的死亡；

（3）结婚或离异；

（4）本人或亲友身患重病；

（5）家庭成员成年；

（6）遗产继承；

（7）房地产的出售；

（8）财富的变化；

（9）税制和遗产法的变化。

2. 对原来的遗产策划作出修改

修改原来的遗产策划，可以重复上述的四个步骤。然而，设立遗嘱，需要律师提供相应的帮助，程序相对复杂。遗嘱，也只有立遗嘱人有权变更，其他人无权变更。另外，立遗嘱人可以通过公证处立遗嘱。如果遗嘱是经过公证的话，更改后必须重新公证，否则修改后的遗嘱不能对抗公证过的遗嘱。至于遗嘱的有效性，只要是自己的真实意思表示，而且是自己的合法财产，就是有效的遗嘱。

本章小结

1. 遗产，就是被继承人死亡时遗留的个人所有财产和法律规定可以继承的其他财产权益，包括积极遗产和消极遗产。遗产具有三个特征：(1) 必须是公民死亡时遗留，在被继承以前的财产；(2) 必须是公民个人所有的财产和债务；(3) 必须是合法财产。

2. 按照我国的《继承法》规定，遗产包括：(1) 公民的合法收入；(2) 公民的房屋、储蓄、生活用品；(3) 公民的树木、牲畜和家禽；(4) 公民的文物、图书资料；(5) 法律允许公民个人所有的生产资料；(6) 公民的著作权等；(7) 公民的其他合法财产。法律规定，继承遗产应当清偿被继承人依法应当缴纳的税款和债务。

3. 遗产继承，是指死者生前所有的于死亡时遗留的合法财产依法转移给他人所有的制度。遗产分配时，遵循继承份额均等原则、特殊照顾原则、权利与义务一致原则及协商原则。

4. 遗产继承包括法定继承、遗嘱继承、代位继承、转继承、遗赠、遗赠扶养协议等类型。

5. 遗产税，是对被继承人死亡时所遗留的财产课征的一种税，有总遗产税制、分遗产税制和混合遗产税制。我国尚未开展遗产税,但是开展遗产税的时机已经渐趋成熟。

6. 遗产策划,是指当事人在世时通过选择遗产规划工具和制定遗产传承和处分计划,将拥有或控制的各种资产或负债进行安排,从而保证在自己去世或丧失行为能力时尽可能实现个人为其家庭(也可能是他人)所确定目标的安排。遗产策划的目标有多种,包括确定继承人获得遗产份额、降低遗产转移的成本、以及慈善赠与等目标。

7. 遗产策划的工具,包括遗嘱、遗产委任书、管理遗产信托、人寿保险、赠与等五种。其中,遗嘱是用得最多的一种遗产策划工具。遗嘱是指遗嘱人生前在法律允许的范围内,按照法律规定的方式对其遗产或其他事务所作的个人处分,并于遗嘱人死亡时发生效力的法律行为。遗嘱的设立,主要依靠律师来协助当事人完成,而个人理财规划师仍有义务为客户提供有关的建议和信息。

8. 管理遗产信托,可以很好地解决财产传承;可以减少因遗产产生的纷争;可以避免巨额遗产税;可以防止继承人挥霍遗产;可以防止遗产被非法侵占。

9. 遗产策划包括计算和评估客户财产价值、确立继承人并安排财务、设立遗嘱、定期检查和修改等四大步骤。

思考与练习

1. 什么是遗产?

2. 遗产有哪些特征?

3. 遗产范围包括哪些?

4. 试分析哪些义务不发生继承?

5. 自然人死亡后,生前的债务是否应该从遗产总额中扣除?

6. 简述遗产的分配原则。

7. 简述遗产继承的类型,其中,哪种继承是强制性规范。

8. 各国的遗产税制度大体可分为哪几大类型,它们各有什么特点?

9. 试比较遗产策划目标的差异性。

10. 试比较遗产策划工具的差异性。

11. 管理遗产信托的方式有哪些?

12. 简述遗产策划的程序。

13. 简述遗嘱设立的基本条件。

14. 遗产转移的方式有哪些?

15. 简述遗产税和赠与税的关系。

16. 你认为针对中国的实际情况,如开征遗产税时,应采取哪种遗产税制度模式?

17. 遗产税的征税对象是什么?

参考文献

中国金融教育发展基金会金融理财标准委员会：《金融理财原理（上、下）》，中信出版社 2007 年版。

唐庆华：《如何理财——现代家庭理财规划》，上海人民出版社 2005 年版。

张颖：《个人理财教程》，对外经济贸易大学出版社 2007 年版。

韦耀荧主编：《个人理财》，东北财经大学出版社 2007 年版。

［美］卡普尔 等著，徐永林 等译：《个人理财》（第 7 版），上海人民出版社 2006 年版。

［美］马杜拉著，王学生等译：《个人理财》（第四版），清华大学出版社 2011 年版。

后记

从《个人理财》第一版至今已有几年时间了。其间，个人理财业务有了很大的发展。

个人理财，不应该仅仅以利益最大化作为基本原则。与其他金融学教程不同的是，个人理财还需要更多关注社会道德、伦理等方面的问题。虽然我们在是否存在普适价值等问题上存在争议，但是个人理财不能完全自利，还应该考虑慈善、公益、利他主义的问题。在经济社会中，如果过分强调"经济人"假设，放弃了中华民族赖以存在和发展的传统道德和伦理，将会迷失方向。毕竟是一本金融学的教材，作者本身不会刻意去进行道德方面的说教，而是认为在理财策划时，需要注意到这方面的问题。

本书是两位主要作者合作的成果。其中，桂詠评拟定大纲，并撰写其中的第 1—6 章、第 8—10 章。胡邦亚参与大纲的修改，并撰写了第 7 章。另外，陆瑜芳参与了第 9 及第 10 章的部分编写工作，裘歆骅、李天琦、娄梦娇、吴月娟参与了第 1、2、3、6 章的部分编写工作。

感谢格致出版社彭琳编辑卓有成效的工作。

图书在版编目(CIP)数据

个人理财/桂詠评主编.—2 版.—上海:格致
出版社:上海人民出版社,2014(2017.1 重印)
高等院校金融专业教材系列
ISBN 978 - 7 - 5432 - 2406 - 3

Ⅰ.①个…　Ⅱ.①桂…　Ⅲ.①私人投资-高等学校-
教材　Ⅳ.①F830.59

中国版本图书馆 CIP 数据核字(2014)第 160931 号

责任编辑　彭　琳
装帧设计　路　静

高等院校金融专业教材系列

个人理财(第二版)

桂詠评 主编　胡邦亚 副主编

出　版	世纪出版股份有限公司　格致出版社	印　刷	苏州望电印刷有限公司
	世纪出版集团　上海人民出版社	开　本	787×1092　1/16
	(200001　上海福建中路 193 号　www.ewen.cc)	印　张	19.25
	编辑部热线　021-63914988	插　页	1
	市场部热线　021-63914081	字　数	377,000
	www.hibooks.cn	版　次	2014 年 9 月第 1 版
发　行	上海世纪出版股份有限公司发行中心	印　次	2017 年 1 月第 3 次印刷

ISBN 978 - 7 - 5432 - 2406 - 3/F · 761　　　　　　　　　　　　　定价:38.00 元